beck'sche
reihe

b^{sr}

Der historische Streifzug beginnt mit der Musterung der fremden Völker, die im frühen Mittelalter in den »alten Palazzo« des römischen Reiches einziehen, und verfolgt über 1000 Jahre ihre regionale Konsolidierung, den Zusammenprall der verschiedenen Religionen, ihre wirtschaftlichen Unternehmungen, das mehr oder weniger friedliche Familienleben, ihre moralischen Konflikte (»ich war entschlossen, wenn es ging, die Sünde zu vermeiden«), ihre gegenseitige Verachtung (»Allah mache sie häßlich«) und ihre gemeinsame Furcht vor Krankheiten, vor allem vor der Pest.

Rainer Beck, geb. 1950, Historiker, beschäftigt sich vorwiegend mit sozial- und kulturhistorischen Themen der Frühen Neuzeit. Im Verlag C.H.Beck hat er sechs historische Lesebücher herausgegeben sowie die Studie »Unterfinning. Ländliche Welt vor Anbruch der Moderne« (1993) veröffentlicht.

Streifzüge durch das Mittelalter

Ein historisches Lesebuch

Herausgegeben von
Rainer Beck

Verlag C.H.Beck

Mit 6 Abbildungen und einer Karte

1. Auflage 1989
2. Auflage 1990
3. Auflage 1991
4. Auflage 1994
5. Auflage 2001

6. Auflage. 2003
© Verlag C.H. Beck oHG, München 1989
Satz: Presse-Druck- und Verlags-GmbH, Augsburg
Druck und Bindung: Druckerei C.H. Beck, Nördlingen
Umschlagabbildung: Das Monatsblatt April aus:
Très Riches Heures du Duc de Berry
Umschlagentwurf: +malsy, Bremen
Printed in Germany
ISBN 3 406 47582 5

www.beck.de

Inhalt

III. Gesellschaft im Aufbruch: das hohe Mittelalter

IV. Zeit der Krise

Editorischer Hinweis: Anmerkungen und Quellenhinweise der Original-
texte wurden für diesen Band gestrichen; Textkürzungen und Erklärungen
des Herausgebers sind durch eckige Klammern kenntlich gemacht. Quel-
lentexte sind im Kleindruck wiedergegeben.

Vorwort

In großer Anzahl sind in den letzten Jahren Publikationen über das Mittelalter erschienen. Wozu da noch ein eigenes Lesebuch? Eine Anthologie hat zum einen den Vorteil, dem Leser den Überblick zu erleichtern, sie läßt Raum für Entdeckungen und mag darüber hinaus (falls die Begegnung glücken sollte) zu weiterer Lektüre animieren. Und zweitens wurde dieses Lesebuch zusammengestellt, etwas von jener Weite und Vielschichtigkeit der Vergangenheit zur Geltung zu bringen, die sich hinter der – eher nichtssagenden – Bezeichnung Mittelalter verbirgt.

Unter Mittelalter wird nicht nur dessen »hohe Zeit«, die Epoche der Staufer, Kreuzzüge, gotischen Kathedralen – oder die Mission Williams von Baskerville –, verstanden. Es geht um 1000 Jahre europäischer Geschichte, die – einer Konvention der Historiker nach – von etwa 500 n. Chr., der Zeit der Völkerwanderung bzw. des Endes des alten Weströmischen Reiches, bis etwa 1500 reichten; – jener Zeitwende, als mit Konstantinopel auch das Oströmische Reich untergegangen, als Amerika entdeckt war, die Reformation anhob und sich bei den Menschen der Eindruck festsetzte, sie würden soeben den Beginn einer neuen Epoche erleben. Keine Frage, daß diese tausend Jahre krasse Unterschiede in sich bergen – nicht nur in Gestalt der äußeren, sondern auch der inneren Zivilisation: im Verhalten und in der Denkweise der Menschen.

Das Bemühen um »Weite« dann auch insofern, als von mittelalterlicher Kultur und Gesellschaft nicht allein unter Bezug auf den christlichen Westen, auf Rom und die Siedlungen und Wälder des Franken- oder deutschen Reiches gesprochen werden kann. Der Westen war nur ein Teil des mittelalterlichen Kosmos. Zu den zahlreichen Facetten mittelalterlicher Kultur, deren Geltungsbereich sich im Süden über den gesamten Mittelmeerraum erstreckte, gehörte der christliche Osten – Byzanz –, gehörten die Juden und die islamische Welt. Mit unterschiedlicher Intensität und unterschiedlichem Gefälle befanden sich diese Gesellschaften, diese Teilkulturen, bis zum Ende des Mittelalters in einem ständigen Austausch. Die arabisch-islamische Welt brach, bei aller Feindschaft zwischen Christen und Mohammedanern, ihren Verkehr mit den Christen nie wirklich ab: Sie beeindruckte die Kreuzritter durch ihre verfeinerte Kultur und, wichtiger, sie vermittelte dem Westen nicht nur die Kostbarkeiten des Orients, sondern ebenso ihre oft überlegenen Kenntnisse und Fertigkeiten auf dem Gebiet der Philosophie und der praktischen Wissenschaften. – Der Islam, Byzanz, Sizilien sind deshalb mit mehreren Beiträgen in diesem Band vertreten.

Alle Texte sind Veröffentlichungen aus dem Programm des Verlags C. H. Beck entnommen. Das Lesebuch enthält Beiträge, die der allgemeinen Orientierung dienen, etwa über den Gesellschaftswandel des Hochmittelalters, den Machtkampf zwischen Papst und Kaiser oder die Kontinuitäten und Brüche im Übergang von der Antike zum Mittelalter; es bietet Schilderungen und Zeugnisse, die sehr dicht an das historische Geschehen heranführen, die Atmosphäre verspüren lassen: den Aufstand der Kölner Kaufleute beispielsweise, das Familienleben in der Toskana oder das fragwürdige Abenteuererleben eines Helden im Niemandsland Kleinasiens. Manche Zeitdokumente können theoretische Abhandlungen ersetzen: das Tegernseer Antichristspiel, das sich wie ein Exempel über das politische Selbstverständnis der Deutschen liest, oder der Dialog zweier Äbtissinnen, der uns in die widerstreitenden Frömmigkeitsvorstellungen des bewegten 12. Jahrhunderts führt.

Das Mittelalter erscheint einmal: entrückt, fremdartig, wie in den dunklen Strophen des Hildebrandliedes; unchristlich in den Gewohnheiten des Volkes, von denen die Bußbücher berichten; irrational im »politischen« Handeln langobardischer oder awarischer Fürsten – das nur dann einer Erklärung nähergebracht werden kann, wenn man versteht, daß es einer anderen Verhaltenslogik als der unseren gehorchte. Umgekehrt bringt das Mittelalter Zeugnisse zu Tage, die uns seine Akteure erstaunlich nahe erscheinen lassen: die Briefe zwischen Abaelard und Heloysa; die »Stadt der Frauen« von Christine de Pizan – oder die Fremdenverkehrsführer aus dem frühmittelalterlichen Rom. Nicht zuletzt diese Ambiguität aus Nähe und Distanz dürfte ein Grund für unser Interesse an der Gesellschaft und den Menschen dieses langen Zeitalters sein.

Rainer Beck

I. Archaische Welten

Ferdinand Gregorovius

Einzug der »Barbaren«

Unfähig, sich zu neuen politischen Begriffen zu erheben, übernahm [476] der unwissende, aber kräftige und wohlwollende Odoaker die Trümmer des Römerreichs, worin er seine Kriegerkaste ansiedelte. Gestützt auf diese, beraten von Lateinern, regierte er Italien von Ravenna aus in den Formen des hergebrachten Staatswesens. Nichts wurde durch ihn daran verändert; der Kaiser fehlte, doch der römische Staat dauerte als Schatten fort. Der Barbarenkönig ließ Rom durch den Präfekten wie bisher verwalten.

Rom selbst blieb ruhig und geschichtslos während der dreizehn Jahre der duldsamen Regierung Odoakers.

Die Schonung der Kirche wie der alten Staatseinrichtungen war für den germanischen Eroberer ein Gebot der Selbsterhaltung. Seine Stammesgenossen bildeten in Italien keine Nation, sondern nur einen buntgemischten Schwarm von kriegerischen Abenteurern, deren rohe Barbarei eine unausfüllbare Kluft von der römischen Bildung trennte. Die Regierung Odoakers war demnach nichts anderes als eine militärische Lagerherrschaft, und so hohe Würden des Reichs er auch trug, blieb er doch selbst in Ravenna ein gefürchteter und gehaßter Fremdling, unvermögend, die italische Krone in seinem Stamme Enkeln zu überliefern. Der byzantinische Kaiser [Zeno] betrachtete ihn als Usurpator und wartete nur auf die erste Gelegenheit, ihn zu beseitigen. Zu diesem Unternehmen aber fanden sich bereit ein anderer, größerer germanischer Heerkönig und ein ganzes Volk, welches aus seinen verwüsteten Sitzen am Haemus aufbrach, um sich in den fruchtreichen Fluren Italiens niederzulassen. Dies waren die kriegerischen Ostgoten, welche damals Theoderich beherrschte. Den Kaiser Zeno erschreckten ihre wiederholten Einfälle in das östliche Reich, dem dieser Gotenkönig das Schicksal bereiten konnte, welches Italien durch Odoaker erlitten hatte. Er machte ihn daher zu seinem Bundesgenossen und gab ihm den Titel eines Konsul und Patricius. Um ihn vom Osten zu entfernen, forderte er ihn auf, die Raub- und Wanderlust seines Volkes nach dem Westen zu richten und dem »Tyrannen« Odoaker das italische Land zu entreißen. Kraft eines förmlichen Vertrages übertrug er ihm, dem König der Goten, die Investitur dieser Provinz des Reichs. Hierauf führte Theoderich im Jahre 488 sein Volk über die Alpen; er erschien mit der furchtbaren Macht seiner Krieger an den Ufern des Isonzo, im Sommer des Jahres 489. Die Goten Theoderichs waren von der Zivilisation des Ostens und Westens berührt und nicht mehr durchaus Barbaren zu nennen wie die Völker Alarichs; trotzdem konnten sie der lateinischen Bildung gegenüber nur als solche erscheinen. Aber sie waren ein Volk, welches den erschlafften und verweichlichten Italienern das ungewohnte Schauspiel heldenhafter Männlichkeit darbot. Das germanische Bewußtsein des Wertes des freien Mannes war es, was die Welt eroberte.

Der Kampf der beiden Heerkönige um den Besitz des schönen, unglücklichen Landes war langwierig und erbittert. Am Isonzo und bei Verona hintereinander geschlagen, warf sich der verzweifelte Odoaker nach Ravenna, seiner letzten Schanze. [. . .]

Drei Jahre lang verteidigte sich Odoaker mit heroischer Kraft in Ravenna, bis er, durch die Not gezwungen, Theoderich die Tore der Stadt öffnete, am 5. März 493. Wenige Tage später brach der Sieger treulos den Vertrag, indem er den ruhmvollen Feind mit allen seinen Truppen oder Anhängern niederhauen ließ. Er hatte bereits Titel und Zeichen des Königs von Italien angelegt, ohne sich um die Bestätigung des Anastasius zu kümmern, welcher nach dem Tode Zenos (am 9. April 491) als Kaiser im Reiche gefolgt war. Erst später, im Jahre 498, erhielt er die Anerkennung; denn der Kaiser lieferte ihm alle Kleinodien des römischen Palastes wieder aus, welche ehedem Odoaker nach Konstantinopel geschickt hatte. Theoderich war durch seines Volkes Recht König der Goten, durch das der Eroberung, durch die Wahl seines Volkes und die Huldigung der Besiegten auch König von Italien; die Auslieferung jener Reichsinsignien endlich gab ihm das Recht, dies auch durch die Bestätigung des Kaisers zu sein, das heißt Italien fortan zu regieren, wie es die abendländischen Kaiser regiert hatten.

Indes der byzantinische Kaiser hatte ihn nur abgesendet, die Präfektur Italien dem Besitze eines Usurpators zu entreißen; er betrachtete auch ihn im Grunde als solchen. Der neue Eroberer anerkannte seinerseits die legitime Reichsautorität; er bekannte sich als Untertan des Kaisers, aber er richtete sich nichtsdestoweniger als Gebieter im Lande ein, dessen Drittel er seinen tapfern Kriegern zum Eigentume gab. Auch er nahm seinen Sitz in Ravenna und beschloß, von hier aus Rom, Italien und vielleicht das Abendland in römischen Formen zu regieren. Nur dies war ein gefahrdrohender Umstand, daß sich Theoderich zum arianischen Glauben bekannte. Er hatte ein ketzerisches Volk nach Italien geführt und fand in Rom den schon mächtigen Bischof vor, das anerkannte Haupt der Kirche im Abendlande.

Die Goten richteten sich bleibend in Italien ein, welches jetzt die erste wirkliche Kolonisation eines ganzen Barbarenstammes erfahren hatte und seit dieser Zeit germanische Elemente in seine lateinische Nationalität widerstandslos aufnehmen mußte.

Friedrich Prinz

Von der Antike zum Mittelalter

Kontinuität und Brüche zwischen Antike und Mittelalter

Tradition und Bruch, Kontinuität und Diskontinuität müssen gleichermaßen ins Kalkül gezogen werden, wenn es um das materielle wie geistige Erbe geht, das in die deutsche Geschichte mit eingebracht worden ist. Das scheint eine Binsenwahrheit zu sein, die aber ihr eigentliches Gewicht erst vor dem Hintergrund einer langen kulturphilosophischen Debatte erhält, die der geschichtswissenschaftlichen Erforschung des Übergangs von der Antike zum Mittelalter um mehr als 100 Jahre vorangegangen war. Der Untergang des römischen Weltreiches, ein permanentes Thema europäischen Kulturbewußtseins bis zum heutigen Tage, hat bekanntlich eine Unzahl von Erklärungsversuchen provoziert: sozial- und wirtschaftsgeschichtliche, moralische, antikirchliche – etwa bei Edward Gibbon und Friedrich Nietzsche – biologistisch-rassistische und schließlich kulturmorphologische wie bei Oswald Spengler. Man hat Klimawandel als Ursache angeführt, Massenseuche und damit Bevölkerungsrückgang, den Rückzug der politisch trainierten Führungsschichten aus dem öffentlichen Leben oder gar deren Ausrottung, die bankrotte Sklavenhaltergesellschaft und anderes mehr; nur allzu oft wurde dabei eine einzige Ursache als entscheidend angesehen. All diese Faktoren mögen eine Rolle gespielt und in ihrer Kombination auch auslösend gewirkt haben. Die langanhaltende innere Strukturkrise der Alten Welt, die schließlich die Widerstandskraft gegen den seit jeher vorhandenen Druck der Barbarenvölker auf die Hochzivilisation der Mittelmeerwelt immer mehr lähmte – diese Krise läßt sich nicht nach übersichtlichen Schemata und Kausalitäten erklären.

Verwissenschaftlicht und näher an die geschichtliche Realität herangebracht wurde die leidenschaftliche Diskussion über den Untergang der Antike durch die sozialstrukturellen Analysen des Historikers Alfons Dopsch. Er nahm einen eher gleitenden Übergang zwischen Antike und Mittelalter an und ersetzte die alte, prachtvoll-dramatische Katastrophenlehre durch eine nun ihrerseits den gewaltigen Einbruch der germanischen und später der slawischen Welt verharmlosende Kontinuitätstheorie. Diese bezog sich vor allem auf den Wandel im westlichen Teil des Imperiums und hier besonders auf die römisch-germanische Kultursymbiose, die sich zur Synthese steigerte. Allerdings wurde dabei oft Byzanz als fortdauerndes und sich unter islamischem Druck regenerierendes großes Kulturzentrum vernachlässigt. Durch Spezialuntersuchungen konnte die aus wirtschafts- und sozialgeschichtlichen Fakten gewonnene These von Dopsch verfeinert, die starken regionalen Unterschiede verdeutlicht und dabei vor allem die zentrale Rolle der Kirche im Transformationsprozeß herausgearbeitet werden, so daß wir heute zwar den Untergang Roms immer noch nicht »erklären«, aber phänomenologisch fassen und in seinen einzelnen Phasen darstellen können. Dies mag zwar nicht so spektakulär sein wie Oswald Spenglers suggestiver Erklärungsversuch, mit Hilfe einer vagen Analogie zwischen pflanzlichem und kulturellem Werden und Vergehen das Ende der Antike zu »verstehen«. Dafür hat ein sorgfältig zeitlich und regional differenziertes Bild den Vorteil, denjenigen zu befriedigen, dem es im Sinne Rankes darum geht zu wissen, »wie es denn eigentlich wirklich gewesen ist«. Im übrigen: Es gibt nicht *den* Untergang der Antike, sondern eine Reihe von Unter- und Übergängen mit sehr verschiedenartigen Ursachen und Folgen. Eine der Folgen aber ist die Entstehung Europas.

Vom europäischen Mittelalter her gesehen stellt sich die Wende vom 4. zum 5. nachchristlichen Jahrhundert als Drehpunkt einer welthistorisch bedeutsamen Entwicklung dar. Der Sieg des Christentums unter Kaiser Konstantin dem Großen (306–337) wurde seit Theodosius dem Großen (379–395) endgültig, die Verbindung von Kirche und Staat vollendet – mit allen Vor- und Nachteilen dieses Bündnisses einst feindlicher Kräfte. Mit den germanischen »Wanderlawinen« des 5. und 6. Jahrhunderts geriet die römisch beherrschte antike Welt dann endgültig aus ihrem zuletzt nur noch mühsam bewahrten Gleichgewicht.

Die Germanen. Julius Caesar, dem wir erste genaue Nachrichten über Germanen verdanken, schrieb ihnen ein höheres Maß an barbarischem Wesen zu als es den Galliern, also Kelten, eignete. Im übrigen hatte er dieselben Vorurteile, die bis heute zivilisierte Nationen gegenüber sogenannten »Naturvölkern« hegen. Für Caesar sind die Germanen einerseits ungesittet, faul und zügellos, andererseits gesund an Leib und Seele, tapfer, kriegstüchtig und stark im Ertragen von Entbehrungen. Der Geograph Strabon (vor 23 n. Chr.) hielt sie für Gallier, doch seien sie wilder, größer und blonder als diese. [...] Die nördlichste von drei erkennbaren großen Kulturgruppen links und rechts des Rheins unterscheidet sich am klarsten von der keltischen Latène-Zivilisation. Man nennt sie nach einem Fundort im niedersächsischen Kreis Uelzen die »Jastorf-Kultur«; sie findet sich zwischen 600 vor Christus und der Zeitenwende in Nord- und Mitteldeutschland, ebenso in Jütland und Fünen. Die Aller und der Unterlauf der Weser waren ihre Grenze zur südwestlich anschließenden Latènekultur Mittel- und Westdeutschlands. In diesem nördlichen Raum liegt sicher eine starke Wurzel des Germanentums. Die eigentliche Ethnogenese dürfte sich aber in einem viel breiteren geographischen Rahmen vollzogen haben und zwar als komplizierter Ausgleichsvorgang. An ihm waren sowohl eisenzeitliche Gruppen des südlichen Skandinavien und des östlichen Mitteleuropa außerhalb der Jastorf-Kultur beteiligt als auch spätlatènezeitliche Gruppen der südwestlich anschließenden keltischen »Oppida-Zivilisation« mit ihren stadtartigen, befestigten Siedlungen. [...]

19

Wenn aber das Germanentum als Ausgleichsvorgang zwischen heterogenen Gruppen unter dem starken Einfluß der mittelmeerischen Hochkultur entstand und damit unter dem Druck einer bestimmten historischen Situation, dann wird man sich davor hüten müssen, von »Urgermanentum« und von einer generellen germanischen Sozialverfassung oder Religion zu sprechen. Das »Gemeingermanische« ist eher Ergebnis, nicht Ausgangspunkt der Ethnogenese; die militärische wie kulturelle Konfrontation mit den Römern ist somit als Katalysator dieses entscheidenden Vorgangs anzusehen. Daß die weitere ethnische Differenzierung der germanischen Welt in den vier ersten nachchristlichen Jahrhunderten ebenfalls ursächlich mit der defensiv gesicherten Grenze zum »freien Germanien« zusammenhängt, also mit dem langen Aufstau germanischer Völkerschaften am römischen Limes, zeigt dann im Lichte genauer schriftlicher Quellen die Entstehung der neuen germanischen Großgruppen an dieser Grenze: der Alemannen ebenso wie der Franken. Östlich davon und bald auch nach Westen nachrückkend, bauen sich dann die Stammesbünde der Thüringer und Sachsen auf, während Goten, Wandalen und Langobarden aus Innergermanien zu weiten Wanderzügen quer durch Europa und bis ans Südufer des Mittelmeeres aufbrechen.

Da der Begriff des »Gemeingermanischen« in mancher Hinsicht ohnehin problematisch ist und in den antiken Quellen – von Caesar und der »Germania« des Tacitus abgesehen – überwiegend die ethnisch-politischen Einheiten einzelner germanischer Völker, »Stammesschwärme« und Stammesgruppen auftauchen, haftet vielen Rückschlüssen auf Sozialverfassung und Kultur *der* Germanen etwas Hypothetisches an. Die Sippe als Friedens- und Rechtsverband dürfte aber insgesamt eine große Rolle gespielt haben, ebenso das Gefolgschaftswesen, herausragende Fürsten, und dann, während der Wanderungsepoche, ein Heerkönigtum, das eine wichtige Voraussetzung der germanischen Reichsbildungen auf römischem Boden geworden ist. Die polytheistische Religion der Germanen – falls man diesen Sammelbegriff überhaupt verwenden darf – scheint schon früh von antiken Göttervorstellungen beeinflußt worden zu sein. Dies legen unter anderem die Götterbilder auf den Goldbrakteaten von Sievern nahe.

Als Randkultur der antiken Hochzivilisation wurde die germanische Welt – wie zuvor die keltische – vom Orbis Romanus stark beeinflußt. Der archäologisch erwiesene starke Import römischer Waren ins freie Germanien jenseits des Limes zeigt dies ebenso wie der frühe Einstieg germanischer Truppenführer, aber auch größerer Gruppen, in die römische Militärorganisation. Diese bot überdies bedeutende soziale Aufstiegschancen. Schon seit dem 3. Jahrhundert, das heißt nach den ersten großen Germaneneinbrüchen, zwang die Notwendigkeit der Reichsverteidigung immer mehr dazu, germanische Hilfstruppen anzuwerben. Sie wurden bald unentbehrlich, und zwar nicht nur im Heer, sondern auch in der Verwaltung. Als der Caesar Julian († 363) im Jahre 357 in einer berühmten Schlacht die Alemannen bei Straßburg besiegte, eröffneten seine germanischen Verbände den Kampf mit ihrem Kriegsgesang. Als er 360 vom Heer zum Augustus ausgerufen wurde, erhob man ihn nach germanischem Brauch auf den Schild. Franken hatten schon im 4. Jahrhundert einflußreiche Positionen am Trierer Kaiserhof inne. Das wachsende Selbstbewußtsein von Germanen im Reichsdienst geht auch aus den Inschriften frühchristlicher Grabsteine in Römerstädten hervor. Sie sind zwar lateinisch, aber der Name wird nun nicht mehr latinisiert. In den fünf Jahrhunderten römischer Nachbarschaft zur germanischen Welt entwickelten sich trotz vieler Kriege lebhafte Handelsbeziehungen über die Limes-Grenze hinweg. Wein, Keramik und Schmuck waren begehrte Güter für die germanische Oberschicht. Umgekehrt lieferte man den Römern Bernstein, Pelze, blondes Frauenhaar – ein beliebter Modeartikel – und natürlich auch Sklaven für die römischen Latifundien. Mit dem langen Nebeneinander von Römern und

Germanen mag auch der hohe Grad von Lernfähigkeit und Assimilationswilligkeit zusammenhängen, den man sicher zu Recht den germanischen Völkern zuschreibt und der den oft erstaunlich raschen Einstieg in die spätantike und christliche Welt erleichterte. Figuren wie Marbod, Odoaker, Theoderich, Chlodwig und der Trierer Regionalfürst Arbogast, der sich im 5. Jahrhundert in lateinischen Versen feiern ließ, bestätigen dies.

Der Eintritt von Germanen in die römische beziehungsweise provinzial-römische Welt war aber schon früh ein Massenphänomen und damit geschichtsmächtig, denn nach dem archäologisch gesicherten Stande unserer Kenntnis sind bereits seit der Mitte des 4. Jahrhunderts, also lange vor der eigentlichen Völkerwanderung, germanisch-fränkische Gruppen auf gallo-römischem Boden feststellbar. Das für die spätere fränkische Großreichsbildung entscheidende Ethnikum konnte sich also schon lange vor Chlodwig I. († 511) mit spätrömischen Lebensformen vertraut machen. Vor diesem Hintergrund gewinnen die Anfänge des fränkischen Reichsgründers als römischer Regionalkommandant eine neue Bedeutung, denn von einer wirklichen fränkischen »Landnahme« in traditionellem Sinne kann wohl kaum mehr die Rede sein, höchstens von einem Nachrücken fränkischer Gruppen auf gallischen Boden.

Dem kulturellen Hineinwachsen der germanischen Völker in die spätantike Welt war es auch förderlich, daß die lateinische Hochkultur während ihrer Schlußphase in weiten Regionen sowohl quantitativ wie qualitativ große Einbußen erlitten hatte und geschrumpft war. Dies gilt für die Sozialverfassung ebenso wie für das stark reduzierte Städtewesen oder für den Standard literarischer und künstlerischer Leistungen. Die Machtzentren der nachdiokletianischen Militärmonarchie wie Rom, Mailand, Ravenna und Trier, das seit Kaiser Diokletian (284–305) für hundert Jahre Kaiserresidenz und ein blühendes Zentrum spätrömischer Kunst und Rhetorik wurde, wird man von dieser generellen Entwicklung wohl ausnehmen müssen, ebenso die Blüte der Kirchenväter-Literatur und die großartige, wenn auch schwer erkaufte Renaissance Ostroms unter Kaiser Justinian (527–565) und seinen Nachfolgern. In weiten provinzialrömischen Gebieten jedoch, zu denen Gallien sowie die Rhein- und Donaulande gehörten, erleichterten die reduzierten Formen der spätrömischen Zivilisation deren Übernahme durch die Germanen wie später durch die Slawen. Man könnte daher von Assimilation durch beiderseitige Annäherung des kulturellen Niveaus sprechen – vorausgesetzt, man ist überhaupt bereit, grundsätzliche qualitative Unterschiede zwischen Kulturen anzuerkennen, wozu heute verschiedentlich geringe Neigung besteht.

Wie dem auch sei, die Germanen als bleibende und gestaltende geschichtliche Kraft entfalteten sich auf römischem Boden nachhaltig in Spanien und Italien, am intensivsten aber in Gallien und auf den Britischen Inseln. Hier konnten sie nicht mehr, wie in Nordafrika die Wandalen und vorher auf der Apenninenhalbinsel die Ostgoten, durch militärische Anstrengungen beseitigt werden. Man hat daher von einem Übergang von einer »römischen zu einer griechisch-römisch-germanischen« Geschichte gesprochen, in der die europäische Geschichte bereits vorgeformt war; dies allerdings erst in der späteren Wirkung, nicht im bewußten politischen Wollen.

In der Krise des spätantiken Imperiums seit dem 5. Jahrhundert vermochte sich der griechische Osten unter schweren Anstrengungen zu behaupten, während im Westen nach dem Zusammenbruch der justinianischen Restaurationspolitik des 6. Jahrhunderts ein Machtvakuum entstand, das teilweise durch die Kirche und ihre damals entwickelten politischen Herrschaftsformen aufgefüllt wurde, besonders aber durch die Reichsbildungen der Goten und Langobarden in Italien, der Westgoten in Spanien und der Franken in Gallien.

Die Slawen. Zeitlich und vielfach auch räumlich folgte den germanischen Wanderungen die Landnahme der slawischen Stämme auf dem Fuße. Auch ihr Eintritt in den Bannkreis christlich-spätantiker Zivilisation und ihre schrittweise Einbeziehung in die frühmittelalterliche Welt wurde ein wesentliches Signum der europäischen wie deutschen Geschichte. Wie im Falle der Germanen kommen auch bei den Slawen die ersten schriftlichen Nachrichten von »außen«, nämlich aus dem Bereich der griechischen und vor allem der lateinischen Welt. Viele schwierige Probleme der ethnischen Umgliederung eines Großraums, die wir in Frankreich, den Rheinlanden und südlich der Donau immerhin noch mit Hilfe spärlicher Schriftquellen untersuchen können, müssen östlich des Rheins und erst recht östlich von Saale und Elbe fast ausschließlich durch archäologische Befunde und manchmal durch Analogieschlüsse aus west- und südeuropäischen Landschaften mühsam aufgehellt werden. In besonderem Maße gilt dies für die Ethnogenese der Slawen, vor allem für die Frage, ob wir es hier vornehmlich mit einem Entstehungsprozeß im Lande selbst zu tun haben oder ob es eine zahlenmäßig starke slawische Einwanderung aus den Gebieten nördlich und östlich des Karpatenbogens gegeben hat. Die westliche Analogie wären hier die wohl überwiegend germanischen Laeten, die sich im römischen Reichsverband seit den ersten nachchristlichen Jahrhunderten angesiedelt hatten. Nach dem Zusammmmenbruch des machtvollen Überbaues der Reichsverwaltung im 5. Jahrhundert traten sie dann als germanisches Substrat Nordgalliens stärker in den Vordergrund und bewirkten dort wesentlich die ethnisch-sprachliche Umpolung zum Germanischen. Ähnliches hat man auch für die Westslawen als Unterschicht germanischer Völker annehmen wollen, die dann, nach der West- oder Südwanderung der Germanen, als selbständiges Ethnikum ins Licht der Geschichte traten.

Wahrscheinlicher, und durch die archäologische Hinterlassenschaft des sogenannten »Prager Typs« gestützt, ist jedoch die Einwanderung slawischer Völkerschaften in die entstehende breite, mitteleuropäische Pufferzone zwischen dem neuen fränkischen Großreich des Westens und der sich konsolidierenden und erneut im Mittelmeerraum und auf die Balkanhalbinsel ausgreifenden Macht des Oströmischen Reiches. Ähnlich wie es einen komplizierten ursächlichen Zusammenhang zwischen der Westexpansion der hunnischen Herrschaft und der germanischen Wanderbewegung des 5. und 6. Jahrhunderts gibt, war es wohl der Druck der Awaren und anderer asiatischer Reitervölker, der die Slawenen und Anten – also West- und Ostslawen – zum Einzug in eine offenbar bevölkerungsmäßig stark verdünnte mitteleuropäische Zone zwischen Ostsee und Adria zwang. Man hat einerseits ein »Ausstrahlungszentrum« der Slawen in den galizischen Karpaten feststellen wollen, ebenso suchte man sie von Fundgruppen des 6. bis 7. Jahrhunderts im oberen Dnjeprgebiet abzuleiten.

Am wahrscheinlichsten ist wohl die Annahme einer Entstehung des Slawentums im Prozeß seiner Ausdehnung zwischen den östlichen Karpaten und dem Pripjet-Dnjeprgebiet während des 5. Jahrhunderts, analog den gleichzeitigen germanischen Wanderungsbewegungen. Innerhalb der indogermanischen Sprachfamilie gehören die Slawen zu den Trägern der sogenannten satem-Sprachen. Sie standen früh in enger Nachbarschaft zu den Germanen, aber auch zu Skyten, Sarmaten und Balten. Während die östlichen slawischen Stammesgruppen die Mischwaldzone Ostmitteleuropas besiedelten und bis zur Ostsee und nach Ostholstein gelangten, wanderten die Westslawen über die Weichsel in das von Germanen aufgegebene Gebiet und drangen über Oder, Elbe und Saale bis Thüringen und im Südwesten nach Böhmen-Mähren vor. Slawische Verbände übernahmen seit dem 6. Jahrhundert als Limitantruppen den Grenzschutz für Byzanz an der unteren Donau, schoben sich dann weiter nach Westen und stießen nach 572/79 bis Binnennoricum vor, wo ihnen 591 der Bayernherzog Tassilo I. mit einem Heer erfolgreich entgegentrat. Jedoch schon 595 siegten die Slawen nach dem Bericht des langobardischen Chronisten Paulus Diaconus mit Hilfe eines awarischen Häuptlings über die Bajuwaren, 610 besiegten sie Garibald II., den Sohn Herzog Tassilos, bei Aguntum (Dölsach bei Lienz), konnten aber bald darauf von den Bayern geschlagen werden. Ihr Vorrükken kam im Pustertal und im gesamten Ostalpenbereich damit endgültig zum Stehen. [...]

Das antike Erbe. Mit der Siedlung der Slawen in Südost- und Mitteleuropa seit dem Ende des 6. Jahrhunderts können wir gleichsam schon die ethnischen und kulturellen Bestandteile dessen fassen, was später, integriert und teilweise stark verwandelt, die Völkerwelt des europäischen Mittelalters heißen sollte. Ausgangspunkt der Entwicklung ist das Traditionsgut einer christlich gefilterten, griechisch-römischen Antike, dann das lateinische und byzantinische Christentum, das seine Theologie und eine erstaunlich krisenfeste Kirchenverfassung ausbildete, und schließlich die germanische und slawische Welt selbst, die in einem mühsamen und katastrophenreichen Prozeß zur politisch-kulturellen Teilhabe an diesem immer noch reichen Erbe gelangte. Parallel dazu und in enger Wechselwirkung vor allem mit den Germanen gliederte sich die lateinische Spätantike in die romanische Völkerwelt auf, welche die große Vermittlerin antik-christlicher Gesittung wurde. Der Begriff des kulturellen Erbes muß aber dabei durchaus problematisch gesehen werden, denn die Kirche konnte um ihres Selbstverständnisses willen die Inhalte der heidnischen Antike nur in Auswahl übernehmen und scheute sich nicht, radikale Abstriche zu machen, ja, sie beendete sogar bewußt und abrupt viele nicht-christliche Traditionsstränge. Besonders das Mönchtum als radikalster Teil der Gesamtkirche ging dabei manchmal bis an die Grenze grundsätzlicher Kulturfeindlichkeit. Wenn dennoch in den Skriptorien der Klöster die meisten antiken Texte bewahrt, sorgfältig abgeschrieben und damit dem Mittelalter überliefert wurden, so ist dies ein Paradoxon, das nur teilweise mit dem Zwang der nichtromanischen Völker zu erklären ist, Latein, die heilige Sprache der Vulgata und der Kirchenväter, als »erste Fremdsprache« erlernen zu müssen.

Rom und das Papsttum. Rom und das Papsttum gerieten durch den erzwungenen Rückzug von Byzanz aus dem Großteil der Apenninenhalbinsel zwar in eine militärisch gefährliche Krise, doch sollte man dabei nicht übersehen, daß das entstandene Machtvakuum, selbst unter der ständigen Drohung der langobardischen Herrschaft in Italien, zugleich ein Chance war, die das Kirchenoberhaupt des Westens, anders als die Patriarchen des griechischen Ostens, zu einer weltgeschichtlichen Größe werden ließ. Die Schlüsselfigur war hier Papst Gregor der Große (590–604), in dessen Pontifikat Bedrohung und zukunftsträchtige Chance sich wohl am sinnfälligsten darstellten. In Gregor personalisierte sich gleichsam ein Hauptproblem des Übergangs zwischen Antike und Mittelalter: die vieldiskutierte Frage der Kontinuität zwischen beiden Epochen. Daß dieses Problem erst in den letzten Jahrzehnten ernstlich und in allen Teilbereichen untersucht worden ist, hängt unter anderem mit einer gröblichen Unterschätzung der geistigen und politischen Leistungen der christlichen Spätantike zusammen, besonders mit der ideologisch bedingten Verkennung der zentralen Rolle, die die Kirche als geistliche und politisch-materielle Macht in diesem umfassenden, wenn auch regional sehr verschieden verlaufenden Transformationsvorgang gespielt hat. Seit Edward Gibbons berühmter »History of the decline and fall of the Roman Empire« (1776/88) war es gang und gäbe geworden, dem Christentum ein gerütteltes Maß von Schuld am Untergang des religiös toleranten römischen Weltreiches und seiner Bücher- und Bilderherrlichkeit beizumessen. Geistvoll und böse zugespitzt findet sich dieses angebliche »Schuldkonto« des Christentums bei Friedrich Nietzsche. In andere Begründungszusammenhänge führte die Germanophilie des ausgehenden 19. und des 20. Jahrhunderts; sie trug viel dazu bei, aus der Epochengrenze zwischen Altertum und Mittelalter eine sowohl ethnische wie moralische Trennungslinie zu machen. Diese konnte gar nicht schroff genug sein, da man jenseits jener Grenze, in der Spätantike, nur eine absterbende, faulende, kranke Gesellschaft sah, diesseits aber ein jugendfrisches, der Freiheit zugewandtes und zukunftsträchtiges Germanentum, das zu Recht mit dem militaristischen Zwangsstaat Schluß gemacht habe. Erstaunlich, wie dieses ideologische Modell auch noch heute unterschwellig in manchen Darstellungen weiterlebt. Geht man diesem Gedanken etwas nach, daß – trotz Völkerwanderung, Bevölkerungsrückgang und Rebarbarisierung – mit dem Germanentum ein weltgeschichtlicher Fortschritt zu konstatieren sei, dann stößt man letztlich auf Hegels dialektisches Fortschrittsschema als säkularisiertes, christliches Grundmuster einer zielgerichteten, einheitlichen Menschheitsgeschichte. Im Nebenschluß hatte dieses Festhalten an der Fortschrittsidee die Wirkung, daß man die Kirche gleichsam zum zweitenmal neu beginnen ließ, nämlich als treue Begleiterin der jungen germanischen Völker, obwohl gerade sie das vitalste und kostbarste Geschenk der Spätantike an die mittelalterliche Welt war. [...]

Regionale Unterschiede. Die Geschichte der spätantiken Bistümer, Archäologie, Ortsnamen- und Kulturraumforschung sowie die Rechtsgeschichte haben inzwischen gezeigt, daß der Übergang vom Altertum zum Mittelalter nicht nur ein chronologisches, sondern auch ein regionales Problem war. Die Wiedereroberungskriege der justinianischen Feldherrn Belisar und Narses stellten für Italien eine ebenso empfindliche Zäsur dar wie die gotische und später die langobardische Inbesitznahme des Landes. Spanien erlebte als westgotisches Königreich eine christlich-antike Spätblüte seiner Kultur, die mit der islamischen Eroberung 711 schwere Verluste erlitt, aber dennoch fortwirkte. Die Provence büßte erst am Beginn des 8. Jahrhunderts ihre spätantike urbane Verfassungs- und Verwaltungsorganisation ein, und zwar gleichermaßen durch arabische Invasionen wie durch die Wiedereroberungskriege Karl Martells. Erst seit diesem Zeitpunkt verlor Südgallien mit den städtischen Institutionen sein gallorömisches, antikes Gepräge und wurde eine frühmittelalterliche Region des Frankenreiches. Im viktoridischen Churrätien überdauerte bis zur Zeit Karls des Großen eine Regionalherrschaft, die typologisch eher der Spätantike als dem Frühmittelalter zuzurechnen ist. Im Südosten unterbrach erst die slawische Einwanderung des späten 6. und 7. Jahrhunderts die bislang vorhandene kulturelle Berührung und regionale Kommunikation zwischen Romanen und Griechen. Dabei ist aber festzuhalten, daß die militärische und politische Eroberung und herrschaftliche Neuorganisation Südosteuropas durch die Slawen erst allmählich in einem jahrhundertelang währenden Einschmelzungsprozeß auch zur durchgehenden Slawisierung dieses Großraumes führte und daß es sehr lange ein Nebeneinander von Tributherrschaften und Beutegemeinschaften von Slawen und Romanen gegenüber den Byzantinern gegeben haben muß. Eine frühe serbische Regionalherrschaft im Hinterland der süddalmatinischen Küste hatte beispielsweise in der Stadt Doclea ihr Zentrum, wo die Romanen noch lange nach der slawischen Einwanderung die Mehrheit bildeten. Vor dem Hintergrund einer langwierigen, regional sehr verschieden verlaufenden Slawisierung kann es daher auch nicht mehr so überraschend sein, daß sich Albaner und Rumänen bis heute als zwei ethnische Elemente aus vorslawischer Zeit auf dem Balkan erhielten. In der Mehrzahl freilich sind die romanischen Sprachregionen vor allem der fruchtbaren Flußebenen auf ähnliche Weise vom hinzugekommenen slawischen Bevölkerungselement überformt und eingeschmolzen worden wie die Romanen im Westen. Wenn man daher auch der slawischen Einwanderung eine gewichtige, wenn

auch mittelbare Rolle für die Trennung und Auseinander-
entwicklung von lateinischem Westen und griechischem
Osten wird zuschreiben müssen, so sollte man doch äußer-
ste Skepsis gegenüber bis heute vertretenen Lehrmeinungen
bewahren, wonach die slawische Landnahme durch besonders gründliche Zerstörungen einen stärkeren Kulturbruch
zwischen Antike und Mittelalter herbeigeführt habe als die
germanischen Wanderungen des 5./6. Jahrhunderts im Orbis
Romanus.

Die islamische Welt. Das Problem von Kontinuität und Kulturbruch stellt sich erneut für die Rolle des Islam beim Auf-
bau der mittelalterlichen Welt. Weitgehend aufgegeben ist
heute Pirennes Meinung, die rasche islamische Eroberung des
südlichen Mittelmeerbeckens habe die alte mediterrane Ver-
kehrs- und Wirtschaftseinheit nachhaltig zerstört, damit aber
auch die ökonomische Basis der merowingischen Königsherrschaft, wodurch wiederum die landsässigen Karolinger
an die Macht gekommen seien. Dennoch bewirkte der Sieges-
zug des Islam, das heißt eine explosionsartig sich ausbreiten-
de religiöse Revolution, wohl den tiefsten Einschnitt zwischen der das gesamte Mittelmeer umfassenden Antike und
dem auf Europa beschränkten Mittelalter. Dies gilt sowohl
politisch wie religiös und kulturell, gingen doch dabei weite
Gebiete, die einst für die Entfaltung des Christentums große
Bedeutung hatten, unwiderruflich verloren. Es waren dies
unter anderem die Wirkungsstätten eines Clemens von Alexandrien, eines Cyprian, Origenes und Augustin, und die Ge-
burtslandschaften des Mönchtums in Syrien, Mesopotamien,
Palästina und Ägypten. Byzanz konnte sich auf einem enger
gewordenen Territorium schließlich behaupten, das Franken
im Westen vermochte sogar nach dem Abwehrkampf von
Tours und Poitiers 732 die arabischen Einbrüche bis über die
Pyrenäen hinweg wieder zu beseitigen. Dennoch bleibt bestehen, daß der Islam den politisch-kulturellen Zusammenhang zwischen dem byzantinisch-griechischen und dem

westlich-lateinischen Kulturbereich empfindlich unterbrach. Bis zum 8. Jahrhundert verlor damit die christliche Religion etwa die Hälfte ihres Wirkungsbereiches an den Islam.

Man hat im Hinblick auf die germanisch beherrschten Nachfolgestaaten des Imperium Romanum das Bild geprägt, der »alte Palazzo« sei in Wohnungen aufgeteilt worden, bestehe aber als Bauwerk weiter. Vom Südrand des Mittelmeerbeckens wird man dies nach den arabischen Eroberungen des 7. und 8. Jahrhunderts nicht mehr behaupten können, denn hier entstand trotz der religiösen und bald auch der politischen Spaltungen im Islam ein weitgehend neues Gebäude, in dem zwar viele wichtige Bausteine des »alten Palazzo« mitverwendet worden sind, das aber dennoch durch eine neue Religion und eine andersartige, religiös geprägte Gesellschaftsordnung ein Gebilde wesentlich anderer Art war. Gegenüber dem europäischen Christentum, das von der christlichen Antike vor allem das theologisch-philosophische Lehrgebäude, die Hierarchie und Elemente der Staatlichkeit und Verwaltungspraxis übernommen hatte, beerbte die arabisch-islamische Welt die Antike zuerst vornehmlich im Bereich der praktischen Wissenschaften, vor allem in der Medizin, der Mathematik und der Technik. Da der Islam viele lebendige Zentren spätantik-christlicher Kultur in Afrika und Kleinasien übernahm, wird man nach Quantität und Qualität den Anteil der antiken Kultur im islamischen Kulturerbe höher veranschlagen müssen als Ausmaß und Intensität desselben Erbes in West- und Mitteleuropa. Man meinte sogar, es sei eine einheitliche christlich-islamische Kultur des Mittelalters entstanden, die als der eigentliche legitime Fortsetzer der christlich-hellenischen Kultur der Antike zu gelten habe. Doch wird dabei übersehen, daß sich der Islam subjektiv als völlig andere, durch eine neue Religion legitimierte Kultur sah, während sich das europäische Mittelalter immer als Fortsetzung und Erbe der christlichen Antike seit Konstantin dem Großen fühlte. So ist es also nur scheinbar paradox, daß sich die islamische

Welt trotz der Einverleibung eines im einzelnen viel reicheren antiken Kulturerbes eben doch nicht als Erbe dieser antiken Hochziviliation empfand.

Christentum und Islam standen jedoch beide vor dem schwierigen Problem, ob und in welcher Weise Inhalte und Traditionen der heidnischen Antike aufgenommen und ohne ideologischen Schaden in das eigene Weltbild eingefügt werden konnten. Dies gilt etwa für den wichtigen Bereich der Aristoteles-Rezeption, die im westislamischen Bereich besonders intensiv war, dort schon früh die Abwehr der religiösen islamischen Orthodoxie auf den Plan rief und dann im Hochmittelalter durch arabische Vermittlung in den europäischen Bildungszentren ähnliche Probleme und Reaktionen aufwarf.

Für das Frühmittelalter gilt hingegen, daß im 8./9. Jahrhundert zwischen der arabischen Welt, dem karolingisch-päpstlichen Abendland und Byzanz eine Art von politisch-militärischem Gleichgewichtszustand erreicht war, der allerdings immer seine kritischen Punkte und Zonen hatte.

Edith Ennen

Wilder Stolz: Merowingische Königinnen

Im fränkischen Reich stand das Königtum dem Haus der Merowinger zu. Erbberechtigt war nur der Mannesstamm; eine feste Thronfolgeordnung gab es nicht. Das Reich wurde geteilt, den ersten Anspruch hatten die volljährigen Söhne des verstorbenen Herrschers, doch auch die Friedelkinder und Unehelichen hatten ein gewisses Erbrecht; es bedurfte der Bestätigung durch den Vater. Auch Brüder des verstorbenen Königs kamen als Thronerben in Betracht. Als Chlothar I. 561 starb, hinterließ er vier Söhne, unter die das

Reich aequa lancea geteilt wurde, wobei auch zu berücksichtigen war, daß jeder Merowinger als Frankenkönig einen Anteil an der Francia – am nordgallischen Raum – erhalten mußte. So erhielt Charibert Paris, Guntram Orléans, Sigibert I. Reims und Chilperich I. Soissons. Als Charibert schon 567 starb, wurde eine Dreiteilung geschaffen, die Hauptstadt Paris kam unter gemeinsame Herrschaft.

Die Ehefrauen der Merowinger kamen entweder aus anderen Königshäusern oder aus Magnatenfamilien oder auch aus dem Gesinde. Die Ehen mit Königstöchtern waren Muntehen, die königliche Gattin konnte auch nicht entlassen werden. Die Merowinger hatten zwar recht viele Frauen, aber sie führten nicht mehrere Muntehen nebeneinander. Die Königinwitwe spielte, wenn sie am Hof blieb, oft eine sehr gewichtige Rolle. Das muß man wissen, um den Bruderkrieg zu verstehen, der unter den Söhnen Chlothars entbrannte und an dem Frauen verhängnisvollen Anteil hatten. Gregor von Tours erzählt: »Als nun König Sigibert sah, daß seine Brüder sich Weiber wählten, die ihrer nicht würdig waren, und sich so weit erniedrigten, selbst Mägde zur Ehe zu nehmen, da schickte er eine Gesandtschaft nach Spanien und freite mit reichen Geschenken um Brunichilde, die Tochter König Athanagilds. Denn diese war eine Jungfrau von feiner Bildung, schön von Angesicht, züchtig und wohlgefällig in ihrem Benehmen, klugen Geistes und anmutig im Gespräch. Der Vater aber versagte sie ihm nicht und schickte sie mit großen Schätzen dem Könige. Der versammelte die Großen seines Reichs, ließ ein Gelage anrichten, und unter unendlichem Jubel und großen Lustbarkeiten nahm er sie zu seinem Gemahl. Und da sie dem Glauben des Arius ergeben war, wurde sie durch die Belehrung der Bischöfe und die Zusprache des Königs selbst bekehrt, glaubte und bekannte die heilige Dreieinigkeit und wurde gesalbt.« – Die Salbung bezeichnet die Aufnahme Irrgläubiger in die rechtgläubige Kirche. – »Und bis auf den heutigen Tag verharrt sie in Christi Namen im katholischen Glauben.

Als König Chilperich dies sah, freite er, obschon er bereits mehrere Weiber hatte, um Galsvintha, Brunichildens Schwester, wobei er durch seine Gesandten versprach, die anderen Weiber zu verlassen, wenn er nur ein ihm ebenbürtiges Königskind zur Ehe empfinge. Der Vater glaubte diesen Versprechungen und übersandte ihm seine Tochter gleich wie die frühere mit reichen Schätzen. Galsvintha war aber älter als Brunichilde. Und als sie zum König Chilperich kam, wurde sie mit großen Ehren aufgenommen und ihm vermählt; auch wurde sie von ihm mit großer Liebe verehrt. Sie hatte nämlich große Schätze mitgebracht. Sie trat auch zur rechtgläubigen Kirche über und wurde gesalbt. Aber des Königs Liebe zu Fredegunde, die er schon früher zum Weibe gehabt hatte, brachte schweren Streit zwischen ihnen. Galsvintha beklagte sich beim König über die Kränkungen, die sie unaufhörlich zu ertragen habe, und daß sie bei ihm nichts gelte, daher bat sie, er möge die Schätze behalten, welche sie mit sich gebracht habe, aber sie selbst frei in ihr Vaterland heimziehen lassen. Der König aber ging heimtückischerweise nicht darauf ein, sondern begütigte sie durch sanfte Worte. Endlich ließ er sie durch einen Dienstmann erdrosseln und fand sie tot in ihrem Bette... Der König aber nahm, als er die Tote beweint hatte, nach wenigen Tagen abermals Fredegunde zu seinem Gemahl.« Eine solche gewaltsame Beseitigung einer Königin war bei den Merowingern immerhin selten; schuld war die verzehrende Leidenschaft des Königs für Fredegunde, die zum Gesinde seiner früheren Gemahlin Audovera gehört hatte.

Die Ermordung Galsvinthas war neben den territorialen Auseinandersetzungen eine wesentliche Ursache des nun in voller Schärfe ausbrechenden Konfliktes zwischen Sigibert und Chilperich; er endete 575 mit der Ermordung Sigiberts auf Anstiften der Fredegunde: »Als Sigibert nach dem Hofe kam, der Vitry genannt wird – bei Arras –, sammelte sich um ihn das ganze Heer der Franken, hob ihn auf den Schild und setzte ihn sich zum König. Da drängten sich zwei

Dienstleute, welche die Königin Fredegunde berückt hatte, mit tüchtigen Messern, die man Scramasax nennt und die vergiftet waren, an ihn heran, als ob sie ihm eine Sache vorzutragen hätten, und stießen sie ihm in beide Seiten. Da schrie er laut auf, stürzte zusammen und hauchte nicht lange danach den letzten Atem aus.« Brunichilde war zu dieser Zeit mit ihren Kindern in Paris. Herzog Gundowald, ein Gegner Chilperichs, rettete den fünfjährigen Sohn Sigiberts, Childebert II., aus Paris, während Brunichilde selbst zunächst in die Gefangenschaft Chilperichs geriet, sich aber 577 in das Herrschaftsgebiet ihres Sohnes flüchten konnte. Zwischen Brunichilde und Fredegunde herrschte der blanke Haß; Brunichilde hatte aber nicht gedungene Mörder beauftragt, und sie hatte auch ein eigenes politisches Konzept; die ehemalige westgotische Prinzessin hatte ein anderes Verhältnis zur Macht, einen anderen politischen Stil als die von der Dienstmagd zur Königin steil aufgestiegene Fredegunde, die »regina pulchra et ingeniosa nimis et adultera.« Brunichilde veranlaßte ein Bündnis mit König Guntram, wurde aber von einer Aristokratengruppe in der Champagne und an der Maas, deren Kopf der Metropolit Aegidius von Reims war, ausgeschaltet; diese Großen nahmen freundschaftliche Beziehungen zu Chilperich auf. Doch gelang es Brunichilde, dieses Bündnis zu Fall zu bringen. Im Herbst 584 wurde Chilperich, der »Nero und Herodes unserer Zeit«, wie Gregor ihn nennt, ermordet. Gregor kreidet ihm unter anderen gewichtigeren Missetaten an, daß in zwei von ihm verfaßten Büchern die Verse »lahm« sind; sie »können nicht auf ihren Füßen stehen, denn aus Unkenntnis setzte er kurze Silben statt langer und lange statt kurzer«. Immerhin – er hatte gewisse literarische Interessen und war wohl der wendigste Politiker unter seinen Brüdern gewesen. Jetzt gewann König Guntram von »Burgund«, wie sein Reichsteil später genannt wurde, das Übergewicht; er nahm Fredegunde und ihren drei Monate alten Sohn Chlothar unter seinen Schutz und legte die Hand auf Paris. Die Alleinherrschaft hat er aber nicht erstrebt, er respektierte die Regierung Childeberts und die Regentschaft für Chlothar. Allerdings verschlechterten sich bald seine Beziehungen zu Fredegunde. 585 und 586 wurden Childebert die Söhne Theudebert und Theuderich geboren. Im Vertrag von Andelot 587 wurden die Streitfragen mit Childebert II. geregelt. Die beiden Höfe – Paris-Reims – vereinbarten auch eine Ausschaltung der Guntram feindlich gesinnten Großen des Ostlandes, Austrien. Es war dieselbe Gruppe, die auch Brunichilde reserviert bis feindlich gegenüberstand. Die Aktion fand ihren Abschluß in dem Prozeß gegen den Metropoliten Aegidius von Reims. Dieser gemeinsame Sieg Guntrams und Brunichildis' war zugleich ein Sieg des monarchischen Prinzips. Das bald »Neuster« genannte Reich der Chilperichfranken war jetzt räumlich stark eingeengt; Fredegunde spielte da eine ziemliche Rolle, war aber in einer schwierigen Lage, bis sie sich 591 mit Guntram aussöhnte, mit dem sie sich entzweit hatte. Als Guntram 593 starb, trat Childebert II. sein Erbe an, starb aber bereits 596 im Alter von 26 Jahren. Das Zeitalter Brunichildes brach an. Ihr Enkel Theudebert II. folgte im Ostreich, Theuderich II. in »Burgund«. Die Opposition der austrasischen Großen wuchs wieder an. 597 starb ihre Todfeindin Fredegunde. Brunichildis' Enkel besiegten Fredegundes Sohn Chlothar II. Die austrasische Adelsopposition hat vielleicht Brunichilde veranlaßt, ihre politischen Ziele, die Einheit des Reiches herzustellen und die Monarchie zu festigen, nicht mit Theudebert, dem Herrschaftsnachfolger ihres verstorbenen Gemahls Sigibert, sondern mit Theuderich, dem Nachfolger Guntrams, zu verfolgen. Sie bediente sich dabei des Senatorenadels, ernannte gegen den Widerstand der fränkischen Großen den Romanen Protadius zum Hausmeier Theuderichs und nach dessen Ermordung den Römer Claudius. Im Bruderkrieg zwischen ihren Enkeln siegte Theuderich und nahm Theudebert gefangen; er wurde mit seinem Sohn nach Chalon gebracht, wo beide umgekommen sind, nachdem Brunichilde vergeblich versucht hatte, durch eine Klosterhaft des Enkels und Urenkels das Schlimmste zu verhindern. Theuderich rüstete nun zum Kampf mit Chlothar II., starb aber, 27 Jahre alt, 613 in Metz. Ein schwerer Schlag für Brunichilde. Sie ließ sofort den elfjährigen Sohn Theuderichs, Sigibert II., zum König erheben. Das bedeutete praktisch eine lange Regentschaft der alten Königin und stieß auf einmütigen Widerstand der Großen. Sie riefen Chlothar II. ins Land. Das Heer, das Brunichilde Fredegundes Sohn entgegenstellte, löste sich kampflos auf. Brunichilde floh, wurde aber gefangengenommen und Chlothar ausgeliefert. Er ließ sie auf ein wildes Pferd binden und zerreißen. »Ihr Grab war das Feuer, ihre Gebeine wurden verbrannt.« »Der Tod dieser Westgotin«, sagte Steinbach, »die mit Hilfe von Nachfahren römischer Senatoren eine neue Zentralregierung zu schaffen versucht hatte, war das grausige Ende der Bemühungen, von Burgund her das Reich zu erneuern. Der Versuch ist am Widerstand des burgundisch-austrischen Adels gegen die Königsherrschaft gescheitert.«

Schicksale merowingischer Königinnen. Wir halten fest, daß ihre mitunter entscheidende politische Einflußnahme zu Lebzeiten des Gatten nicht auf einer verfassungsrechtlichen Position beruhte; als Königinwitwe-mutter-großmutter, also als Regentin und Vormund, vermochten starke Frauen durchaus sich durchzusetzen.

Eine ganz andere friedliche Welt des Gebets und der guten Werke scheint sich uns aufzutun, wenn wir uns jetzt nach Poitiers begeben, in das von der hl. Radegundis gestiftete Kloster Sainte-Croix. Als Chlothar I., der Vater von Charibert, Guntram, Sigibert und Chilperich, im Jahre 531 den Thüringerkönig Herminafrid besiegte, führte er dessen Nichte Radegundis als Gefangene mit sich und nahm sie zur Frau. Als er ihren Bruder ungerechterweise hatte töten lassen, zog sie sich in das von ihr gestiftete Kloster zum Hl. Kreuz in Poitiers zurück. Es wohnten dort etwa 200 Nonnen. Das Kloster lag dicht bei der Stadtmauer; jenseits der Mauer erbaute Radegundis eine Marienkirche, in der sie ihr

Grab fand, heute ist es die Kirche Sainte Radegonde. Dort siedelte sie zur geistlichen Betreuung des großen Klosters Mönche an. Ihr Kloster unterstand zunächst dem Ortsbischof. Radegunde hatte es wegen Mißhelligkeiten mit dem Bischof dann dem Schutz des Königs unterstellt. Nach ihrem Tod erwirkte der Bischof eine Verfügung König Childeberts, daß ihm die Aufsicht über das Kloster zustehen solle. Das spielt auch bei dem gleich zu schildernden Klosterstreit eine Rolle. Die in ihrem leidvollen Lebensschicksal gereifte Radegunde blieb auch in der maßvollen Askese ihres Klosterlebens an weltlichen Dingen – den politischen Ereignissen am Königshof – interessiert und sah – wie so viele fromme Frauen nach ihr – im Kloster einen Hort der Bildung; sie hat den Dichter Venantius Fortunatus nach Poitiers gezogen. Er stammte aus Venetien, verfügte noch über die Bildung der alten Rhetorenschulen und war 565 an Sigiberts Hof gekommen, wo man viel Gefallen an seiner – uns in vielen Produkten maniert anmutenden Poesie – fand. Da wo sein Gefühl und Erleben wirklich beteiligt waren, gelang ihm echte Dichtung. So schrieb er im Namen Radegundens an ihren in Konstantinopel lebenden Vetter, den letzten Sproß der thüringischen Königsfamilie, eine ergreifende poetische Epistel über den Untergang des thüringischen Reiches. Auch der beklagenswerten Galsvintha widmete er ein langes Gedicht. Er hat auch eine Biographie Radegundens verfaßt. Sie starb 587; Gregor von Tours selbst war bei ihrem Begräbnis zugegen und hat die Wunder aufgezeichnet, die damals geschahen. Hier erschließt sich uns wirklich eine andere Welt: ein später Abglanz antiker Bildung, eine frühe Blüte christlicher Gesittung.

Leider blieb auch diese Oase nicht verschont von der Wildheit der Zeit. Nach dem Tod der Radegundis brach in ihrem Kloster Hader und Zwietracht aus. Zwei merowingische Prinzessinnen, Chrodechildis, eine Tochter Chariberts, und Basina, eine Tochter Chilperichs, waren in das Heiligkreuzkloster eingetreten, Basina unfreiwillig. Zur Nonne waren beide ungeeignet; vor allem Chrodechildis in ihrer ungezügelten barbarischen Wildheit, durchdrungen vom Stolz auf ihr Merowingerblut. Sie entfesselte nach dem Tod der Radegundis einen wahren Aufruhr gegen die Äbtissin Leubowera, die aus adligem, aber nicht königlichem Geschlecht war. Sie verführte ihre Cousine Basina und 40 Nonnen mitzumachen; sie mußten ihr schwören, Leubowera zu vertreiben. Chrodechilde und ihr Anhang zogen aus dem Kloster Ste. Croix aus nach St. Hilaire, sie widersetzten sich gewalttätig bischöflicher Vorladung und allen Zurechtweisungen. Der Streit schwelte lange, bis es zur Eskalation kam. Gregor hat die Schlußphase wieder farbenreich geschildert: »Das Ärgernis aber, das in dem Kloster zu Poitiers aus der Saat des Teufels erwachsen war, erhob sich täglich zu größerem Übel; denn nachdem Chrodechilde ... Mörder, Giftmischer, Hurer, Landflüchtige und Verbrecher anderer Art um sich gesammelt hatte und zum Aufruhr bereit saß, gab sie jenen Leuten Befehl, bei Nacht in das Kloster einzubrechen und die Äbtissin mit Gewalt fortzuschleppen. Diese hörte aber den herankommenden Aufruhr und verlangte, man solle sie zu der Lade des heiligen Kreuzes tragen – denn sie litt an Gichtschmerzen –, damit sie durch dessen Beistand geschützt würde. Als aber die Männer einbrachen, zündeten sie eine Kerze an und liefen mit ihren Waffen überall in dem Kloster umher und suchten die Äbtissin. Da sie aber in die Kapelle kamen, fanden sie sie vor dem Schrein des heiligen Kreuzes am Boden liegen. Und einer von ihnen, der noch schlimmer war als die übrigen, machte sich schon bereit, die Greueltat zu begehen, um die Äbtissin mit einem Schwerte zu zerhauen, als ein anderer ihn, ich glaube mit Beistand der göttlichen Vorsehung, mit seiner Klinge durchbohrte. Da das Blut hervorströmte und er zu Boden stürzte, konnte er den Vorsatz nicht ausführen, den er in seinem verruchten Sinne gefaßt hatte. Inzwischen bedeckten die Pröpstin Justina« – sie war eine Nichte Gregors; seine Informationen stammen also direkt aus dem Kloster, kommen aber von einer Partei – »und die anderen Schwestern die Äbtissin mit der Decke des Altares, der vor dem heiligen Kreuze stand, und löschten die Kerze aus. Aber jene kamen mit gezückten Schwertern und Lanzen, zerrissen ihr das Kleid, zerfleischten den Nonnen beinahe die Hände und ergriffen die Pröpstin, da es dunkel war, anstelle der Äbtissin ...« Schließlich brachte diese Räuberhorde die Äbtissin – die Pröpstin ließen sie los, als sie ihren Irrtum erkannten – in Haft und plünderte das Kloster aus. Der Aufstand griff immer weiter um sich, so daß der König schließlich eine Bischofskonferenz einberief, die diese Untaten durch kirchenrechtliche Strafe abstellen sollte. Es nahm übrigens auch der Bischof Eberegisel von Köln daran teil, so weite Kreise zog diese Geschichte. Die Bischöfe verlangten zunächst, daß der Aufruhr durch den zuständigen Amtsträger des Königs, den Grafen Macco von Poitiers, unterdrückt würde. Chrodechilde trat den Leuten des Grafen mit dem Kreuz des Herrn, »dessen Wunderkraft sie früher verachtet hatte«, entgegen mit den Worten: »Braucht, ich erfordere euch, keine Gewalt gegen mich, die ich eine Königin bin, eines Königs Tochter und die Base eines anderen Königs; tut es nicht, es möchte sonst einst die Zeit kommen, da ich mich an euch räche«. Der Aufstand wurde aber mit roher Gewalt unterdrückt. Der Äbtissin wurde vor dem bischöflichen Gericht unter anderen Anklagen, die sie zurückweisen konnte, vorgeworfen, sie habe am Brett mit Würfeln gespielt, weltliche Personen hätten mit ihr geschmaust, ja, es sei sogar eine Verlobung in dem Kloster gefeiert worden; ferner habe sie sich unterstanden, ihrer Nichte von einer schwerseidenen Altardecke Kleider machen zu lassen, die goldenen Blättchen, welche am Saume der Decke gewesen seien, abzuschneiden, auch habe sie dieser Nichte aus Prunksucht eine mit Gold verzierte Kopfbinde anfertigen lassen ... Die Äbtissin antwortete in bezug auf das Brettspiel, wenn sie bei Lebzeiten der heiligen Radegunde gespielt habe, so treffe sie deshalb geringere Schuld, auch verböten weder die Regeln noch die Kirchengesetze ausdrücklich das Spiel. Aber auf den Befehl der Bischöfe hin versprach sie, willig und reuig die Buße zu leisten, die ihr auferlegt würde. Was die Schmauserein beträfe, sagte sie, so habe sie keine neue Sitte im Kloster eingeführt, sondern es so gehalten, wie es zu Zeiten der heiligen Radegunde üblich gewesen, sie habe christlich gesinnten gläubigen Personen geweihtes Brot verabreicht, die sog. Eulogien, daß sie selbst mit ihnen jemals geschmaust habe, könne man ihr nicht nachweisen. Wegen der angeführten Verlobung gab sie an, sie habe in Gegenwart des Bischofs, der Geistlichkeit und angesehener Leute den Brautschatz für ihre Nichte, die eine Waise sei, empfangen – das bedeutet, daß sie als »Muntwalt« der Nichte tätig geworden ist –, erklärte aber, wenn dies ein Vergehen sei, so wolle sie vor allen um Verzeihung bitten; aber ein Gelage habe sie auch dabei im Kloster nicht angestellt »... wegen der Altardecke ... stellte sie eine Nonne von edler Geburt als Zeugin, daß diese ihr einen schwerseidenen Überhang, den sie von ihren Eltern mitgebracht, zum Geschenk gegeben habe, davon habe sie ein Stück abgeschnitten, um es nach ihrem Belieben zu verwenden; von dem übrigen habe sie, soviel dazu erforderlich gewesen sei, als Decke zum würdigen Schmuck des Altars verwendet, den Rest aber ... ihrer Nichte als Purpurbesatz an das Kleid gemacht; wegen der goldenen Blättchen und der mit Gold verzierten Stirnbinde stellte sie den Grafen von Poitiers als Zeugen, daß sie durch ihn von dem Bräutigam der Nichte zwanzig Goldgulden empfangen habe, davon habe sie dies bestritten ...« Daraufhin wurde sie mit einer väterlichen Ermahnung bedacht. Das Gericht der Bischöfe schloß hingegen Chrodechilde und Basina aus der Kirchengemeinschaft aus. Basina bereute, Chrodechilde blieb uneinsichtig; auf Bitten des Königs wurden sie aber wieder in die Kirchengemeinschaft aufgenommen, Basina kehrte ins Kloster zurück, Chrodechilde wurde ein ihr seinerzeit vom König geschenkter Hof zum Aufenthalt angewiesen.

Aus der Vita der heiligen Radegundis und unserem voraufgehenden Bericht erfahren wir, daß die merowingischen Königinnen Purpurgewänder und reichen Schmuck trugen. Wie kostbar Kleidung und Schmuck waren, haben uns die Ausgrabungen unter St. Denis und unter dem Kölner Dom gezeigt. 1959 wurde unter dem Mittelschiff der heutigen Kirche St. Denis – ein Bau aus dem 13. Jahrhundert – das Grab der Königin Arnegundis entdeckt, auch sie eine Frau Chlothars I. und die Mutter Chilperichs. Sie trug ein Hemd aus feinem Leinen, darüber ein Kleid aus violetter Seide, beides reichte nicht ganz bis zu den Knien; sie trug Leinenstrümpfe, die von kreuzweise um die Waden gelegten Riemen gehalten wurden. Über das Kleid fiel eine lange Tunika von rotbrauner Seide, die fast bis zu den Füßen reichte und vorne in ganzer Länge offen war. An der Hüfte wurde das Kleid durch einen Ledergürtel zusammengehalten, der mit zwei Reihen ausgeschnittener Dreiecke, durch die vergoldete Lederstreifen durchgezogen waren, verziert war. Am Hals fanden sich zwei goldende Scheibenfibeln mit eingelegten Almandinen. Sie hielten die Tunika zusammen, die sich unten öffnete, so daß man das violette Kleid, die verzierten Riemenzungen der Strumpfbänder und die Schuhgarnitur sehen konnte. Auf der linken Brust war eine sehr lange Nadel aus Silber und Gold durch die Tunika gesteckt. Die Tunika war mit einem feinen Stoff abgefüttert; ihre langen Ärmel waren oberhalb der weiten Ärmelöffnung mit einem Streifen roten Satins geschmückt, der mit Rosetten und Dreiecken aus Goldfäden bestickt war. Die Schuhe aus dünnem Leder wurden durch kreuzweise gelegte Riemen gehalten, die mit einer silbervergoldeten Schnallengarnitur verschlossen waren. Ein Schleier aus Satin bedeckte den Kopf und fiel bis zu den Hüften herab. Eine kostbare, große, vergoldete Gürtelgarnitur, die bei der Bestattung wohl unter die Tunika gelegt worden war, wurde sicher über der Tunika sichtbar getragen. Es fanden sich auch zwei Körbchenohrringe. Der Name der Toten ist durch die eingravierte Aufschrift des goldenen Siegelrings überliefert, den sie am linken Daumen trug.

Walter Pohl

Awaren, Langobarden, Byzantiner –
Umbruch in Pannonien

In der Nacht des 14. November 565 starb der siebenundachtzigjährige Justinian [der Kaiser von Byzanz], und am nächsten Tag trat sein Neffe und Nachfolger Justin II. die Regierung an. Von Anfang an machte er klar, daß er eine andere Außenpolitik verfolgte. Zum Unterschied von seinem Vorgänger legte er sich den Beinamen »Pacificus« bei. Das bedeutete keineswegs, daß er mit den Nachbarn in Frieden zu leben beabsichtigte; ganz im Gegenteil war das ein bewußter Rückgriff auf die altrömische Tugend, die Pax Romana mit allen Mitteln zu verteidigen. Die oft kritisierte diffizile Beschwichtigungspolitik Justinians sollte aufgegeben werden. Entscheidend für diesen Schritt war nicht so sehr die angespannte Finanzlage – Kriege kamen meist teurer als ein erkaufter Frieden –, sondern ein Versuch, das angeschlagene Prestige des Imperiums zu verbessern. In diesem Sinn ist es vielleicht passend, wenn der Michael Syrus, ein syrischer Chronist der Kreuzzugszeit, Justin als den »letzten Franken«, also: den letzten Römer, auf dem Kaiserthron bezeichnet.

Der neue Kaiser ließ seine Thronbesteigung auf durchaus altrömische Weise mit einem lateinischen Panegyricus feiern. Das Gedicht des Corippus ist bis auf die ersten Zeilen erhalten; die Überlieferung setzt gerade dort ein, wo Justin als Herr der Awaren gefeiert wird: »Jenes schreckliche Volk mit den schlangenartigen Haaren, roh und furchtbar anzusehen, harte Krieger, deiner Herrschaft unterworfen und bereit zu dienen, bitten sie demütig und mit aufgelöstem Haar im Audienzsaal um Frieden«. Daß die Gesandten Baians [= Khagan, Khan der Awaren] vor dem Kaiser zu Kreuze krochen, stimmte freilich nur im Sinn des Hofzeremoniells. Dennoch ist die Beschreibung, die der Dichter vom Auftreten der Botschafter gibt, aufschlußreich: die imperiale Prachtentfaltung, die Corippus ausschweifend beschreibt, genauso wie das Selbstbewußtsein der Barbaren, die sich nicht scheuten, auf dem »Olymp« des Reiches ihre Forderungen zu stellen.

Bereits am siebenten Tag seiner Herrschaft wurde die awarische Gesandtschaft, die sich wohl gerade in Konstantinopel aufhielt, zum Kaiser vorgelassen. Führer der Gesandten war Targitios (Corippus nennt ihn Targites), einer der wenigen bekannten awarischen Würdenträger. Justin bot für die Audienz alle Mittel auf, um die Barbaren zu beeindrukken. Im großen Audienzsaal hatte er auf dem gewaltigen und aufwendig geschmückten Thron Platz genommen, flankiert von geflügelten Siegesgöttinnen, die einen goldenen Lorbeerkranz über sein Haupt hielten. Er trug ein leuchtend weißes und purpurnes Gewand, einen goldenen Umhang und goldenen Gürtel sowie purpurne Stiefel aus parthischem Leder. Der ganze Saal war verschwenderisch mit Gold, Edelsteinen und kostbaren Teppichen und Tüchern ausgestattet. Um den Kaiser hatte in langen Sitzreihen der Senat Platz genommen, zum Eingang hin stand die Garde in kostbaren Uniformen. Die aufwendige imperiale Repäsentation konnte ihre Wirkung auf die Barbaren nicht verfehlen, die nun hereingeführt wurden. »Sie glaubten, daß der römische Palast ein zweiter Himmel sei« – bei aller Selbstgefälligkeit des Panegyrikers ist diese Behauptung kaum übertrieben. Generationen barbarischer Krieger gaben ihr Leben, um einen Abglanz der Prachtentfaltung des »Neuen Rom« zu erkämpfen. Die »imitatio imperii« war Grundlage barbarischer Herrschaft; sie band Imperium und Barbaren in widersprüchlicher, aber unauflöslicher Weise aneinander.

Nachdem die awarischen Gesandten, entsprechend dem Hofzeremoniell, sich dreimal vor dem Herrscher zu Boden geworfen hatten, überbrachten sie die Botschaft des Khagans. Corippus läßt die Exoten aus dem Norden hauptsächlich über Schnee und Eis sprechen, was wohl eher die geographischen Vorstellungen des Autors wiedergibt als die Worte der Gesandten. [...]

Dennoch sind der Rede des Tergazis/Targitios auch aktuelle Informationen zu entnehmen. Das Heer Baians hatte demnach an der Donau die Zelte aufgeschlagen. Der Gesandte rühmte sich, wie üblich, eine Reihe von Völkern und Königreichen unterworfen zu haben. Und er forderte die üblichen Jahrgelder, die Baian unter Justinian erhalten hatte. [...]

Doch nun wies Justin die Awaren ab. Er betonte, die »Geschenke« Justinians seien freiwillige Gaben gewesen, auf die die Awaren keinen Anspruch hätten. Er drohte unverhohlen mit den guten Beziehungen der Römer zum türkischen Khagan Scaldor/Askel/Istämi und ließ auch den Hinweis auf die Flucht der Awaren aus ihrer Heimat im Osten nicht aus. Und er meinte, die Römer würden sich bei einem awarischen Angriff zu verteidigen wissen. [...]

Die Wendung nach Westen hängt sicher auch mit dem eskalierenden Konflikt zwischen Langobarden und Gepiden zusammen, in den die Awaren bald hineingezogen wurden. Die Gepiden hatten nach 453 aus der Konkursmasse des Attila-Reiches den Löwenanteil erkämpft; ihr Reich umfaßte die östliche Hälfte des Karpatenbeckens und Siebenbürgen. Ihr König Kunimund residierte in Sirmium, nicht weit von der römischen – und der langobardischen Grenze. Die Langobarden hatten 508 das Erulerreich in Südmähren und Niederösterreich übernommen und waren mit der Zeit nach Südosten vorgerückt; das Zentrum ihres Machtgebietes lag nun in Pannonien, das sie bis auf das Gebiet von Sirmium kontrollierten. Der von den Römern geschürte Machtkampf der beiden Gentes flammte 565 wieder auf; die zunächst geschlagenen Gepiden sicherten sich die byzantinische Unterstützung mit dem Versprechen der Herausgabe Sirmiums, hielten diese Zusage nach dem Sieg von 566 aber nicht ein.

Der Langobardenkönig Alboin wollte diese Niederlage nicht auf sich sitzen lassen. Einst hatten die Gepiden gegen ihn die Kutriguren ins Land gerufen; nun sandte er eine Gesandtschaft zu Baian. Diese mußte den Khagan erst zu einem Bündnis überreden. Sie verwies auf die römische Unterstützung für die Gepiden; eine Vernichtung des Gepidenreiches würde auch Kaiser Justin treffen, der den Awaren so feindlich gesinnt sei. Nach der Besetzung der Gepidia könnten Awaren und Langobarden gemeinsam in Scythia (minor) und Thrakien einmarschieren und sogar Konstantinopel angreifen. »Die langobardischen Gesandten betonten ferner, ein Krieg gegen die Römer liege im eigensten Interesse der Awaren, weil ihnen andernfalls jene zuvorkommen und mit allen Mitteln die Macht der Awaren niederwerfen würden, wo immer auf Erden sie sich befänden.«

»Baian empfing zwar die langobardische Gesandtschaft, beschloß aber, sie geringschätzig zu behandeln, um so das Waffenbündnis mit ihnen zu günstigeren Bedingungen für sich selbst abzuschließen. Daher gab er einmal vor, er könne kein Bündnis schließen, ein andermal wieder, er könne wohl, wolle aber nicht. Kurz, er machte sie unter allen erdenklichen Vorwänden mürbe; er tat, als wolle er endlich ihrer Bitte willfahren, jedoch nur unter der Bedingung, daß sie ihm unverzüglich ein Zehntel des gesamten Viehbestandes der Langobarden überließen; für den Fall eines Sieges sollten sie die Hälfte der Beute und das ganze Gepidenland haben.« Das Verhandlungsgeschick des Khagans setzte sich durch; Alboin war offensichtlich bereit, einen hohen Preis zu zahlen, um eine Entscheidung gegen den gepidischen Erbfeind herbeizuführen. [Der Gepidenkönig] Kunimund sah nun ein, in welche Zwickmühle er geraten war; noch einmal ließ er den Römern die Übergabe Sirmiums zusagen. Gleichzeitig versuchte auch eine langobardische Gesandtschaft, den Kaiser zu einem Bündnis zu bewegen. Der Kaiser entschloß sich, der Tragödie ihren Lauf zu lassen, und verabschiedete die Gepiden mit vagen Versprechungen. Damit nahm das Schicksal des Gepidenreiches, das 567 von beiden Seiten angegriffen wurde, seinen Lauf. Kunimund entschloß sich, zuerst gegen die Langobarden zu ziehen; auf dem Schlachtfeld verlor er Königtum und Leben, angeblich von Alboins Hand, das Gepidenheer wurde zersprengt. Alboin machte große Beute, darunter Kunimunds Tochter Rosamunde, die er zur Ehe zwang. »Das Geschlecht (genus) der Gepiden kam so herab, daß sie von da an keinen eigenen König hatten, sondern alle, die den Krieg überlebten, sind entweder den Langobarden unterworfen, oder sie seufzen bis heute, der harten Herrschaft der Hunnen unterworfen, die im Besitz ihres Landes (patria) sind.« Die Awaren konnten ohne größere Kämpfe das Gepidenland an der Theiß besetzen; eine römische Armee unter Bonus bemächtigte sich Sirmiums und einer Reihe illustrer gepidischer Flüchtlinge.

Auch die andere Hälfte des Karpatenbeckens sollte kampflos in die Hände der Awaren fallen. Am 2. April 568, dem Ostermontag, setzte sich unter der Führung Alboins eine Wanderlawine nach Italien in Bewegung; Gepiden, Sarmaten, Sueben, Pannonier, Noriker, möglicherweise Bulgaren und sogar Sachsen schlossen sich dem Langobardenheer an. Angeblich hatte Alboin mit den Awaren vereinbart, ihnen Pannonien zu überlassen, wenn sein Volk zweihundert Jahre lang das Recht zur Rückkehr behalten würde. So wenig realpolitisch diese Bestimmung ist, sie zeigt doch, wie sehr die gentile Tradition die Verbindung zur alten Heimat bewahrte: Auch die italienischen Ostgoten betrachteten Pannonien als Heimat, und Eruler und Vandalen hatten noch lange nach ihrer Auswanderung Kontakte in die Herkunftsgebiete.

In wenigen Jahren hatte sich die politische Geographie Ostmitteleuropas grundlegend verändert. Die dramatischen Ereignisse von 565–68 sprachen die Phantasie an. Als nach 590 während des Awarenkrieges unter Maurikios ein gepidischer Raubmörder aufgegriffen wurde, behauptete der junge Mann, seinen kostbaren Besitz in der letzten Schlacht Kunimunds von einem Sohn Alboins erbeutet zu haben. Er hatte sozusagen die gentile Tradition, der keine Gens mehr entsprach, zu seiner persönlichen Geschichte umgedeutet. Die Origo gentis Langobardorum tradierte das Geschehen in Italien, und die Gestalt Alboins wurde bald von Sagen umwoben. Auch die Zeitgenossen empfanden die Ereignisse als Veränderung, wie zahlreiche, oft sehr lakonische Nachrichten darüber in den Chroniken zeigen. Die politischen Hintergründe des Geschehens werden aus den Quellen leider kaum deutlich; hier ist der Entwurf des Historikers gefordert.

Die awarische Besetzung des Karpatenbeckens und der Abzug des Langobardenheeres markiert üblicherweise das Ende der Völkerwanderungszeit, ja sogar der Antike, und den »Anbruch des Mittelalters«. Die Ereignisse von 567/68 gelten als entscheidend für das spätere Schicksal Ostmitteleuropas. Wie der Historiker dazu steht, drückt sich auch in seiner Interpretation aus. Wenige politische Entscheidungen des Frühmittelalters sind von modernen Historikern so sehr – und aus so verschiedenen Blickwinkeln – kritisiert worden.

»Indem die Schwaben die ältesten Sitze der Germanen zwischen Elbe und Oder räumten, die Gepiden der Vernichtung anheimfielen, Alboin mit den Seinen nach Italien abrückte, die Awaren an der Donau ihre Stellung einnahmen, war diesen und ihrem Gefolge, den Slawen, der ganze Osten, so weit ihn die Germanen beherrscht hatten, preisgegeben.« So faßt etwa Müllenhof, von Kollautz mehrfach zustimmend zitiert, das Ergebnis jener Jahre zusammen. Nicht zufällig schwingt in vielen älteren Darstellungen deutscher Historiker Mißbilligung mit. Einer Zeit, die den »deutschen Osten« zur Lebensfrage der Nation machte, mußte die Handlungsweise Alboins oder Sigiberts schwer verständlich erscheinen.

Die Ereignisse sind ein Lehrstück gentiler Politik: Der Germanenkönig Alboin dachte weder germanisch noch territorial; was für spätere Historiker wie Ludwig Schmidt »ein schwerer politischer Mißgriff« war, die Zerstörung des Gepidenreiches und die Räumung des Karpatenbeckens machten gerade Alboins Erfolg aus. Auch Justin II. wird es als Fehler angekreidet, das Gepidenreich als Ordnungsfaktor an der Donau geopfert zu haben. Doch das entsprach einem traditionellen Prinzip imperialer Diplomatie: Nämlich den hungrigen Gegner gegen den satten zu unterstützen, barbarische Reiche nicht zur Ruhe kommen zu lassen, wie man es schon bei Odoaker, den Vandalen und den Ostgoten gemacht hatte.

Diese Strategie wirkt auf den ersten Blick widersinnig, denn immer wieder handelte man sich für einen weniger bedrohlichen Feind einen gefährlicheren ein: Statt einem berechenbaren Gepidenkönig, der mit seinem Bischof in der alten Kaiserstadt Sirmium residierte, einen angriffslustigen Awarenkhagan. Die kaiserlichen Strategen konnten wohl kaum damit rechnen, an Stelle der »zu teuren« Gleichgewichtspolitik eine »verläßliche Bündnisbeziehung« zu Baian aufzubauen.

Aber konnte ein stabiler barbarischer ‹cordon sanitaire› überhaupt im Interesse des Reiches sein? Die Gepiden bedienten sich zunehmend der Kunstgriffe kaiserlicher Politik und schickten etwa Kutriguren und Slawen auf Plünderungszüge ins Reich, ohne sich selbst die Hände schmutzig zu machen. Sirmium, nach Attilas Tod in Trümmern, muß unter gepidischer Herrschaft einen Aufschwung genommen haben – unter Kunimund war es Residenz, Bischofssitz und Münzstätte, die Befestigungsanlagen waren stark genug, um 567, gleich nach dem Einzug der Byzantiner, einer awarischen Belagerung standzuhalten. Man hatte in Konstantinopel Grund, den Konkurrenten mehr als den Gegner zu fürchten; nicht zuletzt deshalb, weil ein funktionierendes barbarisches Gemeinwesen dem über Steuerdruck und Bürokratie verdrossenen römischen Bürger leicht als Alternative erscheinen mochte – man denke nur an das berühmte Gespräch des Priskos mit einem griechischen Kaufmann am

Hof Attilas. Wenn Prokops Lamento in seiner Geheimgeschichte nur einigermaßen die Stimmungslage der Provinzialen wiedergibt, hatte die Bevölkerung der Balkanprovinzen nicht mehr viele Gründe, die kaiserliche Administration, oft ohnehin durch barbarische Militärs vollstreckt, einer Barbarenherrschaft vorzuziehen. Daß Alboins Erfolg in Italien nicht zuletzt darauf beruhte, ist bekannt. Gegen die eben aus den Steppen Innerasiens aufgetauchten Awaren konnte die imperiale Propaganda besser Front machen als gegen die vertrauten Gepiden; nicht zufällig verwendet Corippus in seinem Krönungsgedicht für Justin die awarischen Gesandten als barbarischen Kontrapunkt zur Glorie des Kaisers. Die Bevölkerung von Sirmium, die gotische und gepidische Herrschaft ertragen hatte, geriet vor den Awaren in Angst und Schrecken, wie eine Ritzinschrift auf einem Ziegel bezeugt. »Deus adiuta Romanis«, dieses Notstandsprogramm ließ noch Herakleios vor der awarischen Offensive von 626 auf Münzen schlagen, bezeichnenderweise die letzte lateinische Münzinschrift des Ostens.

Man nahm dafür in Kauf, was den westlichen Historiker schmerzt, der sich in der gegenteiligen Tradition verwurzelt sieht: Mit der Basis für die Barbarenstaaten an der Donau wurde die römische Zivilisation hier überhaupt bis auf Rudimente zerstört. Dafür blieb Byzanz das Schicksal des Westens, durch barbarische Königreiche auf lateinischer Grundlage von innen aufgezehrt zu werden, erspart. Diese Politik, der auch Justinians Reconquista entsprach, hatte für Balkan- und Donauraum zweifellos weitreichende Folgen; man wird ihr jedoch nicht gerecht, wenn man bloß Justins ‹Fehl›entscheidung von 567 beklagt.

Noch weniger Verständnis bringen viele Forscher der Politik Alboins entgegen. Warum gestand der Langobardenkönig den Awaren derartig günstige Bedingungen zu? Immerhin überließ er dem Vertragspartner, der dann gar nicht in den Kampf einzugreifen brauchte, das ganze Gepidenland mit einigen Draufgaben. [...]

Die Langobarden waren die expansivste Macht an der mittleren Donau. Um 500 noch erulische Vasallen im alten Rugiland, weiteten sie ihre Herrschaft bald nach Pannonien aus, wo sie Justinian 546/47 als Föderaten in der ehemals ostgotischen Savia und im Südostzipfel Noricums bestätigte. Dem erfolgreichen Exercitus Langobardorum schlossen sich erulische, suebische, gotische Gruppen an, deren Integration die Langobardenkönige bewußt betrieben.

Um 550 gerieten sie in Konflikt mit den gepidischen Nachbarn. Es ist üblich, in der Stadt Sirmium den Zankapfel der beiden Mächte zu sehen. Warum zeigten aber dann die Langobarden nach ihrem Sieg von 567 an Sirmium kein Interesse mehr, warum versprachen die Gepiden ihre Hauptstadt den Römern, um Hilfe im Langobardenkrieg zu erhalten?

Von allem Anfang an ging es um mehr: nicht um territoriale Fragen, sondern um den Führungsanspruch über den Kriegsadel des Karpatenbeckens. Schon in den ersten Kriegen operierte jede Seite mit einem Thronprätendenten der anderen. Ein vorläufiger Friede war nur zu erreichen, indem man sich darauf einigte, beide zu beseitigen – zu sehr mußte man einen konkurrierenden Traditionsträger im Dienst des Gegners fürchten.

Hatte in dieser ersten Runde noch ein Patt geherrscht, so gewann die flexiblere langobardische Politik in den folgenden Jahren eindeutige Vorteile. Das defensiv eingestellte gepidische Königtum hatte es nie gut verstanden, andere Stammessplitter zum Anschluß zu bewegen. Die Eruler ließ man 512 gleich wieder ziehen, der ehrgeizige Mundo mußte auf eigene Faust sein Glück versuchen, und selbst das Gros der sirmischen Gepiden schloß sich nach der Niederlage von 504 ohne Umschweife den Ostgoten an.

Der Langobardenkönig Alboin, um 560 zur Regierung gelangt, versuchte sich von Anfang an auch als der ‹bessere› Gepidenkönig zu profilieren. Nur so läßt sich die legendenhafte Darstellung seiner Gepidenkriege verstehen, die bei

Paulus Diaconus breiten Raum einnimmt. Prinz Alboin tötet in der Schlacht den gepidischen Thronfolger Thurismod. Auf Befehl seines Vaters Audion reitet er daraufhin zum Gepidenkönig Thurisind in die Höhle des Löwen, um sich von ihm zum Waffensohn annehmen zu lassen. Fast fällt er der Blutrache der aufgebrachten Gepiden zum Opfer, aber der Plan gelingt. Im Text des Paulus kommt der Gedanke zum Ausdruck, daß er damit an die Stelle des Getöteten tritt. Nach einer anderen Überlieferung löst Alboin den nächsten Krieg dadurch aus, daß er die gepidische Königstochter Rosamunde raubt; jedenfalls nimmt er sie nach dem Sieg zur Frau. Ihren Vater Kunimund tötet er in der Schlacht, aus seinem Schädel läßt er einen Trinkbecker verfertigen: eine alte magische Praktik, um die Kräfte des Getöteten in sich selbst aufzunehmen.

Es führt nicht weiter, die Historizität all dieser Sagenelemente zu diskutieren. Ob all das so geschehen ist oder nicht – gerade die Legendenform erlaubt einen Einblick in die ‹gentile Propaganda› Alboins. Eine Serie symbolischer Handlungen Alboins verfolgt den Zweck, die Loyalität der gepidischen Krieger zu ihrem Königshaus zu untergraben und auf sich selbst zu übertragen. Diese Politik hat Erfolg: Die Glaubwürdigkeit des gepidischen Königtums verfällt, und nach dem Tod Kunimunds setzen sich die Erben sang- und klanglos nach Konstantinopel ab. »Das Geschlecht der Gepiden kam so herab, daß sie von da an keinen König hatten …« Der aktivste Teil der Krieger schließt sich Alboin an. Während Skiren, Rugier oder Eruler teils noch nach Jahrzehnten ihr Königtum unter anderem Namen zu restaurieren suchten (man denke an Odoaker, Erarich oder Sinduald), traten Gepiden nur mehr als namenlose Untertanen der langobardischen, awarischen oder römischen Herrscher auf.

Es ist eine Ironie der Geschichte, daß Alboins meisterhafte Politik zu seiner persönlichen Tragödie führte. Ausgerechnet als er seine Frau Rosamunde zwingen will, aus dem

Schädel ihres Vaters zu trinken, läßt sie ihn ermorden und flieht zu den Römern. Alboin hatte sich der gentilen Traditionen bedient, um seine Stellung als König zu legitimieren und auf neue Gruppen auszudehnen. Als er glaubte, sie so weit zu beherrschen, daß er mit ihnen spielen konnte, war das sein Untergang. Am Erfolg seiner italischen Reichsgründung änderte das trotz zehnjähriger Führungskrise nichts mehr.

Vor diesem Hintergrund sind auch die Ereignisse von 567/68 leichter zu verstehen. Das Gepidenreich ging unter, weil es an Attraktivität für die eigene und fremde Gefolgschaft verloren hatte und keine Zukunftsperspektive mehr bot. Die verschärfte Rivalität zwischen den Gentes und die neuerliche Verwüstung der Balkanprovinzen in den letzten Jahren Justinians bewirkten, daß nur mehr in großem Stil erfolgreich gentile Politik zu machen war. Wie schon ein Jahrhundert zuvor, wurden die kleineren Gentes nacheinander aufgerieben. In dieser Situation ging es Alboin, ähnlich wie um 470 den Ostgoten, nicht mehr um Gebietsgewinne an der Donau. Wie zu Zeiten des jungen Theoderich mußten vor einem erfolgreichen Abzug aus Pannonien alle Konkurrenten geschlagen werden; das Ziel war die Zusammenfassung des donauländischen Kriegeradels unter der langobardischen Krone. Nur so konnte Alboin, wie einst die ostgotischen Amaler, hoffen, sich im Herz des Imperiums zu behaupten.

Möglicherweise plante Alboin wirklich, wie seine Gesandten bei Baian behaupteten, zunächst gemeinsam mit den Awaren einen Angriff auf Konstantinopel. Er scheint bald beschlossen zu haben, den Osten den Awaren zu überlassen, so wie sich einst die amalischen Brüder ihre ‹Jagdgründe› aufgeteilt hatten. Der Vertrag mit Baian bot einen Vorteil: Wenn sichergestellt war, daß in die eben geräumten Gebiete die Awaren einziehen würden, dann fiel für die Untertanen Alboins die Chance weg, durch Zurückbleiben in Pannonien wieder ihre eigenen Herren zu werden. Auf der anderen Seite konnte die Klausel mit dem Rückkehrrecht auf 200 Jahre etwaige Vorbehalte gegen das Risiko einer Auswanderung zerstreuen helfen.

Daß Alboin sein Ziel nicht vollständig erreichen konnte, ist klar; wie bei allen Wanderbewegungen blieben Teile der Bevölkerung zurück und gerieten unter awarische Herrschaft. Dennoch waren in dem Heer, das zu Ostern 568 nach Italien aufbrach, alle wesentlichen gentilen Gruppierungen vertreten. Die Aufgabe der germanischen Position an der mittleren Donau, die dadurch erfolgte, war durch Alboins Politik vielleicht beschleunigt worden. Der Langobardenkönig ist aber nicht dafür verantwortlich zu machen, daß diejenigen, die ihm folgten, im Karpatenbecken keine Zukunft mehr sahen. Dort etablierte sich nun eine neue herrschende Schicht.

Richard Krautheimer

Pilgerfluten in der Hauptstadt des Westens

Rom entwickelte sich aufgrund seiner Märtyrergräber, seiner Wunder und seiner Reliquien im 6. und 7. Jahrhundert zum magischen Zentrum des Westens. Als im Jahre 640 Jerusalem von den Mohammedanern eingenommen wurde, blieb Rom als einzige Heilige Stadt der Christenheit übrig. Brennpunkt waren die Gräber und der Kult der Märtyrer: die »Schwellen der Apostel«, *limina apostolorum*, vor allen anderen St. Peter. Für die Gläubigen aus dem Norden war der heilige Petrus zum wichtigsten aller Heiligen geworden. Ein Besuch an seinem Grab, ein Grab in seiner Nähe oder die Berührung seiner Reliquien waren eine sichere Garantie für die eigene Erlösung. Rom war sein Sitz, den er in der Person seiner apostolischen Nachfolger weiterhin innehatte.

Tatsächlich wurden Rom, das Papsttum und der heilige Petrus miteinander identifiziert und waren beinahe gleichbedeutend. Sein Grab wurde überall in Europa zum Mittelpunkt der Verehrung, zum Empfänger von Geschenken und Zuwendungen und zum Garant von Verträgen, die man dort niederlegte, und von Eidschwüren, die man vor ihm abgab.

Seit dem 6. Jahrhundert wurde auf diese Weise die Regelung und die Versorgung des immer stärker anwachsenden Pilgerstroms, der nach Rom drängte, zu einer vordringlichen Aufgabe der Kirche. Schon seit dem 3. und 4. Jahrhundert hatten Pilger die heiligen Stätten besucht. Viele hatten ihre Namen auf die Wände des Schreins unterhalb von S. Sebastiano und auf die *memoria* in der Peterskirche gekritzelt. Um 400 waren ganze Dörfer bis aus der Gegend von Neapel und Capua nach Rom gepilgert, um an den Märtyrergräbern zu beten. Ein Jahrhundert später war der Zustrom der Pilger an Zahl und Stetigkeit so angewachsen, daß man »Häuser für die Armen« bei St. Peter, S. Paolo fuori le mura und S. Lorenzo fuori le mura errichtete – Herbergen für mittellose Pilger oder für Bettler, die von der Nächstenliebe der Pilger zu profitieren hofften. Zu diesen drei großen Heiligtümern kam noch ein viertes nahe der Via Aurelia hinzu, das des heiligen Pankrazius, S. Pancrazio, des Rächers der Meineide. An der Grabstätte dieses Märtyrers schwur Papst Pelagius I. in der Gegenwart des byzantinischen Vizekönigs einen feierlichen Eid, um sich von jeglichem Verdacht, am Tod seines Vorgängers schuldig zu sein, zu befreien. Zur Zeit Gregors des Großen und unter seinen Nachfolgern müssen die Pilgerzüge nach Rom sintflutartige Ausmaße erreicht haben, und die Bekehrung Westeuropas zur römischen Kirche ließ die Zahlen noch weiter anschwellen.

Während des 7. und 8. Jahrhunderts wuchs die Flut der Pilger ins Unermeßliche. Der Rundgang zu den wichtigsten Heiligtümern war Pflichtübung sogar bei einem Staatsbesuch, wie etwa beim Besuch von Constans II. im Jahre 667, wenn dieser Besuch auch durch eine Besichtigungstour der antiken Wunder Roms und ein paar Plünderungen ausbalanciert wurde. Allerdings war Constans, so unangenehm er auch sein mochte, ein gebildeter Oströmer, durchdrungen von der klassischen Tradition. Zumeist waren die Pilger jedoch einfache Leute, die nur um der Wallfahrt und um ihres Seelenheils willen kamen. Je weiter der Weg und je beschwerlicher die Reise, desto größer das Verdienst. Und sie kamen in der Tat von weit her. Um 660 traf eine Gruppe irischer Mönche in ihrer Herberge in Rom mit Pilgergenossen aus Ägypten, Palästina, dem griechischen Osten und aus dem südlichen Rußland zusammen. Aber die größte Zahl kam von den Völkern des Westens, die erst vor kurzem bekehrt worden waren. Franken, Iren, Angelsachsen, im 8. Jahrhundert dann auch Friesen und Pilger aus Süddeutschland kämpften sich zu Fuß oder zu Pferd über die Alpenpässe, allein oder in Reisegruppen; oder sie reisten angenehmer, aber auch teurer, durch Frankreich nach Marseille und von dort aus mit dem Schiff. In der Provence und in Norditalien wurden Herbergen eingerichtet, um ihnen auf der Reise Unterkunft zu gewähren, oder sie wurden von gastlichen Klöstern oder Familien aufgenommen. Die meisten kamen nur einmal, aber einige wenige statteten Rom mehr als einen Besuch ab – Benedict Biscop kam zwischen 653 und 680 fünfmal aus Northumbrien angereist. Die Pilger waren eine buntgewürfelte Gesellschaft: Bischöfe, die geschäftliche Angelegenheiten am päpstlichen Hof mit Gebeten bei den Gräbern der Apostel verbanden; Kleriker, die darauf aus waren, Reliquien mit nach Hause zu nehmen – in Form von Leinenstreifen, die man über die Gräber legte – Knochensplitter als Reliquien wurden erst im späten 8. Jahrhundert üblich – oder Informationen über die Glaubenslehre und das Gottesdienstritual einholen wollten; Missionare, meistens Briten, die darangingen, die Heiden in den Niederlanden und in Deutschland zu bekehren; viele Mönche und Nonnen, geführt von einem berühmten Missionsbischof; Häuptlinge und ihr Gefolge – Herzog Theodo von Bayern »mit anderen aus seinem Stamm« oder der verrufene Hunald von Aquitanien; Adlige, wie jene Dame, die 744 ihren Besitz dem Kloster St. Gallen in der Schweiz gegen eine Ausstattung an Pferden, Decken und Geld für eine Wallfahrt nach Rom vermachte; und einfache Leute in großer Zahl. Es war unausweichlich, daß sich auch zweifelhafte Elemente, wie etwa, um ein Wort des Germanenmissionars Bonifatius aus dem Jahre 749 zu zitieren, »lüsterne und ignorante Schweizer, Bayern oder Franken«, unter die Frommen mischten. Schon 100 Jahre zuvor bestätigt ein Briefformular dem Überbringer seine ehrlichen Pilgerzwecke »... auf seiner beschwerlichen Straße zu den Schwellen der Apostel ... geführt vom göttlichen Licht, nicht, wie es sich so viele zur Gewohnheit gemacht haben, als müßiger Landstreicher«.

Bei ihrer Ankunft fanden die echten wie die falschen Pilger Unterkunft, Nahrung und Almosen in den *diaconiae*; als zu Beginn des 8. Jahrhunderts die bestehenden sich als nicht mehr ausreichend oder als unzweckmäßig gelegen erwiesen, wurden neue gegründet: im frühen 8. Jahrhundert erhoben sich vier nahe der Peterskirche; eine fünfte wurde vor 806 hinzugefügt und S. Pellegrino geweiht – der Name spricht für sich. Ebenso wurde eine sechste, S. Stefano degli Abissini, 817 dazu bestimmt, »für die Pilger und Fußkranken zu sorgen, die um der Liebe zum heiligen Petrus willen von weit her gekommen sind«; zwei weitere, S. Eustachio und S. Maria in Aquiro, befanden sich unweit des Pantheon in dem Teil des *abitato*, der dem nördlichen Stadttor, der Porta Flaminia, am nächsten lag. Um 800, wenn nicht schon früher, entstanden noch weitere *diaconiae* innerhalb der Mauern entlang der Pilgerpfade, die zu den großen Heiligtümern führten. [...]

Es war kostspielig, die mittellosen Pilger zu versorgen, aber es zahlte sich aus. Die Arbeitsmöglichkeiten, die ihr Zustrom schuf, und das Geld, das die wohlhabenden Pilger in die Stadt brachten, mögen den Haushalt ausgeglichen oder einen Überschuß ermöglicht haben. Die Grabstätte des heiligen Petrus wurde »durch die Ehrungen vieler Pilger bereichert«; üblicherweise legten sie bei ihrer Ankuft ihre Geschenke am Schrein nieder, wie dies im Jahre 718 Bonifatius und seine Begleiter taten. Reiche Pilger, die auf Dauer gekommen waren, wurden zu einer ständigen Einkunftsquelle. Sie ließen sich in der Nähe der Peterskirche nieder: 668 Cadwalla von Wessex, andere britische Häuptlinge wie Coinred von Mercia eine Generation später, Ina von Wessex im Jahre 726, und schließlich Offa von East Anglia und mit ihm »viele englische Edle und gemeines Volk, Männer und Frauen, Herzöge und gewöhnliche Leute ...«, die ihre Tage »... mit Beten, Fasten und Almosengeben« verbringen wollten, »damit sie um so leichter in den Himmel aufgenommen würden«. Im zweiten Drittel des 8. Jahrhunderts hatten sich Leute aus dem Norden aus allen Lebensbereichen in der Nähe von St. Peter niedergelassen. Große Geschenke strömten aus der Heimat herein, »für die Unterstützung der Armen und zum Unterhalt für die Kerzen von St. Peter ...« – Summen bis zur Größenordnung der 365 Mark jährlich allein vom König von Mercia. Im Lauf der Zeit schlossen sich solche ausländischen Kolonien, die Reichen mit ihrem Gefolge, arme Pilger, die sich ihnen angehängt hatten, und Eremiten, nach ihrer Herkunft zu Nationalitätengruppen in bestimmten Vierteln zusammen. Die erste dieser *scholae*, eine Gruppe aus dem Norden, vielleicht schon um 726 gegründet, war die der Sachsen, die auf dem Gelände oder nahe dem heutigen Krankenhaus und der Kirche S. Spirito in Sassia gelegen hatte: der Name der *schola*, *burgus Saxonum*, hat in der Bezeichnung *burgus*, Borgo, überlebt, als Name des Stadtviertels jenseits des Flusses, das zur Peterskirche hinführt. Um 770 wurde die *schola* der Langobarden nördlich der Basilika des Apostels eingerichtet, mit einer eigenen Kirche, St. Justin; gegen Ende des Jahrhunderts entstand die *schola* der Franken südlich des Atriums; das Viertel der Friesen schließlich lag auf dem Gelände von S. Michele in Borgo, auf dem Hügel südöstlich von Berninis Portikus. Bis 799 waren alle diese *scholae* als zivil und militärisch autonome Einheiten organisiert. Erst im Laufe der Zeit gingen sie im städtischen Leben Roms auf.

Wurden die Fremden, die sich in Rom niederließen, allmählich romanisiert, so waren diejenigen, die in die Heimat zurückkehrten, die wichtigsten Träger des römischen Einflusses in Westeuropa. Bischöfe und Kleriker brachten außer Reliquien auch die Gepflogenheiten des römischen Ritus mit zurück. Benedict Biscop nahm 680 liturgische Bücher mit nach England, Ikonen, die auf dem Lettner seiner Klosterkirche angebracht wurden, und Bilder, vielleicht Ikonen, die ihre Wände verzieren sollten. Der Erzkantor von St. Peter reiste mit Erlaubnis des Papstes nach England, um dort den römischen Kirchengesang zu lehren. Seit dem späten 6. Jahrhundert kamen auch fränkische Bischöfe nach Rom oder schickten Abgesandte, um die römische Liturgie kennenzulernen und in ihren Diözesen einzuführen, wo sie den alten gallischen Ritus verdrängte: im Jahre 590 ließ sich Gregor von Tours von einem seiner Diakone detailliert Bericht erstatten. Englische Missionare, die mit Rom schon immer in enger Verbindung gestanden hatten, trugen, angeführt von Bonifatius, die römische Liturgie in die neu christianisierten Länder von Utrecht in Holland bis nach Würzburg und Eichstätt in Süddeutschland. Als Pippin 754, offensichtlich im Einvernehmen mit seinem päpstlichen Besucher, Stephan II., die römische Liturgie zur einzig rechtmäßigen im fränkischen Reich erklärte, zog er nur den Schlußstrich unter eine Entwicklung, die seit langem von heimkehrenden Pilgern und Missionaren eingeleitet worden war. Seit dem Pontifikat Gregors des Großen war der Stuhl Petri der religiöse Mittelpunkt der westlichen Christenheit und wurde überall in Europa zum Richter und Herrscher des religiösen Denkens, der kirchlichen Lehre und Praxis. [...]

Auch die wirtschaftliche Bedeutung der Pilger für Rom läßt sich leicht ermessen. Ihr Zustrom brachte Geld und Arbeit in die verarmte Stadt und ließ einen der drei Industriezweige entstehen, die Rom seither am Leben erhalten haben – die Fremdenindustrie. Der zweite wichtige Industriezweig, das Baugewerbe, wurde durch den Zustrom der Pilger gleichfalls angeregt. Das Wachstum der Fremdenindustrie wie des Baugewerbes spiegelt sich einerseit in zeitgenössischen Schriften und andererseits in den Kirchenbauten wider. Der dritte Hauptindustriezweig, eine ausufernde Bürokratie, hatte sich seit der Antike gehalten.

Das Fremdenverkehrsgewerbe, gemeint sind die Wallfahrten nach Rom, erreichte seinen Höhepunkt im späten 6. und im 7. Jahrhundert. Es ist kein Zufall, daß die drei ältesten erhaltenen Führer für das christliche Rom aus dem 7. Jahrhundert stammen, zwei von ihnen aus der Zeit vor 640. Diese Führer wandten sich an die Pilger und appellierten an ihren Glauben in die Wunderwirksamkeit der Märtyrergräber. Alle gehen sie nach demselben Schema vor: sie folgen den Straßen außerhalb der Stadtmauern und nennen die verehrten Gräber in den Katakomben, die überdachten Begräbnisstätten, die kleinen Schreine, die großen Basiliken, wobei sie oft legendäre Ausschmückungen hinzufügen: »dann kommst du auf der Via Appia zum heiligen Sebastian, dem Märtyrer, dessen Leichnam an einem Ort weiter unten ruht, und dort sind (auch) die Gräber der Apostel Petrus und Paulus, wo sie 40 Jahre lang begraben lagen; und im westlichen Teil der Kirche gehst du zu der Stelle hinunter, wo der heilige Quirinus ruht ... Und auf derselben Straße (erreichst du) weiter im Norden die heiligen Märtyrer Tiburtius, Valerian und Maximus ...;« oder etwa: »nahe an der Via Tiburtina liegt die größere Kirche des heiligen Lorenz, wo sein Leichnam früher begraben lag, und dort ist auch die neue Basilika von bewundernswürdiger Schönheit, wo er heute ruht; dort, unter demselben Altar, liegt auch Abundus begraben, und draußen im Portikus ist der Stein, der ihm einst an den Hals gebunden wurde, als er in den Brunnen geworfen wurde; und dort sind Herenaeus, Julianus, Primitivus ...« und eine Heerschar anderer Märtyrer. Man kann gera-

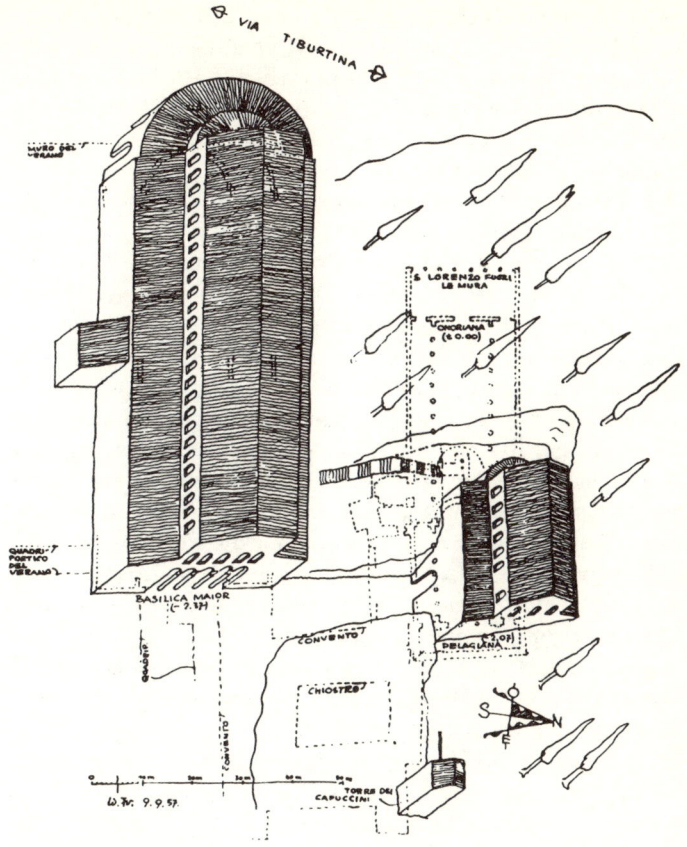

Abb. I: S. Lorenzo fuori le mura, Rekonstruktion der Begräbnisbasilika und der Basilika des Pelagius von W. Frankl

dezu hören, wie sich die Führer bei jeder Katakombe den Pilgern mit ihrer Leier aufdrängten; man hört die Bettler jammern und die Münzen in ihre Bettelschalen fallen. Man kann sich die Geschenke, die den Grabstätten und den ihnen angeschlossenen Klöstern zugedacht wurden und die Summen, die in die Hände der Gastwirte und Kaufleute flossen, recht gut vorstellen. Es war nur natürlich, daß sich zu jener Zeit auch innerhalb der Stadt ganz handfeste Legenden bildeten: in der Kirche S. Lorenzo in Panisperna zeigte man den Pilgern den echten Rost, »auf dem der heilige Lorenz geröstet worden war«.

Die Pilgerflut zwang die Kirche zu neuer Bautätigkeit bei den Märtyrergräbern. Die überdachten Begräbnisstätten aus konstantinischer Zeit, die nahe bei den verehrten Stätten lagen, waren verlassen worden oder zu zweitrangiger Bedeutung abgesunken. Der neue Pilgertypus verlangte nach einem direkteren Kontakt mit dem Märtyrer. Aber ein Grab tief unten in der Katakombe war über die steilen Treppen und ein Gewirr von dunklen und engen Gängen nur schwer zu erreichen; das alles war unpraktisch, gefährlich und den Bedürfnissen des riesigen Wallfahrtzentrums, zu dem Rom geworden war, nicht angemessen. Mit der »neuen Basilika von bewundernswürdiger Schönheit«, die Pelagius II. (579-590) neben der Grabbasilika aus dem 4. Jahrhundert bei S. Lorenzo fuori le mura in den Hügel baute (Abb. I), wurde eine Lösung gefunden. [...]

Die Kirche des Pelagius war in eine Ausschachtung im Hügel der Katakombe eingesenkt worden, und ihr Bodenniveau lag auf einer Ebene mit der Grabstätte des heiligen Lorenz, die durch die Zerstörung der Katakombengänge um sie herum während der Ausschachtungsarbeiten freigelegt worden war. Seitenschiffe und Emporen umgaben auf drei Seiten das Mittelschiff. Man betrat das Mittelschiff und die Seitenschiffe von der am Hügelfuß befindlichen und der nahen Grabbasilika zugewandten Seite aus, während die Emporen auf einer Ebene mit dem Hügelkamm lagen und von dort aus zugänglich waren. [...]

Die neue Basilikaform war eine einfallsreiche Lösung für das Hauptproblem, das sich durch den jüngsten Zustrom von Pilgern stellte: das Heiligengrab wurde sichtbar und leicht zugänglich gemacht; das in den Hügel eingelassene

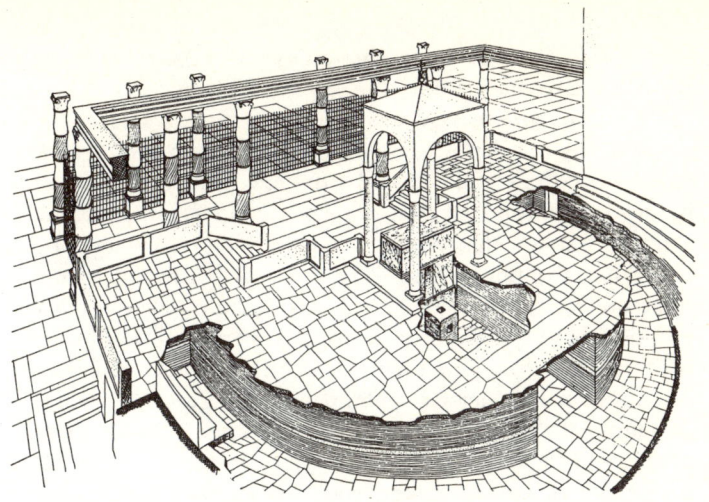

Abb. II: St. Peter, isometrische Rekonstruktion der Umgangskrypta

Hauptgeschoß der Kirche nahm große Menschenmengen auf; die von der Hügelkuppe aus erreichbaren Emporen boten zusätzlichen Raum für weiteren Andrang oder für die, die entweder nicht in der Lage oder nicht gewillt waren, die Treppen hinunterzusteigen. [...]

Gleichermaßen einfallsreich war eine zweite Lösung, die in denselben Jahren und zum selben Zweck entwickelt wurde, nämlich den Zustrom der Pilger zu einer Stätte der Verehrung zu regeln und zu kontrollieren und zugleich den Schrein eng mit dem Altar zu verbinden, an dem die Eucharistie zelebriert wurde. Wo eine solche Stätte zu ebener Erde oder nur geringfügig tiefer lag und wie im Falle von St. Peter von einer Basilika umbaut worden war, wurde eine ringförmige Krypta angelegt: wenige Stufen tiefer zieht sich ein halbkreisförmiger Korridor an der inneren Wand der Apsis entlang. In ihrem Scheitelpunkt zweigt ein gerader Gang ab, der zur Reliquienkammer hinführt – zur Verehrungsstätte, die unter dem Hochaltar auf der gedachten Sehne der Apsis liegt (Abb. II). Die Pilger betraten den halbkreisförmigen Korridor am einen Ende, hielten am Eingang des geraden Ganges inne, um ihre Gebete zu verrichten, und folgten weiter dem Verlauf der Ringkrypta, die sie am entgegengesetzten Ende wieder verließen. Mit diesem Kunstgriff löste der Baumeister eine Reihe von schwierigen Problemen: er hielt den Bereich um den Altar herum frei, er regelte den Andrang der frommen Massen zu einer ordentlichen Prozession, und er hinderte sie daran, der Reliquie allzu nahe zu kommen, und trat auf diese Weise der Versuchung entgegen, ein Stück der Reliquie abzubrechen. Ein kleines Fenster an der Vorderseite oder am Fuße des Altars gestattete wichtigen Persönlichkeiten, die Reliquienkammer genauer zu betrachten, Münzopfer hineinzuwerfen und sich durch den Kontakt mit Leinenstreifen (oder dem bischöflichen *pallium*), die auf das Märtyrergrab hinuntergelassen wurden, Reliquien zu besorgen. Gleichzeitig wurde durch die Anlage der Krypta der Fußboden in der Apsis einige Stufen über das Niveau des Quer- und Mittelschiffs angehoben. Auf diesem neuen, höher gelegenen Niveau wurde dann der Altar direkt über dem Grab errichtet. In der Peterskirche wurde er von einem silbernen Baldachin beschirmt, und Gregors Biograph konnte sagen, der Papst feiere die Messe über den Gebeinen des Apostels.

Albrecht Noth

Die arabisch-islamische Expansion

Als charakteristisch für die arabisch-islamische Expansion sind immer wieder ihre ungewöhnliche Schnelligkeit ebenso wie ihre anscheinend unaufhaltsame Stetigkeit hervorgehoben worden. Schon ein kurzer Blick auf die – übrigens nicht immer ganz sichere – Chronologie der wichtigsten Resultate muslimischer Eroberungstätigkeit ist allerdings beeindrukkend: Ausgehend von ersten muslimischen Einfällen ins persisch-sassanidische Südmesopotamien und ins byzantinisch kontrollierte Südpalästina in den Jahren 633/34 wird bereits 635 Damaskus eingenommen; bald danach – möglicherweise in ein und demselben Jahr (636) – schlagen muslimische Formationen massive byzantinische und persisch-sassanidische Aufgebote vernichtend und entscheidend, erstere am Jordan-Nebenfluß Yarmūk, letztere bei Qādisiyya (westl. von Nadschaf/Irak); der Sieg bei Qādisiyya führte letztlich zur baldigen Einnahme der sassanidischen Hauptstadt Ktesiphon/arab.: al-Madā'in, mit dem Erfolg am Yarmūk wird Syrien/Palästina de facto muslimisch, die Eroberung der Hafenstadt Caesarea/Qaysariyya (zw. Haifa und Jaffa) 640 nimmt den Byzantinern den letzten Außenposten in ihrer ehemaligen Provinz; in den Jahren 639–642 unterwerfen sich die Muslime Ägypten, ein späterer (645/46) Versuch der Byzantiner, Alexandrien zurückzugewinnen, scheitert letztlich; fast gleichzeitig mit der Eroberung Ägyptens, etwa in den Jahren 640–642, kommt nahezu ganz Persien unter muslimische Kontrolle. Entscheidend dürfte die Niederlage eines sassanidischen Heeres bei Nihāwand (im Zagros, südl. von Hamadān) gewesen sein (wohl 642); dem folgen in den vierziger und fünziger Jahren die Eroberungen von Südost-Iran und Nord/Ost-Iran (im wesentlichen das Gebiet von Chorasan); von Ägypten aus führen, um 650 beginnend, fortlaufende Unternehmungen zur allmählichen Islamisierung Nordafrikas, wichtiger Standort wird das um 670 gegründete Kairuan/al-Qayrawān (heute Tunesien), die letzten Byzantiner verlassen um 700 Nordafrika (Karthago); in der zweiten Hälfte der vierziger Jahre werden die Muslime – mit der entscheidenden Hilfe »abtrünniger« byzantinischer Experten – auch zur See aktiv, 649 können sie Zypern erobern, 655 vor der kleinasiatischen Küste eine byzantinische Flotte vernichten, 652 und 667 Angriffe auf Sizilien unternehmen;

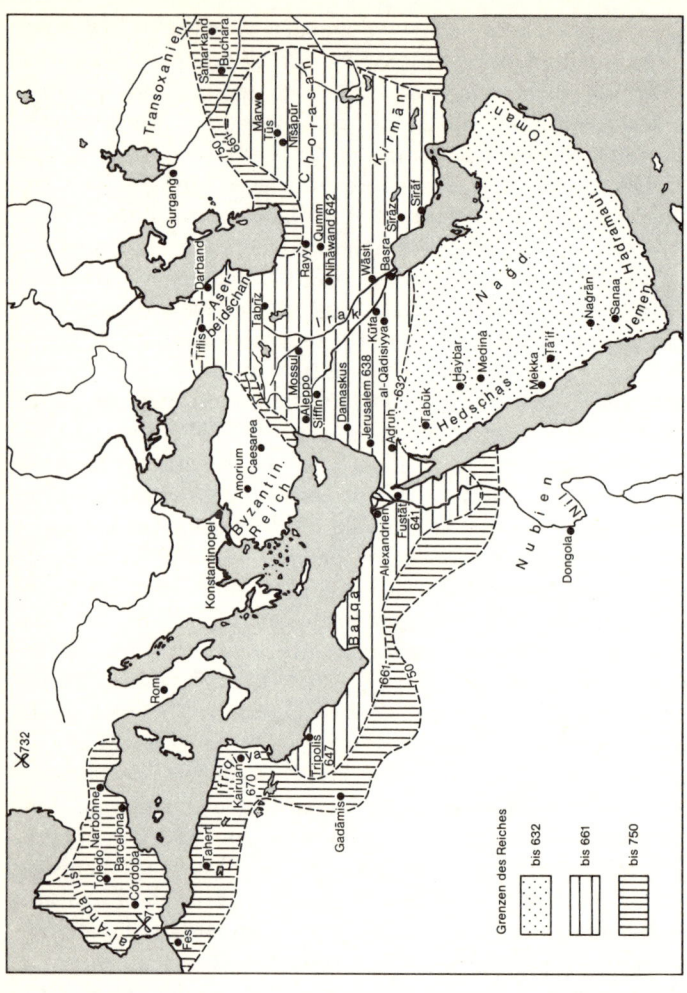

Die Ausdehnung des Islamischen Reiches vom Tode des Propheten (632) bis zum Sturz der Umayyaden (750)

66

672 sah sich Konstantinopel selbst zum ersten Mal einer muslimischen Belagerung gegenüber; bereits 652 war auch Armenien erobert worden, im gleichen Jahr hatten Vorstöße von Ägypten aus nach Nubien zu einer Art muslimischer Kontrolle auch über dieses Gebiet geführt; das Jahr 711 markiert den Beginn der weitesten muslimischen Vorstöße in die – von Medina aus gesehen – Himmelsrichtungen (Süd-) Ost und (Nord-)West: In diesem Jahr erscheinen muslimische Truppen einerseits zum ersten Mal auf dem indischen Subkontinent (im Sind/Südindus-Gebiet), während ein Jahr später von Chorasan aus die für die weitere islamische Geschichte so bedeutsame Eroberung Transoxaniens einsetzt; andererseits setzen die Muslime 711 von Nordafrika (Tanger) aus nach Spanien über und schlagen den letzten Gotenkönig (Roderich) entscheidend; in den folgenden zwei bis drei Jahrzehnten gelang es dann bekanntlich, nahezu die gesamte Iberische Halbinsel und (zeitweilig) größere Teile Südfrankreichs unter muslimische Kontrolle zu bringen; das christliche Abendland beginnt eine »Sarazenen«-Gefahr zu spüren; hundert Jahre nach dem Tod des Propheten muß (732) ein – wohl eher »Razzia«-artiger – Vorstoß der »Sarazenen« in Richtung Loire von Karl Martell in der Gegend zwischen Tours und Poitiers aufgehalten werden: Der nicht mehr genau zu lokalisierende Platz des Treffens verbindet sich in der abendländischen Geschichtsbetrachtung mit der endgültigen Bannung einer großen Gefahr, in der islamischen Geschichtsüberlieferung nennt er sich »(Befestigte) Straße der (Krieger-)Märtyrer (balāṭ aš-šuhadā’)«; von muslimischer Seite aus gesehen sehr viel schwerwiegender und ernüchternder war allerdings die, trotz großen Aufwandes erfolglose, zweite und für sehr lange Zeit letzte Belagerung von Byzanz in den Jahren 715–718 gewesen. Ganz allgemein läßt sich zur Mitte des achten Jahrhunderts hin ein Abflauen muslimischer Eroberungs-Aktivität verzeichnen; die Befestigung und – nicht immer erfolgreiche – Verteidigung der erreichten Grenzen tritt zunehmend in den Vordergrund.

Es ist verständlich, daß man sich immer wieder um Erklärungsmodelle für diese frappierend schnellen und weiträumigen Eroberungs-Erfolge der Muslime im ersten islamischen Jahrhundert bemüht hat. Diese Suche nach den Ursachen hat m. E. bisher vor allem zweierlei ergeben: Zum einen sind alle Deutungsversuche wenig überzeugend, die die Rolle des Islam als neue Lebens- und (in weitestem Sinne) politische Ordnungsform dabei minimieren oder als Faktor gar ausklammern wollen, zum anderen wird man sich von eher monokausalen Erklärungen weg auf die Annahme und in vielem noch zu leistende Erforschung einer – alles andere als unkomplizierten – Polykausalität hin zu bewegen haben. [...]

Die historischen Voraussetzungen für die ersten – so entscheidenden – Erfolge muslimischer tribaler Gruppen außerhalb der Arabischen Halbinsel waren in den dreißiger Jahren des siebten Jahrhunderts ohne Zweifel äußerst günstig. Im Norden und Nordosten, wo im übrigen geographische Barrieren (zumindest für Araber) nicht vorhanden waren, befanden sich weitestgehend unbefestigte und immer schon durchlässige Randgebiete von entfernten Provinzen der beiden Großreiche (Byzanz, Iran der Sassaniden-Dynastie), die schließlich – ersteres in wesentlichen Teilen, letzteres insgesamt – der muslimischen Eroberung zum Opfer fielen. Diese beiden seit langem konkurrierenden Imperien hatten zudem bis kurz vor dem Erscheinen muslimischer Formationen auf ihrem Territorium im Kampf um die Herrschaft über Syrien erschöpfende Kriege miteinander geführt und waren im hier entscheidenden Zeitraum auch innerpolitisch alles andere als stabil. Ernsthafte – und vor allem schnelle – Reaktionen auf die ersten lokalen Erfolge der Muslime mögen gerade auch aus diesen Gründen nicht erfolgt sein. Wesentlicher allerdings scheint eine Fehleinschätzung (Unterschätzung) des Gegners gewesen zu sein, die jedoch den seinerzeit Verantwortlichen kaum anzulasten ist: An ephemere Überfälle arabischer tribaler Gruppen auf die jeweiligen Randzonen im

Süden (Byzanz) und Osten/Südosten (Iran) war man seit langer Zeit gewöhnt, sie waren lästig, stellten aber keine essentielle Gefahr dar. Die ersten muslimischen Angriffe hatten nun – gerade auch aus der Ferne gesehen – den traditionellen »Razzia«-Charakter; daß sie im Zusammenhang mit einer gänzlich neuen politischen Konzeption standen, war nicht sofort zu erkennen; als die Gefahr dann in ihrem ganzen Ausmaß deutlich wurde und die beiden Großreiche mit massiven Aufgeboten reagierten – die beiden schon kurz erwähnten Schlachten am Yarmūk und bei Qādisiyya (wohl 636) markieren hier den Höhepunkt und aufgrund der muslimischen Siege auch schon den Anfang vom Ende –, war der entscheidende Zeitpunkt für eine erfolgreiche Abwehr bereits verpaßt, zu fest schon hatten sich die Muslime in ihren Zielreligionen etablieren können.

Wenn wir die muslimische Seite der ersten *futūh*-Erfolge betrachten, so erscheint zunächst als wesentlicher Faktor die Tatsache, daß es [...] offenbar gelang, tribale Gruppen in den Randzonen für eine – zunächst wohl nur als lokal und zeitlich begrenzt gedachte – Zusammenarbeit zu gewinnen, für gemeinsame Aktionen also, deren Ziele nicht genau festgelegt waren, die aber den miteinander Verbündeten aufgrund der wechselseitigen Stärkung erfolgversprechend erschienen (und ja auch erfolgreich waren) und bei denen muslimischerseits das Bekenntnis der Partner zum Islam nicht unbedingt als Voraussetzung für die Zusammenarbeit verlangt wurde. Unter diesen Partnern der Muslime scheinen vor allem auch tribale Gruppen gewesen zu sein, die theoretisch »in Diensten« der Großreiche standen, nämlich – im Rahmen von deren bewährter Politik, ihre Grenzen *vor* Arabern *durch* Araber schützen zu lassen – gegen ein Entgelt Überfälle von Süden kommender Stämme und Clans abzuwehren hatten. Die tribalen Gruppen in den Randzonen – ob nun von den Großreichen abhängig oder nicht – hatten mit Sicherheit von der Konstituierung des umfangreichen Bündnissystems [...] erfahren; ihre teilweise Bereitschaft zur

Zusammenarbeit dürfte eine Ausrichtung nach dem Erfolg gewesen sein; den Muslimen jedenfalls verhalf sie wesentlich zur Besetzung erster wichtiger Positionen in Syrien/Palästina und am Euphrat.

Die Abmachungen zwischen den muslimischen Eroberern, welch letztere man sich – zumindest in den ersten Jahrzehnten – nicht so sehr als geordnete Heere, sondern eher als eine Vielzahl von recht selbständig agierenden tribalen Einheiten vorzustellen hat, und Stammesgruppierungen in den Grenzregionen mit dem Ziel gemeinsamer Unternehmungen, ohne daß von den Muslimen das (sofortige) Bekenntnis der Kooperationswilligen zum Islam eingefordert wurde, lassen bereits in den Anfängen eine Verhaltensweise der Eroberer erkennen, die außerordentlich weitreichende Konsequenzen haben sollte: ihre Bereitschaft (und Fähigkeit) zum Kompromiß und Arrangement. Eine muslimische Ökumene – so läßt sich hier schon generalisierend feststellen – ist wesentlich durch Vereinbarungen und Verträge zustandegekommen und nicht durch eine praktizierte Missionskriegs-Mentalität. Den Muslimen ist anscheinend sehr schnell deutlich geworden, daß die autochthone Bevölkerung in den Regionen ihrer ersten Vorstöße zu großen Teilen wenig Grund und Neigung zur Loyalität gegenüber den Repräsentanten der jeweiligen politischen Ordnungen hatte, in die sie eingebunden war, daher auch keine großen Anstrengungen unternahm, diese ernsthaft zu verteidigen. Der Grund hierfür ist vor allem in bereits seit langer Zeit schwelenden und zum Teil erbittert ausgetragenen Religionskonflikten zwischen Provinzbevölkerung und herrschender Staatsgewalt zu suchen; dies gilt vornehmlich für die byzantinischen Gebiete, trifft aber zum Teil auch auf das sassanidische Iran zu. Die Christen in Syrien/Palästina und Ägypten (Kopten) gehörten überwiegend monophysitischen Glaubensrichtungen des Christentums an, waren damit im Sinne der »orthodoxen« (chalkedonischen) byzantinischen Staatskirche Häretiker und seit langem erheblichen Pressionen ausgesetzt; im westlichen Iran gab es große Gruppen von (nestorianischen) Christen und von Anhängern anderer Religionsgemeinschaften, die mit dem staatstragenden Zoroastrismus nicht in Einklang standen. Eine politische Neuorientierung, möglicherweise ein Wechsel in der Herrschaft, konnten daher großen Teilen der autochthonen Provinzbevölkerung in Syrien/Palästina und im Irak durchaus als attraktiv erscheinen, falls sie sich unter Voraussetzungen vollzogen, die eine Verbesserung ihrer Lebensumstände versprachen.

In dieser Situation war es nun von höchster Bedeutung, daß die allmählich vordringenden Muslime von der eingesessenen Bevölkerung in den Provinzen der Großreiche durchweg Unterwerfung, nicht aber Konversion zum Islam verlangten; zwar erging muslimischerseits in der Regel eine Aufforderung zur Islam-Annahme (*daʿwa*), aber die Konsequenzen einer Ablehnung waren nun eben nicht muslimische Versuche, einen Religionswechsel mit kriegerischen Mitteln zu erzwingen. Man hatte es nämlich während der *futūh* vornehmlich mit »Schriftbesitzern« zu tun. Mit »Schriftbesitzer«-Gruppen auf der Arabischen Halbinsel hatte sich bereits der Prophet verschiedentlich vertraglich geeinigt, und in Sure 9,29 war offenbart worden, daß diese zu bekämpfen seien, *bis* sie eine Abgabe (*ǧizya*) entrichten; und diese war in Art und Höhe nicht festgelegt, somit gab es weiten Verhandlungsspielraum. Da nun die Muslime schon sehr bald über die distanzierte bis feindselige Haltung der ihnen begegnenden Provinzbevölkerung gegenüber ihren Staatsgewalten informiert gewesen sein dürften (entsprechende Hinweise scheinen z. T. von Repräsentanten der Bevölkerung selbst gekommen zu sein), bestimmte zunehmend mehr die *ǧizya*-Alternative der koranischen Offenbarung ihr Verhalten, während die dort viel stärker betonte Aufforderung zum Kampf – *ǧizya* eher als »ultima ratio«! – in den Hintergrund rückte. Es entwickelte sich die für die muslimischen Eroberungen so typische und für ihren Erfolg so entscheidende Vertragspraxis der Eroberer, der bei aller Verschiedenheit der Abmachungen das einfache Schema zugrundelag: Die Muslime erhalten Abgaben (eben: *ǧizya*) – ihre Vertragspartner erhalten Schutz (*ḏimma*), dies bei wechselseitiger Abhängigkeit der Konditionen. [...]

Die Muslime auf der Basis derartiger Verträge, die wohl fast durchweg schriftlich fixiert worden sind, als neue Oberherren zu akzeptieren, fiel großen Teilen der betroffenen Bevölkerung offensichtlich nicht allzu schwer, zumal nachdem abzusehen war, daß die Muslime Herr der Lage bleiben würden und Sanktionen der möglicherweise zurückkehrenden früheren Staatsgewalten kaum mehr zu befürchten waren: Die ausgehandelten Abgaben dürften des öfteren niedriger als die vordem abzuführenden Steuern gewesen sein; die anfängliche Unerfahrenheit der Muslime in diesen Dingen erwies sich hier als günstig. Wesentlicher aber war die muslimische Schutzgarantie für die freie Religionsausübung, eine Garantie, an die sich die Eroberer fast durchweg strikt hielten, auf Einschränkungen nur dort insistierten, wo die praktische Ausübung des Fremdkultus der eigenen Religionspraxis störend oder belästigend in den Weg trat. Religionsfreiheit hatte aus den eben genannten Gründen für viele der von der muslimischen Eroberung betroffenen Untertanen der beiden zentralistischen Großreiche bis dato nicht bestanden, der Herrschaftswechsel brachte somit in einem wesentlichen Bereich erhebliche Vorteile, ja die muslimischen Eroberer wurden mitunter regelrecht als Befreier begrüßt. [...]

Die muslimische Vertragsbereitschaft und Vertragspraxis, legitimiert durch prophetische Präzedenz und göttliche Offenbarung, darf man als die entscheidende Basis betrachten, auf der die *futūḥ* überhaupt erst möglich wurden. [...]

Nur durch die auf Vereinbarungen beruhende Unterstützung von seiten der Einwohner in den *futūḥ*-Regionen ließ sich überhaupt die gesamte Logistik der muslimischen Unternehmungen bewältigen: Verpflegung, Gastung, Führerdienste, Kundschafteraufgaben u. ä. sind denn auch die

Dienstleistungen, die in den Verträgen immer wieder begegnen, und manches davon scheint sogar unter der – inhaltlich unbestimmten – *ǧizya* rubriziert worden zu sein. Diese gesamte unentbehrliche, ja überlebensnotwendige, Basis-Unterstützung wäre den muslimischen Eroberer-Gruppen mit Sicherheit nicht zuteil geworden, wenn sie mit dem Konzept einer auf kriegerischem Wege zu erreichenden Zwangsbekehrung zum Islam angetreten wären. Der Einsicht der Muslime in diese Notwendigkeiten ist es wohl auch zuzuschreiben, daß sie im Laufe der *futūh* den Personenkreis, der durch die koranischen Offenbarungen als »Schriftbesitzer« definiert und infolgedessen – darauf kam es hier an – vertragsfähig auf der *ǧizya* – Schutz/*ḏimma*-Grundlage war, erheblich erweitert haben. Hatte man es anfänglich noch in überwiegendem Maße mit »Schriftbesitzern« im koranischen Sinne, nämlich Christen (vor allem) und Juden zu tun, so begegnete man bei den weiteren Vorstößen nach Osten vor allem Anhängern des Zoroastrismus (arab.: *maǧūs*). Auch diese wurden nun als »Schriftbesitzer« qualifiziert, womit der Zwang entfiel, sie wie »Götzendiener« unter allen Umständen zum Islam zu bekehren, und sich die Möglichkeit eröffnete, mit ihnen zu vertraglichen Vereinbarungen zu kommen, eine Möglichkeit, von der die muslimischen Heerführer dann auch ausgiebig Gebrauch gemacht haben. Das hier so deutlich sichtbar werdende Bestreben der muslimischen Eroberer, sich die für eine dauerhafte Sicherung ihrer Erfolge und für weitere Verstöße unerläßliche Vertrags-Option – durchweg verbunden mit dem Zugeständnis der Religionsfreiheit – offenzuhalten, belegt besonders eindrucksvoll die Argumentation eines muslimischen Heerführers, der im Sind/Südindus-Gebiet (zu Beginn des achten Jahrhunderts) mit Buddhisten einen Vertrag abschloß und ihnen dabei die Unverletzlichkeit ihres Buddha-Heiligtums garantierte: »Ein Buddha-Tempel ist (ja schließlich) nichts anderes als die Gotteshäuser der Christen und Juden und die Feuer-Heiligtümer der Zoroastrier *(maǧūs).*«

Nun hat natürlich die Vertragsbereitschaft der muslimischen Eroberer nicht ausgeschlossen, daß es im Verlauf der *futūh* auch immer wieder zu Kämpfen mit der jeweils einheimischen Bevölkerung gekommen ist. Die Muslime hatten ihre militärische Stärke, sei es in Gefechten, sei es bei der Belagerung von festen Plätzen, des öfteren erst einmal zu demonstrieren, bevor ihre nicht-muslimischen Kontrahenten zu der Überzeugung kamen, daß eine vertragliche Einigung mit den Muslimen für sie die vorteilhafteste Lösung sei. Auch erforderte gelegentlicher Vertragsbruch von seiten der unterworfenen Nicht-Muslime kriegerische Interventionen. Doch es konnte eben auch sehr häufig auf den Einsatz kriegerischer Mittel verzichtet werden, zumal nachdem die überraschend günstigen Unterwerfungs-Konditionen zunehmend mehr bekannt geworden waren und sich die Tatsache herumgesprochen hatte, daß sich die Muslime in der Regel an ihre Vereinbarungen hielten.

Michel Mollat

»Ich habe Euer Mitleid erbeten ...«

»Wie jedermann weiß, besitze ich nicht die Mittel, mich zu nähren und zu kleiden. Deshalb habe ich Euer Mitleid erbeten, und Ihr habt mir gewähren wollen, daß ich mich Euch übergebe und mich Eurem Schutz anvertraue. Dies habe ich zu folgenden Bedingungen getan: Ihr werdet mir helfen und mich mit Nahrung und Kleidung versorgen, soweit ich Euch dienen und nützlich sein kann. Solange ich lebe, schulde ich Euch Dienst und Gehorsam, soweit dies mit einem freien Stand vereinbar ist; meiner Lebtag verzichte ich auf das Recht, mich Eurer Macht und Schutzherrschaft zu entziehen.«

Keine andere Quelle stellt die um die Mitte des 8. Jahrhunderts faßbare Tendenz so plastisch dar: In einem auf Lebenszeit abgeschlossenen Vertrag begeben sich die Armen in die Schutzherrschaft eines Mächtigen und verpflichten sich ihrerseits zu Dienst und Treue. Die Beziehung zwischen Arm und Reich verändert sich in ihrer Grundstruktur. Fortan ist sie weniger wirtschaftlich als sozial geprägt.

Den Status des armen Landbewohners definiert nicht nur sein Gegenteil, der Stand der Mächtigen, sondern er beinhaltet auch moralische Unterlegenheit. Arm ist, wer empfängt, und zwar im Gegensatz zu demjenigen, der gibt. Er gehört zu jenem *populus minor,* von dem Gregor von Tours spricht und den spätere Zeiten »kleine Leute« nennen werden. Die islamische Gesellschaft sprach von *meskin,* ein Begriff, der ins Französische übernommen wurde; *méchine* bezeichnet eine Frau, die über keinerlei Besitz und Einkommen verfügt und deshalb gezwungen ist, ihren Lebensunterhalt durch niedere Dienste zu sichern. Körperliche Arbeit trug ein ererbtes dreifaches Stigma: Die Antike hatte niedere Arbeit grundsätzlich verachtet; diese Verachtung wurde vertieft durch die Hochschätzung der ritterlichen Lebensweise bei den Germanen und schließlich noch gefördert durch die jüdisch-christliche Vorliebe für das kontemplative Leben. Hinzu kommt, daß die Einordnung körperlicher Arbeit auf der untersten Ebene der Gesellschaft auch darin gründet, daß man sie als Sühne für begangene Sünden betrachtete. Die Feudalgesellschaft des Hochmittelalters benutzte die Begriffe Arbeiter, Bauer und Armer ganz selbstverständlich als Synonyme. Darüber hinaus erhält der Begriff nun aber einen neuen Bedeutungsaspekt: Der *laborator* ist nicht nur arm und zu körperlicher Arbeit gezwungen, er ist auch ungebildet. *Paganus* bezeichnet sowohl den Analphabeten, der weit von der Stadt entfernt lebt, als auch den »Heiden«, den die frohe Botschaft Jesu noch nicht erreicht hat. *Illiteratus* ist ein ungeschliffener Bauer, der kaum mehr Verstand besitzt als das Vieh in seinem Stall. Isidor von Sevilla benutzt den Begriff *rusticitas,* ländliche Bevölkerung, und *rusticatio,* Ungeschliffenheit, nahezu synonym.

Wie lebt nun ein Heiliger, im 7. Jahrhundert etwa Seranus, als Armer unter Armen, und wie beurteilt sein Biograph im 11. Jahrhundert sein Tun und die Menschen seiner Umgebung? Wie ein Vagabund zieht er umher, seinen Lebensunterhalt verdient er durch Gelegenheitsarbeiten bei den Bauern, bei der Ernte, beim Fischfang oder bei Transportarbeiten, oder er mischt sich unter die Bettler und Kranken vor den Portalen von Saint-Sernin in Toulouse. Er verrichtet dieselben Arbeiten wie die ländliche Bevölkerung (*rusticana opera*); denn er will als *homunculus infimis, incola, peregrinus* zum niederen Volk, zu den bindungslosen Armen gehören.

Gerhard Köbler

Wergeld oder Fehde

Für das Schlagen eines Adeligen 30 Schillinge oder, wenn er leugnet, schwöre er selbdritt. Für einen blauen Fleck und eine Schwellung 60 Schillinge oder er schwöre selbsechst. Wenn der Schlag zum Bluten führt, 120 Schilling oder er schwöre selbzwölft. Wenn der Knochen hervortritt, 180 Schillinge oder er schwöre selbzwölft. Wenn er den Knochen bricht oder eine Gesichtsentstellung bewirkt, Leib, Hüfte oder Arm durchbohrt, 240 Schillinge oder er schwöre selbzwölft. Wer ein Auge ausschlägt, büße 720 Schillinge. Bei beiden 1440 Schillinge. In gleicher Weise für ein Ohr oder beide, wenn er taub gemacht wird. In gleicher Weise büße er für die Nase, wenn sie abgeschnitten wird, 720 Schillinge. In gleicher Weise für Hände, für Füße, Hoden, wenn eins abgehauen wird, 720 Schillinge, wenn beide, 1440 Schillinge.

Der Daumen ganz abgehauen werde mit 360 Schillingen

gebüßt. Wenn halb, werde er mit 180 Schillingen gebüßt. Wenn der kleine Finger ganz, 240 Schillinge. Wenn ein Glied eines Fingers, 80. Wenn zwei Glieder, 160. Wenn der Zeigefinger, 180, der Mittelfinger und Ringfinger, je 120. Die große Zehe werde mit der Hälfte des Daumens gebüßt. Die drei mittleren Zehen sollen mit der Hälfte der Buße von Ringfinger und Mittelfinger gebüßt werden. Die kleine Zehe werde mit der Hälfte einer dieser drei Zehen gebüßt.

Wer einen Adeligen tötet, büße 1440 Schillinge und außerdem 120 Schillinge. Wird eine dieser Taten an einer jungen Frau begangen, wird sie doppelt gebüßt. Die Tötung eines Halbfreien werde mit 120 Schillingen gebüßt, die Verwundungen jeweils entsprechend mit einem Zwölftel der für einen Adeligen genannten Bußen. Die Tötung eines Unfreien werde mit 36 Schillingen gebüßt.

Dieser sorgfältig ausgearbeitete, recht umfangreiche Bußenkatalog stammt aus dem Volksrecht der Sachsen. Dieser nach seiner Waffe, dem Sachs, bezeichnete Stamm war ursprünglich nördlich der Elbe seßhaft. Von dort dehnte er sich mit Ausnahme Frieslands allmählich bis zum Rhein und dem Harz aus, ein Teil der Sachsen eroberte zusammen mit Angeln und Jüten sogar das römische Britannien. Karl der Große unterwarf die von Widukind geführten Sachsen seit 772 aber allmählich der Herrschaft der Franken und führte sie zwangsweise dem Christentum zu.

Kaum hatte er sie niedergerungen, verfügte er die Capitulatio de partibus Saxoniae (Kapitular für Sachsen). Zunächst wurde dabei beschlossen, daß die christlichen Kirchen, wie sie in Sachsen errichtet und Gott geweiht wurden, nicht geringere Ehre haben sollen, sondern größere und hervorragendere als die Heiligtümer der bisherigen Götzen. Wenn jemand Zuflucht in einer Kirche gefunden hat, so werde ihm zur Ehre Gottes und der Heiligen in jedem Falle das Leben gelassen und alle Glieder. Wenn jemand in eine Kirche gewalttätig eindringt und in ihr gewaltsam oder dieblich etwas wegnimmt oder die Kirche durch Feuer einäschert, sterbe er des Todes. Wenn jemand die heilige vierzigtägige Fastenzeit nicht aus Not, sondern zwecks Herabsetzung des Christentums verschmäht und Fleisch ißt, sterbe er des Todes. Wenn jemand einen Bischof, Priester oder Diakon tötet, sterbe er des Todes. Wenn jemand vom Teufel getäuscht nach Sitte der Heiden glaubt, daß irgendein Mann oder eine Frau eine Hexe sei und Menschen ißt und er sie deshalb verbrennt oder ihr Fleisch zum Essen gibt oder sie ißt, sterbe er des Todes. Wenn jemand den Körper eines verstorbenen Mannes nach dem Brauch der Heiden durch Feuer verzehren läßt und seine Gebeine zu Asche macht, sterbe er des Todes. Wenn jemand sich ungetauft verbergen will und es verschmäht, zur Taufe zu kommen, sterbe er des Todes. Wenn jemand einen Mann dem Teufel opfert und nach Sitte der Heiden den Dämonen als Opfer darbringt, sterbe er des Todes. Wenn jemand mit den Heiden eine Verschwörung gegen die Christen oder den König verabredet, sterbe er des Todes.

Im Jahre 797 lud Karl der Große dann Sachsen nach Aachen und besprach mit ihnen verschiedene Angelegenheiten. In den hierbei gefundenen Lösungen tritt die in der Capitulatio so eindeutig in den Vordergrund gestellte Todesfolge nicht auf. Vielmehr wird beschlossen, daß dort, wo Franken 60 Schillinge Bannbuße bezahlen müssen, auch die Sachsen diese Leistung zu erbringen haben. Selbst die Tötung eines Königsboten hat hier nicht mehr die Tötung zur Folge. Statt dessen ist die dreifache Buße zu entrichten.

Wie sie aussieht, ergibt sich dann aus dem wohl 802 auf dem Reichstag von Aachen aufgezeichneten Volksrecht der Sachsen, dessen 66 Kapitel allerdings nur in zwei Handschriften des 9. und 10. Jahrhunderts sowie zwei selbständigen humanistischen Drucken zu fassen sind. Ist der Königsbote adelig, so hat demnach seine Tötung eine Buße von 4320 Schillingen zur Folge.

Welchen Wert diese Summe hat, läßt das Kapitular des Jahres 797 erkennen. Es rechnet für einen Schilling ein einjähriges Rind beiderlei Geschlechts, wie es zur Herbstzeit in den Stall und wie es im Frühling wieder aus dem Stall getrieben wird. Daraus ergibt sich für die Tötung eines Adeligen die ungeheuer große Herde von 1440 und für die Tötung eines adeligen Königsboten die noch größere Herde von 4320 Rindern. An Hafer wären dies nach einem weiteren Umrechnungssatz sogar 172 800 Scheffel.

Die in diesen Sätzen aufscheinende Verknüpfung einer Tat mit der Leistung von Schillingen oder, weil es eine Geldwirtschaft im eigentlichen Sinne auch unter den Karolingern noch nicht gibt, von Rindern oder anderen Erzeugnissen, ist keine Besonderheit der Sachsen. Sie ist vielmehr aus allen Volksrechten bekannt. Dementsprechend ist sie ein Kennzeichen des frühmittelalterlichen germanischen Rechts schlechthin. Nach allen Quellen bildet sie die Regel, zu welcher etwa die strikten Tötungsanordnungen der Capitulatio de partibus Saxoniae die seltene Ausnahme sind. Sie finden sich allerdings bei den Sachsen auch im Volksrecht selbst.

Bezeichnet wird diese Buße, da die Volksrechte ja durchweg in Latein geschrieben sind, als compositio. Das zugehörige Zeitwort heißt regelmäßig componere. Althochdeutsch wird componere unter anderem als bezziron, bessern oder gibuozen, büßen verstanden. Compositio ist althochdeutsch das werigelt. Das in diesem Zusammenhang verwandte althochdeutsche Wort wer ist aus der Zusammensetzung Werwolf bekannt. Es hängt mit lateinisch vir zusammen. Dementsprechend hat es mit Wehr, wehren nichts zu tun. Wie Werwolf der Mannwolf ist, d. h. der Mann, der sich durch Zauberkraft in einen Wolf verwandeln kann, so ist Wergeld das Manngeld, d. h. für einen Mann zu zahlende Geld.

Der Höhe nach ist es, auch wenn sich das Leben eines Menschen durch nichts ersetzen läßt, sehr beachtlich. Wer ein Wergeld zu leisten hatte, mußte hierfür wohl in der Regel sein gesamtes Vermögen einsetzen. Reichte es nicht, so verlor er zudem die Freiheit.

Die Alternative zum Wergeld war die Fehde. Was sie bedeutete, läßt sich anschaulich an der Fehde des Sichar in merowingischer Zeit zeigen. Dort hatte der Franke Sichar gerade mit einigen Freunden das Fest der Geburt des Herrn gefeiert, als der Priester des Ortes einen Knecht aussandte, um einige Leute zu einem Fest in sein Haus zu laden. Als der Knecht kam, zog einer von denen, die eingeladen wurden, sein Schwert und haute nach ihm, daß er starb. Als Sichar, der ein Freund des Priesters war, dies hörte, nahm er seine Waffen, ging zur Kirche und wartete dort auf den Täter. Als dieser das hörte, rüstete er sich auch mit seinen Waffen und ging ihm entgegen. Sie gerieten alle ins Handgemenge. Sichar floh unter Zurücklassung seiner Kleider und vierer verwundeter Knechte. Sein Gegner Austregisel tötete die Knechte und nahm Sichars Sachen an sich. In einer Verhandlung wurde dann entschieden, daß Austregisel zur rechtmäßigen Buße zu verurteilen sei. Darüber kam ein Vertrag zustande. Als aber Sichar nach einigen Tagen hörte, daß die geraubten Sachen sich bei einem Auno befanden, schob er den Vertrag beiseite, tat sich mit Audin zusammen, brach den Frieden und überfiel Auno. Er erbrach das Haus, in dem sie schliefen, tötete alle und nahm alle Sachen und Herden fort. Danach schickte der Bischof nach ihnen und forderte denjenigen, der Unrecht getan hatte, zur Leistung der Buße um der Liebe willen auf. Er bot ihnen sogar das Geld der Kirche an. Die Gegner aber wollten es nicht annehmen. Als sie hörten, Sichar sei bei einem Streit mit einem Knecht umgekommen, stürmten sie mit allen Verwandten und Freunden nach Sichars Haus, plünderten es, töteten mehrere Knechte, verbrannten alle Gebäude und nahmen alles, was fortzuschaffen war, an sich. Darauf wurden die Parteien vom Richter zu einer Verhandlung aufgefordert. Nach dem Urteil sollten die Gegner, damit endlich Friede sei, die Hälfte des ihnen zustehenden Wergeldes verlieren, die andere Hälfte von Sichar dagegen bekommen. Sichar zahlte mit Hilfe der Kirche, und alle schwuren sich gegenseitig, sich nicht mehr gegeneinander zu erheben. Bei einem Gelage reizte aber Sichar den Gegner dadurch, daß er ihm vorwarf, durch die Annahme des Wergeldes zu Reichtum gekommen zu sein. Daraufhin beschloß der Gegner doch, den Tod seiner Verwandten noch zu rächen, löschte alle Lichter und spaltete Sichar mit seinem Schwert den Kopf. So endete Sichar, ein leichtfertiger Mensch, Trunkenbold und Totschläger mit etwa zwanzig Jahren. Seine Frau ließ ihre Kinder im Stich und heiratete einen anderen. Der Gegner ging, weil Sichar unter dem Schutz der Königin stand, ins Ausland.

II. Konsolidierung im Westen

Josef Fleckenstein

Vater Europas? – Das Reich Karls des Großen

Durch seine Kriege gehört Karl zu den großen Eroberern der Weltgeschichte. Mehrere von ihnen hat er sozusagen im Keim geerbt: Sie setzten im Grunde ältere Streitigkeiten fort, waren also zunächst nur die zeitgenössische Form des Austrags von Spannungen zwischen Nachbarn, wie sie in jenen frühen Jahrhunderten überall zu beobachten sind. In anderen Kriegen freilich stieß er in Neuland jenseits der fränkischen Grenzen vor; sie dienten ihm von vornherein der Ausweitung seiner Herrschaft, die zuletzt fast das gesamte festländische Europa umspannte.

Den Anfang machte der Feldzug gegen Aquitanien – die Südwestprovinz des alten Gallien –, der durch einen Aufstand der kurz zuvor von Pippin unterworfenen Aquitanier verursacht war und zu ihrer völligen Eingliederung führte. Er gehörte also eindeutig der ersten Gruppe an, ebenso auch der folgende Feldzug, der bereits 773 gegen die Langobarden gerichtet war. Auch hier waren alte Spannungen im Spiel. Sie waren verschärft worden, als die Witwe Karlmanns mit ihren Kindern, die Karl bei der Übernahme des Reichsteils seines Bruders völlig übergangen hatte, an den Hof des Langobardenkönigs Desiderius geflohen war und dieser in einer scharfen Wendung gegen Karl Papst Hadrian I. zu bewegen suchte, die Karlmann-Söhne zu fränkischen Königen zu salben. Der Papst widersetzte sich jedoch dem langobardischen Druck und rief gegen den drohenden Desiderius Karl zu Hilfe, der sie auch umgehend leistete. Er rückte vor die langobardische Hauptstadt Pavia und zwang sie nach längerer Belagerung zur Übergabe, begnügte sich jetzt aber nicht mehr mit der erneuten Anerkennung seiner Oberhoheit, der Lösung Pippins, sondern setzte Desiderius ab und machte sich 774 selbst zum König der Langobarden. Von den Söhnen Karlmanns, die in Pavia in seine Hand fielen, sollte man nie mehr etwas hören. Noch während der Belagerung von Pavia war Karl weiter nach Rom gezogen, um sich hier als ‹patricius Romanorum› zu präsentieren: Er erneuerte bei dieser Gelegenheit die «donatio Pippini» und demonstrierte damit feierlich, daß er dem Titel des Patrizius einen konkreten Inhalt gab. Seit 774 nannte er sich in präziser Umschreibung seiner neu gewonnenen Machtstellung ‹Carolus gratia Dei rex Francorum et Langobardorum atque patricius Romanorum›. [. . .]

Alte Spannungen hatte Karl auch an der Ostgrenze gegen die Sachsen geerbt. Als er sich bereits 772, durch Grenzüberfälle veranlaßt, gegen sie wandte, trug der erste Feldzug noch den Charakter einer Strafexpedition. Da aber die Sachsen bei der nächsten Gelegenheit, als Karl in Italien weilte, zurückschlugen, folgten bald weitere Kämpfe, die durch zunehmende Härte gekennzeichnet waren und bald auch weitergreifende Ziele verfolgten. Seit 776 wird erkennbar, daß es Karl um nichts Geringeres als die Unterwerfung des ganzen Stammes, seine Christianisierung und seine Eingliederung in das Frankenreich ging. Der Reichstag in Paderborn 777, der erste Reichstag auf sächsischem Boden, auf den auch die Sachsen selbst geladen waren, setzte bereits ihre Zugehörigkeit zum christlichen Glauben und zum fränkischen Reich voraus und suchte sie durch eidliche Bindung der Sachsen zu sichern. Tatsächlich waren jedoch zunächst nur Teile des sächsischen Adels gewonnen. Im übrigen aber verschärfte sich der Widerstand, den fortan der westfälische Edeling Widukind organisierte. Während der Krieg bis dahin im wesentlichen ein Burgenkrieg gewesen war, leitete Widukind in einer Art Buschkrieg eine neue, noch härtere, erbitterte Phase der Kämpfe ein, die 782 nach einem von Sachsen am Süntel aus dem Hinterhalt ausgeführten Überfall auf ein fränkisches Heer in dem berüchtigten Blutbad von Verden gipfelten, in dem auf Befehl Karls 4500 Sachsen hingerichtet worden sein sollen. Die weiteren Kämpfe standen im Zeichen der ‹Capitulatio in partibus Saxoniae›, des Reichsgesetzes von 782, das jede Empörung gegen die Reichsgewalt und jeden Rückfall ins Heidentum unter härteste Strafen stellte. Sie verstärkten immer mehr das fränkische Übergewicht und veranlaßten schließlich Widukind und seinen Kampfgefährten Abbio, 785 die Waffen niederzulegen, um sich der Forderung Karls zu beugen und in der Pfalz Attigny die Taufe zu empfangen. Karl selbst, der sich schon am Ziel der Kämpfe glaubte, fungierte als ihr Taufpate. Seit 792 setzte dann die dritte Phase der Kämpfe ein, nachdem Karl in den kampffreien Jahren die Organisation der sächsischen Kirche bereits weit gefördert hatte. Diese letzte Phase, die bis zum Jahr 804 dauerte, hat nur noch die nordelbischen Sachsen erfaßt. Auch sie trug ihr eigenes Gesicht, einerseits charakterisiert durch den verstärkten Druck der Massendeportationen, andererseits durch eine Verbesserung des Rechtsstatus der Sachsen, verbunden mit der Abschwächung der harten Strafen der ‹Capitulatio›, zu der vor allem Alcuin geraten hatte. So endeten die Sachsenkriege nach dreiunddreißigjährigen Kämpfen mit dem folgenreichen Ergebnis, daß die Sachsen nach den Worten Einhards »den christlichen Glauben annahmen und mit den Franken *ein* Volk wurden«.

Neben diesem längsten und härtesten aller Kriege Karls gingen außer den Langobardenkämpfen mehrere andere Kriege und Feldzüge einher, nämlich gegen Herzog Tassilo von Bayern, gegen die Awaren im Südosten, ferner gegen die Bretonen im Nordwesten und schließlich gegen die Omaijaden in Spanien.

Die Bayern waren längst christianisiert und auch bereits dem fränkischen Reich eingegliedert, hatten sich aber im Zusammenhang mit den fränkisch-langobardischen Differenzen wieder aus den alten Bindungen gelöst, und Herzog Tassilo glaubte sogar noch nach seiner Unterwerfung durch Karl, den er noch 787 als seinen Lehnsherrn hatte anerkennen müssen, sich mit Rückendeckung der Awaren wieder seiner Gewalt entziehen zu können, führte damit aber nur seinen Untergang herbei. Karl setzte ihn auf einer Reichs-versammlung in Ingelheim 788 ab; sein Stammesherzogtum wurde beseitigt und in Bayern, wie überall im Reich, die Grafschaftsverfassung eingeführt. Bayern war damit voll in das Reich integriert.

Das Frankenreich aber übernahm nun von Bayern die Aufgabe der Grenzsicherung im Südosten, eine Aufgabe, die unter dem Machtdruck des Reiches verstärkt auf Auswei-tung drängte. So stieß Karl im Gegenschlag gegen Einfälle der Awaren in Bayern in mehreren Feldzügen (791 und 795) in das Zentrum des awarischen Reiches in der Pußta-Ebene jenseits der Raab (im heutigen Ungarn) vor, eroberte ihre ‹Ringe›, in denen ein ungeheurer Reichtum an Gold und Sil-ber gehortet war, und vernichtete nach seinem letzten Feld-zug (811) ihr Reich, das spurlos unterging. Ihr Gebiet wurde von den Kirchen in Salzburg, Passau und Aquileja missio-niert und als awarische Mark bis zum großen Donauknie in Abhängigkeit vom fränkischen Reich gebracht.

Hat der Osten Karl am längsten und intensivsten in An-spruch genommen, so forderte jedoch auch der Westen seine Macht heraus. Er hat hier nach dem frühen Aquitanienzug neben zwei Feldzügen gegen die Bretonen im Nordwesten (786 und 799) sich vor allem in Spanien engagiert, hier aller-dings aus einem besonderen Grund, nämlich weil ihn eine arabische Partei im Streit um das Land zu Hilfe rief. Karl folgte dem Hilferuf, der ihn während der Kämpfe in Sachsen 777 auf dem Reichstag in Paderborn erreichte, bereits im Sommer 778, blieb aber schon vor Saragossa, das er vergeb-lich belagerte, stecken und entschloß sich daraufhin zum Rückzug, auf dem die fränkische Nachhut von christlichen Basken überfallen und vernichtet wurde. Unter den Opfern befand sich der Markgraf Roland von der bretonischen Mark, der in Sage und Dichtung als einer der großen Paladi-ne Karls fortleben sollte. Obwohl der Spanienzug sich auf diese Weise als Fehlschlag erwies, hat Karl, nachdem er ein-mal eingegriffen hatte, Spanien nicht mehr aus dem Auge verloren und in der Folgezeit von Aquitanien aus den fränkischen Einfluß auf den Norden des Landes systematisch verstärkt. So nahmen die fränkischen Stützpunkte südlich der Pyrenäen mehr und mehr zu, und seit 795 verfestigten sie sich zur spanischen Mark, die bis zum Ebro reichte. Ihre Eroberung zeigt an, daß das fränkische Reich jetzt auch dem Islam engere Grenzen zog.

Karl hat dann gegen Ende seiner Regierung auch noch den Kampf gegen die Normannen aufgenommen, die sich als neue drohende Gefahr im Norden ankündigten. Er hat ihre Überfälle zurückgeschlagen, ihre Abwehr organisiert, mußte hier allerdings die Hauptkämpfe seinen Nachfolgern überlassen.

Im ganzen ist das Ergebnis dieser zahlreichen und dauernden Kriege Karls eine unerhörte Ausweitung der fränkischen Macht, ihre Erweiterung zu einem Großreich, das sich hoch über alle frühmittelalterlichen Stammesreiche erhob und, indem es sie in seinen Grenzen vereinte, aus ihnen eine neue Einheit schuf. Sie sollte nach dem Willen Karls nicht nur eine politische Einheit sein. Es ist charakteristisch, daß er die großen Kriege gegen die Sachsen wie gegen die Awaren betont als Schützer der Christenheit führte mit dem ausdrücklichen Ziel, durch sie dem Christentum und seiner Kultur Neuland zu gewinnen. Dementsprechend formte sich auch die Einheit seiner Herrschaft als Einheit der westlichen Christenheit aus, die im Kern mit Europa identisch war, ausgenommen nur die britischen Inseln, der Großteil Spaniens und Süditalien, die gleichsam ihre Randzonen bildeten, aber auch als solche noch in ihrem Bannkreis standen.

Auf der Höhe seiner Macht war das Reich Karls des Großen gleichrangig neben die beiden anderen Weltmächte getreten: neben Byzanz, das seit der Verbindung des Papsttums mit dem Frankenreich nur noch die östliche Christenheit verkörperte, und neben den Islam, dessen stürmische Expansion zwar zum Stillstand gekommen war, der aber nach wie vor eine respektgebietende Weltmacht blieb.

Karl der Große hat das fränkische Großreich jedoch nicht nur mit dem Schwert gebaut. Er hat ihm auch eine neue innere Ordnung gegeben: eine verstärkte Mitte, eine intensivere Verwaltung und eine ebenso sorgfältige wie differenzierte gesetzliche Ausstattung, die alle darauf zielten, seinem Zusammenhalt und seiner Einheit zu dienen.

Seine Maßnahmen setzten am Hofe ein, der persönlichen Umgebung des Königs, die mit ihm, wenn er nicht im Feldlager weilte, von Pfalz zu Pfalz zog. Dabei zeichnet sich im Laufe seiner langen Regierung sowohl in räumlicher wie in persönlicher Hinsicht eine bedeutungsvolle Veränderung ab.

Nachdem der Schwerpunkt des Reiches sich bereits seit dem Aufstieg der Karolinger vom Pariser Becken weiter nach Osten verlagert hatte, pendelte er sich unter Karl allmählich nach Aachen ein, der Pfalz, die der König besonders während der langen Wintermonate wegen ihrer warmen Quellen immer häufiger aufsuchte, um sie schließlich seit 794 geradezu zu seiner Residenz zu erwählen. Wenn er daneben auch andere Pfalzen wie Ingelheim und Nimwegen ausgebaut hat, so hat er doch keine von ihnen so ausgezeichnet wie Aachen, für dessen Bauten – allen voran die Marienkapelle, seine zentrale Hofkirche – er eigens aus Rom und Ravenna Säulen herbeischaffen ließ, um ihren Glanz zu erhöhen. Es ist symptomatisch, daß die bedeutendste Pfalz Karls des Großen dank seiner persönlichen Fürsorge und der Unterstützung durch seine fähigsten Helfer, von denen wir noch hören werden, in ihren Mauern das größte Kunstwerk barg und birgt, das jene Zeit überhaupt hervorgebracht hat, eben die Marienkapelle. Trotz aller Kriege war die Kunst selbst in seinem Reich heimisch geworden.

Nicht weniger wichtig als die räumliche war die persönliche Veränderung, die der Hof Karls während seiner Regierung erfahren hat. Sie ist zunächst rein quantitativ in der Zunahme der ‹palatini› erkennbar, der Männer des Hofes, die im Laufe der Zeit immer deutlicher hervortreten. Ihren Kern bildeten nach den Mitgliedern der Königsfamilie die Inhaber der Hofämter: Kämmerer, Truchseß, Mundschenk und Marschall, Quartiermeister und Pfalzgraf, die durchweg eigene Helfer hatten und ihren Aufgabenkreis immer weiter zogen: In ihrer Tätigkeit weitete sich die Hofverwaltung zur Reichsverwaltung aus. Das heißt, sie traten neben die höchsten Adligen im Reich und wurden dementsprechend übrigens auch wie jene als Feldherren und als Diplomaten verwandt. Die Nähe zum König hob sie über die übrigen Helfer empor und sicherte ihnen den höchsten Rang, darin den großen consiliarii vergleichbar, die der König je nach Bedarf aus den Reihen des Adels an den Hof berief. Auch ihre Zahl nahm offensichtlich zu, und zwar in dem gleichen Maße, wie Karl neue Aufgaben an sich zog. So spiegelt sich in ihrer Vermehrung die Tendenz des Hofes wider, sich in zunehmendem Maße in immer weitere Bereiche des täglichen Lebens einzuschalten. Diese Einschaltung hat ihren Niederschlag in einer bis dahin unbekannten Fülle von Gesetzen und Verordnungen, den ‹Kapitularien›, gefunden.

Schon Pippin hatte neben den weltlichen auch geistliche Hofbeamte herangezogen. Sie waren in der sogenannten Hofkapelle organisatorisch zusammengefaßt und hatten vor allem für den herrscherlichen Gottesdienst zu sorgen, eine Aufgabe, die für den König von Gottes Gnaden von existentieller Bedeutung war. Karl der Große ging auch hier über seinen Vater hinaus, indem er diesen Gottesdienst in einen feierlicheren Rahmen stellte und ihn vor allem an den hohen Festtagen bewußt zur Demonstration der Rechtmäßigkeit seiner Herrschaft beging. Und wenn Pippin damit begonnen hatte, den Hofgeistlichen neben ihrer geistlichen Aufgabe auch das Urkundengeschäft zu übertragen, so hat Karl auch diese Ansätze entschieden weitergeführt, ihre Zahl – wie die ihrer weltlichen Kollegen – bedeutend vermehrt und sie grundsätzlich mit Reichsaufgaben betraut. Ihr Haupt, der oberste Kapellan, und sein vornehmster Helfer, der Kanzler, rückten in die Führungsschicht des Reiches auf, und die große Zahl der Kapelläne und Notare arbeiteten mit den übrigen Hofbeamten Hand in Hand. Wenn die außerordentliche Zunahme der Schriftlichkeit vor allem auf die schriftkundigen Geistlichen zurückgeht, so war jedoch die Verwaltung insgesamt sowohl den geistlichen als den weltlichen Hofbeamten anvertraut. Es ist das Prinzip der geistlich-weltlichen Partnerschaft, das damit dem Hof Karls des Großen sein besonderes Gepräge gab.

Diese Partnerschaft sollte sich nach dem Willen Karls im Reich wiederholen, in dem Grafen und Bischöfe den König jeweils in ihren Sprengeln repräsentierten. Wenn auch die Grafschaften andere Funktionen als die Bistümer hatten, so waren doch beide auf den Hof hin orientiert, und Karl der Große hat diese Zuordnung bewußt zu stärken versucht, indem er nicht nur Grafen und Bischöfe von Zeit zu Zeit an den Hof kommen ließ, sondern in den ‹Königsboten› eine eigene Institution, bestehend jeweils aus einem geistlichen und einem weltlichen Würdenträger, ins Leben rief mit dem Auftrag, in die einzelnen Bistümer und Grafschaften zu reisen, um sie auf die Befolgung der königlichen Anweisungen zu überprüfen. Es ist erstaunlich, wie mannigfaltig und detailliert die Anweisungen waren, um die sie sich zu kümmern hatten. Sie dienten alle dem gleichen Ziel, dem Reich, das bei der Eigenart seiner Erweiterung und bei seiner enormen Ausdehnung in sich bedeutende regionale Unterschiede aufwies, Einheit und Einheitlichkeit zu sichern.

Beispielhaft für dieses Bemühen ist Karls Fürsorge für Recht und Brauchtum der einzelnen Völkerschaften, die er nicht nur anerkannte, sondern auch aufschreiben ließ, wobei er zugleich für ihre innere Angleichung Sorge trug. Die gleiche Tendenz ist auch aus zahlreichen Kapitularien zu erkennen.

Bei alledem kann kein Zweifel bestehen, daß Karl in der Rechtspflege eine seiner höchsten Aufgaben gesehen hat. Ihr hat er sich nach dem Zeugnis Einhards bis tief in die Nächte hinein gewidmet, und was davon schriftlichen Niederschlag gefunden hat, läßt schon rein quantitativ eine überragende

Leistung erkennen. Viel wichtiger ist aber, daß er sich damit nicht begnügte, die Fälle, die an ihn herangetragen wurden, zu entscheiden, sondern daß er gleichsam den Raum des Rechts im Bereich seiner Herrschaft erweitert hat, indem er die gängige Rechtspraxis entscheidend verbesserte. Sie war bisher weitgehend durch die rechtliche Selbsthilfe, das heißt die Fehde, bestimmt. Neben ihr trat der öffentliche Richter nur dann in Erscheinung, wenn er angerufen war. Indem Karl mit Hilfe seiner Königsboten im ganzen Reich sogenannte Rügezeugen einsetzen ließ, die bei ihrem Eid verpflichtet waren, alle in ihrem Bereich begangenen Verbrechen dem Königsrichter anzuzeigen, zog er die Verfolgung der Verbrechen allgemein an das öffentliche Gericht und stellte damit das Gerichtswesen auf eine neue, breitere Grundlage. Wir sprechen deshalb mit gutem Grund von einer Gerichtsreform Karls des Großen.

Reformen nehmen überhaupt einen breiten Raum in seinen Bemühungen um die innere Festigung des Reiches ein. Und auch hier ist es wiederum bezeichnend, wie vielen Feldern er dabei seine Aufmerksamkeit und Fürsorge zugewandt hat, angefangen von der Verwaltung der königlichen Grundherrschaft über die Regulierung kirchlicher Angelegenheiten bis zu den ‹litterae colendae›, der Pflege des geistigen Lebens, das uns noch besonders beschäftigen soll. Wir heben hier aus der Vielfalt dieser Bemühungen nur einige besonders eindrucksvolle Beispiele hervor: neben der erwähnten Gerichtsreform etwa die Münzreform Karls, durch die an die Stelle der vielen ungleichartigen Prägungen unter den Merowingern und den frühen Karolingern der einheitliche Karolingische Denar als neue Norm getreten ist, die – erstmals seit der Römerzeit – wieder gesetzlich garantiert war.

Dann vor allem die Heeresreform, die zu den folgenreichsten Maßnahmen Karls gehört. Sie war veranlaßt durch die fortdauernden Kriege des expandierenden Frankenreiches, die die Bevölkerung um so mehr belasteten, als sie die seit langem eingeleitete Verlagerung auf den kostspieligen Reiterkampf forcierten. Karl trug daher dieser Doppelbelastung Rechnung, indem er die Heerfolge (seit 807/808) nach der Besitzgröße staffelte. Drei bzw. vier Hufen bildeten die Norm, die ihre Inhaber zur Teilnahme verpflichtete. Wer weniger besaß, hatte sich mit anderen Freien zu einem Gestellungsverband zusammenzuschließen, der jeweils einen berittenen Krieger auszurüsten hatte. Damit blieb das allgemeine Volksaufgebot, wenn auch in reduzierter Form, in Kraft, doch ging die Hauptlast des Kampfes auf die Vasallen über, die in jedem Fall auszurücken hatten. Ihre Bedeutung nahm in der Folgezeit weiter zu, so daß man im Rückblick sagen kann, daß die Reformmaßnahmen Karls mit der Verbindung von Vasallität und Kriegertum den ersten Schritt zur Ausbildung eines berittenen Berufskriegertums und zu seiner Feudalisierung markieren, denen die Zukunft gehören sollte.

Die Feststellung ist erlaubt, daß die geschichtliche Nachwirkung Karls des Großen zu einem wesentlichen Teil auf seine unterschiedlichen, stets von der Sache bestimmten und erstaunlich weitsichtigen Reformen zurückgeht.

Im Kreis dieser Reformen kommt den Bemühungen Karls um die Erneuerung der Bildung besondere Bedeutung zu. Sie haben bewirkt, daß der Karlshof, in dem sich die Macht des Frankenreiches konzentrierte, zugleich zum Sammel- und Ausstrahlungspunkt des geistigen Lebens für ganz Europa wurde.

Auch hier ist deutlich zu erkennen, daß die Anfänge dieser Bemühungen auf Karl selbst zurückgehen. Die Begegnung mit den irischen und angelsächsischen Missionaren, die sich um die Reform der fränkischen Kirche bemühten, und die Berührung mit Italien, in dem die Verbindung mit der Antike nie ganz abgerissen war, hatten Karl vor Augen geführt, wie weit die Bildung im Frankenreich abgesunken war. Als Karl daraufhin beschloß, diesen Mangel zu beheben, war es sein erstes Ziel, durch eine bewußte Bildungspflege der Kirche zu helfen, ihren Aufgaben besser gerecht zu werden. Damit weitete sich die Kirchenreform zu einer Reform der Bildung aus.

Gleichzeitig wird jedoch erkennbar, daß der König schon früh ein persönliches Verhältnis zur Welt der Bildung gewonnen hat, und bald mehren sich die Zeichen dafür, daß ihm unbeschadet dieses Zusammenhangs, der immer gültig blieb, auch ihr Eigenwert mehr und mehr aufgegangen ist.

Spätestens seit 777 ist er bestrebt, Gelehrte, wo immer er sie fand, an seinen Hof zu ziehen. So kamen nach ersten, noch weniger festen Kontakten mit Angelsachsen und Iren wie Beornrad und Raefgot die Langobarden Petrus von Pisa, Paulinus (von Aquileja) und Paulus Diaconus, der Westgote Theodulf, die Franken Angilbert und Einhard und mehrere Angelsachsen, unter ihnen Alcuin, der größte Gelehrte der Zeit, als dauernde Helfer des Königs an den Hof. Alcuin, der im Jahre 782 erschien, trat sofort als ihr gemeinsames Haupt hervor. Um ihn schloß sich der Kreis der Hofgelehrten zu einem Freundeskreis zusammen, der sich nach angelsächsischem Vorbild mit Pseudonymen nach vorbildlichen Gestalten aus der alttestamentlich-christlichen und aus der antiken Bildungswelt benannte. Karl selbst gesellte sich ihnen als ‹David› bei. Die Mitglieder des Kreises führten in geselliger Runde gelehrte Gespräche, tauschten Rätsel und Gedichte aus und brachten als Frucht dieses einzigartigen Kontaktes eine neue höfische Dichtung hervor. Sie hatten daneben und vor allem aber auch ganz konkrete Aufgaben zu erfüllen: So verhalfen sie dem König zu einer Hofbibliothek, die alle erreichbaren Werke der Kirchenväter und der antiken Autoren umfaßte, und suchten sie zugleich in doppelter Weise nutzbar zu machen. Die erste und naheliegendste Aufgabe war, daß sie als Lehrer der Hofschule ihren Schülern diesen Schatz auf dem Wege über die ‹Sieben freien Künste› erschlossen. Durch ihr Wirken wurde die Hofschule zur zentralen Bildungsstätte des Frankenreiches, an der die begabtesten Schüler aus dem gesamten Reichsgebiet zusammenkamen. Alcuin selbst hat für ihren Unterricht Lehrbücher verfaßt, und zwar über die Orthographie wie über jede der Sieben freien Künste. Die zweite, nicht minder wichtige Aufgabe bestand darin, daß die Gelehrten die meist verderbt überlieferten Werke überarbeiteten, sie von Fehlern befreiten und dadurch Muster schufen, die nach Karls Willen für das ganze Reich verbindlich waren. So hatte Alcuin das Alte und das Neue Testament zu emendieren, und Paulus Diaconus stellte in Karls Auftrag eine Homiliensammlung zusammen, deren Benutzung der König durch ein Rundschreiben allen Bischöfen anbefahl. Auf diese Weise sollten die neu erworbenen Bildungsgüter über die großen Bischofs- und Kloster-Kirchen schließlich dem ganzen Reich zugute kommen. In der berühmten ‹Epistola de litteris colendis›, einem Rundschreiben, das Alcuin um 784/85 im Auftrag und Namen Karls verfaßt hatte, wurden die Prinzipien erläutert, die diesen Bemühungen zugrunde lagen und die sie nach der Auffassung Karls und seiner Helfer notwendig machten. Sie gründen in der Überzeugung, daß das rechte Leben (recte vivere) und das rechte Sprechen (recte loqui) zusammengehören; das eine setze das andere voraus. Falsches, fehlerhaftes Reden oder Schreiben schließe falsches Denken in sich ein; im Gebet verbaue es den Zugang zu Gott. Darum sei es nötig, die ‹studia litterarum› mit Eifer zu betreiben, und es ergeht die Anweisung, an allen großen Kirchen und Klöstern Schulen einzurichten und für sie geeignete Lehrer zu wählen. In seinem großen, die Reformen zusammenfassenden Erlaß von 789, der ‹Admonitio generalis›, wurden diese Anweisungen wiederholt und präzisiert und um die Forderung erweitert, daß die Mönche die für sie unentbehrlichen Bücher mit aller Sorgfalt abschreiben sollten – eine der folgenreichsten Vorschriften Karls des Großen. Durch sie wurde das Kopieren wie das monastische Gebet den karolingischen Mönchen zur Pflicht gemacht. Ihrem Fleiß verdankt Europa den Grundstock seiner Bibliotheken und in ihnen die Bewahrung der geistlichen und weltlichen Bildung der Alten Welt.

Es war der Wille zur Reform, der alle diese Maßnahmen beseelte, und es war Karls persönliches Verdienst, daß er von der Kirchenreform auf das weite Feld der Bildung übergriff. Das Ergebnis dieser Bildungsreform war beträchtlich: eine noch aus dem Abstand eines Jahrtausends sofort erkennbare correctio der lateinischen Sprache und der Schrift, die Schöpfung der sogenannten karolingischen Minuskel, und die Sammlung und Emendation der Überlieferung im Bereich der geistlichen und weltlichen Wissenschaften, der ‹sacrae› und der ‹saeculares litterae›.

Sie hat darüber hinaus Anstöße gegeben, die in neue Bereiche führen. Die Arbeit der Gelehrten sollte nach Karls Wunsch auch der heimischen Überlieferung zugute kommen. So begannen sie, eine germanische Grammatik zu erarbeiten und die germanischen Heldenlieder aufzuschreiben. Vor allem aber haben einige dieser Gelehrten wie etwa Angilbert, Einhard oder Theodulf Werke geschaffen, in denen der Kontakt mit der Antike einen neuen, überzeugenden Ausdruck fand.

Im Hinblick auf diese Werke, die in den Gedichten Theodulfs und in der Karlsvita Einhards gipfelten, sprechen wir von der karolingischen Renaissance – einer Erscheinung, die nicht (wie oft fälschlich unterstellt) identisch ist mit der Bildungsreform Karls des Großen, wohl aber ihr Ergebnis darstellt, ihre schönste Frucht. In ihr erweist sich das Erbe der Antike zum erstenmal in der europäischen Geschichte als eine mächtige, das geistige Leben der Zeit immer neu befruchtende Wirklichkeit.

Es ist kein Zufall, daß die Hofgelehrten, denen die alte römische Welt vor Augen stand, Karl den Großen bereits vor der Kaiserkrönung mit imperialen Attributen bedachten. Das Kaisertum verkörperte noch immer die höchste Würde der Welt, und da die Gelehrten Karl auf der Höhe seiner Erfolge als ‹caput orbis› (Haupt der Welt) feierten, nahm er in ihren Augen bereits vor 800 eine kaisergleiche Stellung ein. Es war ganz in ihrem Sinne, wenn Notker von St. Gallen zwei Menschenalter später erklärte, daß Karl der Sache nach (re ipsa) bereits Kaiser vieler Völker gewesen sei, als ihm der Papst das ‹nomen imperatoris›, den Kaisertitel, verlieh. Tatsächlich stand er um 800 auf dem Gipfel seiner Macht. Er war als ‹König der Franken und Langobarden und Patrizius der Römer› der unbestrittene Herr der westlichen Welt, der auch nach außen als deren Repräsentant in Erscheinung trat. So war er 794 auf der Synode von Frankfurt dem Basileus von Byzanz als Verteidiger der Rechtgläubigkeit entgegengetreten, und der sagenumwobene Kalif Harun-al-Raschid hatte mit ihm freundschaftliche Beziehungen aufgenommen, deren Auswirkungen bis nach Jerusalem reichten. Der Papst hatte Grund, in ihm seinen mächtigsten Schützer zu sehen.

So waren alle Voraussetzungen gegeben, um Karl den Weg zur ‹Anerkennung als Kaiser› zu ebnen. Sein Kaisertum lag gleichsam in der Luft, als im Jahre 799 Vorgänge in Rom die Entwicklung schnell vorantrieben. Persönliche Feinde hatten im Mai dieses Jahres den neuen, von Karl bereits anerkannten Papst Leo III. überfallen. Leo hatte sich jedoch mit Hilfe fränkischer Königsboten seinen Feinden entziehen können und seine Zuflucht bei Karl gesucht, den er im Spätsommer in Paderborn antraf. Alle Wahrscheinlichkeit spricht dafür, daß bei dieser Begegnung, bei der Karl dem Papst die erbetene Hilfe zusagte, auch schon die Kaiserfrage eine Rolle spielte. Den Vereinbarungen entsprechend wurde der Papst durch ein fränkisches Geleit nach Rom zurückgeführt und die Untersuchung gegen die Verschwörer eingeleitet. Im November erschien darauf Karl selbst in Rom, wo er mit kaiserlichen Ehren empfangen wurde. Da die Gesandten mit dem Prozeß nicht vorangekommen waren, nahm Karl jetzt als Patrizius die Angelegenheit in seine Hand und begann zunächst die Anklagen zu überprüfen, worauf der Papst sich auf einer Synode am 23. Dezember 800 durch einen Reinigungseid von der ihm zur Last gelegten Schuld befreite. Am folgenden 24. Dezember setzte daraufhin Papst Leo III. während der Weihnachtsmesse dem betenden Karl eine goldene Krone auf, während die Römer ihn in feierlichem Zuruf als Kaiser akklamierten. Damit war nun auch im Westen das vor mehr als dreihundert Jahren verschwundene Kaisertum wieder erneuert, war das mittelalterliche Kaisertum begründet.

Karl Bertau

»Wélaga nù, wáltant gòt...«

Wélaga nù, wáltant gòt,   wêwùrt skáhit.

Wehe jetzt, herrschender Gott (oben im Himmelreich), furchtbares Schicksal geschieht!

In solche Klagerufe bricht der greise Hiltibrant aus in einem bruchstückhaften Stabreimgedicht, das jetzt, gleichzeitig mit dem Krönungsevangeliar, zu Pergament kommt. Die neue christliche Welt mit herrschendem Gottvater im Himmel und die alte Welt eines blindwaltenden Unglücksgeschicks (wê-wurt) stehen unvermittelt nebeneinander in diesem Aufschrei und in dem andern (wettu irmingot, obana ab hevane), so unvermittelt wie Krönungsevangeliar und Hildebrandslied. Das Stück bezeichnet den Bruch in der historischen Identität der fränkischen Spätantike. Und um Identität geht es auch im Hildebrandslied.

Der aus der Verbannung heimkehrende Vater steht seinem Sohn Hadubrant zum Zweikampf gegenüber. Vergebens gibt er sich zu erkennen, um den Kampf zu vermeiden. Wenn er den offenen Kampf nicht will, ist er nicht der heldenhafte Hiltibrant, den der Sohn als Vater anerkennt. Nähme der Sohn die Goldringe, die ihm der Alte als Willkommensgeschenk bietet, wäre er nicht mehr Hadubrant, Hiltibrants Sohn.

Die Kriegerehre, die am Namen haftet, ist die tragische Bedingung der Identität eines jeden. Den möglichen Gedanken, die Waffen wegzuwerfen und sich dem Sohn zu opfern, verdunkelt die finstre Wolke des greisen Kriegsruhms. Vergeblich ist der Wortwechsel. Zwischen beiden klafft ein Abgrund von Mißtrauen und Eigenliebe. »Und so«, schließt das Fragment:

> »ließen sie erst Eschen schreiten/ in scharfen Schauern: Da stand in den Schildern./ Da prallten zusammen Steinränder zersprangen./ Sie hieben schmerzend weiße Schilde/ bis ihnen die Linden zu Stükken wurden,/ zerkämpft mit Waffen . . .«

Im Ringkampf tötet der Alte in höchster Not den Sohn. »Dort liegt er mir zu Häupten der liebe Sohn, der einzige Erbe, . . . wider Willen ward ich sein Mörder«, klagt der sterbende Hildebrand in einem Gedicht, das nach 1200 im hohen Norden aufgezeichnet wurde. Das althochdeutsche Hildebrandslied, das wohl in Bayern entstand und bei der Aufzeichnung in Fulda (?) oberflächlich verniederdeutscht wurde, ist ohne Schluß.

Helmut De Boor (Hg.)

Georgslied

> *Georio fuor ze malo   mit mikilemo herigo,*
> *fone dero marko   mit mikilemo folko.*

Georg fuhr zum Gerichtstag   mit einem großen Heer,
von der Mark   mit großem Aufgebot.
Er fuhr zu dem Gerichtsring,   zu der gewaltigen Thingversamm-
Das Thing war hochbedeutsam,   Gott sehr lieb.   lung.
Er ließ hinter sich das Weltreich,   er gewann das Himmelreich.
Das tat selber   der berühmte Graf Georg.

Da beredeten ihn alle   die so zahlreichen Könige.
Sie wollten ihn bekehren: er wollte darin nicht auf sie hören.

Fest war Georgs Sinn,   er hörte nicht auf sie, bei meinem Heil.
Vielmehr wirkte er alles,   was er von Gott erbat.
Das tat selber   Sankt Georg.

Da verurteilten sie ihn alsbald   zum Kerker.
Dorthin fuhren da mit ihm   die schönen Engel.
Dort fand er zwei Frauen;   er rettete ihr Leben.
Da schuf er so herrlich   ihnen die vom Himmel gesandte Mahl-
Dies Wunder tat dort   Georg wahrhaftig.   zeit.

Georg betete da;   der Herr gewährte ihm alles.
Der Herr gewährte ihm alles,   worum Georg zu ihm betete.
Den Stummen machte er sprechend,   den Tauben hörend,
den Blinden machte er sehend,   den Lahmen gehend.
Eine Säule stand früher viele Jahre: ausschlug dort das Laub so-
Das Wunder tat dort   Georg wahrhaftig.   gleich.

Darüber begann der mächtige Mann   sehr zu zürnen.
Tacianus wütete,   zürnte darob überaus schnell.
Er behauptete, Georg wäre   ein Zauberer.
Er hieß Georg fangen,   hieß ihn ausziehen,
hieß ihn sehr schlagen   mit einem wunderscharfen Schwert.
Das weiß ich, es ist sicher wahr,   auferstand Georg da.
Auferstand Georg da;   gut predigte er da.
Die heidnischen Leute   machte Georg rasch zu Schanden.

Darüber begann der mächtige Mann   sehr zu zürnen.
Da hieß er Georg binden,   auf ein Rad flechten.
Wahrhaft sage ich euch: sie brachen ihn in zehn Stücke.
Das weiß ich, es ist sicher wahr,   auferstand Georg da.
Auferstand Georg da;   gut predigte er da.
Die heidnischen Leute   machte Georg rasch zu Schanden.

Da hieß er Georg fangen,   hieß ihn sehr geißeln.
Man hieß ihn zermahlen,   ganz zu Staub verbrennen.
Man warf ihn in den Brunnen,   er war (*das übrige verderbt*).
Sie wälzten darüber   von Steinen eine große Menge:
Sie begannen einen Umgang um ihn,   hießen Georg auferstehen.
Großes tat Georg da,   wie er wahrlich immer (noch) tut.
Das weiß ich, es ist sicher wahr,   auferstand Georg da,

Auferstand Georg da,   gut predigte er da.
Die heidnischen Leute   machte Georg rasch zu Schanden.

Auferstand Georg da,   aufsprang der Quell sogleich.
Georg einen toten Mann   hieß er auferstehen,
er hieß ihn dorthin zu ihm kommen,   hieß ihn sogleich reden.
Da sagte er: »Jobel hieß   ich mit Namen, glaubet es.«
Er sagte, sie wären verloren,   vom Teufel alle betrogen.
Das tat uns selbst kund   Sankt Georg.

Da ging er zu der Kammer,   zu der Königin.
Er begann sie zu lehren,   sie begann auf ihn zu hören.
Elossandria,   sie war tugendhaft,
Sie eilte rasch, wohl zu tun,   ihren Schatz zu spenden.
Sie spendete ihren Schatz dahin,   das hilft ihr viele Jahre.
Von Ewigkeit zu Ewigkeit   sei (sie) in der Gnade.
Das erflehte selber   der Herr Sankt Georg.

Georg hob die Hand auf,   da erbebte Apollo.
Er gebot über den Höllenhund,   da fuhr er sogleich in den Abgrund.
Hin? . . .
                         Ich kann nicht mehr! Wisolf.

[Spätes 9. Jh., alemannische Abschrift des späten 10. Jhs. Aus der rätselhaft verschnörkelten Orthographie der Handschrift, die der Abschreiber schon nicht mehr verstand, normalisiert.]

Friedrich Prinz

Boden und Herrschaft

Gesellschaftliche Bedeutung der mittelalterlichen Grundherrschaft. Die tiefgreifende Wirkung der Adelsherrschaft hat wesentlich ihren Grund darin, daß sie auf der materiellen Basis der Grundherrschaft beruhte; in deren Verband war fast die gesamte Bevölkerung des Frankenreiches wie seiner Nachfolgestaaten eingegliedert, und zwar wirtschaftlich wie politisch und rechtlich. Wenn Adelsherrschaft Verfügungsgewalt über Land und Leute bis zum Recht über Leben und Tod der Unfreien war, dann bildete die Grundherrschaft ihren dichtesten Kern, ohne den der Adel keine selbständige Kraft der frühen europäischen und deutschen Geschichte geworden wäre. Aus der grundherrlichen Organisation leiteten sich sowohl der materielle Status als auch die Lebensformen des Adels und besonders auch des Königs her, dessen Pfalzen Mittelpunkte von Großgrundherrschaften waren. Auf der festen Basis kirchlicher und klösterlicher Grundherrschaften entwickelte sich dann vor allem das geistige Leben, weil in diesen Großverbänden Menschen für Erziehung, Studium, Buchproduktion und künstlerische Arbeit freigestellt und trainiert werden konnten. Zwar ist der Terminus »Grundherrschaft« bzw. »Villikation« ein »modern-historisch-juristischer Ordnungsbegriff« für eine Vielzahl von Phänomenen, aber er erfaßt dennoch ein reales gesellschaftliches Ordnungsgefüge mittelalterlichen Lebens, hat also idealtypischen Charakter im Sinne Max Webers. Für die konkrete Analyse der Grundherrschaft besteht die Mißlichkeit, daß wir zwar relativ viel über die klösterliche und auch über die königliche Grundherrschaft wissen, jedoch nur wenig über die adelige, da deren Quellen erst später reichlicher fließen; Rückschlüsse von klösterlichen auf adelige Grundherrschaften sind nur bedingt möglich. Letztere waren vermutlich besitzmäßig geschlossener als die klösterlichen, doch wird man die großen, oft weit auseinanderliegenden Besitzkomplexe des karolingischen Reichsadels in verschiedenen Reichsteilen als eine Sonderform adeliger Herrschaft auffassen müssen. Das ausführliche Testament Eberhards, eines mächtigen karolingischen Grafen in Friaul, nennt etwa Besitzungen in Flandern, Alemannien und Oberitalien. Typisch für kirchliche Großgrundherrschaft, die sich im Lauf der Jahrhunderte mosaikartig aus Einzelschenkungen des

Königs und des Adels zusammensetzte, war der weite Streubesitz, der, wie im Falle von Fulda, von Friesland bis zu den Alpen reichen konnte. Das erforderte besondere Organisationsformen, um das entfernte Klostergut überhaupt nutzen zu können.

Wichtig für das Verständnis der Grundherrschaft ist schließlich die Tatsache, daß der hohe Adel nicht deshalb grundherrliche Rechte erwarb, weil er Grund und Boden besaß, sondern dieselben kraft adeligen Eigenrechts ausübte. Daraus folgt wieder, daß Grundherrschaft nicht nur eine Wirtschafts-, sondern auch eine Rechts- und Herrschaftsform war. Damit entfällt auch die einst vieldiskutierte, heute als anachronistisch erkannte Frage, ob die Grundherrschaft eher privatrechtlicher oder öffentlich-rechtlicher Natur sei; mittelalterliche Herrschaft kennt diese moderne Trennung beider Rechtssphären nicht. Die gerichtliche Gewalt des Grundherrn über die Angehörigen der gesamten Grundherrschaft, die zumeist im Begriff »familia« zusammengefaßt war, entstand vermutlich aus der umfassenden Hausherrschaft germanischen Ursprungs. Sie kann aber auch in gallorömischen Vorbildern wurzeln, nämlich in der Herrschaft der senatorischen Aristokratie über ihre Latifundien. In jedem Falle handelt es sich um eigenständiges Herrenrecht, das keiner Privilegierung durch den König bedurfte. Man spricht daher auch von »autogener Immunität«, die eher neben als unter der königlichen Rechtsprechung stand. Aus diesem Nebeneinander beider Rechtskreise ergaben sich immer wieder Konflikte.

Die Entstehung der Grundherrschaft. Die räumliche Massierung oder Streuung der Grundherrschaft innerhalb des fränkischen Großreiches im Pariser Becken, zwischen Maas und Rhein, am Mittelrhein, am Main und zwischen Regensburg und Reichenhall läßt Rückschlüsse auf ihre Entstehung zu. Das gilt vor allem für die Merowingerzeit, als die Könige zwischen Loire und Rhein, also im Kernland Neustrien, kaiserliches Fiskalland okkupierten und damit die größten Grundbesitzer wurden. Erwerb durch Inbesitznahme verlassenen Gutes dürfte für die ausgedehnten Domänen geflüchteter gallorömischer Grundherren in Nordgallien gelten. Unzerstört aufgegebene große Landhäuser in der Eifel lassen darauf schließen, daß sich deren reiche Besitzer im 5. Jahrhundert nach Südgallien oder Italien abgesetzt hatten und daß ihre Landgüter dann unmittelbar in königlichen oder Adelsbesitz übergegangen waren. Allerdings verließen nicht alle römischen Adelsfamilien Nordgallien, denn noch im 7. Jahrhundert fand sich in Trier senatorischer Adel, der in enger Beziehung zum Königshof stand. Die Merowinger gaben aber schon bald aus diesem umfangreichen Eroberungsgut beträchtliche Teile als Allod oder Lehen in die Hände des Adels oder statteten damit großzügig Bistümer und Klöster aus. Da der gallorömische Senatorenadel südlich der Loire und in Burgund so gut wie unangetastet im Besitz seiner Großdomänen blieb, dürften auch deren Nutzungsformen und Organisation Vorbilder für die fränkische Grundherrschaft gewesen sein, vor allem was die Schriftlichkeit der Verwaltung betrifft. Arnulfinger und Pippiniden, also die Frühkarolinger, konnten als Hausmeier und dann als Könige ihren umfangreichen grundherrlichen Hausbesitz in Austrien mit dem von ihnen übernommenen merowingischen Krongut vereinigen und zudem durch die Niederwerfung der rechtsrheinischen Herzogtümer, vor allem in Alemannien und Bayern, große herzogliche Güterkomplexe an sich bringen.

Für die kirchliche Grundherrschaft wurde es bedeutungsvoll, daß sie wegen des besonderen Rechtsstandes des Klerus weitgehend der Verfügungsgewalt des als Vogt fungierenden Eigenkirchenherren unterstand. Darin lag auch der Rechtsgrund der sogenannten Säkularisation von Kirchengut durch die »precaria verbo regis« der Frühkarolinger. Technisch stand wohl die geistliche Grundherrschaft mit ihrer relativ rationalen, zumeist schriftlich fixierten Organisation an der

Spitze der Entwicklung, und zwar nicht nur hinsichtlich der Verwaltung. In den klösterlichen Bibliotheken besaß man die römische Spezialliteratur über Landwirtschaft und Tiermedizin, über Wasserleitungsbau und Vermessungskunde; man konnte schon früh rationaler wirtschaften als die adeligen Grundherren. Da im Frühmittelalter mehr als 90% der Bevölkerung grundherrschaftlich gebunden war, wurde diese Institution die wichtigste Sozialstruktur überhaupt, man hat daher wohl mit Recht von einem »Zeitalter der Grundherrschaft« gesprochen.

Das »Capitulare de villis« und andere Quellen. Erst die Quellen der Karolingerzeit erlauben aber nähere Einblicke in die Struktur der Grundherrschaft, vor allem das berühmte »Capitulare de villis« von 792/93, eine ausführliche Anweisung des Königs – entweder Karls des Großen oder seines Sohnes Ludwig – über die Verwaltung, Wirtschaft und Rechtsordnung karolingischer Domänen. Adressaten dieses Dokuments waren die Amtmänner (iudices) des Königsguts, das sich in Ober- und Unterhöfe gliederte, also in Fronhöfe der Großgrundherrschaft in den jeweiligen Dichtezentren unmittelbarer und uneingeschränkter königlicher Gewalt. Diese Höfe betrieben Eigenwirtschaft auf Salland (terra salica, terra indominicata), es wurde mit hörigem Hofgesinde und abhängigen, dienstpflichtigen Bauern bearbeitet. Über den Fronhof hinaus, der zugleich die Sammelstelle für alle Natural- und Geldabgaben bildete, gehörten zur grundherrschaftlichen »familia« zahlreiche Bauernstellen (Hufen), die zu genau registrierten Leistungen verpflichtet waren. Man bezeichnet diese Organisationsform als Villikation, Fronhofsverfassung oder Betriebsgrundherrschaft; letzteres im Gegensatz zur Rentengrundherrschaft, die sich mit dem Anstieg des Geldumlaufs entwickelte und bei der die Herrenhöfe zu Sammelpunkten für alle Abgaben wurden. Betriebs- und Rentengrundherrschaft ergänzten sich oft insofern, als geschlossener Besitz vom Eigentümer meist selbst genutzt wurde, während bei Streubesitz, wie ihn vor allem die Klöster hatten, die Fronhöfe die fälligen Geld- und Sachleistungen einzogen und dann teilweise an das Hauptzentrum, den Adelssitz, die Königspfalz oder das Kloster weiterleiteten. Die Besitzungen der Klöster Fulda oder Werden an der Ruhr, die im fernen Friesland lagen, waren vorzugsweise zu Abgaben in Geld und Tuch verpflichtet, wobei offen ist, ob dieses Tuch Eigenproduktion oder wiederum aus Flandern, der großen Textilproduktionslandschaft des Mittelalters, importiert war.

Die grundherrschaftliche Organisation, wie sie im »Capitulare de villis« aufscheint, dürfte mehr oder weniger auch für andere Domänen gegolten haben. Die königlichen Amtmänner hatten danach nicht nur für den Wirtschaftsbetrieb im engeren Sinne zu sorgen, sondern auch die Einkünfte aus der Landwirtschaft, den grundherrlichen Handwerken und dem Karawanenhandel des Grundherren zu verwalten. Ferner hatten sie die Rechtsordnung zu wahren und ihre Unterverwalter, die Meier (maiores), zu kontrollieren, denen wiederum Förster, Pferdeknechte, Kellermeister, Vögte, Zöllner und alles Gesinde unterstanden. Die Meier leiteten die Unterhöfe, deren Bereich nicht größer sein sollte, »als sie diese an einem Tage umgehen oder besichtigen konnten«. Zu den Dienstobliegenheiten des grundherrschaftlichen Verwaltungspersonals gehörte auch die gute Versorgung der Arbeitsleute und deren Beaufsichtigung, die Sorge für ordnungsgemäße Feldbestellung, für die Instandhaltung von Gebäuden, Zäunen, Wegen und Brücken, ebenso die Vorsorge für das Saatgut und eine geordnete Viehhaltung; ferner die Eintreibung der nötigen Hand- und Spanndienste durch die hörigen Bauern, die hierfür ihr eigenes Vieh, Pferde und Rinder, einsetzen mußten. Da die Grundherrschaft, von Luxusartikeln abgesehen, weitgehend ein Selbstversorgungsbetrieb war, verwundert es nicht, daß im »Capitulare de villis« wie in den »Brevium exempla« Karls des Großen zahlreiche Handwerker auf seinen Königshöfen erwähnt sind, unter anderem Eisen-, Gold- und Silberschmiede, Schuhmacher, Drechsler, Wagenbauer, Schildmacher und andere Waffenhandwerker sowie Brauer, Imker, Bäcker und Fischer. Über die vielfältigen Einkünfte hatten die Amtmänner jährlich zu berichten. Die Reichhaltigkeit dessen, was der König abforderte, setzt in Erstaunen: Gemeldet soll werden, wieviel die Ochsen, die in der Obhut der Rinderhirten standen, einbrachten, welche Leistungen von den Bauernstellen einkamen, was an Schweinezins und anderen Zinsen sich ansammelte, wie hoch sich die Abgaben der grundherrlichen Mühlen, Weiden, Wälder beliefen und ebenso was an Marktgebühren und an Bußen wegen Treu- und Friedensbruch erhoben wurde. Weinzinse werden genannt und Naturalabgaben wie Heu, Brennholz, Bauholz, Kienspan, Schindeln, Hülsenfrüchte, Hirse, Wolle, Flachs, Hanf, Obst und Nüsse; auch gepfropfte Bäume sind erwähnt, dann Gärten, Rübenäcker und Fischteiche, ferner Häute, Felle, Hörner, Talg, Wachs, Fett, Seife, Honig sowie Wein, Bier, Met, Most, Hühner und Gänse, Handwerkszeug, Eisen- und Bleigruben. Natürlich gab es nicht alles, was in diesem allgemeinen Verzeichnis genannt wird, in jeder Grundherrschaft, aber ein Bild des Systems der königlichen, adeligen und kirchlichen Villikationsverfassung läßt sich daraus doch gewinnen.

Das »Capitulare de villis« gab auch Anweisung für die Verwendung der Einkünfte. Ein Teil sollte für das Haus des Königs aufbewahrt und auf eine gute Ausstattung der Räume mit Gerät und Möbeln, aber auch mit Waffen und reichlichen, einzeln aufgeführten Lebensmittelvorräten geachtet werden, und zwar für den Aufenthalt des Königs oder für den Besuch des Grafen als seines Vertreters. Andere Leute hingegen waren nur auf ausdrücklichen Befehl des Herrschers zu beherbergen und zu verpflegen. Ein weiterer Teil der Einkünfte ging ans königliche Hoflager und in die Pfalzen, ein dritter sollte für die Kriegsführung gehortet werden. Schließlich durfte der Amtmann nach eigenem Ermessen

Überschüsse verkaufen. Die Grundherrschaft war somit die allgemeine Versorgungsbasis für das staatliche, wirtschaftliche und kulturelle Leben in all seinen Äußerungen.

Umfang und Ertrag klösterlicher Grundherrschaften. So gut auch für die königliche wie für die Klostergrundherrschaft die Quellenlage sein mag, es erhebt sich doch die Frage, ob eine normative Quelle wie das »Capitulare de villis« als Wirtschafts- und Lebensordnung wirklich gegriffen, ob sie die Realität grundherrschaftlicher Existenz tief geprägt hat? Vorsicht ist gewiß am Platze. Immerhin sind in den »Brevium exempla« von etwa 800 für Königshöfe in Staffelsee bei Murnau, Weißenburg im Elsaß und in Nordfrankreich (bei Lille) solche vom Herrscher angeforderten Inventare erhalten, in denen die landwirtschaftlichen Geräte, der Hausrat, die Werkzeuge, gemäß den Anweisungen des »Capitulare de villis« die Ernteerträge des laufenden Jahres, der Tierbestand und anderes mehr festgehalten wurden. Auch die »Statuta« des Abtes Adalhard von Corbie (812), allerdings wieder eine Schrift normativen Charakters, lassen erkennen, daß man sich doch einigermaßen an die Vorschriften des Herrschers hielt. Ein Jahr danach veranlaßte Irmino, der Abt des Großklosters Saint Germain-des-Prés bei Paris, eine Aufzeichnung des ungewöhnlich großen Besitzstandes seines Klosters. Hier sind »villa« für »villa«, das heißt für alle Zentralorte und Hebestellen der Abtei, die genaue Zahl der vergebenen Bauernstellen, ihre Anbaufläche, die Namen der Bauern und ihrer Kinder sowie die von jeder Hufe zu entrichtenden Natural- und Geldabgaben genau vermerkt. Saint Germain-des-Prés besaß demnach etwa 23 000 Hektar bebautes Land und gebot über 4710 Familienoberhäupter mit 5316 Kindern »und sonstigen Verwandten«. Allerdings wurden die sicher vorhandenen Leibeigenen (servi) nicht mitgezählt, so daß insgesamt mit etwa 16 000 bis 20 000 Angehörigen dieser riesigen Klostergrundherrschaft zu rechnen ist. Da dieses Kloster in der am dichtesten besiedelten Ile-de-

France lag, ist aber Vorsicht bei einer Übertragung dieser Werte auf andere, weniger volkreiche Gebiete geboten; doch gab es auch dort beträchtliche Güterkomplexe. Die Abtei Prüm etwa hatte ihren Besitz 893 in den drei Oberhöfen Prüm, Münstereifel und St. Goar organisiert. Zu Prüm gehörten 1277 zinspflichtige Bauernstellen verschiedener Größe, ferner 30 Klostergüter mit etwa 720 Hektar Ackerland, dazu ungefähr 38 Hektar Wiesen, 100 Weinberge, 3630 Schweine in Waldmast, 16 Mühlen und 2 Salzhütten. [. . .]

Jedenfalls konnte Prüm um 893 von seinen rund 2000 zinspflichtigen Hufen folgende Einkünfte erwarten: 2000 Doppelzentner Getreide, 1800 Schweine und Ferkel, 4000 Hühner, 20 000 Eier, etwa 250 Bündel Flachs, 4 Seidel Honig, 4000 Eimer Wein und 1500 Schilling an Geld, was einem Betrag von 18 000 Silbermünzen (Denaren) karolingischer Währung entsprach. Dazu kamen an bäuerlichen Dienstleistungen 70 000 Frontage und über 4000 Fronfuhren für das Kloster. Rechts des Rheins besaß das Hochstift Salzburg 788 insgesamt 1613 Bauernstellen und 17 Fronhöfe, darunter 855 Hufen und 10 Fronhöfe aus Schenkungen agilolfingischer Herzöge und weitere 162 Hufen als Stiftung des Adels. Das Bistum Augsburg verfügte nach Ausweis der »Brevium exempla« um 800 über 1507 Bauernstellen und damit über etwa 15 000 Hektar Kulturland. Dieselbe Quelle vermittelt auch einen genauen Einblick in den Besitz, die Ausstattung mit Vieh und Geräten und ebenso in die Betriebsform des Klosters Staffelsee bei Murnau. Dieses Güterverzeichnis und die ihm angeschlossenen fragmentarischen Inventare des Bistums Augsburg, ferner Auszüge aus einem Weißenburger Traditions- und Prekarieverzeichnis sowie die genaue Beschreibung einer Reihe von Königshöfen (fisci) entstanden im Zuge einer durch Königsboten (missi dominici) vorgenommenen Bestandsaufnahme des Reichsgutes und waren Vorbild für andere Inventarisierungen, wie die Ähnlichkeiten zwischen dem Staffelseer Güterbeschrieb, dem Lorscher Urbar und den im »Codex Eberhardi« überlieferten Fuldaer Güterverzeichnissen von 820/39 nahelegen. Danach hatte das Bonifatiuskloster mit seinem weiten Einzugsgebiet von Missionskirchen und adeligen Schenker-Familien einen Landbesitz von etwa 15 000 Hektar, für rechtsrheinische Verhältnisse eine ausnehmend große Grundherrschaft. Aus Aachener Synodalbeschlüssen von 816 hat man ermittelt, daß die großen Reichsabteien durchschnittlich zwischen 3000 bis 8000 Bauernstellen (Hufen) hatten; die untere Grenze für kleine Kirchen und Klöster lag zwischen 300 und 400 Hufen.

Die Grundherrschaft als Kultverband. Schutz und Schirm, die der Grundherr gewährte und die sein Herrentum legitimierten, bezogen sich nicht nur auf die materiellen Dinge oder auf die Abwehr äußerer Bedrohungen – diese funktionierte nach Ausweis der zeitgenössischen Chronistik ohnehin mehr schlecht als recht. Auch die geistliche Betreuung der Grundholden oblag dem klösterlichen Grundherrn wie dem adeligen als Eigenkirchenherren innerhalb seiner Villikation. Die zahlreichen Klostergründungen des Königs wie des Adels bewirkten, daß der grundherrschaftliche Verband zu einem Kultverband wurde, innerhalb dessen der Adelige als Bischof, Abt und Mönch die Seelen zu beherrschen und zu lenken vermochte. Gerade bei adeligen Klostergründungen kam es oft vor, daß ein Mitglied der Gründerfamilie als Abt die geistlichen Funktionen für den gesamten Familienbesitz wie für die eigentliche Klostergrundherrschaft übernahm. Man kann daher von einer weltlich-geistlichen Doppelherrschaft über Land und Leute sprechen, die zur religiösen Sanktionierung der grundherrschaftlichen Ordnung an sich wesentlich beitrug. Max Weber hat in diesem Zusammenhang von der legitimierenden Kraft des Hierokratischen »zur Domestikation der Beherrschten« gesprochen, ein scharf formulierter, aber nicht unbegründeter Gesichtspunkt für die Analyse mittelalterlicher Herrschaft. Man könnte es auch harmonischer sehen. In dem berühmten karolingischen Fresko der Kirche St. Benedikt in Mals im Tiroler Vintschgau ist die Doppelherrschaft von Adeligem und – ebenfalls adeligem – Priester sehr anschaulich dargestellt; und wenn im 11. Jahrhundert Kaiser Heinrich II. den Bischof Meinwerk von Paderborn veranlaßte, sein reiches gräfliches Erbe an Land und Leuten in das bislang arme Bistum einzubringen, ergab sich auch in diesem Falle eine typisch mittelalterliche Verschränkung geistlicher und grundherrschaftlicher Gewalt. Die hochmittelalterlichen Dynasten intensivierten dann durch Burgenbau und klösterliches Kultzentrum mit Familiengrablege ihre Grundherrschaft und sicherten ihre durch Vogtei und Gericht gestützte Gebietsherrschaft militärisch wie jurisdiktionell, aber auch charismatisch: Hausklöster und Stammburgen wurden die Zentren religiös legitimierter Macht. Es konnte nicht ausbleiben, daß weltlich-adeliges Standesbewußtsein und christlich-asketische Vorbildlichkeit in diesem umfassenden herrschaftlichen Kosmos einander nicht immer ideal ergänzten und durchdrangen. [. . .]

Wandel der Rechtsordnung und soziale Mobilität. Schwieriger als die Rekonstruktion der grundherrschaftlichen Wirtschafts- und Produktionsweise ist es, genauere Einblicke in die Rechtsordnung und gesellschaftliche Organisation der Grundherrschaft [. . .] bis zum Hochmittelalter zu gewinnen. Einig ist man sich wohl darüber, daß die Villikationsverfassung schrittweise zu einer Angleichung des Rechtsstandes der Angehörigen der »familia« führte. [. . .] Die im Hofrecht zusammengefaßte »familia«, ein mehr und mehr genossenschaftlicher Personenverband, gliederte sich nach den wirtschaftlichen Gegebenheiten in einen engeren und weiteren Bereich. Zum engeren gehörten die Leibeigenen (servi, mancipia), die dem Hofrecht ohne Einschränkung unterworfen waren, während für freie Hintersassen, die auf den Freihufen (mansi ingenuiles) saßen, das Hofrecht nur für ihren grundherrlich gebundenen Besitz galt, den sie vom

Herrn zu Lehen trugen. Diese ältere soziale Differenzierung trat aber im Verlauf des schon erwähnten Vereinheitlichungsprozesses allmählich zurück, an dessen Ende die generelle Hofhörigkeit und Schollengebundenheit von »Grundholden« stand. Ohne Einwilligung des Grundherrn durfte kein Grundholde seine Arbeitsstelle verlassen, ebensowenig durften dies seine Kinder. [. . .]

Auf welche Weise allerdings die anfangs wohl zahlreich vorhandenen Freien, die nicht nur »Königsfreie« waren, in die Grundherrschaft einbezogen wurden, ist umstritten. Sicher haben die Bedrückungen der freien Bauern durch weltliche und geistliche Grundherren, wie sie immer wieder in den karolingischen Kapitularien bezeugt sind, dazu beigetragen, daß sich diese Gruppe in grundherrliche Abhängigkeit begab; insofern ist die ältere sogenannte »Depressionstheorie« nicht aus der Luft gegriffen, schon weil sie sich auf ein überwältigendes Tatsachenmaterial stützen kann. Das Auftauchen solcher Mißstände in karolingischer Zeit muß allerdings nicht bedeuten, daß diese erst damals entstanden. Vielmehr ist anzunehmen, daß die zunehmende Verchristlichung des Königtums und seiner Herrscherpflichten zu einer stärkeren Kriminalisierung des bislang »normalen« Verhaltens der adeligen Oberschicht gegenüber ihren Hörigen und den noch vorhandenen freien Bauern führte: Christliche Maximen rückten die archaische Beziehung zwischen Herr und Knecht, »potens« und »pauper«, in den Lichtkegel nur allzu berechtigter Kritik. Hier wurzeln auch die Anfänge einer generellen Sozialkritik, die das gesamte Mittelalter begleiten sollte.

Schließlich spielten auch wirtschaftliche Motive beim Eintritt von Freien in die grundherrliche »familia« eine Rolle, so etwa die Chance der Mehrung des Besitzes durch zusätzliche Lehen aus der Hand des Grundherrn. Auch war die Villikationsverfassung in sich kein starres System, denn man kann trotz der Schollenbindung der Grundholden nicht von gesellschaftlichem Immobilismus sprechen. Vielmehr bot die differenzierte Arbeits- und Leistungsorganisation gerade den am Herrenhof lebenden Hörigen und Minderfreien durch die Spezialisierung ihrer Tätigkeiten als Handwerker, Kriegsknechte und Verwalter im Auftrage des Herrn soziale Aufstiegsmöglichkeiten gegenüber der sich vereinheitlichenden, breiten bäuerlichen Schicht. Die berufliche Differenzierung auf dem Herrenhof oder in den Klosterwerkstätten führte zur Freilassung oder zur sich ebenfalls genossenschaftlich organisierenden Ministerialität – eine Entwicklung, die man im Hofrecht Bischof Burchards von Worms feststellen kann. Ob die in den verschiedenen Hofrechten dieser Zeit vorgenommene schriftliche Fixierung der Rechte und Pflichten der »familia« ein Festschreiben lange geltenden Brauchs war oder eher der Versuch, gerade durch die Verschriftlichung der Rechtsordnung einen dynamischen Emanzipationsdrang der Unterschichten nach Möglichkeit zu bremsen, sei dahingestellt.

Tilman Nagel

Bagdad und die Kultur des Islams

Militärherrschaft, Verfall der Macht und des Ansehens des Kalifen, Zerstörung der wirtschaftlichen Grundlagen, Auflösung des Reiches in regionale Machtzentren mit unklarer Beziehung zum Kalifen, religiöse Zerwürfnisse, die sich nicht selten in Tumulten des Pöbels entluden – man könnte meinen, daß die Ergebnisse von zwei Jahrhunderten abbasidischer Herrschaft nur verhängnisvoll, nur schädlich gewesen seien. Gewiß, auf politischem Gebiet blieb von den hochgemuten Plänen und Unternehmungen eines al-Ma'-mūn nichts zurück, und die militärischen Maßnahmen al-Muʿtaṣims führten in ein ungeahntes Chaos. Doch schon für die Muslime des zehnten Jahrhunderts hatte sich jene Zeit, in der Bagdad in Blüte gestanden hatte, – jene wenigen Jahrzehnte vor dem schicksalhaften Bürgerkrieg zwischen al-Amīn und al-Ma'mūn – zum Höhepunkt der islamischen Geschichte verklärt. Die Probleme der Chorasan-Politik, der heraufziehende Streit zwischen Rationalismus und sunnitischer Gläubigkeit, ja selbst die Anstrengungen, die schließlich zu großen Siegen gegen Byzanz führten, all dies war im islamischen Geschichtsbewußtsein in den Hintergrund getreten, wenn nicht ganz überdeckt worden. Nicht als Inbegriff militärischer Stärke und politischer Machtentfaltung leuchtete Bagdad in der wehmütigen Erinnerung auf, sondern als die Metropolis der die ganze wahrgenommene Welt einigenden Kultur, als der Mittelpunkt der menschlichen Zivilisation, die auf islamischen Grundwerten ruhte.

Nur vier Tage war ein Postbeutel aus dem Hedschas nach Bagdad unterwegs, schwärmt ein Autor des 11. Jahrhunderts, nur elf Tage benötigte die Post aus Ägypten, »und für al-Muʿtaṣim wurde aus Damaskus der Spargel in Bleibehältern abgeschickt und kam schon am sechsten Tage an«. Schon unter al-Muʿtaḍid, so berichtet uns dieselbe Quelle, habe man sich von dem alten Bagdad, das im furchtbaren Bruderkrieg untergegangen war, wahre Wundergeschichten erzählt. So habe es dort in jenen glanzvollen Tagen zweitausend Bäder gegeben, wenn nicht noch mehr, und auch eine gewaltige Anzahl von Moscheen und Webereien. Für al-Muʿtaḍid, der den Glanz alter Zeiten erneuern wollte, wurde eine kleine Schrift verfaßt, deren Autor solche Phantastereien widerlegt, indem er ausrechnet, daß zur Bedienung eines jeden Bades immerhin sechs Wärter notwendig seien und sich im Durchschnitt zur Zeit al-Ma'mūns je zweihundert Wohnungen in ein öffentliches Bad teilen mußten.

Daß das Bagdad der Blütezeit der Brennpunkt des islamischen Geisteslebens war, galt der späteren Überlieferung als unbezweifelbar. Wenn auch das Kalifat nur in begrenztem Maß und nur unter ganz bestimmtem Blickwinkel die Theologie und die Rechtswissenschaft förderte, so bewirkten allein schon diese Anregungen, daß in der Hauptstadt die Verfechter der unterschiedlichsten Lehren zusammenströmten. Ganz anders, als es das Damaskus der Umayyaden je gewesen war, war Bagdad der Kampfplatz der Ideen und Meinungen. Unter al-Mahdī beherrschten die Gefechte gegen die Zindiqen die intellektuelle Szenerie. Mit Zindiqen bezeichnete man die Anhänger der dualistischen Glaubensformen Irans. Doch ging es damals nicht nur um einige religiöse Streitfragen. Die Zindiqen hatten den Islam mit seinem Verständnis vom Wirken eines persönlichen Schöpfergottes zum Ziel ihrer Kritik und ihres Spottes genommen. Was manche Stellen des Korans von diesem Gott aussagten, empfanden sie als lächerlich und peinlich. Und als kleinkariert betrachteten sie das islamische Weinverbot, die Verpönung von Musik und Gesang, kurz, viele Dinge, die dem Leben Heiterkeit verleihen – bis hin zur Frivolität – und die den Menschen einen Augenblick vergessen machen, daß er stets gemäß dem Gesetz seines Schöpfers zu reden und zu handeln hat. Auf der Ebene des Dogmas wurde das Zindiqentum bald bezwungen. Unter Verfolgungen schmolz die Zahl der an iranischen Glaubenstraditionen Festhaltenden schnell dahin. Für die im Entstehen begriffene rationalistische Theologie des Islams war die geistige Auseinandersetzung mit dem dualistischen Gedankengut eine hervorragende Schulung. Ohne sie wäre die Hochblüte der Muʿtazila im frühen neunten Jahrhundert undenkbar. Was aber blieb, war die verfeinerte, bisweilen für den Frömmler anstößige Lebensart, die es mit den islamischen Verboten nicht ganz so genau nahm. Sie prägte den Stil der Hofgesellschaften und der Reichen – und einer großen Zahl von Schmarotzern. Ein solcher Schmarotzer erblickte eines Tages eine Schar von Zindiqen, deren feine äußere Erscheinung darauf hinzudeuten schien, daß sie zu einem Gastmahl unterwegs waren; in Wirklichkeit wurden sie aber zur Hinrichtung gebracht, so heißt es in einem bekannten Schwank. Nichtsahnend schleicht sich der Schmarotzer zwischen sie und bemerkt seinen furchtbaren Irrtum zu spät. Der Scharfrichter schenkt seiner Erklärung keinen Glauben, worauf der Arme fleht, man solle ihm mit dem Schwert nicht den Hals, sondern den Bauch durchtrennen, »denn er ist es, der mich in diese Klemme gebracht hat!« Da lachte der Polizeipräfekt, und als er in Erfahrung bringt, daß es sich tatsächlich um einen berüchtigten Nassauer handelt, läßt er ihn des Weges ziehen.

Abū Nuwās (ca. 140/756–195/810) ist der große Poet dieses Lebensgefühls des Schwelgens und der Leichtfertigkeit, des Genusses, ja der Ausschweifung und Obszönität, der Freiheit von Verboten und Tabus bis hin zur Verruchtheit, er ist der Dichter, der selbst mit den geheiligtsten Grundsätzen des islamischen Glaubens und mit der Terminologie der Theologie und Sunna-Wissenschaft seinen Spott treibt. Zusammen mit Hārūn ar-Rašīd und Ǧaʿfar al-Barmakī bildet er das Dreigestirn, das in der Erinnerung den Zenit Bagdads markiert. Auch Abū Nuwās brachte man mit dem Dualismus in Verbindung, aber einer Anekdote zufolge rettete er seine Haut, indem er nicht nur, wie von ihm verlangt, das ihm vorgehaltene Bild Manis bespie, sondern sich sogar den Finger in den Hals steckte und sich erbrach. Dem weltstädtischen Glanz des gesellschaftlichen und kulturellen Lebens des alten Bagdads trauerte man in der islamischen Literatur lange nach, ohne sich recht bewußt zu werden, wie geschichtsmächtig und prägend das Werk der frühen abbasidischen Kalifen trotz allen politischen Scheiterns war. Denn jenseits jeglicher Idealisierung und literarischen Stilisierung jener Epoche muß man sich vor Augen führen, daß erst im Streit gegen die Zindiqen und in der Auseinandersetzung mit fremdem religiösen Gedankengut von den Muslimen selber richtig erfaßt wurde, was der Kern ihres Glaubens sei, wie er der Vernunft gemäß beschrieben und gegen andere Religionen verteidigt werden könne und in welchem Verhältnis die innerislamischen Glaubensrichtungen zueinander stünden. Erst jetzt, als sich der Blick geweitet hatte, erkannte man das Problem, das in dem Anspruch des Islams lag, die allumfassende gottgewollte Ordnung zu sein, und bemühte sich, sowohl in theoretischer Spekulation als auch in vergleichender Beurteilung der Überlieferung eine tragfähige und auch allgemein anerkannte Grundlage für das islamische Gemeinwesen zu schaffen. Das Ziel des Kalifats, sich auf dogmatischem und juristischem Gebiet als alleinbestimmende Macht durchzusetzen, wurde verfehlt, doch befruchtete dieser Versuch die weitere Entwicklung entscheidend. Um die Wende zum zehnten Jahrhundert gewinnt der sunnitische Islam als die Glaubensform der breiten Masse Gestalt.

Die islamische Kultur gewann in jenen Jahrhunderten ihren kosmopolitischen Charakter. Von Nordafrika bis an die Grenzen Indiens und bis nach Innerasien reichte der islamische Einfluß, und die Handelsbeziehungen erstreckten sich weit nach Schwarzafrika hinein, im Osten bis nach China. Im 4./10. Jahrhundert wurden auch das im Entstehen begriffene russische Reich und das Reich der Chazaren an der Wolga den muslimischen Kaufleuten zugänglich. Bagdad und Alexandrien waren nun die Zentren des Austausches aller begehrten Güter, für die es sich lohnte, die Risiken einer weiten Reise zu Wasser oder zu Lande auf sich zu nehmen. Ibn an-Nadīm, ein Bagdader Buchhändler des zehnten Jahrhunderts, hat uns ein wertvolles Verzeichnis der arabischen Werke hinterlassen, die ihm während seiner Tätigkeit bekannt geworden sind. Dieses Verzeichnis leitet er mit einer Darstellung aller ihm bekannt gewordenen Schriftsysteme ein. Er beschreibt nicht nur die damals noch gebräuchlichen Alphabete semitischer und iranischer Sprachen, nennt ausführlich die griechische Schrift, diejenige der Franken, Langobarden und Sachsen, sondern weiß sogar von den chinesischen Schriftzeichen zu berichten. Im Mittelpunkt der islamischen Welt finden wir natürlich die Völker, die sich diesem Glauben unterworfen haben, die Araber, Perser, Türken, die Berber und die Neger. Sie alle haben nun Anteil an der islamischen Kultur, und man bemüht sich, sie genauer kennenzulernen und ihre Vorzüge gegeneinander abzuwägen. Al-Ǧāḥiẓ, beredeter Anhänger der von al-Maʾmūn eingeführten Kalifatsideologie und vielleicht geistvollster Literat der damals die Gunst der Herrscher genießenden Intelligenz, schreibt ein Werk über die Vorzüge der Schwarzen gegenüber den Weißen. In einem anderen Werk lobt er die vortrefflichen Eigenschaften der Türken. Die Bedeutung der iranischen Kultur konnte ohnehin nicht geleugnet werden.

Selbstverständlich ging es bei dieser Thematik nicht ganz ohne Polemik ab. Die Tugenden und kulturellen Leistungen der vielen Völker (šuʿūb), die nach den arabischen Eroberungszügen den Islam angenommen hatten, waren nach Ansicht mancher Leute viel höher einzuschätzen als die der Araber, die Gott – befremdlicherweise – durch das Prophetentum auszeichnete. Den gleichen Rang aller islamischen Völker forderte daher eine Šuʿūbiyya genannte literarische Richtung; manche ihrer Vertreter schossen weit über das Ziel hinaus und meinten sogar, außer dem Prophetentum hätten die Araber nichts vorzuweisen, sie seien mithin Barbaren gewesen, und die islamische Kultur nähre sich ganz aus anderen Quellen. Ein im frühen neunten Jahrhundert gestorbener Literat aus Basra sammelte alle Gehässigkeiten, die über die Araber in Umlauf waren, in einem aufsehenerregenden Buch. Ein oder zwei Generationen später bemerkte ein anderer Schriftsteller, Ibn Qutayba (st. 276/889), zu diesem Pamphlet, nur Emporkömmlinge seien versucht, voreinander mit ihrer Volkszugehörigkeit zu prahlen; wer von wirklich vornehmer Herkunft sei, der verzichte auf derlei Torheiten. »Das richtige Urteil über den angeborenen Rang lautet: Die Menschen stammen von einem Vater und einer Mutter ab. Sie wurden aus Staub geschaffen und werden wieder zu Staub. Durch die Harnröhre floß ihr Same, im Kot sind sie im Mutterleib zusammengekauert. Dies ist ihre vornehmste Genealogie, die alle Verständigen davon abhält, ihre Herkunft hochzuschätzen und stolz zu sein. Dann, später, kehren sie zu Gott zurück, und alle Genealogie bricht ab, alle Ehren werden nichtig, es sei denn, jemandes Ehre habe in der Gottesfurcht bestanden und sein Ansehen im Gehorsam gegen Gott.

Die Verschmelzung Angehöriger verschiedenster Völker zu einer Gemeinschaft der Gläubigen, in der allerdings das Arabische als die *eine* überregionale Kultursprache eine Sonderstellung behauptete, ist das erstaunliche Ergebnis der ersten drei Jahrhunderte abbasidischer Herrschaft. Es entwickelte sich ein vom Islam bestimmtes Zusammengehörigkeitsgefühl, dessen Nachwirkungen bis in die Gegenwart spürbar sind. Zwar gab es in der islamischen Geschichte nach dem zehnten Jahrhundert des öfteren kriegerische Auseinandersetzungen, zu deren Beweggründen auch gefühlsbedingte Vorurteile islamischer Völker gegeneinander zählen, doch entwickelte sich seit dem Verfall der Macht des Kalifen nirgendwo auf islamischem Boden ein Nationalstaatsbewußtsein im europäischen Sinn. Erst als Übernahme aus Europa drang nationalistisches Gedankengut in den islamischen Orient ein und steht seitdem in einem unüberbrückbaren Gegensatz zum Ideal übernationaler islamischer Staatlichkeit. Die Forderung der Hāšimiyya-Bewegung nach Gleichheit und Gerechtigkeit wurde vom islamischen Kalifat nur in einer inhaltlich wenig scharfen, wenn nicht gar unvollkommenen Weise erfüllt; gleichwohl waren die Ergebnisse der damals eingeleiteten und geforderten Entwicklung unumkehrbar.

Hans-Georg Beck (Hg.)

Dígenis Akrítas: Abenteuer im Niemandsland

Als ich aus freien Stücken einst das Vaterhaus verlassen
und an der Grenzmark ganz allein mich einzurichten dachte,
da unternahm ich eine Fahrt ins Herz des Syrerlandes.
Ich war damals gerade erst ein Fant von fünfzehn Jahren.
So kam ich ins Araberland, in wasserlose Wüsten,
und zog, wie immer ganz allein für mich, fürbaß des Weges
im Sattel meines braven Hengsts, den langen Speer geschultert.
Doch schließlich plagte mich der Durst bei dieser großen Hitze,
und überall späht ich umher, ob sich kein Wasser fände.
Da sah ich eine Niederung, mit Busch und Baum bestanden,
und spornte flugs mein Pferd dorthin: da mußte Wasser fließen!
So war es denn auch in der Tat: der Baum war eine Palme,
und unter ihrer Wurzel floß die wunderbarste Quelle.
Wie ich allmählich näher kam, hörte ich tiefes Seufzen
und Stöhnen aus der tiefsten Brust und tränenreiche Klage.
Und wer beklagte so sein Los? Ein wunderschönes Mädchen!
Ich dachte erst, das sei ja wohl ein Spuk, ein Truggebilde;
ich war voll Furcht, mir sträubten sich die Haare bei dem Anblick.
So schlug ich schnell zur Gegenwehr des Kreuzes heilig Zeichen.
Es war die tiefste Einsamkeit, kein Weg, und nichts als Sträucher.
Doch als das Mädchen mich erblickt, springt es sofort vom Boden
und macht in Züchten sich zurecht und trocknet seine Tränen.
Dann wendet sie sich her zu mir und fragt, vor Freude bebend:
»Woher, du schöner, junger Mann? Wohin des Wegs so einsam?
Irrst gar auch du aus Liebesleid herum in dieser Wüste?
Doch hat der liebe Gott dich wohl geführt auf diesem Wege,
um jetzt aus dieser Einsamkeit mich Unglückskind zu retten.
Ruh dich denn hier ein wenig aus, mein Herr, an dieser Quelle!
So kann ich dann wahrheitsgetreu mein Schicksal dir erzählen.
Das soll ein kleiner Trost mir sein in meinem großen Kummer.
Der Fluß der Rede heilt ja stets die Wunden unsrer Seele.«
Als ich das hörte, wandelte sich meine Furcht in Freude.
Es war kein Spuk, was ich da sah, es war leibhaft und wirklich.
Vergnügt entstieg ich also gleich dem Sattel meines Pferdes.

Des Mädchens unsagbarer Reiz ergriff mich tief im Herzen;
ich fühlte mich ihr zugetan wie meiner eigenen Schönen.
Ich band also mein gutes Pferd an einen Ast des Baumes
und steckte meinen Lanzenschaft daneben in den Boden;
dann trank ich aus dem Wasserquell und sprach zum Mädchen also:
»Sag mir, mein Mädchen, jetzt zunächst, wie du an diesen Ort kamst,
und warum du hier ganz allein sitzt mitten in der Wüste.
Dann will auch ich ohne Verzug dir meinen Namen nennen.«
Wir setzten uns auf einen Sitz zusammen auf den Boden,
und sie begann ihren Bericht mit einem tiefen Seufzer:
»Mepherke, junger Mann, so heißt der Name meiner Heimat.
Vielleicht hast du einmal gehört den Namen Haplorhabdes?
Das ist mein Vater, der Emir, Melanthia die Mutter.
Zu meinem Pech verlieb ich mich in einen jungen Römer;
er saß bei meinem Vater jetzt schon drei Jahre gefangen.
Er gab voll Stolz sich als der Sohn eines berühmten Feldherrn.
Ich löste seine Ketten ab und zog ihn aus dem Kerker
und machte ihn zum großen Herrn, berühmt im Syrerlande,
ich schenkt' ihm meines Vaters Pferd, das beste aus dem Stalle.
Und meine Mutter stimmte zu; der Vater war ja auswärts,
verbrachte fast die ganze Zeit im Krieg und auf dem Schlachtfeld.
Der junge Römer schien gar sehr entbrannt in reiner Liebe.
Doch war dies alles Heuchelei; jetzt hat es sich erwiesen.
Schon längst war seine Flucht geplant weit fort aus meiner Heimat;
sein Wunsch ging heim ins Römerreich. Und eines schönen Tages
sprach er zu mir von seinem Plan, und daß er sehr befürchte,
zuvor mit meinem Vater noch sich in der Stadt zu treffen.
Er zwang auch mich mit ihm zu fliehn zurück in seine Heimat;
er schwor mit fürchterlichem Eid, mich niemals zu verlassen,
vielmehr als seine Ehefrau mich immer zu behandeln.
Ich schenkt' ihm Glauben und beschloß, die Flucht mit ihm zu wagen.
Wir suchten die Gelegenheit und planten sie gemeinsam.
Auch meiner Eltern Geld und Gut wollten wir mit uns nehmen.
Ein bitter teuflisches Geschick fügte es eben damals,
daß meine Mutter krank und siech sich nah dem Tode fühlte.
Und während alle im Palast der Klage sich ergaben
und jedermann zur Sterbenden ins Krankenzimmer eilte,
sah ich Unselige für uns den Augenblick gekommen:
Ich raffte, was ich raffen konnt' an Schätzen, und wir flohen.

Die Nacht selbst ließ sich noch herbei, uns bei der Tat zu helfen:
pechschwarz war sie, voll Finsternis, der Mond war nicht zu sehen.
Die Pferde standen schon bereit, wir saßen schnell im Sattel
und machten eilends uns davon und flohen aus der Heimat.
Wir ritten voller Furcht dahin an die drei Meilen Weges;
doch als den dritten Meilenstein wir unerkannt passierten,
ritten wir ohne Furcht fürbaß, wenn auch mit vielen Mühen.
Wir setzten uns zum Essen hin, wenn es die Zeit verlangte,
und schliefen sattsam jede Nacht und ließen uns nichts fehlen.
Errötend nur erzähle ich die Heimlichkeit der Liebe,
die Zärtlichkeit, die jeden Tag er mir so reich erwiesen:
er nannte mich sein Augenlicht, sein Leben, seine Seele,
hieß mich Gemahlin wiederum und wiederum Geliebte
und unersättlich küßt er mich und hielt mich in den Armen.
So hatten wir den ganzen Weg Vergnügen miteinander,
um schließlich hier an diesem Quell ermüdet anzukommen.
Wir ruhten hier, erholten uns drei Tage und drei Nächte
und freuten unersättlich uns am Spiel der süßen Liebe.
Doch jetzt begann den wahren Sinn der Treulose zu zeigen,
den er bisher tief in der Brust hatte verbergen können.
Es war die dritte Nacht, und ich war schon in Schlaf gesunken,
da stand er heimlich auf und ging und sattelte die Pferde.
Er lud dann alles Gold darauf und die kostbaren Schätze.
Ich sah dies Treiben, als ich dann doch aus dem Schlaf erwachte,
und machte mich auch meinerseits zur Weiterreise fertig
und kleidete mich wiederum als jungen Reitersknappen –
so war ich auch vom Hause weg auf unsre Flucht geritten.
Er aber wartet nicht auf mich und schwingt sich rasch zu Pferde,
zieht hinter sich das zweite Pferd und galoppiert von dannen.
Bestürzt sah ich ihm hinterher; ich wollt' es nicht begreifen:
ich sprang zu Fuß, so wie ich war, ihm nach und rief und klagte:
Wo ziehst du hin, mein liebster Mann, läßt mich allein hier sitzen?
Denkst nicht mehr an die Seligkeit, die ich dir gern gegeben,
und hast vergessen deinen Eid, den du mir jüngst geschworen?
Er drehte sich nicht einmal um. Da rief ich noch viel lauter:
Erbarme dich, erbarme dich, verstoß mich nicht ins Unglück!
Laß nicht von wilden Tieren hier mich aufgefressen werden.
Noch andres viel rief ich ihm zu und klagte unter Tränen.
Doch er entschwand am Horizont und ließ kein Wort mehr hören.

Schon konnte ich vor Müdigkeit kaum einen Schritt noch gehen,
die Füße hatte ich mir schon an Steinen wund gestoßen,
ich fiel wie tot zu Boden hin, blieb tagelang da liegen.
Erst dann fand ich zum Quell zurück, kaum fähig aufzutreten.
Hier sitz' ich nun verlassen da und habe keine Hoffnung;
ich wage nicht nach Haus zu gehn zu meinen lieben Eltern,
ich schäm' mich vor der Nachbarschaft, vor allen den Gespielen.
Und mein Verführer ist weit weg, weiß nicht, wo ich ihn finde.
Ich bitte dich, gib mir dein Schwert, leg es in meine Hände.
Ich will für meine Missetat mir selbst das Leben nehmen,
ich habe nichts vom Leben mehr, und alles ist verloren!
O weh, ich Unglückselige, o Jammer ohne Ende!
Ich habe keinen Liebsten mehr, bin fern von meinen Eltern.
Den Liebsten holt' ich mir dafür, nun ist auch er verloren.«
In helle Klagen brach es aus und jammerte, das Mädchen,
raufte sich wild das schöne Haar und schlug sich auf die Wangen.
Ich suchte ihr nach Möglichkeit den Jammer auszureden,
zog ihr die Hände mit Gewalt aus den zerrauften Flechten
und sprach ihr Mut und Hoffnung zu aus allen meinen Kräften.
Dann fragt' ich sie, wie lange schon sie hier verlassen sitze.
»Zehn Tage«, sprach sie klagend, »sind darüber hingegangen.
Ich sah nächst dir nur einen Greis, der gestern hier vorbeikam.
Sein Sohn sei, so erzählt er mir, die Beute der Araber;
er eilte nach Arabien, um ihn sich loszukaufen.
Er hörte sich mein Unglück an und wußte zu berichten,
es sei wohl just fünf Tage her, daß in Blattolibadi
der wilde Musur mit dem Schwert ein Kind noch angegriffen
mit blondem Haar und hohem Wuchs, noch jung an Lebensjahren
und hoch im Sattel eines Pferds, ein zweites noch am Zügel.
Wenn nicht Akritas eben recht des Weges wär gekommen,
hätte den Jungen wohl der Tod in jener Stund' getroffen.
Die Zeichen, sagte ich zu ihm, die du mir nennen konntest,
beweisen sicher, daß es sich um den Verräter handelt.
O weh, o weh, o Mißgeschick, o schreckliches Verhängnis,
wie unerwartet brach's herein und hat mich ausgestoßen!
Die süße Schönheit geht vorbei, eh ich sie ausgekostet,
und wie ein Baum bin ich verdorrt, bevor er aufgeschossen.«
So weinte sie und klagte sie, vergoß der Tränen Ströme.
Da brachen plötzlich Araber hervor aus jenem Dickicht,

wohl mehr als hundert waren es, alle bewehrt mit Lanzen.
Sie stürzten sich hervor auf mich wie Geier auf die Beute.
Erschreckt riß sich mein Pferd vom Ast, an dem ich es gebunden;
ich aber hielt es an im Lauf, schwang mich auf seinen Rücken,
berannte sie mit meinem Speer und tötete die Menge.
Ein paar davon erkannten mich und sagten zueinander:
»Die Tapferkeit und diesen Mut, die kann nur einer haben;
Dies ist Akritas sicherlich; wir alle sind verloren!«
Und die dies hörten, flohen schnell zurück in die Gebüsche;
sie warfen Speer und Schild von sich und waren bald verschwunden.
So kehrte ich allein zurück zum Quell, wo ich das Mädchen
auf einen Baum geklettert fand, sich vor dem Feind zu bergen.
Von hier aus sah sie allem zu und folgte meinem Angriff.
Als sie mich sah, wie ich allein zurück zum Quell gekommen,
sprang sie behend vom Baum herab und eilte mir entgegen,
und unter Tränen bat sie mich, ihr jetzt Bescheid zu geben:
»Mein Herr und mein Erretter du, bist wirklich du Akritas,
der meinen Liebsten aus dem Tod von Mörderhand errettet,
vor dessen Namen jetzt auch hier die Araber erschraken?
So sage mir, ich bitte dich, laß mich die Wahrheit wissen,
hat Musurs Schwerthieb meinen Freund nicht doch tödlich getroffen?«
Da war ich wirklich baß erstaunt und wunderte mich weidlich,
wie tief des Mädchens Liebe ging zu einem solchen Manne,
der sie doch listig, wohlbedacht in dieses Unglück stürzte,
der sie den Eltern rauh entriß und ihre Schätze raubte
und sie allein hier sitzen ließ, trostlos in dieser Wildnis,
wo ihr nichts andres übrig blieb, als unbeweint zu sterben.
Hier lernte ich zum erstenmal die Frauenliebe kennen,
daß sie viel heißer noch als die der Männer kann entbrennen;
doch auch, was zügellose Lust an Kummer uns kann bringen.
Ich sprach also zu ihr: »Hör auf, mein Mädchen, so zu weinen,
um den zu klagen, den ich doch vom Tod errettet habe.
Mit vollem Recht hab ich Musur den Todesstoß gegeben,
dem Räuber, Wegelagerer, der alles Land bedrückte,
so daß es niemand mehr gewagt, den Fuß dahin zu setzen.
Aus seinen Klauen habe ich vom sichern Tod errettet,
den du noch immer hegst und liebst – ich kann es nicht begreifen! –
den Treulosen, dem du trotzdem die Treue wahrst und Liebe.
Doch komm! Ich will dich hin zu ihm in Sicherheit geleiten,

will sorgen, daß er dich nach Recht zu seiner Gattin mache,
wenn du erst abgeschworen hast der Muslim Aberglauben.«
Als sie das hörte, war sie voll von Freude und Vergnügen:
»Mein Herr und Held«, so sagte sie, »du mein erlauchter Retter,
ich habe ja das Sakrament der Taufe schon empfangen,
vor ich mich diesem Mann verband; er hat es so befohlen.
Ich kannte keinen Widerstand, geknechtet von der Liebe,
und tat, was immer er befahl, verachtete die Eltern.«
Dies hörte ich aus ihrem Mund. Da war's um mich geschehen;
da schoß in meiner Brust empor das sündige Verlangen
gleich einem hellen Feuerstrahl, die Gierde, sie zu haben.
Zunächst noch unterdrückte ich das zügellose Wollen;
ich war entschlossen, wenn es ging, die Sünde zu vermeiden.
Doch niemals noch vertrugen sich gedörrtes Gras und Feuer.
Als ich sie dann auf meinem Pferd fort aus der Wüste führte
und wir uns auf den Weg gemacht nach der Stadt Chalkurgia –
ein Ort, nicht fern dem Syrerland, der Grenze nah gelegen –
da wußt' ich nicht, wohin mit mir, ich war nur noch in Flammen,
und übermächtig stieg empor das Feuer der Begierde,
in mir trieb alles nur dazu, dem Feuer Raum zu geben.
Als ich sie aus dem Sattel hob, weil die Natur uns drängte,
da sah mein Auge nur noch sie, ich faßte ihre Hände,
ich drückte meinen Kuß auf sie und lauschte ihrer Stimme.
Was gegen Sitte ist und Recht hab ich mit ihr getrieben.
Alles geschah, wie ich gewollt, und nichts blieb unverbrochen.
Die Straße, die wir ritten, war befleckt von dieser Untat.
Grund war des Teufels Helferschaft und Lässigkeit der Seele.
Das Mädchen aber widerstand und wehrte sich nach Kräften,
bei Gott beschwor es mich und bei den Seelen ihrer Eltern.
Doch Satan, dieser Widerpart, der Herr der Finsternisse,
Erbfeind seit Anbeginn der Welt des menschlichen Geschlechtes,
brachte es fertig, daß ich ganz vergaß, an Gott zu denken
und an den furchtbar schweren Tag des ewigen Gerichtes,
wenn alles, was verborgen ist, ans helle Licht gebracht wird
im Angesicht der Engelschar und vor der ganzen Menschheit.
Doch schließlich kamen wir ans Ziel in die Stadt Chalkurgia.
Hier fand sich auch der junge Mann, Verführer dieses Mädchens.
Sein Vater war, wie er gesagt, Antiochos der Feldherr,
der einst den Persern unterlag und den sie tot geschlagen.

Wie ich ihm erst vor kurzer Zeit aus Musurs Hand entrissen,
so ließ ich ihn jetzt nicht mehr los, er konnte nicht entkommen.
Ich machte vielmehr allbekannt, wie er das Recht verletzte,
und übergab ihn dann der Hut der Freunde, die dort lebten.
Bis ich von meiner Fahrt zurück, sollt er bei ihnen weilen.
»Wenn du das Mädchen noch einmal im Stiche lassen solltest,
dann schenk ich dir kein zweites Mal das Leben – Gott ist Zeuge!«
Ich schärfte ihm mit Nachdruck ein, das Mädchen gut zu halten,
und gab ihm viele Mahnungen, sie nicht nochmals zu täuschen,
sie vielmehr, wie das Recht befiehlt, als Ehefrau zu halten.
Und allen samt erzählte ich, wie ich das Kind gefunden
und wie ich sie den Arabern in kühnem Streit entrissen.
Das Ungeziemende jedoch ließ ich auf sich beruhen,
damit kein schlimmes Ärgernis das Herz des Jungen kränke.
Dann übergab ich beiden noch den ganzen Schatz und Reichtum,
den ihren Eltern weggeholt das Mädchen, als sie flohen.
Auch ihre beiden Pferde ließ ich ihnen wiederbringen
und gab dem Jüngling noch einmal ganz öffentlich die Mahnung,
der jungen Frau kein Leid zu tun, sie keines Falls zu kränken.

*[Dígenis Akrítas ist der Held eines epischen Romans. Historischer
Hintergrund sind die Grenzkämpfe, die sich Byzantiner und Araber
vom 9. bis 11. Jahrhundert am Euphrat boten.]*

Karl Bosl

Der Westen in Bedrängnis

Es war eine der wesentlichen Voraussetzungen für den Aufbruch von Wirtschaft, Gesellschaft, Kultur im frühmittel-
alterlich-archaischen Europa, daß die *Barbareninvasionen*
in die Küstenländer und nach Mitteleuropa, die seit dem
9. Jahrhundert den Verfall der Karolingerherrschaft beschleunigt, wenn auch die Kontinuität nicht unterbrochen

hatten, nach der Mitte des 10. Jahrhunderts nachließen und vor allem im Norden bis zur Mitte des 11. Jahrhunderts allmählich verebbten. Der früheste Einbruch in den christlichen Westen erfolgte aus dem skandinavischen *Norden* aufgrund von Bewegungen des späten 7. Jahrhunderts. Wie die Quellen berichten, erschienen Norweger erstmals zwischen 786 und 796 an den Küsten Englands, 795 an denen Irlands und 799 in Gallien. Zur gleichen Zeit begaben sich auch die Dänen auf Seefahrt, nachdem die seetüchtigen Friesen in das Karolingerreich integriert waren. Seit 834 erweiterten sie ihre Überraschungsunternehmen zu größeren Kriegsfahrten und legten Stützpunkte an den Flußmündungen an, von denen sie stromaufwärts in das Landesinnere vordrangen und London (841), Nantes, Rouen, Paris und Toulouse überfielen. Gallien litt schwer unter diesen Invasionen. Zwischen 856 und 862 und nach 878 war über die Hälfte des angelsächsischen England von den *Vikingern* besetzt. Von nordafrikanischen und spanisch-moslemischen Häfen aus jagten die Korsaren Schiffe von Christen im Mittelmeer und beunruhigten auch die Küstengebiete. Unsere erste Nachricht über Piraterien in Italien stammt von 806 und zwischen 824 und 829 drangen Piraten auch in Süditalien ein. Räuberbanden kontrollierten die Straßen über die Berge. Am Ende des 9. Jahrhunderts bestanden nicht nur Dauerlager der *Seeräuber* in der nördlichen Campania, sondern die *Sarazenen* verlegten ihre Fahrten vom Tyrrhener Meer auch in die Adria und die Poebene, ohne dabei die Sabinerberge aus den Augen zu verlieren. Von ihrem Schiffslager am Fluß Liri aus verschifften sie das Raubgut in ihre Heimat. Jahrzehntelang kontrollierten Briganten von der Provence aus (Fraxinetum) die Alpenpässe. Die *ungarisch-magyarischen Reiterhorden* unternahmen zwischen 899 und 955 von der pannonischen Tiefebene aus nahezu 35 Fahrten in den Westen bis Bremen (915), Mende und Otranto (924), Orléans (937) und alljährlich im Frühjahr nach Bayern und in die Lombardei. Bei ihren Fahrten bewegten sich die Sarazenen auf Spurwegen, die

Vikinger auf und entlang den Flüssen, die Magyaren benutzten die alten Römerstraßen, um ihre Beute auf Wagen abzutransportieren. Bei ihren Raubzügen in den christlichen Westen gingen die sarazenischen Moslems auf Sklavenjagd aus; ihre Beute verkauften sie an Spanien oder, wenn es sich um hochgestellte Personen handelte, erpreßten sie Lösegeld. Sie taten dabei dasselbe wie die fränkischen Sklavenhändler (negiotatores) in den slavischen Ländern seit dem Händler Samo (7. Jahrhundert); ihre Beutesklaven setzten sie bis in das 10. Jahrhundert im muslimischen Mittelmeergebiet ab; Venedig war der große Sklavenmarkt für die Levante, Verdun für den slavischen Sklavenimport nach Spanien. Regensburg und Magdeburg müssen innerhalb des Ostfrankenreiches große Auffang- und Binnenmärkte für den Sklavenhandel aus den slavischen Ländern gewesen sein. Auch die Vikinger und Magyaren beteiligten und bereicherten sich am *Sklavenhandel*. Im 10. Jahrhundert war Prag die führende Stadt des Sklavenhandels in Ostmitteleuropa. Ein anderes Beuteobjekt, das die Piraten anlockte, waren die Kirchenschätze des Westens, die Seeräuber aber entstammten dem *Adel* ihrer Heimatländer, der Ruhm und Reichtümer erwerben wollte, um sein Prestige zu Hause zu erhöhen. Doch suchten Vikingerführer nach der Mitte des 9. Jahrhunderts auch nach neuem Siedelland für sich und ihre Gefolgsmannen. Aller frühe Adel strebt – wie auch der fränkische des 7. und 8. Jahrhunderts – nach ruhmbringenden Abenteuern, nach Schätzen und Geld zur Befriedigung der Gefolgschaften, nach Sklaven für einen gehobenen Haushalt und eine intensivere Wirtschaft, nach neuem Siedelland und einer neuen Heimat. Eine wesentliche Voraussetzung dieser Kriegsfahrten über See und der magyarischen Beuteritte über Land waren sowohl die *Gefolgschaften* als Elemente einer fortschreitenden politischen Ordnung und der Übergang von der Stammesstruktur zur *Einherrschaft* des Königs. Ihr Erfolg war begründet im Versagen der militärischen Organisation des Westens, vor allem aber der Franken, die durch ihre Offensivtaktik auf heimischem Boden gegen Fußtruppen mit einfacher Bewaffnung unbesiegbar waren. Gegen die schnelle Reiterei der Magyaren und gegen die Vikingerschiffe jedoch kamen sie besonders an unbewehrten Küsten nicht auf.

Die Erschütterung der Oberschichten, die aus den Berichten spricht, war groß und blieb lange im kollektiven Bewußtsein der Menschen lebendig; denn die Piraten nahmen offenbar alles mit, was sie tragen und befördern konnten und was wertvoll für Geschenke und Handel zu sein versprach. Raffinierter war die dänische Methode der Ausbeutung durch Geldtribute (819 in Friesland), die man letztlich von den Herrschaftsträgern eintrieb. Von 849 bis 926 mußten sich westfränkische Könige von den Vikingern den Frieden in denarii erkaufen und Karl der Kahle zahlte den Nordmännern an der Somme 5000 librae und jenen an der Seine 6000. Seit 865 zahlte England teilweise eine Heersteuer und 991 belief sich die Summe des »Danegelds«, einer anderen Form der Tributzahlung, auf 10 000 Pfund. Nordmänner, Sarazenen und Magyaren haben viele Städte geplündert, aber nur wenige so gänzlich verwüstet wie Fréjus, Toulon, Nizza oder Antibes an der Küste der Provence; doch wurden auch diese im späten 10. Jahrhundert wieder aufgebaut. Es trat aber *kein Kulturbruch* ein und die meisten Städte überlebten selbst in gefährdetster Lage. Der 883 befestigte burgus von Arras außerhalb der Tore der Abtei St. Vaast wurde niemals von seinen Einwohnern aufgegeben und im Handelsplatz Quentowik wurden 980 noch Münzen geschlagen. Vikinger errichteten um die beiden Städte Rouen (Normandie) und York (England) Herrschaften und lagerten dort das Sammelergebnis der Ausbeutung der Landbevölkerung. Der magere Schatz an Edelsteinen und Edelmetallen, den die Menschen der Karolingischen Zivilisation auf dem Festland, die angelsächsische auf der Insel mühsam gehortet hatte, fiel in die Hände der vikingischen Freibeuter. Was sie nicht bekamen, bargen Mönche in sicheren Verstecken im Innern des Landes. Klöster wie Novalesa, am Fuße eines von Sarazenen beherrschten Alpenpasses, blieben einhundert Jahre unbesetzt, die Menschen mieden das Küstenland am Tyrrhenermeer und der friesische Handel sank um 860/70 auf ein Minimum herab. Die überlebenden Städte wurden seit der Mitte des 9. Jahrhunderts durch befestigte Vororte = suburbia um die alten Stadtmauern und um Klöster verstärkt, wie wir in Regensburg bei St. Emmeram und im Viertel um Italienergasse und Bachgasse feststellen, das nach 930 in den durch die Römerlagermauer bezeichneten alten Stadtkern einbezogen wurde. In diesen suburbia Frankreichs, Italiens, Deutschlands erwachte das neue urbane Leben mit neuen, hierher zugezogenen Menschen, bildeten sich die neuen Zentralorte der Zukunft aus.

Hans-Werner Goetz

Besuch in St. Gallen

Die Förderung der Klöster war bei allem religiösen Hintergrund, der zweifellos eine Rolle spielte, doch kein Selbstzweck; die Freiheiten schmälerten nicht die königlichen Herrschaftsrechte, sollten die Klöster aber in die Lage versetzen, ihren Pflichten nachzukommen. Dazu zählte zunächst wieder der schon behandelte Gebetsdienst, nun für die Könige und ihre Familie, aber auch für die Vorgänger. Konrad I., der ja selbst kein Karolinger mehr war, verfügte in seinem Stift Weilburg ein Gebetsgedenken sowohl für seinen Vater wie für die Karolingerkönige. Sodann waren die Klöster zum Zeichen der königlichen Herrschaft zu jährlichen Abgaben, *dona regia,* verpflichtet. St. Gallen zum Beispiel hatte nach einer Urkunde von 854 jährlich zwei Pferde und zwei Schilde mit Lanzen abzuliefern; ähnliche Leistungen wird man auch bei anderen Abteien annehmen dürfen.

Schließlich waren Reichsklöster wie die Bistümer zum *servitium regis* verpflichtet. Dazu zählte zunächst die *Königsgastung*, die Aufnahme und Bewirtung des reisenden Königs und seines Gefolges. Der Herrscher stand im allgemeinen jenseits jeder Kritik, ein Besuch galt trotz der hohen Belastung als eine Ehrung, der man sich gern erinnerte, manchmal wurde er sogar in die Reihen der Brüder aufgenommen. Abt und Mönche gingen ihm entgegen, und gemeinsam zog man in feierlicher Prozession und nach festgelegtem Zeremoniell in die Klosterkirche ein. Ekkehard von St. Gallen berichtet stolz von einem Besuch Konrads I. zum Weihnachtsfest. Dem König war es sogar gestattet, mit den Mönchen im Refektorium zu essen und an ihren Versammlungen teilzunehmen, eine Ehrung, die anderen – und sogar dem Bischof Salomon von Konstanz – streng verweigert wurde. Konrads besonderes Augenmerk galt den Schülern, die der Reihe nach vorlesen durften; daß er ihnen drei Tage Freizeit zum Spielen gestattete, war sicher ganz unmittelalterlich und unklösterlich und sollte die Milde des Königs verdeutlichen. Wenn Ekkehard betont, daß Konrad mit dem einfachen Essen der Mönche vorlieb nahm – und das waren nicht einmal Brot und enthülste Bohnen, die der Propst erst für den folgenden Tag in Aussicht stellte –, so will er dieses bescheidene königliche Verhalten sicherlich als vorbildlich herausstellen. Den dritten Tag beendete Konrad allerdings mit einem Fest, nachdem er dem Klosterheiligen zuvor einige Güter mit der Auflage geschenkt hatte, »daß unsere eingeschriebenen Brüder zum Entgelt für unser gestriges Mahl während der Festwoche des hl. Otmar ... auch zu meinem Gedächtnis üppiger schmausen sollen.« Ekkehard fährt fort: »Vorzeitig begann das Mahl; es füllte sich der Saal; kaum brachte der Lektor einen einzigen Satz vor: Die Liebe, die kein Unrecht kann eingehen, sie durfte die Zucht mit Fug verschmähen. Niemand sprach, dies oder das sei eigentlich verwehrt, obzwar man's früher nie gesehen und nie gehört. Nie atmeten sie dort in der Klosterluft von Wild und Fleisch den gewürzten Duft. Gaukler tanzten und sprangen; Musikanten spielten und sangen. Niemals erlebte der Saal des Gallus von sich aus solchen Jubelschall.« Ekkehard scheint es nicht zu stören, daß hier in einem fort gegen die Klosterregel verstoßen wurde. Nur der Schlußsatz enthält eine leichte Anspielung: »Der König, unter dem Klang der Lieder, schaute auf die gesetzteren Brüder und lachte über einige von ihnen, denn da ihnen alles neu war, verzogen sich ihre Mienen.« Der König hatte das Recht, die Regeln (ausnahmsweise und sicher zur Freude manch eines Mönchs) zu lockern, so daß Ekkehards Schilderung eher in unser Kapitel »Hofgesellschaft« als in das »Klosterleben« zu passen scheint. Ob sich das Ganze tatsächlich so oder ähnlich zugetragen hat, ist ohnehin fraglich, denn Ekkehard schrieb über 200 Jahre nach den Ereignissen. So gibt die Anekdote weniger Auskunft über die Realität als darüber, wie man sich im Kloster einen guten König vorstellte und was man von ihm bei einem Besuch erwartete.

Aaron J. Gurjewitsch

»Teuflische Gewohnheiten«

Sehr häufig denkt man sich das Mittelalter als eine Zeit, in der die Kirche und die christliche Ideologie eine unumschränkte Vormachtstellung gehabt hätten. Vom mittelalterlichen Christentum urteilt man dabei gewöhnlich nach den Lehren der Theologen, den Beschlüssen der Kirchenversammlungen, den päpstlichen Erlassen und Bullen sowie nach den Kirchengebeten und -liedern. Diejenigen Züge der mittelalterlichen Kultur, die sich nicht in den Rahmen der amtlichen Kirchlichkeit fügen, werden von den Forschern als Ketzereien oder Anzeichen eines beginnenden weltlichen

Widerstandes gegen das Religiöse sowie als Vorläufer des Renaissancebewußtseins betrachtet. Dieses Bild ist jedoch äußerst einseitig und so sehr verallgemeinert, daß es kaum den tatsächlichen Verhältnissen entsprechen dürfte. In Wirklichkeit erscheint die Gegenüberstellung des Geistlichen und Weltlichen, der Rechtgläubigkeit und des Ketzertums zu starr, um den ganzen Reichtum des mittelalterlichen Geisteslebens zu erfassen. Die Grundfrage, die vielfach unbeantwortet bleibt, ist die nach der Frömmigkeit im betreffenden Zeitalter selber. Läßt die sich wirklich allein oder zum größten Teil auf die Erscheinungen beschränken, die klar zutage liegen und wohlbekannt sind: auf das Gebet, die Abtötung des Fleisches, die Sorge um das Seelenheil, die gottesdienstlichen Verrichtungen und ähnliche? Sollte man nicht annehmen, daß das mittelalterliche Christentum je nach den Ebenen verschieden war, auf denen es sein Dasein führte? [...]

Solange wir jedoch auf dem Gebiet der Hagiographie bleiben, können wir sagen, daß die Anpassung der Religion an die Bedürfnisse der Massen unter der Aufsicht der Kirche vor sich ging und von ihr vollzogen wurde. Die Heiligenlegende, die ihren Ursprung im Volke hatte, fand unter der Hand eines Geistlichen ihre letzte Fassung.

Aber die Kirche stieß nicht bloß auf volkstümliche Vorstellungen von heiligen Wundertätern. Sie mußte sich auch mit einer Gemeinde auseinandersetzen, die eigene Ansichten von der Welt, eigene Überlieferungen und Vorstellungen hatte. In welchem Maße sollte es ihr gelingen, diese Gegebenheiten den Zwängen der amtlichen Frömmigkeit unterzuordnen?

Um dem Verständnis dieser außerordentlich wichtigen Seite des Geisteslebens jener Zeit näherzukommen, macht sich eine Hinwendung zu anderen Gattungen des mittellateinischen Schrifttums erforderlich: den Bußbüchern – den Handbüchern, die katholische Priester für ihre Tätigkeit als Beichtiger benutzten. [...]

Die Erforscher der frühmittelalterlichen Kultur stellen

sich oft die Aufgabe, herauszufinden, welche der von den Kirchenmännern, auch den Verfassern der Bußbücher geschilderten Überreste des Heidentums auf altgermanische Vorstellungen und welche auf die Religion Griechenlands und Roms zurückgehen. Doch gelingt bei weitem nicht immer eine befriedigende Lösung dieser Frage, weil viele abergläubische Vorstellungen, die in den Bußbüchern verurteilt werden, kaum in die Begriffe des germanischen oder antiken Heidentums zu fassen sind. Vielmehr erscheinen sie als tiefere, als »ursprüngliche« Schicht des Volksbewußtseins und stehen vornehmlich mit der Magie in Verbindung, jener besonderen Form des menschlichen Verhaltens, die natürliche Ursachen und Wirkungen nicht berücksichtigt und von der Überzeugung ausgeht, Erfolg verspreche diejenige Einwirkung auf die Außenwelt, die aus der unmittelbaren Verflechtung des Menschen mit der Natur fließt. Unsere Quellen sind reich an Mitteilungen über Zauberbräuche. Heilzauber, Liebeszauber, Wachstumszauber waren offensichtlich in größtem Ausmaß verbreitet, so daß der Eindruck entsteht, sie wären keine »Überreste« vorchristlicher Glaubensvorstellungen und Verhaltensweisen, sondern ein unentbehrlicher Bestandteil des alltäglichen Lebens der Menschen in einer bäuerlichen, traditionellen Gesellschaft.

Außerordentlich reich sind die Bußbücher an Mitteilungen über die Magie; ihre Verfasser kommen ständig darauf zu sprechen, und ich stelle mir keineswegs die Aufgabe, den Stoff erschöpfend zu behandeln. Doch macht es sich erforderlich, bei denjenigen Vorschriften der Bußbücher zu verweilen, die sich gegen die »unrechten« und »heidnischen« Bräuche richteten, mit denen Erfolge im täglichen Leben erzielt werden sollten.

Damit die Arbeiten in der Landwirtschaft gelingen, muß zuallererst der Wechsel der Jahreszeiten beobachtet werden und müssen sich die Tätigkeiten dem Kreislauf der Natur anpassen. Wachsen und Reifen erscheinen dem »primitiven« Menschen nicht als etwas Selbstverständliches; vielmehr hält er es für notwendig, auf die »Elemente«, die Bewegung der Sterne, der Sonne und des Mondes durch Magie Einfluß zu nehmen. Bei Neumond mußte »dem Mond geholfen werden, seinen Glanz wiederzugewinnen«, zu welchem Zweck Zusammenkünfte einberufen und Zauberkünste geübt wurden. Bei einer Mondfinsternis bemühten sich die erschreckten Menschen, durch Geschrei und Hexenkünste Schutz zu gewinnen. Das Verhältnis zwischen den Menschen und den Naturerscheinungen stellt sich hier als Wechselbeziehung oder gar als gegenseitige Unterstützung dar: Nach diesen Auffassungen können die Elemente den Menschen helfen, und die Menschen wiederum sind fähig, die Elemente vermittels besonderer Verfahren in die erforderliche Richtung zu lenken.

Vor uns erstehen ganz archaische Vorstellungen, bei denen der Mensch von sich in denselben Begriffen wie von der Außenwelt denkt und keine Loslösung von ihr empfunden hat. Mit anderen Worten: Seine Beziehungen zur Natur sind nicht auf dem Verhältnis des Subjekts zum Objekt aufgebaut, sondern er geht von der Überzeugung aus, daß der Mensch und die Natur in innerer Einheit und wechselseitiger Durchdringung stehen, daß sie im Wesen verwandt und durch Magie verbunden sind. Der Begriff des Teilhabens ist anscheinend am besten zur Beschreibung dieses Verhältnisses gegenüber der Welt geeignet. Die Natur und der Mensch bestehen aus denselben »Elementen«, und gerade die Überzeugung von der völligen Entsprechung der Außen- und der Innenwelt regt die Menschen an, auf die Natur und den Gang der Dinge, also auch auf die Zeit einzuwirken. Bei seiner Verurteilung dieser Vorstellungen und Bräuche betrübt sich Burchard von Worms besonders darüber, daß sie im Bewußtsein des Volkes so tief verwurzelt sind und »gewissermaßen von den Vätern auf die Söhne vererbt werden«. Die Erbitterung des Bischofs ist völlig verständlich, denn solche traditiones paganorum befanden sich im schreienden Widerspruch zu den kirchlichen Lehren, nach denen allein die göttliche Vorsehung die Welt beherrscht und all ihre Bewegungen gelenkt hätte. Eine ganze Anzahl von Handlungen, die im neuen Jahr Segen verbürgen sollten, darunter auch brauchtümlicher Gastmähler mit Gesängen und Beschwörungen, wurde am ersten Januar vorgenommen: gerade an diesem Tage glaubte man, in die Zukunft schauen und sie so bestimmen zu können, daß »einem im neuen Jahr mehr Erfolg vergönnt sein werde als vorher«, besonders wenn man sich mit einem Schwert umgürtete und auf dem Dach seines Hauses Platz nahm, sich auf einer Ochsenhaut auf einem Kreuzweg niederließ oder in der Nacht ein Brot buk, das gut aufgehen mußte.

Eine weitere Voraussetzung einer erfolgreichen Landwirtschaft ist gutes Wetter. Die Bußbücher verdammen die Zauberer, die Gewitter besprachen und auf das Wetter einwirkten. Mit der ihm eigenen Anschaulichkeit beschreibt Burchard von Worms die Bräuche, mit denen Dürre verbannt wurde. Diese Schilderung erlaubt uns, einen Blick auf ein deutsches Dorf am Anfang des 11. Jahrhunderts zu werfen. Nachdem es lange nicht geregnet hat und die Bauern sehr unter der Trockenheit leiden, versammeln nach Burchards Schilderung die Frauen eine Menge kleiner Mädchen und stellen eines davon an die Spitze des Zuges. Es wird splitternackt ausgezogen, woraufhin sich alle zum Dorfrand aufmachen, um dort ein Kraut zu suchen, das auf deutsch belisa (Bilsenkraut – d. Ü.) heißt. Das nackte Mädchen muß die Pflanze mit dem kleinen Finger der rechten Hand ausreißen. Daraufhin bindet man die Wurzel des Krautes an die kleine Zehe des rechten Fußes des Mädchens, wonach die anderen Kinder mit Gerten in der Hand das Mädchen, das die Pflanze mit seinem Fuß hinter sich herzieht, zum nächsten Bach führen und es dort mit den Gerten naßspritzen müssen, wobei sie durch Beschwörungen den Regen herbeirufen. Zuletzt führen sie das nackte Mädchen in umgekehrter Richtung vom Bach zum Dorf, wobei es »wie ein Krebs« rückwärts gehen muß.

Dieses Herauslocken des Nasses durch magische Bräuche, die von unschuldigen Kindern geübt werden, erinnert lebhaft an ähnliche Verfahrensweisen von Völkern, die auf einer frühen Entwicklungsstufe verharren und von denen sich die Bauern des Frühmittelalters anscheinend noch nicht allzuweit entfernt hatten – sofern man jedenfalls nach ihrem Zauber urteilt. Burchard von Worms bemerkt, daß Frauen sich der beschriebenen Handlungen zu bedienen pflegten, aber dann wendet er sich an die Beichtenden: »Falls du so getan hast oder damit einverstanden gewesen bist, mußt du zwanzig Tage bei Wasser und Brot fasten.«

Wie Burchard an einer anderen Stelle ausführt, sprechen »ruchlose Leute« (Schweinehirten, Rinderhirten, Jäger) teuflische Sprüche offenbar magischen Inhalts über ein Brot, über Kräuter oder irgendwelche Knoten und werfen diese dann auf Stellen, wo sich zwei oder drei Wege kreuzen, wenn sie die eigenen Herden oder Hunde von der Pest oder einer anderen Plage befreien und fremde Tiere verderben wollen. In anderen Bußbüchern geht die Rede gleichfalls von Knoten, von Beschwörungen und Hexensprüchen, die in Wäldern oder auf Kreuzwegen hergesagt werden, all das zu dem Zweck, daß das Vieh vor einer Seuche bewahrt bleibt. In ähnlicher Weise stehlen die Bauern ihren Nachbarn durch Besprechen Milch und Honig. Sie locken die Ausbeute zu ihren Kühen und Bienen, und mit Worten, dem bösen Blick oder auf eine andere Weise rufen sie Schäden unter fremden Küken, Ferkeln oder anderen Jungtieren hervor. Burchard verurteilt die Zaubersprüche und -bräuche, die Frauen beim Spinnen und Weben murmelten und die ihnen offenbar die Arbeit erleichtern sollten. Burchard selber glaubt nicht an diesen Zauber und nennt ihn »Aberglauben« und »Trug«. Seine Zeitgenossen aus dem einfachen Volk dachten offensichtlich ganz anders darüber.

Der Glaube an die Wirksamkeit des Zaubers, der Beschwörungen und Bräuche sowie ihre weite Verbreitung bilden einen kennzeichnenden Zug im Verhalten der mittelal-

terlichen Menschen, und nicht zufällig richten die
Bußbücher ihre Unterdrückungsmaßnahmen gegen den
Glauben an diese »teuflischen Gewohnheiten«, so daß der
Eindruck entsteht, als ob in der Epoche der noch unentwik-
kelten Technik und der ihr gegenüber herrschenden Gleich-
gültigkeit die Magie in eigenartiger Weise einen Ersatz dafür
gebildet hätte. Neben dem Wirtschaftszauber, der sich an
die Natur und ihre hervorbringenden Kräfte richtete, nahm
der an Menschen gerichtete Zauber in den Handbüchern des
Beichtigers einen beträchtlichen Platz ein. Nach den betreffenden Abhandlungen zu urteilen, waren die Verfahren außerordentlich vielfältig und verästelt, mit denen auf den
Körper, die Gesundheit und die Gefühle eines anderen eingewirkt werden konnte. Frauen hatten in diesen Künsten
besondere Erfahrung. Viele von ihnen bereiteten Tränke aller Art, die Krankheiten heilten, besprachen oder beschwo-
ren, setzten fieberkranke Kinder auf Dächer oder Öfen und
verbrannten im Hause eines Verstorbenen Körner, was als
wirksames Mittel gegen die Wiederkehr von Krankheiten in
einer Familie galt, die eben einen Angehörigen verloren hatte. Die Quacksalberei und die Volksmedizin wurden während des Mittelalters täglich geübt. Überliefert sind zahlreiche Vorschriften für die Anfertigung von Arznei gegen alle
möglichen Krankheiten, wobei Beobachtungen der Heilkraft
von Pflanzen und Stoffen mit dem Glauben an Hexenkünste
und an den Einfluß der Gestirne auf die Gesundheit des
Menschen zusammenflossen.

Die Kirche verbot das Sammeln von Heilkräutern nicht,
solange es unter Gebeten erfolgte, aber mit Nachdruck ver-
urteilte sie, daß anstelle des Credo und Pater noster abscheu-
liche Zaubersprüche gemurmelt wurden. Doch bildeten die
Kräuter nur einen Teil der Heilmittel; außer ihnen fanden
alle möglichen Absonderungen des menschlichen Körpers,
Aas und Kot Anwendung, die nach den damaligen Anschau-
ungen große Wirkung hatten. Als Mittel, denen Heilkraft
beigemessen wurde, verwendete man Wasser, Erde, Feuer

und Blut. Als erprobtes Verfahren, ein Kind vom dauernden Schreien abzubringen, galt folgendes: man grub Erde aus, häufelte sie, bohrte einen Gang durch den Haufen und zog das Kind hindurch. Daß man gesund wird, wenn man sich mit der Erde vereint, ist ein ausgeprägtes Kennzeichen der Denkweise von Menschen, die einer bäuerlichen Gesellschaft angehören, und tritt in den verschiedensten Gestalten auf.

Der schwarze Zauber wird in den Bußbüchern mit höchster Anschaulichkeit dargestellt, genau wie der Hexensabatt und die nächtlichen Flüge der Frauen, die sich mit dem Teufel eingelassen haben, nebst allen sonstigen Hexenkünsten. Anscheinend sah es auf diesem Gebiet in Deutschland besonders übel aus. Wie das »Bußbuch der deutschen Kirchen« sagt, herrschte der Wahn, manche Frauen wären der List des Teufels erlegen und hätten sich auf seine Einflüsterungen hin einer Rotte böser Geister angeschlossen, die in der Gestalt von Frauen in bestimmten Nächten auf den Rücken von Tieren zu ihren Versammlungen flögen. »Das dumme Volk bezeichnet eine solche Hexe (striga) als Holda.« Huld oder Holda tritt in nordischen und deutschen Göttersagen und Märchen auf. Sie ist ein weibliches Wesen, das über Seherkraft verfügt. Im mittelalterlichen Deutschland ist sie unter dem Namen Frau Holle bekannt. »Von dieser Holle erzählt das Volk vielerlei, Gutes und Böses.« Sie steht den Frauen bei der Geburt bei, ist selber eine gute Hausfrau und Gärtnerin, belohnt die fleißigen Weberinnen und bestraft die faulen. Den Feldern verleiht sie Fruchtbarkeit, allerdings erschreckt sie die Menschen auch, wenn sie mit einer Schar von Hexen durch die Wälder stürmt. In einer Handschrift des Bußbuches heißt sie Friga-holda. Anscheinend wurde diese Hexe mit der altgermanischen Frigg (Frîja), der Göttin des Zaubers, der Weissagung, der Fruchtbarkeit und der Ehe, gleichgesetzt, die wie Frau Holle den Gebärenden Beistand leistete und das Schicksal der Neugeborenen bestimmte. In den Göttersagen erscheint sie als

Odins (Wodans) Gattin und Balders Mutter. Von ihrem Ansehen zeugt der Name des fünften Tages der Woche: der dies Veneris, der bei den Germanen »Tag der Frigg« hieß. Offenbar war diese Göttin, die sowohl bei den Nord- als auch bei den Südgermanen, besonders den Langobarden, bekannt war, die Beschützerin des Familienlebens. Als das Christentum die Herrschaft erlangt hatte, teilte sie mit anderen heidnischen Gottheiten das Schicksal, als Hexe hingestellt zu werden.

Was das Wort striga (stria) angeht, so tritt es nicht nur in den Bußbüchern, sondern auch in anderen Quellen auf. Das Salische Recht bestimmte ein Bußgeld dafür, daß eine Frau zu Unrecht als stria bezeichnet worden sei, daß heißt, als Hexe, die eine Brühe in einem Kessel zubereitet haben soll. Im Alemannischen Recht wird die stria neben der herbaria oder Giftmischerin genannt. Das langobardische Edictum Rothari verbot, eine striga zu erschlagen, denn Christen sollten nicht daran glauben, daß eine Frau die Eingeweide eines Menschen verschlingen könnte. [. . .]

Im Bewußtsein des Volkes lebte die Holda als eine friedsame und gütige Gestalt, worauf schon ihr Name deutet. In den Augen der Verfasser der Bußbücher mußten sich jedoch Holda und ähnliche Gestalten des Volksglaubens zwangsläufig in böse Geister verwandeln und wurden mit keinen anderen als verwerflichen und teuflischen Eigenschaften ausgestattet. Sie erschienen als Anstifterinnen aller möglichen Übel oder als Trugbilder, die der Teufel in den Köpfen unwissender Dummköpfe erzeugte, um sie vom rechten Wege abzubringen. [. . .]

An einer anderen Stelle desselben Bußbuches geht Burchard wiederum auf den Glauben »verbrecherischer Frauen, die sich dem Teufel ergeben haben,« und auf ihre nächtlichen Zusammenkünfte ein. Eine ungeheure Menge von ihnen durchquert in der Luft auf dem Rücken von Tieren riesige Entfernungen, um sich an dem Ort zu versammeln, wo der Hexensabbat stattfinde. Dort dienten sie in bestimmten

Nächten »der heidnischen Göttin Diana als ihrer Herrin«.
»Ach, daß sie doch die einzigen Opfer ihres Wahnes wären
und nicht noch viele andere auf den Weg des Verderbens
zerren würden!« ruft Burchard aus. »Eine unglaubliche Anzahl von Menschen läßt sich nämlich von ihrem Lug und
Trug verführen und hält all das für wahr. In diesem Wahn
weichen sie sogar vom rechten Glauben ab und verfallen in
den heidnischen Irrtum, es gäbe irgendwelche andere Götter
und höhere Mächte außer dem einzigen Gott.« Doch in
Wirklichkeit trete der Teufel immerzu in anderer Gestalt
und Verkleidung auf und täusche so ein ihm verfallenes
schwaches Gemüt mit mancherlei Bildern. »Aber wer wollte
so dumm und so von Sinnen sein, daß er seine Traumbilder
für nicht nur geistige, sondern auch körperliche Wesen hiel-
te?«Auf die Bibel gestützt, hebt Burchard hervor, daß alle,
die in solche Irrtümer verfallen sind, den rechten Glauben
verloren haben und daher zwei Jahre lang Buße tun müssen.

Als Dienerin des Teufels hat die Hexe letzten Endes in
den Umkreis der christlichen Teufelslehre Eingang gefunden, was bekanntlich die schlimmsten Folgen haben sollte.
Aber in der von uns zu untersuchenden Zeit war man davon
noch weit entfernt. Die Denkweise grausamer Eiferer, wie
sie im »Hexenhammer« zum Ausdruck kommt, finden wir
in den Bußbüchern nicht. Wenn Institoris und Sprenger
auch mittelalterliche Vorlagen und sogar einige der oben genannten über die Hexen, ihre nächtlichen Flüge und Sabbate
benutzt haben, so haben sie ihren Inhalt doch wesentlich
verändert: In den Ausführungen über die Hexen, die Burchard von Worms dem »Kanon Episcopi« (5. Jahrhundert)
und den Werken des Regino von Prüm (um 900) entnommen hat, wird von unsinnigen Irrtümern und einem verab-
scheuungswürdigen Aberglauben gesprochen, von dem man
sich freimachen müßte. In dieser Zeit betrachtete die Kirche
es nämlich als »eine alberne Vorstellung des Volkes«, daß
eine Hexe mit dem Teufel eine Verbindung eingehen könnte. Nicht die Sabbate wurden verurteilt, da sie als bloße Lü-

genmärchen der Frauen betrachtet wurden, die der Böse um
den Verstand gebracht hatte, sondern der Glaube an die Sabbate. [...]

Bisher haben die Bußbücher von den Zusammenkünften
der Hexen gesprochen; über die Taten der Unholdinnen
wurde nichts Genaues gesagt. Der Beichtvater schildert einen Glauben »vieler Frauen, die der Satan um den Verstand
gebracht hat«: Während der Mann auf seinem Lager in den
Armen seiner Frau zu schlummern meine, könne sie im
Schutze der Nacht mit ihrem Körper verschlossene Türen
durchdringen: nachdem sie irdische Räume durchflogen
habe, sei sie in der Lage, zusammen mit anderen, demselben
Wahn verfallenen Frauen ohne sichtbare Waffen Christen-
menschen umzubringen, deren Fleisch zu kochen und zu essen und an der Stelle des Herzens Stroh, Holz oder etwas
Ähnliches in den Leichnam zu legen und den Verstorbenen
wieder zum Leben zu erwecken. Auch sei es ihr Glaube, daß
Männer fähig wären, zusammen mit anderen Dienern des
Teufels verschlossene Räume zu verlassen und sich durch
die Lüfte bis zu den Wolken emporzuschwingen, um dort
mit den anderen zu kämpfen, Wunden schlagend und Wunden empfangend.

Diese von der Kirche verdammten Vorstellungen waren
offenkundig sehr alt. Oben wurde schon auf die langobardischen Gesetze hingewiesen, die den Glauben daran verboten, daß Frauen menschliche Eingeweide äßen. Trotz alledem kamen solche Vorstellungen auch viel später vor.
Erinnern die Schilderungen von Kämpfen, die Krieger am
Himmel während der Schlafenszeit austragen, nicht an die
altnordischen Sagen von den Schlachten in Odins Walhall,
die die Einherier, die auf der Walstatt gebliebenen Helden,
ausfochten? In beiden Fällen haben die im Kampf erlittenen
Wunden keine Folgen, denn die Einherier kehren nach dem
Ende des Streits zum Gelage zurück und ein Teilnehmer eines Treffens in den Wolken, wie es das Bußbuch schildert,
in sein Bett. Diese Vorstellungen hielten sich sehr lange am

Leben. Von nächtlichen Zusammenkünften und Mählern, zu denen Leute fliegen, nachdem sie sich mit einer Salbe bestrichen haben, erzählte Rudolf von Schlettstadt noch am Anfang des 14. Jahrhunderts. Doch berichtet er auch folgendes: Ein schwäbischer Adliger namens Swiger, der sich mit Raubüberfällen und sonstigen Gewalttaten befleckt hatte, traf unterwegs einmal ein ganzes Heer gefallener Krieger, die bei Tag und bei Nacht keine Ruhe finden konnten. Wie sie im Leben dem Teufel gedient hatten, wurden sie nach dem Tode von bösen Geistern gequält. Das war anscheinend eine christliche Umdeutung der alten Sage von den Einheriern. Doch mußte Swiger inmitten dieser Unglücklichen obendrein sein Roß erblicken: nach seinem baldigen Tode sollte ihn nämlich dasselbe Los wie sie treffen.

Burchard von Worms fährt fort: Es gibt Leute, die an die vom Volk sogenannten parcae glaubten. Diesen Parzen werde die Fähigkeit zugeschrieben, ein neugeborenes Kind in einen Werwolf zu verwandeln oder ihm eine andere Gestalt zu geben. »Falls du geglaubt hast – was niemals sein wird oder sein kann –, daß jemand Gottes Ebenbild in eine andere Gestalt oder ein anderes Wesen zu wandeln vermöge als der Allmächtige allein, sollst du zehn Tage bei Wasser und Brot fasten.« Ebensowenig wie an die Parzen durfte an die Unholdinnen geglaubt werden, die sylvaticae hießen, Leiber hatten, ihren Buhlen nach Belieben erschienen, sich mit ihnen vergnügten und danach wieder verschwanden. Wohlbemerkt: Die Rede ist von den Irrtümern »einer unzählbaren Menge« von Einfaltspinseln, die der Böse verlockt hatte, von weit verbreiteten und außerordentlich tief verwurzelten Überzeugungen, die sich von Geschlecht zu Geschlecht fortpflanzten.

Die Märchenwelt des mittelalterlichen Deutschlands ist offenkundig ziemlich reich an Gestalten. Nicht alle Wesen, die dort lebten, waren Nachkömmlinge der germanischen Götter. Ihnen hatten sich auch einige römische Gestalten beigesellt. Neben Holda und den Werwölfen begegnen wir

Parzen und Satyrn. Alles zusammen ergab eine äußerst sonderbare Mischung. Ich möchte nochmals betonen, daß es kaum berechtigt ist, in diesem Aberglauben »Überreste« altgermanischer, griechisch-römischer oder morgenländischer Glaubensvorstellungen zu erblicken. Seine Grundlagen konnten ganz verschieden sein, und die Bezeichnungen besagen an sich nicht gerade viel. Doch woher diese oder jene Vorstellungen auch stammen mochten, sie fanden im Bewußtsein des Volkes einen fruchtbaren Boden. Dort wurden sie festgehalten und in eigentümlicher Weise zu einem bisweilen sehr bunten Sagen- und Märchenwesen umgestaltet. Das Wesentliche besteht darin, daß das Gefüge dieses Bewußtseins höchst altertümliche Züge bewahrte und sie beständig von neuem hervorbrachte – nunmehr aber im Rahmen des Christentums und trotz allem Bemühen der Kirche, das ihr verhaßte »Heidentum« auszurotten.

Hans-Georg Beck

Das Volk von Konstantinopel – ein Recht auf Revolution

Es bleibt vom Faktor Volk und seiner Rolle im Verfassungsleben von Byzanz zu sprechen, wobei von vornherein bemerkt werden muß, daß es sich in der Hauptsache immer nur um das Volk von Konstantinopel handelt, was bei den Kommunikationsschwierigkeiten der Epoche kaum anders sein kann. [...] Es kommt zu seiner Bedeutung vielmehr durch die »Masse« und ihr Gewicht, die es in Konstantinopel, einer der wenigen Großstädte der Zeit, darstellt, eine Masse von mediterraner Beweglichkeit und nicht ohne Organisationsformen, die zunächst mit Staatsverfassung nichts zu tun haben, aber im Endeffekt doch zur Wirkung kommen.

Um bei letzterem zu beginnen: Die konkreten Ansatzpunkte für die politische Mobilität der großstädtischen Massen liegen, neben anderen Ursachen, zunächst in den mißverständlich sogenannten Zirkusparteien der »Blauen« und der »Grünen«. Es handelt sich um Gruppierungen lockerer Art, die zunächst am Sportsgeschehen im Hippodrom interessiert sind. Sie sind jedoch rasch bei der Hand, um aus einer sportlichen Parole, ihrem frenetischen Einsatz für diesen oder jenen Jockey, eine kommunalpolitische oder reichspolitische Parole zu machen. Nie hat man den Kaiser so unmittelbar und anrufbar vor sich wie im Hippodrom, nie seinen Amtsapparat so gegenwärtig wie hier. Man kann diesen Gruppierungen weder das Festhalten an einer allgemein politischen Linie noch an einer kirchenpolitischen andichten. Sie folgen entweder Agitatoren, die ihre eigenen Ziele im Auge haben oder aber im Dienste Hochgestellter stehen und deren Propagandisten sind, oder sie bringen lauthals vor den Kaiser, was sozusagen die allgemeine Stimmung der Stadt ist. Vielleicht kann man mit einiger Vorsicht vermuten, daß die Blauen sich aus jenen Schichten rekrutierten, die in sozialer Abhängigkeit von der »Aristokratie« standen, Palastpersonal also, Dienerschaft, Lieferanten, die das Lied derer sangen, deren Brot sie aßen; während die Grünen eher unter den Parolen eines »Mittelstandes« handelten, beeinflußt von Fabrikanten und Kaufleuten, nicht unvermögenden Gewerbetreibenden, und vielleicht auch von ehemaligen Amts- und Würdenträgern, die mit ihren Ehren und Ämtern auch ihren Einfluß bei Hof verloren hatten und damit die Opposition gegen die Parolen der Blauen am besten erklären. An diese Gruppierung läßt sich anknüpfen, mit ihnen können militante Bewegungen ausgelöst werden, die politisch den Ausschlag geben können, – dies vor allem im frühen Byzanz und in den ersten Generationen des Mittelalters. Diese parteiähnlichen Gruppierungen hielten sich länger, als gemeinhin angenommen wird. Und wenn sie im Zeremonienbuch des 10. Jahrhunderts nur noch die Rolle der Statisten spielen, so besagt dies nichts über ihre politische Bedeutung, weil diese zu erwähnen der Verfasser eines höfischen Festkalenders keinen Anlaß haben konnte. Trotz aller Gegensätze irrationaler Art ließen sich diese Gruppen gelegentlich durch keine Agitation und keine Führerschaft davon abhalten, zu koalieren und ihre eigenen Ziele, die der Masse schlechthin, in den Vordergrund zu schieben, d. h. unter Umständen sich gegen die Führung sowohl der Blauen wie der Grünen zu stellen. Etwa seit dem 10. Jahrhundert scheinen diese Gruppen sich mit den Zünften und Gilden zu identifizieren, die ihrerseits weder wirtschaftlich noch politisch eine völlig einheitliche Gruppe darstellen, sondern sehr verschiedenen ökonomischen Interessen dienten. In den späteren Jahrhunderten hat man den Eindruck, daß sich die Gruppierungen verlagern: Bürgerliche Kaufleute und Gewerbetreibende bilden eine Interessengemeinschaft, die durch das Gewicht ihrer wirtschaftlichen Bedeutung fähig ist, ihre Interessen ohne Mobilmachung von Massen zu vertreten. Seit dem Ende des 12. Jahrhunderts stellen sie eine Macht dar, an der mancher Kaiser scheitert, auch wenn die Aristokratie hinter ihm steht.

Als Verfassungsorgan muß »das Volk« – so variabel es in actu sein mag und so schwer definierbar – jedenfalls angesehen werden, da seine Beteiligung in Byzanz durch alle Jahrhunderte als notwendiges Element zur Herstellung jenes consensus omnium angesehen wird, auf dem die Monarchie aufruht. Es entspricht der schwankenden Natur eines einmal gegebenen Konsenses und zugleich dem politischen Fingerspitzengefühl vieler Kaiser, daß sie je nach politischer Lage eine Aktualisierung des einmal ausgesprochenen Konsenses anstrebten, indem sie staatliche Angelegenheiten nicht nur dem Senat vorlegten, sondern auch das Volk darüber befragten, jedenfalls Zustimmung heischend unterrichteten. Die Kaiser Anastasios und Justinian I. stellen sich dem Volk im Hippodrom und rechtfertigen ihre Maßnahmen. Herakleios läßt sich zu seinen außenpolitischen Verhandlungen mit dem Chagan der Avaren nicht nur von hohen Würdenträgern, sondern auch von Vertretern des Handels und des Gewerbes begleiten, ebenso zieht er Vertreter der Blauen und Grünen bei. Seine Witwe Martina ruft immer wieder das Volk zusammen, um ihre Interpretation des kaiserlichen Testaments durchzusetzen. Vertreter der »Parteien« unterzeichnen die Akten des 6. Ökumenischen Konzils, und Leon III. erläutert seine ikonoklastischen Maßnahmen in Anreden an das Volk. Vom Kaiser Konstantin V. wird im selben ikonoklastischen Zusammenhang sogar von Dialogen mit dem Volk im Hippodrom berichtet, die völlig im Stil der uns bekannten Dialoge aus dem 6. Jahrhundert gehalten sind. Alexios III. sucht das Volk in einer Versammlung zur Leistung einer Sondersteuer zu überreden, trifft aber auf Ablehnung und muß sich damit abfinden. [...]

Für die Spätzeit, unter der Dynastie der Palaiologen, seien wenigstens zwei charakteristische Etappen erwähnt. Andronikos II. im Kampf um seine Legitimität gegenüber den Parteigängern der Laskariden, die sich ein kirchenpolitisches Feigenblatt umgehängt hatten, mußte, wie schon gelegentlich sein Vater Michael VIII., aber in schwächerer Position als dieser, immer wieder Meetings veranstalten und sich dort gegen Schmähschriften verteidigen, die im Volk kursierten; auch zur Verteidigung seiner Außenpolitik rief er Volksversammlungen ein. Aber auch ein Kaiser vom Selbstbewußtsein eines Joannes VI. Kantakuzenos kommt um solche Versammlungen nicht mehr herum. Er braucht immer wieder Geld für die Reichsverteidigung und den Bürgerkrieg und kann es den Versammlungen nur mit Mühe und nicht immer abtrotzen. Der Chronist Dukas schließlich scheint mir zu insinuieren, daß es nicht eigentlich Kaiser Manuel II. war, der nach der Niederlage der Kreuzfahrer bei Nikopolis im Jahre 1396 die Kapitulation gegenüber den Türken ablehnte, sondern das Volk von Konstantinopel. Und die letzte Erklärung des Kaisers Konstantin XI. Palaiologos lautet »Euch (sc. den Türken) die Stadt zu übergeben, bin ich nicht berechtigt. Das ist nicht meine Sache, sondern die ihrer Bürger«.

Da aber, wo sich neben der Kaiserwahl Senat und Volk in besonderer Weise als Verfassungsfaktoren artikulieren, treffen wir auf einen manchen absonderlich erscheinenden Tatbestand: es handelt sich um die Abwahl eines Kaisers. Wenn einmal behauptet wurde, es habe kein verfassungsmäßiges Mittel gegeben, den einmal gewählten Kaiser wieder zu stürzen, so ist dies m. E. falsch. Es sei nur an das Wort Theodor Mommsens von der »rechtlich permanenten Revolution« erinnert, der entsprechend der Volkswille den Imperator schafft und ebenso wieder abschafft – ein schroffer Satz, laut Mommsen, von dem man nicht erwarten dürfe, daß er in der zahlreichen uns erhaltenen Literatur niedergelegt sei, der aber »in den Gemütern gelebt hat« und mit dem, wenn nicht Literatur, so doch Geschichte gemacht wurde. Historisch betrachtet mag man zwei Arten byzantinischer Revolutionen unterscheiden: solche, die sozusagen ex abrupto ausbrechen, wie ein Naturereignis, und andere, die einer Art Protokoll und Liturgie der Revolution folgen, etwas wie wohl vorbereitete »Verfassungsakte«. Die Unterscheidung läßt sich an den Quellen überprüfen, aber sie krankt letztlich an dem Umstand, daß die Quellen nicht gleich ausführlich und unter verschiedenen Gesichtspunkten berichten. Gelegentlich ist die Erzählung so dürftig, daß über Motivation, Protokoll usw. einfach nichts zu entnehmen ist, was nicht bedeutet, daß solche Dinge nicht im Spiel gewesen sein können. Was mit einer protokollgerechten Revolution gemeint ist, sei an einem Beispiel erläutert: Unter der Regierung Justinians II., im Jahre des Herrn 695, rief der Kandidat der Unzufriedenen, der General Leontios, nächtens in allen Stadtbezirken das Volk auf, sich bei der Hagia Sophia einzufinden. Die Massen folgen der Einladung. Nun holt man den Patriarchen aus seinem Palast und läßt ihn sozusagen eine liturgische Einleitung intonieren. Es ist der Psalmvers: »Dies ist der Tag, den der Herr gemacht hat« – ein Vers aus der österlichen Auferstehungsliturgie. Das Volk antwortet mit einem wohlgesetzten Zwölfsilber, also einem vorbereiteten Sprechchor: »Tod und Verderben den Knochen Justinians«. Gegen Morgen begibt man sich in den Hippodrom, den Ort der Kaiserkür. Man schleppt Justinian herbei, schneidet ihm Nase und Zunge ab und disqualifiziert ihn dadurch für die Herrschaft, weil die körperliche Integrität zu den schönen Eigenschaften eines Kaisers gehört. Der nächste Akt ist die εὐφημία, die Akklamation für Leontios, der damit Kaiser ist. Was hier das Volk in einen Zwölfsilber faßt, »athetiert« nach den Historikern die Kaiserherrschaft Justinians. Der Akt wird als damnatio bezeichnet. Diese Terminologie begegnet im Laufe der Jahrhunderte immer wieder und erweist sich als terminus technicus der byzantinischen Verfassungsgeschichte. Sie korrespondiert exakt mit der Akklamation. Die damnatio eines noch regierenden Kaisers ist die protokollarische Voraussetzung für die εὐφημία, die Akklamation eines neuen. Dahinter steht – siehe Mommsen – nüchtern betrachtet einfach der Gedanke, daß derselbe Kreis, der einen Kaiser küren kann, ihn auch wieder abwählen kann. Und wer sich hier um jeden Preis mit byzantinischer Kaiserideologie aus der Affäre ziehen möchte, hätte zu überlegen, ob derselbe Gott, der dem zu erwählenden seine εὐδοκία, sein Wohlgefallen schenkt und damit das Volk inspiriert, ihm zu akklamieren, dieses Wohlgefallen nicht auch wieder entziehen kann, um es einem anderen zuzuwenden. Nach eben dieser Ideologie muß ja Leontios, einmal Kaiser geworden, dieses Wohlgefallen Gottes besitzen, er muß als gottgeschenkter Kaiser gelten. Warum sollte dann das Volk nicht auch von Gott inspiriert gewesen sein, Justinian II. abzuwählen? Gewiß hat man diese Überlegungen nicht formuliert. Immerhin sprach man bei einem schlechten Kaiser von einer Zulassung Gottes, so wie die Sünde zugelassen wird, ohne daß sie damit zu Recht begangen würde. In der Realität des Verfassungslebens aber wurde eben die Revolution als die logische Folge betrachtet, der consensus wurde gestundet und dann aufgehoben. Man sollte bedenken, daß von 88 regierenden Hauptkaisern 30 eines gewaltsamen Todes starben und 13 sich in die klösterliche Abgeschiedenheit zurückziehen mußten. Dies bedeutet, daß die Revolution nicht die große Ausnahme darstellt, sondern historisch betrachtet einen Bestandteil des Verfassungslebens bedeutet. Sie ist, so zynisch es klingen mag, ohne es zu sein, eine Verfassungsnorm.

Friedrich-Karl Kienitz

Nordmänner auf Sizilien

Die Wikinger, die Waräger, die Normannen – diese Begriffe sind nicht miteinander identisch, doch im Grunde genommen bezeichnen sie immer wieder die gleichen, mehr auf See als zu Lande beheimateten Männer aus dem Norden. [. . .] Wahrscheinlich im Jahre 859 n. Chr. passierten sie mit ihren Drachenschiffen zum ersten Mal vom Atlantik her die Straße von Gibraltar. Eben seit den Jahren, in denen die Rus-Waräger den Staat von Koenugard-Kiew gründeten, richteten andere Wikinger ihre Raubfahrten gegen die Mittelmeerküsten Nordafrikas, Südfrankreichs, Italiens, selbst Griechenlands und Kleinasiens. Es war ihnen gleichgültig, in wessen Hand sich die angegriffenen Ziele befanden, ob es sich um muslimische oder christliche Orte handelte. Es war die Zeit, in der Byzantiner und Araber um Sizilien und Unteritalien kämpften, ein Gebiet, wo die Interessen der beiden christlichen Kaiserreiche des Ostens und des Westens und die der muslimischen Araber hart aufeinanderstießen und sich fast unlösbar miteinander verknäulten. In diese ohnedies reichlich verworrenen Verhältnisse hinein stießen die Normannen, ohne irgendwelche höheren Ziele, getragen allein von einer unbändigen Freude an Kampf und Abenteuer und dem Streben nach Beute. Wo es sich lohnte, verdingten sie sich auch als Söldner. Seit der Errichtung des Normannenstaates in der Normandie erhielten sie verstärkten Zuzug von dort. Ihr altes Heidentum vertauschten die Normannen mit dem Christentum, aber das änderte zunächst wenig an ihrem Lebensstil. Sie kämpften weiter, einmal gegen die christlichen Byzantiner, einmal gegen die muslimischen Araber, wie es gerade die Situation ergab. Seit 1016 n. Chr. kämpften sie auf dem Festland Unteritaliens gegen die Byzantiner, 1025 n. Chr. unternahmen sie eine Invasion im muslimischen Sizilien. 1030 n. Chr. gründete Rainulf Drogonet nordwestlich von Neapel mit Genehmigung Kaiser Konrads II. und mit Zustimmung des Herzogs von Neapel die Burg und Stadt Aversa la Normanna, das erste Zentrum eines Normannenstaates in Unteritalien, dessen weitere Ausdehnung auf Kosten von Byzanz ging. Doch seit dem Jahre 1038 n. Chr. kämpfte eine andere Normannentruppe unter dem Kommando des kaiserlich-byzantinischen Feldherrn Georgios Maniakes auf Sizilien gegen die Araber und entriß ihnen für einige Jahre den Ostteil der Insel. Aber 1043 n. Chr. wurde der Feldherr von dem mißtrauischen Kaiser Konstantin IX. abberufen, worauf die Truppe ihren Feldherrn zum Gegenkaiser ausrief, Sizilien verließ und durch die Balkanhalbinsel gegen Thessaloniki zog. Doch fand Georgios Maniakes noch im gleichen Jahr den Tod, während Sizilien abermals ganz in arabische Hand geriet.

Die Entscheidung über die Neugestaltung der Geschicke Siziliens und Unteritaliens fiel, als einer der zehn Söhne des Normannenfürsten Tankred von Hauteville nach dem anderen in Unteritalien erschien, und diese Entscheidung fiel gleichzeitig gegen Byzanz und gegen die Araber. 1043 n. Chr. stieg Wilhelm ‹Eisenarm› zum Grafen von Apulien auf, 1071 n. Chr. gelangte mit der Stadt Bari der letzte Stützpunkt des byzantinischen Kaiserreiches in Unteritalien in die Hände Robert Guiscards. Seit 1060 n. Chr. nahm Roger den Arabern Zug um Zug die Insel Sizilien ab, 1072 n. Chr.

eroberten die Normannen Palermo, und 1091 n. Chr. war die ganze Insel in ihrem Besitz. [...]

Ihrer Herkunft nach waren die Normannen im Bereich der Ostsee, der Nordsee und des Atlantischen Ozeans zu Hause, aber so wie sie in den Weiten des russischen Raumes im Slawentum aufgingen, in der Normandie französisiert wurden und in England mit den Angelsachsen verschmolzen, sind sie in Sizilien und Unteritalien zu Menschen der Mittelmeerwelt geworden. Vor allem unter Roger II. und seinen Nachfolgern entfaltete sich eine glänzende Kultur, zu der die von den Normannen herangezogenen Künstler, Baumeister und Gelehrten aus Italien, der byzantinischen Welt und arabisch-muslimischen Kreisen alle miteinander Entscheidendes beitrugen. Im normannisch beherrschten Sizilien ging es völlig anders zu als auf Kreta, wo nach der Rückeroberung durch die Byzantiner im Jahre 961 n. Chr. die muslimische Bevölkerung ausgerottet oder vertrieben und alle Spuren der fast anderthalb Jahrhunderte währenden Araberzeit beseitigt worden waren. Auf Sizilien hingegen zeugen noch heute die großartigsten Denkmäler von einer intensiven Kulturverschmelzung. Da ist zum Beispiel die Palastkapelle des von König Roger II. (1130–1154 n. Chr.) geschaffenen Königspalastes von Palermo, deren Mosaiken völlig byzantinisch sind, während die hölzerne Stalaktitdecke ganz der islamischen Kunst angehört. Auf dieser Decke findet sich auch die Abbildung eines Herrschers, der ganz wie ein orientalischer Sultan wirkt, vermutlich aber niemanden anderen als Roger II. selbst darstellt. [...] Meisterwerke der normannisch-byzantinisch-arabischen Kunst sind auch die großen Dome von Cefalú (erbaut 1132–1148 n. Chr.) und Monreale (erbaut 1174–1189 n. Chr.). Bei den normannischen Domen auf dem italienischen Festland treten die Einflüsse der islamischen Kunst gegenüber den romanischen und byzantinischen Elementen stärker zurück, genannt seien als Beispiele nur die Kathedralen von Ravello bei Amalfi und von Bitonto und Otranto in Apulien, letztere berühmt vor allem wegen ihres 1165/66 n. Chr. geschaffenen riesigen Fußbodenmosaiks mit seinem Lebensbaummotiv und den erzählenden Darstellungen aus der biblischen Geschichte, aber auch von Alexander dem Großen oder König Artus. Dagegen ist der herrliche Gartenpalast Palazzo Rufolo zu Ravello wieder unverkennbar arabisch beeinflußt. Doch nicht nur die Werke der Baukunst zeugen von der aus unterschiedlichen Wurzeln erwachsenen mittelmeerischen Kultur im Reiche der Normannen. Da ist zum Beispiel der von arabischen Goldstickern für König Roger II. verfertigte Mantel, der später zum Krönungsmantel der deutschen Kaiser wurde. Er trägt arabische Schriftzüge und nennt sogar als Jahr seiner Anfertigung das Hidschra-Jahr 528 (= 1. November 1133–31. Oktober 1134 n. Chr.). Am Hofe der Normannenkönige Roger II. und seines Sohnes und Nachfolgers Wilhelm I. erarbeitete auch der aus Marokko stammende Esch-Scherif-al-Idrisi seine geographischen Werke mit den dazugehörigen siebzig Landkarten, Meisterleistungen arabischer Gelehrsamkeit. Es war der zur Normannenzeit in Sizilien und Unteritalien ausgebildete Lebensstil, der [später] den jungen Hohenstaufen Friedrich II. – am 26. Dezember 1194 n. Chr. zu Melfi von seiner normannischen Mutter Konstanze geboren – geprägt und der seinen Lebensweg bestimmt hat.

Und doch blieben die Normannen auch in ihrer neuen Heimat, inmitten des Glanzes und des Luxus, mit dem sie sich umgaben, ihrem ureigenen Element treu: der See. Nicht nur auf den Traditionen der alten nordischen Drachenschiffe baute der Normannenstaat von Palermo seine Flottenmacht auf, seine Herrscher machten sich auch das Können und die Erfahrung mittelmeerischer Seeleute zunutze. Seit den ersten Jahren der Königsherrschaft Rogers II. war der Admiral der Flotte von Palermo – das Wort »Admiral« ist vom arabischen Titel »Amir« abgeleitet – der ranghöchste Mann nach dem Normannenkönig selbst, und dieses hochwichtige Amt wurde mehrfach Männern arabischer Abkunft anvertraut.

Dabei war diese Flotte, das wichtigste Machtinstrument des Normannenstaates, keineswegs nur für dekorative Zwecke bestimmt. Das bekamen die Araber Nordafrikas zu spüren, mehr noch aber das Kaiserreich Byzanz.

Schon ein Jahrzehnt nach der Einnahme von Bari, des letzten byzantinischen Stützpunktes auf dem Boden Italiens (1071 n. Chr.), zu einem Zeitpunkt, als die Eroberung Siziliens noch keineswegs abgeschlossen war, überquerte Robert Guiscard, der Eroberer von Bari, mit seinen Normannen die südliche Adria (1081 n. Chr.), nahm Dyrrhachion (Durazzo) und drang durch den Epiros nach Thessalien und Makedonien vor. [. . .] 1147 n. Chr. fuhr König Roger II. mit seiner Flotte von Brindisi nach Corfu, nahm die Insel ohne Mühe ein, umsegelte dann die Peloponnes und griff Monemvasia an, die Festungsstadt auf der nur durch einen Brückendamm mit dem Festland verbundenen Halbinsel vor der südöstlichen Peloponnes, »die nur einen einzigen Zugang hat«. Der Angriff mißlang, doch ein neuer Vorstoß, diesmal vom Golf von Korinth aus, führte zur Einnahme von Theben und Korinth, ja sogar von der hochragenden Akrokorinth, dem Burgberg oberhalb dieser Stadt. Die Seidenweber von Theben und Korinth wurden nach Palermo deportiert und mußten dort ihr Handwerk treiben. Es bedurfte der Kombination der byzantinischen und der venezianischen Flottenmacht, um die Normannen in die Knie zu zwingen. Bei Kap Maleas an der Südostspitze der Peloponnes erlitt die Normannenflotte eine Niederlage, und nach längeren erbitterten Kämpfen gelang es auch, Corfu den Normannen wieder zu entreißen (1149 n. Chr.). Nach dem Tode König Rogers II. sandte Kaiser Manuel Komnenos (1143–1180 n. Chr.) im Gegenzug zu den normannischen Vorstößen gegen das byzantinische Reich seinerseits eine Flotteneinheit in die Adria. Eine von ihr in Ancona gelandete Truppe entriß den Normannen in überraschendem Siegeslauf Apulien bis hin nach Tarent (1155 n. Chr.). Es war die letzte Renaissance der byzantinischen Macht im Westen, sie blieb Episode. Schon im

Jahre 1156 n. Chr. schlug der neue Normannenkönig, Rogers Sohn Wilhelm I. »der Böse« (1154–1166 n. Chr.), die Byzantiner bei Brindisi und vertrieb sie bald aus ganz Apulien. Diesmal besaß das Kaiserreich an Venedig keinen Verbündeten; die Markus-Republik wollte eine byzantinische Beherrschung der Küsten beiderseits der Straße von Otranto und damit des Ausgangs der Adria ebensowenig dulden, wie sie gewillt war, eine entsprechende Stellung der Normannen hinzunehmen. [...]

Länger als ein Jahrhundert hindurch war das Normannenreich von Palermo die führende Macht im Zentrum des Mittelmeers.

III. Gesellschaft im Aufbruch:
Das hohe Mittelalter

Hartmut Boockmann (Hg.)

Aufruhr in Köln

Damals [im Jahre 1074] ereignete sich zu Köln ein des Mitleids und der Tränen aller Guten würdiger Vorfall, wobei unsicher ist, ob durch die Haltlosigkeit des Volks oder durch eine Machenschaft derer, die am Erzbischof statt am König Rache üben wollten. Wahrscheinlicher ist dieser Verdacht, weil die Kölner, nachdem der Name der Wormser bei allen berühmt war, da sie dem König im Unglück die Treue bewahrt und den Bischof, der sich gegen ihn zu empören versucht hat, aus der Stadt vertrieben hatten, das schlechte Beispiel nachahmten und auch ihre Ergebenheit dem König durch eine rühmenswerte Tat beweisen wollten. Zur Durchführung dessen, was sie frevelhaft vorbereiteten, bot der Zufall eine passende Gelegenheit. Der Erzbischof feierte Ostern in Köln, und bei ihm war der Bischof von Münster, den er angesichts einer engen Freundschaft zur gemeinsamen Feier der Freuden eines solchen Festes eingeladen hatte. Als die Osterfeiern nun fast vorüber waren und er sich zur Abreise vorbereitete, erhielten die Hausbediensteten des Erzbischofs den Befehl, für ein Schiff zu sorgen, das für seine Heimreise geeignet sei. Nachdem sie alle gemustert und besichtigt hatten, beschlagnahmten sie das Schiff eines sehr reichen Kaufmanns, weil es ihnen zu diesem Zweck geeignet schien, und befahlen, es nach der Entfernung der Waren, die es geladen hatte, schleunigst für den Dienst des Erzbischofs bereit zu machen. Als das die Knechte, die das Schiff zu bewachen hatten, verweigerten, wurden sie mit Gewalt bedroht, falls sie nicht die Befehle rasch ausführten. Darauf liefen sie, so schnell sie konnten, zum Schiffsherrn, berichteten ihm die Sache und fragten ihn, was sie tun sollten.

Dieser hatte einen erwachsenen Sohn, der sich nicht weniger durch Kühnheit als durch Kraft auszeichnete und sowohl wegen der Verwandtschaft wie wegen seiner Verdienste bei den ersten Leuten in der Stadt sehr beliebt und geschätzt war. Dieser nahm seine Diener und von den jungen Leuten in der Stadt so viele, wie er in dieser Hast zu seiner Hilfe zusammenbringen konnte, und eilte zum Schiff und vertrieb unrechtmäßig die Diener des Erzbischofs, die hartnäckig auf der Beschlagnahme des Schiffs bestanden. Darauf warf er

den Vogt der Stadt, der in dieser Sache zu Hilfe kam und einen Stra-
ßenkampf hervorrief, mit gleicher Unerschrockenheit zurück und
schlug ihn in die Flucht. Schon kamen diesen und jenen ihre jeweiligen Freunde bewaffnet zu Hilfe, und die Sache schien zu einer großen Auseinandersetzung und zu einem gefährlichen Kampf zu werden. Als man dem Erzbischof gemeldet hatte, daß die Stadt durch
einen schweren Aufruhr aufgewühlt werde, schickte er schnell Leute, um die Bewegung des Volkes zu besänftigen, und drohte voller
Zorn, er werde bei der nächsten Gerichtssitzung die aufständischen
jungen Leute mit der verdienten Strafe züchtigen. Er war gewiß ein
Mann, in dem Tugenden aller Art blühten und dessen Rechtschaffenheit in Sachen des Staates wie auch der Kirche Gottes oft erprobt
war. Doch ein Fehler wurde bei so großen Tugenden gleichsam wie
ein kleines Muttermal an einem sehr schönen Körper (Horaz, Satiren I,6,66) sichtbar, weil er, wenn der Zorn aufflammte, die Zunge
nicht hinreichend zügeln konnte, sondern ohne Ansehen der Person
(I. Petrus 1,17) gegen jedermann Beschimpfungen und bitterste
Scheltworte herausschleuderte. Wenn sich der Zorn ein wenig gelegt hatte, warf er sich das selbst heftig vor.

Nur mit Mühe konnte der Streit ein wenig beruhigt werden.
Doch ließ der junge Mann in seinem wilden Wesen und ermutigt
durch den ersten Erfolg nicht ab, alles aufzuwühlen. Er lief durch
die Stadt und streute unter den Leuten verschiedene Reden über die
Unerträglichkeit und Strenge des Erzbischofs aus, der ihnen so oft
ungerechte Befehle gegeben, Unschuldigen so oft das Ihre wegge-
nommen habe und noch angesehene Bürger mit den unverschämte-
sten Worten angegangen sei. Es war nicht schwer, diese Art von
Leuten wie ein Blatt, das der Wind treibt (Hiob 13,25), in alles, was
man will, zu verwandeln, da sie ja, von Kindheit an an städtische
Genüsse gewöhnt, keine Erfahrung in Kriegsangelegenheiten hatten
und gewöhnt, nach dem Handel bei Wein und Speisen über den
Krieg zu reden, alles, was in den Sinn kommt, für so leicht zu tun
wie zu bereden hielten, jedoch nicht den Ausgang der Dinge zu ermessen wußten. Außerdem kam ihnen die hervorragende und berühmte Tat der Wormser in den Sinn, die ihren Bischof aus der
Stadt vertrieben hatten, als der sich unerträglich zu verhalten begonnen hatte, und da sie nach Menge, Mitteln und Waffen besser
ausgerüstet waren, hätten sie sich verachtet, wenn man ihren Mut
für geringer gehalten hätte und sie es in weibischer Geduld zugelas-

sen hätten, daß der Erzbischof sie in tyrannischem Hochmut beherrsche. Die Führenden unter ihnen fassen törichte Pläne, das ungezügelte Volk tobt süchtig nach neuen Dingen und ruft in der ganzen Stadt, vom Geist des Teufels besessen, nach Waffen. Und schon sind sie einig, den Erzbischof nicht, wie in Worms, aus der Stadt zu vertreiben, sondern ihn, wenn möglich, mit allen Martern hinzuschlachten.

Es war der Tag des heiligen Märtyrers Georg, der in diesem Jahr auf den Mittwoch in der Osterwoche fiel, und der Erzbischof beschwor, nach der Meßfeier in der Kirche des heiligen Georg, die Zuhörer, als er die Predigt ans Volk richtete, in einer Voraussage der Zukunft, wobei er selbst das kommende Übel nicht ahnte, daß die Stadt in die Gewalt des Teufels gegeben sei und nächstens untergehen werde, falls sie sich nicht beeilten, den schon drohenden Zorn Gottes durch ihre Buße abzuwenden.

Als nun nach dem Mittag, als sich der Tag schon zum Abend wendete (Genesis 24,63), zum Zorn – wie Öl zum Feuer – die Trunkenheit hinzukam, stürzen sie aus allen Teilen der Stadt zum Hof des Bischofs und greifen ihn, der an einem belebten Platz mit dem Bischof von Münster speist, an, schleudern Geschosse, werfen Steine, töten einige, die ihm beistehen, schlagen und verwunden die übrigen und treiben sie in die Flucht. Währenddessen haben viele den dieses Wüten anstiftenden Teufel dem wahnsinnigen Volk vorauslaufen gesehen, behelmt, gepanzert und mit einem feurigen Schwert fürchterlich blitzend und niemandem als sich selbst gleich. Und als er mit einem militärischen Trompetensignal die Zaudernden anstachelt, ihm in den Kampf zu folgen, ist er beim Angriff selbst, indem er mit lauten Rufen, die Torriegel zu zerbrechen, voranstürmte, plötzlich aus den Augen der ihm folgenden verschwunden. Den Erzbischof konnten die Seinen aus dem Heerhaufen der Feinde und unter der Wolke der Geschosse mit Müh und Not unversehrt in die Kirche des heiligen Petrus fortreißen, und sie festigten die Türen nicht nur durch Riegel und Balken, sondern auch durch herbeigewälzte große Felsen.

Draußen wüten und brüllen wie das überschäumende Wasser (Hiob 3,24) die Gefäße des Teufels, voll vom Wein des Zornes Gottes (Jeremias 25,15), und überall durch den bischöflichen Palast laufend brechen sie die Türen auf, zerstreuen sie die Schätze, zerschlagen sie die Weinfässer, und während sie die in langer Zeit mit größter Mühe zusammengebrachten Weine hastig vergießen, hätte sie der plötzlich gefüllte Keller – was zu sagen auch lächerlich ist – mit seinen unvermuteten Fluten fast in die Gefahr gebracht, ertränkt zu werden. Andere dringen in die Kapelle des Erzbischofs ein und berauben den Altar, betasten mit schmutzigen Händen (Jesaia 59,3) die heiligen Gefäße (2. Makkabäer 5,16 und 4,48), plündern die bischöflichen Gewänder, und während sie die ganze Ausstattung des Gottesdienstes mit überlegter oder vielmehr rasender Sorgfalt plündern, finden sie dort jemanden, der sich vor Furcht in der Ecke verbirgt, und im Glauben, es sei der Erzbischof, töten sie ihn, nicht ohne sich höhnisch zu beglückwünschen, daß sie endlich der frechen Rede ein Ende gesetzt hätten. Als sie jedoch bemerkten, daß sie durch die Ähnlichkeit getäuscht seien und der Bischof in der Kirche des heiligen Petrus durch die Heiligkeit des Ortes und die Festigkeit der Mauern geschützt werde, rotten sie sich von überall her zusammen und belagern die Kirche selbst, strengen sie sich mit größter Mühe an, die Mauern zu zerbrechen, und drohen sie auch, falls der Erzbischof ihnen nicht schnellstens ausgeliefert werde, Feuer anzulegen.

Als jene, die sich im Innern befanden, sahen, daß der Sinn des Volkes hartnäckig auf seinen Tod zielte, und die Leute nicht nur von Trunkenheit, die mit der Zeit zu vergehen pflegt, sondern auch von unbeugsamem Haß und fanatischer Wut getrieben wurden, rieten sie ihm, er möge in Verkleidung sein Heil in der Flucht aus der Kirche und die Belagerer zu täuschen suchen. Dadurch könne er die heiligen Gebäude vor dem Einäschern und sich von der Todesgefahr befreien. Der günstige Zeitpunkt versprach den Schutz der Flucht. Nachdem sie den Aufruhr bis Mitternacht fortgeführt hatten, schauderte alles vor der dunklen Finsternis, so daß es keinem leicht fiel, die Gesichter derer zu erkennen, die ihm begegneten. Ein enger Weg aus der Kirche in den Schlafsaal stand offen, ebenso vom Schlafsaal in den Vorhof und in das Haus eines Kanonikers, das an der Stadtmauer lag. Wenige Tage vor Ausbruch des Aufstandes hatte jener – womit Gott dies für das Heil des Erzbischofs gnädig im voraus fügte – beim Erzbischof die Erlaubnis durchgesetzt, die Stadtmauer zu durchbrechen und sich eine kleine Hintertür anzulegen. Dort wurde der Erzbischof hinausgeführt, und nachdem man eilig für seine und seiner Begleiter Reise vier Pferde herangeholt hatte, ritt er davon, in der bequemsten Weise die dichte Finsternis der Nacht dazu nutzend, um nicht von Entgegenkommenden erkannt zu werden. Nachdem er nach kurzer Zeit auf den Bischof von Münster getroffen war, gelangte er, angesichts der damaligen Mißlichkeit recht komfortabel von Begleitern umgeben, zu einem Ort, der Neuss heißt.

Inzwischen rammten die Leute vor der Kirche mit häufigen Stößen der Belagerungsmaschinen die Mauern, und es herrschte ein wildes Geschrei der Tobenden und den allmächtigen Gott als Zeugen dafür Anrufenden, daß der Erzbischof ihren Händen nicht entkommen und nicht die Wachsamkeit der Belagerer täuschen werde, auch wenn er sich in das winzigste Gewürm der Erde verwandele. Dagegen führten die Belagerten diejenigen, die sie so nachhaltig bedrängten, schlau an der Nase herum, indem sie bald baten und bald versprachen, ihnen auszuliefern, was so sorgfältig gesucht werde, wenn man es fände – bis sie schließlich meinten, der Erzbischof sei weit genug entkommen und in sichere Gegenden gelangt. Nun endlich lassen sie nach Öffnung der Türen die Belagerer eindringen und nach ihrem Belieben suchen, und sie fügen hinzu, daß diese ihn innerhalb der Kirchenmauern vergeblich suchten, von dem sie mit Sicherheit wüßten, daß er beim ersten Einbruch der aufgestachelten Menge noch bei hellem Tag die Stadt verlassen und schon in weit entfernte Gegenden habe gelangen können. Und es sei noch mehr zu vermuten, daß er während der Nacht von allen Seiten Truppen zusammenziehen und mit dem frühesten Morgen heranrücken werde, um die Stadt mit Waffen einzunehmen. Kaum hatten also endlich die Eingedrungenen, nachdem sie alle inneren Räume der Kirche so sorgfältig wie möglich untersucht und durchwühlt hatten, die Einsicht gewonnen, daß es gelungen sei, sie zu täuschen, da wendeten sie ihren Sinn von der eifrigen Untersuchung zum Schutz der Stadt und verteilten die bewaffnete Menge überall auf den Mauern.

Dabei griffen sie einen aus der Menge und hängten ihn zur Schmähung des Erzbischofs über dem Tor auf – mehr um ihre Wut zu befriedigen, die sie zu unüberlegten Schritten hinriß, als daß sie dem Armen ein Verbrechen vorwerfen konnten, das des Aufhängens wert gewesen wäre. Auch stürzten sie eine Frau von der Höhe der Mauer hinab und töteten sie, da sie sich das Genick brach, wobei sie ihr als Verbrechen zuschrieben, daß sie schuldig sei, mehrfach Menschen durch Zauberkünste um den Verstand gebracht zu haben. Doch hätte man zu geeigneterer Zeit dieses Verbrechen mit ruhigerem Sinn bestrafen müssen. Sie hätten auch den Plan (ausgeführt), wenn Gott nicht für die Seinen gesorgt und die Tage ihres Wahnsinns verkürzt hätte (Markus 13,20), alle Mönche von Sankt Pantaleon deshalb niederzumetzeln, weil sie nach Vertreibung der früheren Mönche durch den Erzbischof dort eine neue und ungewohnte Art des religiösen Lebens eingeführt hätten. Außerdem befahlen sie (einigen) tüchtigen jungen Männern, so schnell sie könnten zum König zu gehen, um ihm, was geschehen war, zu melden und ihn zu überreden, so schnell wie möglich zu kommen und die nach der Vertreibung des Erzbischofs herrenlose Stadt zu besetzen; darin gehe es um das Heil der Stadt und um den allergrößten Nutzen für ihn selbst; er solle versuchen, dem Erzbischof zuvorzukommen; der wälze große Pläne, um das ihm angetane Unrecht zu rächen. Von solcher Raserei wurden sie volle drei Tage getrieben.

Nachdem man im Lande gehört und ein schnelles Gerücht bekanntgemacht hatte, daß die Kölner ihren Erzbischof mit Schimpf und Schande aus der Stadt getrieben hätten, entsetzten sich alle Leute über die Unerhörtheit der Sache, die Größe des Verbrechens, das Schauspiel menschlicher Möglichkeiten, daß ein Mann von so großen christlichen Tugenden unter den Augen Gottes so Unwürdiges leiden könnte. Seine große Freigebigkeit gegenüber den Armen, seine vielfach bewiesene Frömmigkeit in göttlichen, seine vielfältige Mäßigung in menschlichen Dingen, sein großer Eifer, die Gesetze zu verbessern, seine unbehinderte Strenge, diejenigen zu bestrafen, die Übles getan hatten, wurden im Munde aller gepriesen, und die Erinnerung an diese Dinge verschaffte ihm bei den Leuten nicht die geringste Gunst.

Alle rufen, die Majestät des bischöflichen Namens sei mehr zu ihrer eigenen Schande verletzt worden und es sei für sie besser zu sterben als zu dulden, daß zu ihren Zeiten ein solches Verbrechen ungerächt bliebe. So rufen sie im Umkreis von vier oder fünf Meilen überall zu den Waffen; große Menschenmengen folgen schneller, als ein Wort verklingt, und niemand, dem das Alter es erlaubt, die Waffen zu tragen, entzieht sich diesem religiösen Kriegsdienst; zu einer Stimme zusammengeballt bitten sie den Erzbischof und drängen sie den Zögernden mit Gewalt, so schnell wie möglich zur Eroberung der Stadt zu ziehen; sie wollen für ihn kämpfen und wenn die Notwendigkeit es gebietet, wollen sie gern – Schafe für den Hirten, Söhne für den Vater – den Tod ertragen. Wenn die Kölner ihn bei seiner Ankunft nicht schnell aufnähmen und entsprechend seinem Urteil Genugtuung für die Beleidigung leisteten, wollten sie das Volk mit der Stadt in einem gewaltigen Feuer vernichten oder ihn nach Zerstörung der Mauer über die Haufen der Erschlagenen auf seinen Bischofsstuhl zurückführen.

So rückte der Erzbischof am vierten Tage, nachdem er verschwunden war, umwehrt von einer großen Schar, vor die Stadt. Als die Kölner das erfuhren und bemerkten, daß sie dem Angriff einer so großen und wilden Menge weder mit ihrer Mauer noch in der Schlacht standhalten konnten, da erst begann die Wut zu verrauchen, die Trunkenheit zu schwinden. Erschüttert durch großen Schrecken schickten sie (ihm) Gesandte wegen des Friedens entgegen, wobei sie sich für schuldig und bereit erklärten, jede Strafe auf sich zu nehmen, die ihnen die Unversehrtheit des Lebens bringe. Der Erzbischof antwortete, er werde denen die Verzeihung nicht versagen, die angemessen Buße leisteten. Darauf rief er, nachdem feierlich die Messe in Sankt Georg begangen worden war, diejenigen, die den Bischof von seinem eigenen Sitz vertrieben, die durch Mord die Kirche beschmutzt, die die Kirche des heiligen Petrus feindlich angegriffen, die die übrigen kirchlichen Rechte in barbarischem Angriff verletzt hätten, durch bischöflichen Bann zur Genugtuung auf. So zogen sie alle mit nackten Füßen und wollenen Gewändern auf der bloßen Haut einher, nachdem sie kaum und nur mit Mühe von der Menge, die den Erzbischof umgab, die Friedensversicherung erhalten hatten, daß sie das sicher tun könnten. Denn sie (die Leute des Erzbischofs) warfen ihm heftig zürnend vor, daß er, wenn er sich, maßlose Milde zeigend, populär machen wolle, durch die Straflosigkeit dieses Verbrechens schändliche Menschen dazu bringe, noch schwerere Verbrechen zu begehen.

Der Erzbischof befahl ihnen, am folgenden Tage bei Sankt Peter anwesend zu sein, um nach den Normen des geistlichen Rechts die Buße eines so ungeheuren Verbrechens auf sich zu nehmen. Er selbst zog weiter nach Sankt Gereon und beschloß, dort außerhalb der Stadt zu übernachten. Da er fürchtete, daß nach Übergabe der Stadt die Gewalt der aufgestachelten Menge nicht werde gezügelt werden können, sondern daß sie angezündet teils wegen des Unrechts, teils durch Hoffnung auf Beute gegen das Volk wüten würden, bat er die Landleute, die bei ihm waren, inständig, daß sie jeder für sich in Frieden in ihre Heimat zurückkehrten. Er habe ihre Hilfe hinreichend genutzt und einen sichtbaren Beweis dafür erhalten, welche Gesinnung die Schafe gegenüber dem Hirten, die Söhne gegenüber dem Vater hätten. Der schwierigste Teil der Sache sei durch ihre große Tapferkeit ausgeführt worden. Was noch übrig sei, werde er leicht mit ihm selbst zur Verfügung stehender und häuslicher Macht vollenden. So möchten sie, was gut, glücklich und segensreich wäre, in ihre Häuser zurückkehren, und sie sollten die Hoffnung mitnehmen, daß die Dankbarkeit wegen dieses treuen Dienstes bei ihm, ob er nun lebe oder tot sei, auf immer fortbestehen werde. Kaum hatte er das erreicht, befahl er seinen Kriegern, so viele er für die Unterdrückung einer städtischen Bewegung für nötig hielt, falls sie vielleicht wegen der Wankelmütigkeit des Volkes ausbrechen sollte, in die Stadt zu gehen; er selbst wollte im Morgengrauen folgen, sobald die Sorgfalt derer, die vorausgegangen seien, gesichert habe, daß in der Stadt kein Hinterhalt lauere.

In dieser Nacht flohen sechshundert oder noch mehr der reichsten Kaufleute aus der Stadt und begaben sich zum König, um die Hilfe seiner Vermittlung gegenüber der Wut des Erzbischofs zu erflehen. Die übrigen stellten sich keineswegs dem Erzbischof, nachdem dieser die Stadt betreten und entsprechend der Verabredung ganze drei Tage lang auf sie gewartet hatte, um irgendeine Art von Buße vorzuschlagen. Darauf ertragen die Krieger des Erzbischofs die Mißachtung nicht und greifen – ich weiß nicht, ob, wie viele sagen, ohne Wissen des Erzbischofs – zu den Waffen, stürmen die Häuser, plündern die Besitzungen, strecken die nieder, die ihnen entgegentreten, werfen die Gefangenen teils in Fesseln und üben, kurz gesagt, um die Wahrheit, wenngleich gezwungen, auszusprechen, das Geschäft der gerechten Rache um vieles grausamer aus, als dem Ruf eines so großen Bischofs angemessen war. Doch forderte die schwere Krankheit eine stärkere Medizin. Der Sohn des eben erwähnten Kaufmanns, der als erster das Volk zum Aufstand entflammt hatte, und wenige andere wurden geblendet, einige wurden mit Ruten geprügelt und geschoren, alle wurden mit schwersten Vermögensstrafen bedacht und gezwungen, einen Eid zu geben, daß sie fortan dem Erzbischof die Stadt gegen die Gewalt aller Menschen, soviel sie mit Rat und mit Waffen könnten, verteidigen würden und daß sie diejenigen, die aus der Stadt geflohen waren, damit sie dem Bischof angemessene Genugtuung leisteten, stets als

schlimmste Feinde ansehen würden. So wurde die Stadt, die noch
kurz zuvor die volkreichste und nach Mainz das Haupt und die
Führerin der gallischen Städte gewesen war, plötzlich fast zur Wüste gemacht. Wo deren Straßen kaum die Mengen der Passanten
faßten, zeigt sich nun selten ein Mensch. Schweigen und Schrecken
lasten auf allen Orten des einstigen Vergnügens und Genusses.
Doch hatten unzweifelhafte Vorzeichen das Künftige angekündigt.
Ein Pilger war zur Feier des Palmsonntags in diesem Jahr dorthin
gekommen. Er sah im Traum einen Raben von schrecklicher Größe
durch die ganze Stadt Köln fliegen und furchtbar krächzend das
durch dieses Schauspiel erschreckte Volk hierhin und dorthin treiben, danach einen durch seine Kleidung wie durch seine Gestalt
glänzenden Mann erscheinen, der den schrecklich krächzenden Raben aus der Stadt trieb und das in seinem Sinn zerstörte und schon
alles Schlimmste fürchtende Volk von seiner grundlosen Angst befreite. Als er dann, vom Schrecken bewegt, von den Herumstehen-
den eine Erklärung seines Traums forderte, hörte er, daß die Stadt
wegen der Sünden des Volkes in die Gewalt des Teufels gegeben, jedoch durch das Einschreiten des Märtyrers Georg von ihm befreit
dem schon vor Gott vorherbestimmten Zwang zum Untergang ent-
ronnen sei.

*[Bericht Lamperts von Hersfeld über einen Aufstand in Köln im
Jahre 1074.]*

Arnold Hauser

Spätromanischer Expressionismus

Der Formrigorismus und die Abstraktion von der Wirklichkeit sind zweifellos die wichtigsten, doch keineswegs die
einzigen Stilmerkmale der romanischen Kunst. Denn so wie
in der Philosophie des Zeitalters neben der scholastischen
Richtung auch eine mystische wirksam ist, so wie im
Mönchtum der militante Geist sich mit dem Hang zur *vita
contemplativa* verbindet und in der Ordensreformbewegung

neben dem strengen Dogmatismus eine wilde, unbändige, ekstatische Religiosität zum Ausdruck kommt, macht sich auch in der Kunst neben dem Formalismus und der abstrakten Typik ein Emotionalismus und Expressionismus geltend. Diese ungebundenere Kunstauffassung wird allerdings erst in der zweiten Hälfte der romanischen Stilperiode erkennbar, das heißt, gleichzeitig mit der Wiederbelebung der Wirtschaft und der Erneuerung des städtischen Lebens im 11. Jahrhundert. Wie bescheiden nun auch an und für sich diese Anfänge sind, sie stellen die ersten Zeichen einer Wendung dar, die den Weg zum Individualismus und Liberalismus der modernen Weltanschauung eröffnet. [. . .] Es kann kein Zufall sein, daß dieses bewegte Leben gerade in die Zeit fällt, in der die frühmittelalterliche Eigenbedarfsdeckung nach jahrhundertelanger Stabilität wieder einer Verkehrswirtschaft zu weichen beginnt.

In der Kunst vollzieht sich der Wandel sehr langsam. Die Figuralplastik stellt zwar eine neue, seit dem Untergang der Antike verlernte Kunst dar, ihre Formsprache aber bleibt im wesentlichen an die Konventionen der älteren romanischen Malerei gebunden; und was die Protogotik der normannischen Kirchen des 11. Jahrhunderts betrifft, so gilt sie mit Recht noch als eine Form der Romanik. Die vertikale Auflösung der Wand und der Expressionismus der Figurendarstellung lassen freilich die Wendung zu einer dynamischeren Auffassung nicht verkennen. Bei den Steigerungen, durch welche der Effekt jetzt erzielt werden will – in der Verschiebung der natürlichen Proportionen, der übermäßigen Vergrößerung der expressiven Teile des Gesichts und des Leibes, vor allem der Augen und der Hände, der Übertreibung der Gebärden, der ostentativen Tiefe der Verbeugung, bei den in die Höhe geschleuderten Armen und den tänzerisch gekreuzten Beinen – handelt es sich nicht mehr bloß um jene Erscheinung, die, wie behauptet wurde, in jeder primitiven Kunst vorhanden ist und lediglich darin besteht, daß die »Körperteile, durch deren Bewegung Wille und Empfindung sich am deutlichsten kundgeben, stärker und größer gebildet sind«. Wir haben es hier vielmehr mit einem ausgesprochenenen Bewegungsexpressionismus zu tun. Das Ungestüm, mit dem die Kunst sich jetzt auf diesen Ausdrucksstil wirft, gewinnt sein Feuer von dem Spiritualismus und dem Aktivismus der cluniazensischen Bewegung. Die Dynamik des »spätromanischen Barocks« verhält sich zu Cluny und der Ordensreformbewegung wie die Pathetik des 17. Jahrhunderts zu den Jesuiten und der Gegenreformation. In der Plastik wie in der Malerei, in den Skulpturen von Autun und Vézelay, Moissac und Souillac wie in den Evangelistenbildern des Amienser und des Ottoevangeliars kommt der gleiche asketische Reformgeist, die gleiche apokalyptische Weltgerichtsstimmung zum Ausdruck. Die schlanken, zerbrechlichen, von der Glut ihres Glaubens verzehrten Gestalten der Propheten und der Apostel, die auf den Tympanons der Kirchen Christus umgeben, die Geretteten und Seligen, die Engel und Heiligen der Jüngsten Gerichte und der Himmelfahrten sind lauter vergeistigte Asketen, die sich die Schöpfer dieser Kunst, die frommen Mönche der Klöster, als Idealbilder vor die Augen stellen.

Schon die szenischen Darstellungen der späteren romanischen Kunst sind oft die Ausgeburten einer wilden Traumphantasie, in den ornamentalen Kompositionen aber, wie zum Beispiel in dem Bestienpfeiler der Abteikirche von Souillac, steigert sich diese Phantastik zu der Abstrusität eines Fiebertraumes. Menschen, Tiere, Fabelwesen, Ungeheuer vereinigen sich zu einem einzigen Strom wuchernden Lebens, einem chaotischen Gewimmel von Tier- und Menschenleibern, das in mancher Hinsicht an das Liniengewirr der irischen Miniaturen erinnert, und zeigt, daß die Tradition dieser alten Kunst noch immer nicht erloschen ist, zeigt allerdings auch, was sich seit ihrer Blüte alles verändert hat, wie vor allem der starre Geometrismus des Frühmittelalters durch den Dynamismus des 11. Jahrhunderts in Fluß gebracht wurde.

Jetzt erst steht das, was wir unter christlicher und mittelalterlicher Kunst verstehen, fix und fertig da. Jetzt erst ist der transzendente Sinn der bildlichen Darstellungen vollständig. Erscheinungen wie die übermäßige Länge oder die krampfhaften Gebärden der Figuren können rationell gar nicht mehr erklärt werden, im Gegensatz zu den unnatürlichen Proportionen in der altchristlichen Kunst, die sich aus der geistigen Hierarchie der Gestalten mit einer gewissen Logik ergeben hatten. Dort, in der christlichen Antike, kam es durch das Auftauchen einer transzendenten Welt zur Deformation der natürlichen Wirklichkeit, die Geltung der Naturgesetze blieb aber im Grunde bestehen; hier dagegen werden diese Gesetze völlig außer Kraft gesetzt, und es hört mit ihnen auch die Herrschaft der antiken Schönheitsbegriffe auf. In der altchristlichen Kunst bewegten sich die Abweichungen von der Erfahrungswirklichkeit immer noch in den Grenzen des biologisch Möglichen und des formal Richtigen; jetzt sind diese Abweichungen mit den antiken Wahrheits- und Schönheitskriterien durchaus unvereinbar geworden und es hat schließlich »jeder plastische Eigenwert der Gestalten aufgehört«. Die transzendente Bezogenheit der Darstellungen ist nunmehr so vorherrschend, daß die einzelnen Formen überhaupt keinen immanenten Wert mehr haben; sie sind nur noch Symbol und Zeichen. Und sie drücken die transzendente Welt nicht mehr nur mit negativen Mitteln aus, das heißt, sie deuten auf die übernatürliche Wirklichkeit nicht nur damit hin, daß sie in der natürlichen Risse klaffen lassen und ihre Ordnung negieren; sie schildern das Irrationale und Überweltliche in einer durchaus positiven und direkten Weise. Vergleicht man die schwerelosen, ekstatisch verkrampften Figuren dieser Kunst mit den robusten, ebenmäßig geformten Heroengestalten der klassischen Antike, in der Art etwa, wie der Petrus in Moissac mit dem Doryphoros verglichen worden ist, so tritt die Eigenart der mittelalterlichen Kunstauffassung am klarsten hervor. Der Klassik gegenüber, die sich ausschließlich auf das Körperlich-Schöne, Sinnlich-Lebendige und Formal-Regelmäßige beschränkt und jeden Hinweis auf das Psychische und Geistige vermeidet, erscheint der romanische Stil als eine Kunst, der es einzig und allein um den seelischen Ausdruck zu tun ist und deren Gesetze sich nicht nach der Logik der sinnlichen Erfahrung, sondern nach der der inneren Vision richten. In diesem visionären Zug ist die Wesenart der spätromanischen Kunst, vor allem die Erklärung der schattenhaften Gestrecktheit, der gezwungenen Haltung, der marionettenhaften Beweglichkeit ihrer Gestalten, am bündigsten enthalten.

Horst Fuhrmann

Gregor VII.: Machtkampf zwischen Papst und Kaiser

Aufbruch zur Moderne?

Was ist in jenen Jahrzehnten etwa von der Mitte des 11. Jahrhunderts bis zum dritten Jahrzehnt des 12. Jahrhunderts anders geworden? Die Anschauung von der Kirche veränderte sich grundlegend: Damals vollzog sich »vielleicht der entscheidende Durchbruch römisch-katholischer Wesensart in der Geschichte« (F. Kempf). Nicht der Papst – zumindest nicht der Papst allein – bewirkte die Hinwendung zu einem römischen Zentralismus. Der monarchische »Platz des Papsttums« lag in der Kirchenfrömmigkeit der Reformer« (Y. Congar) begründet. Daß das Papsttum als Hort und Gebieter heilbringender Lebensform zu wirken habe, war damals eine weitverbreitete und auch außerhalb Roms anzutreffende, von Geistlichen wie von Laien getragene Überzeugung. Um katholisch, um rechtgläubig zu sein, genügte es nicht, den rechten Glauben zu bekennen; zur Orthodoxie gehörte nun auch der vollkommene Gehorsam gegenüber Rom. Den zentralen Glaubenssatz Gregors VII. und seiner Anhänger hat ein heutiger Theologe (Y. Congar) mit folgendem Satz umschrieben: »Gott gehorchen heißt, der Kirche gehorchen und das wiederum heißt, dem Papst gehorchen und umgekehrt.«

Der König, zumal der deutsche König, wird seines Sakralcharakters entkleidet und gilt zudem durch sein schmutziges irdisches Geschäft als ein in seinem Seelenheil gefährdeter Mensch. Der Laie wird aus der Gesamtkirche verdrängt, zu der bislang Geistlichkeit *und* Laienwelt gehörten. Die Kirche: das ist in Zukunft die Geistlichkeit als Verwalterin der Heilsmittel. Frei von weltlicher Einwirkung soll die Geistlichkeit sein, was zugleich Bindung an die hierarchisch gegliederte und in ihrem Haupte, dem römischen Bischof, gipfelnde Kirche bedeutet. Die Gemeinschaft aller Christen, der Laien wie der Kleriker, heißt jetzt und in Zukunft meist »christianitas«, Christenheit, nicht mehr Kirche.

Man hat von einer »Aufbruchszeit« gesprochen, und das Wort gilt in vielerlei Beziehung. »Aufbrechen« konnten innerhalb der bisher weitgehend starren »archaischen« Gesellschaft die unteren Schichten, vornehmlich die Unfreien, die – so wird in der Forschungsliteratur mehr behauptet als bewiesen – über 90% der damaligen Bevölkerung ausmachten: schollengebunden und zum Sachvermögen des Grundherrn gehörig.

Die Ausgliederung aus einer patrimonial-grundherrschaftlichen Bindung konnte horizontal erfolgen. Ein Angehöriger des einen Grundherrschaftsverbandes (familia) konnte zum Beispiel durch Heirat zu einem anderen übertreten, oder der Grundherr übertrug die Hörigen oder deren Arbeitskraft einem anderen Herrn oder einer kirchlichen Einrichtung.

Seit der Mitte der siebziger Jahre des 11. Jahrhunderts herrschten in weiten Teilen Deutschlands und Reichsitaliens über Jahrzehnte bürgerkriegsähnliche Zustände, und in der Unruhe der hin- und herwogenden Kämpfe dürften Unfreie in nicht geringer Zahl ihren Dinghof verlassen haben oder durch Not und Gewalt vertrieben worden sein. Zunehmend hören wir in den Quellen von Zusammenrottungen umherziehender Armer, die vor Kloster- und Kirchenpforten lagerten, Nahrung heischend und Unruhe stiftend. Als man 1096 zum Kreuzzug ins Heilige Land aufbrach, rotteten sich unter Führung des Einsiedlers Peter von Amiens Zehntausende »Nichtseßhafter« zusammen, um ihren Beitrag zum Heiligen Kampf zu leisten. Not war es häufig, die die Leute zum Aufbruch trieb, zumal in weiten Teilen Westeuropas gerade auf das Ende des 11. Jahrhunderts zu Hunger herrschte. Solche marodierenden Horden waren schwer zu bändigen. In den Rheinlanden begingen sie blutige Judenpogrome, doch bei Plünderungen in Ungarn wurden sie zum großen Teil erschlagen. Wenige Jahre später sollen sogar 150 000 solcher »Vagabunden« aufgebrochen sein, und auch dieser Strom versickerte irgendwo unterwegs.

Zur sozialen Mobilität gehörte auch die vertikale Veränderung, der gesellschaftliche Aufstieg. Grundhörige gingen in die Stadt und erwarben den Rechtsstand eines Bürgers. Andere suchten Freiheit in neuen Rodungs- und Siedlungsgebieten. Am wichtigsten aber war der Aufstieg der ursprünglich unfreien Dienstmannen (Ministerialen) als Berufskrieger und Verwaltungsträger. Je härter der Bürgerkrieg während des Investiturstreits tobte, um so höher stieg in Wert und Ansehen der zum Kampf ausgebildete Krieger. Der Bauer, der den Pflug mit dem Spieß vertauschte, wurde zu einer tragischen Figur: auf dem Schlachtfeld ungeübt, wurde er ein leichtes Opfer der Berufskrieger, und während der Kämpfe verkam sein Hof. Manche Bauern gliederten sich als Lohnkrieger oder Dienstmannen ein, um den Schutz eines mächtigen Herrn zu genießen. Die Dienstmannen konnten ihre soziale und rechtliche Stellung ständig verbessern. Sie versuchten, den Charakter der Hörigkeit abzustreifen: »Dienstmann ist nicht eigen«, so hieß es, und tatsächlich verloren sie allmählich ihre Unfreiheit und verbanden sich mit dem alten Adel. Ein neues Idealbild kündigte sich an: das des christlichen Ritters.

Aufbruchszeit: Recht dämmerhaft hatte man durch Jahrhunderte brav die Kanones wiederholt und die Kirchenväter zitiert, ohne sich sehr nach ihnen zu richten. Widersprüche wurden nur schwach beachtet, und es gab darob nicht Mord und Totschlag. Als die Frage der Gültigkeit der Sakramente erörtert wurde, die Berechtigung einer Exkommunikation, die Forderung des Priesterzölibats, hatten die feindlichen Parteien jeweils vortreffliche Argumente zur Hand. Man war zunächst so naiv zu meinen, daß der in den besseren Autoritäten steckende Wille Gottes sich von sich aus durchsetzen würde, wurde jedoch herb enttäuscht, denn auch die Gegenpartei behauptete, im Besitze bester Gründe und Belege zu sein. Man war gezwungen, das Für und Wider zu bedenken, um zu einer Schlußfolgerung zu gelangen: die Dialektik kam auf und zugleich mit ihr der Wille, den Glauben mit Hilfe der Vernunft zu ergänzen, wenn nicht gar zu stützen.

Die Scholastik war der erste Aufbruch der Vernunft, einer freilich fest in den Glauben eingebundenen Vernunft. Viele Jahrhunderte war die Theologie ohne einen Gottesbeweis ausgekommen. Der erste große Scholastiker, Anselm von Canterbury († 1109), auch er in seinem Schicksal als Vertriebener ein Geschlagener des Investiturstreits, glaubte ihn liefern zu müssen: Da Gott seinem Begriff nach das vollkommenste Wesen sei und zur Vollkommenheit die Existenz gehöre, sei Gott existent. Daß sich später die Vernunft der Glaubensbindung entziehen würde, die Scholastik selbst den Grund legen könnte zur Absage an den Glauben, war zunächst und für Jahrhunderte außerhalb des Vorstellungsvermögens.

Der Staat, die aus der Kirche ausgegliederte weltliche Herrschaft, besann sich auf seinen Existenzzweck: Friedenswahrung und Gesetzesordnung. Man erinnerte sich der antiken Wurzeln und nahm das Römische Recht als Kaiserrecht auf, zu dessen Handhabung freilich der bisher wirkende, weitgehend unausgebildete juristische Laie unfähig war: der studierte Jurist wurde nötig, der weltliche wie der geistliche, der Legist wie der Kanonist. Der Legist hielt sich an das Römische Recht, vornehmlich an die Digesten (die scharfsinnigen Stellungnahmen der Juristen der römischen Kaiserzeit), der Kanonist an das Papstrecht. Denn mit dem Aufkommen der Überzeugung, daß die Rechts- und Glaubensmitte der römische Bischof innehabe, gab es geradezu eine neue Ära päpstlicher Gesetzgebung: man hat ausgezählt, daß die Päpste des 12. Jahrhunderts mehr Dekrete (gesamtkirchliche Entscheidungen) erlassen haben als alle ihre Vorgänger zusammen: gegen tausend. Der geschulte Jurist war erforderlich, um – wie schon wenige Jahrzehnte später geklagt wurde – durch den »undurchdringlichen Wald« der Entscheidungen hindurchzufinden.

So ließe sich fortfahren mit dem Aufzählen von Veränderungen auf sehr verschiedenen Feldern: Die Stadt als Siedel- und Rechtsform bildete sich heraus, das Feudalrecht erhielt neue Formen, die Idee des Heiligen Krieges mündete in den Ersten Kreuzzug und die Gründung der Kreuzfahrerstaaten, neue Orden kamen auf, alte, wie die Augustinerchorherren, gelangten in geläuterter Form zu hoher Blüte, ein auf die Moderne hinlenkender Individualismus deutete sich an, und so weiter. Aber, so läßt sich fragen, was hat dies alles mit Gregor VII., mit der nach ihm benannten Reform und mit dem Investiturstreit zu tun?

Die gregorianische Epoche als »zweite Christianisierung«

An der Gestalt Gregors VII. schieden sich ebenso die Geister wie in ihr gleich einem Brennspiegel wesentliche Tendenzen der Reform gebündelt waren. Seine Überzeugung, Gottes Werkzeug auf Erden zu sein und für eine heilsgerechte Welt sorgen zu müssen, verlieh ihm ein Sendungsbewußtsein, das sich nicht an irgendwelche Regeln und Gewohnheiten gebunden fühlte. Wohl war in ihm, dem Papst, die Tradition geborgen, aber »Christus hat nicht gesagt, ich bin die Gewohnheit, sondern ich bin die Wahrheit«. Dieses verschüttete Kirchenväterzitat nahm Gregor auf, und es machte fortan die Runde. Gregor sah sich selbstbewußt neben der gestaltenden Kraft der Väter und verkündete: »Wir legen nicht unsere eigenen Beschlüsse vor, obwohl wir es, wenn nötig, könnten, sondern erneuern die Statuten der heiligen Väter.« Mit beidem war es ihm ernst: sowohl mit der Befolgung heilswirksamer Väterbeschlüsse wie mit seinen Entscheidungen aus eigener, ihm von Gott übertragener Vollmacht. Bei weitem nicht alles, was Gregor forderte, war neu: neu war jedoch stets die Radikalität.

Nehmen wir einige der zentralen Forderungen der Reform: das Verbot der Simonie, das Dringen auf den Priesterzölibat und die Frage der Laieninvestitur.

Schon lange, besonders seit Papst Gregor I. (590–604), der dem Begriff der Simonie eine präzise Definition gab, war Ämterschacher verpönt. Es lag darauf der Fluch, den Petrus über den nach der Geisteskraft des Apostels trachtenden Magier Simon (von dem die Simonisten ihren Namen haben) ausgesprochen hatte (Apostelgeschichte 8, 9ff.): »Daß du verdammt seist mit deinem Gelde, darum daß du meinst, Gottes Gabe werde durch Geld erlangt.« Mit verschiedener Lautstärke ist das Simonieverbot durch die Jahrhunderte wiederholt worden, und so gut wie in jeder Kathedralbibliothek lag zum Beispiel das Dekret des Bischofs Burchard von Worms († 1025), in dem die Verbotssätze nachgelesen werden konnten.

Dennoch stand der Pfründenhandel – zumal außerhalb des deutschen Reiches – in hoher Blüte. Das Erzbistum von Narbonne wurde 1016 für 100000 Goldschillinge vergeben. Albi kostete 1038, als es noch zu Lebzeiten des amtierenden Bischofs feilgeboten wurde, 5000 Schillinge, und der Vater des Florentiner Bischofs Petrus Mezzabarba, ein reicher Pavese, stöhnte 1062: »3000 Goldstücke hat mich der Pontifikat meines Sohnes gekostet.« Aber seit der Mitte des 11. Jahrhunderts wurde die »simonistische Häresie« energisch bekämpft, und in Rom häuften sich die Prozesse. Während anfangs meist von außen eingegangene Klagen behandelt wurden, zitierte Gregor VII. häufig Bischöfe auf Verdacht nach Rom. Nicht selten kam es vor, daß er den Untergebenen eines Bischofs oder Erzbischofs Gehör schenkte, so daß das hierarchische Gefüge der Reichskirche gefährdet wurde. Gerade der aristokratische Reichsepiskopat sah sich würdelos behandelt. Gregor spränge mit den Bischöfen um wie mit Gutsverwaltern, empörte sich der Bremer Metropolit Liemar (1072–1101). Von Gregor VII. als Simonistenverfolger erzählte man sich Wunderdinge. Auf einer Legatenreise habe er einen simonistischen Reichsbischof dadurch entlarvt, daß er ihn »das Verslein« habe sprechen lassen »Ehre sei dem Vater und dem Sohne und dem Heiligen Geist«. Der sündige Prälat habe bei jedem Versuch immer weniger hervorbringen können, erst den Heiligen Geist nicht, dann den Sohn nicht und schließlich den Vater nicht. Erst als er sein Vergehen bekannt habe, sei es ihm möglich gewesen, den vollen Wortlaut auszusprechen.

So hartnäckig Gregor VII. als Simonistenverfolger auftrat: noch wesentlich revolutionärer wirkte seine Zölibatsforderung. Verheiratete Priester waren keine Seltenheit. In der Dichtung »Einochs« (Unibos), die im deutsch-niederländischen Bauernmilieu des 11. Jahrhunderts spielt, ist völlig selbstverständlich von einer »nobilis«, einer Edelfreien, die Rede, die der Ortspfarrer heimgeführt habe, und mit Ehrfurcht ist in die Ebersberger Traditionen eine »Presbyterissa«, eine »Frau Priesterin«, eingegangen, die nach dem Tode ihres Priestermannes hilfreiche Schenkungen tätigte. In einer Bruderschaftsmatrikel aus Tours, angelegt um die Mitte des 11. Jahrhunderts, begegnen unter den rund 150 Namen die Tochter eines Bischofs und zwei Klerikerfrauen als vollwertige Mitglieder.

Sofort nach Pontifikatsbeginn war Gregor VII. energisch

gegen verheiratete Priester vorgegangen. Gerade Geistliche des Niederklerus waren von dem Verdikt betroffen, und tausendfach protestierten sie gegen die neuen Gesetze. Allein in der Diözese Konstanz sollen sich 3600 Geistliche auf einer Synode zusammengerottet und gegen die Beschlüsse aufgelehnt haben. Es kursierten durchaus ernstzunehmende Schriften für die Priesterehe. Als unerhört wurde empfunden, daß Gregor VII. die Laien aufforderte, die Messen verheirateter Priester zu meiden; man sah darin eine Aufhetzung des Kirchenvolkes gegen seine geistlichen Führer. Aber die Reform setzte sich durch, zumal sie starken Rückhalt in Laienkreisen fand, die in Sorge um ihr eigenes Seelenheil teilweise mit brutalen Mitteln ein sittenstrenges Leben ihrer Priester durchzusetzen suchten. »Kebsweiber« verheirateter Priester wurden verjagt, sündige Geistliche gelyncht. Nur der ehelose Priester konnte der Gnadenmittel sicher sein. Man verwies auf die allegorische Auslegung des Isidor von Sevilla († 636): »caelebs« (= ehelos) heißt »caelo beatus«, selig im Himmel. Personen, die die Ehelosigkeit des Priesters hinderten, erfuhren eine Rechtsminderung: die Priesterfrauen galten als Konkubinen, Priesterkinder wurden als unfreie Sklaven zum Kirchenvermögen geschlagen.

Die Durchsetzung des generellen Investiturverbots für Laien ist Gregors ureigenes Werk. Hatte es sich auf verschiedene Weise – durch Humbert von Silva Candida († 1061) und auf der Lateransynode von 1059 – schon angedeutet, so setzte es sich mit ganzer Wucht erst auf der römischen Lateransynode von 1078 durch. Von nun an war das Ineinandergreifen von geistlichem Amt und weltlichem Besitz, von Sakraments- und Hoheitsträger empfindlich gestört. Für die Reichsprälaten brachte erst das Wormser Konkordat 1122 einen tragfähigen Ausgleich.

In allen drei Bereichen, die lediglich als Beispiele dienen können – der Bekämpfung von Simonie, Priesterehe und Laieninvestitur –, war die Zuspitzung mit dem Wirken und der Haltung Papst Gregors VII. verbunden. Mit einiger

Wahrscheinlichkeit läßt sich sagen, daß sich innerhalb eines längeren Zeitraums die Reformvorstellungen auch ohne ihn durchgesetzt hätten. Denn das hinter diesen Forderungen stehende Verlangen wurde vielfach von Laien und selbst von persönlichen Gegnern Gregors VII. ebenso empfunden: der Wunsch, das irdische Dasein heilsgemäß einzurichten. Mit gutem Grund spricht man von einer »zweiten Christianisierung« während dieser Zeit, als man die bislang lässig gehandhabten kirchlichen Vorschriften ernst zu nehmen begann. [. . .]

Alle Macht der Papstkirche

»Gregor, der ursprünglich Hildebrand heißt, seinem Geburtsland nach ein Toskaner aus der Stadt Sovana, stammt von einem Vater namens Bonizus ab: saß 12 Jahre, 1 Monat und 3 Tage auf dem Papstthron.«

So lautet die Eintragung im Papstbuch, wie sie seit der frühen Kirche für jeden Papst gemacht wurde. [. . .]

Als Alexander II. zu Grabe getragen wurde und der Trauerzug an der Kirche S. Pietro in Vincoli vorbeikam, wurde Hildebrand unter der demagogischen Regie des Kardinals Hugo des Weißen († 1098) in tumultuarischer Weise zum Papst erhoben und in der genannten Titelkirche sofort inthronisiert – ein glatter Verstoß gegen die ausgewogenen Regeln des mit großer Wahrscheinlichkeit von Hildebrand mitgetragenen Papstwahldekrets. Der späteren offiziellen Papsthistoriographie war diese spontane Erhebung während der Begräbnisfeierlichkeiten für Alexander II. peinlich. Man behauptete im nachhinein, die Erhebung habe am dritten Tag nach den Exequien stattgefunden, wie es die alte päpstliche Begräbnisordnung verlangte. Der zum Papst Erhobene nannte sich nach Gregor I., dem Musterpapst des Mittelalters, Gregor VII. und zitierte wie dieser das Psalmwort »Ich bin in die Tiefe des Meeres geraten, und die Flut will mich verschlingen«. Eines so hohen Amtes erschien nur würdig, wer es widerwillig übernahm, denn von vornherein mußte der Verdacht zurückgewiesen werden, daß Ehrgeiz die Erhebung herbeigeführt habe, und Gregor VII. beteuerte in einer Wahlanzeige, die er an eine ganze Reihe von Personen (jedoch nicht an den deutschen König) verschickte: „Wie Wahnsinnige haben sie sich auf mich gestürzt und mir keine Gelegenheit zum Sprechen oder zur Beratung gelassen.«

Die Quellenlage zum Pontifikat Gregors VII. ist nicht schlecht, wenn auch unausgewogen. Wir haben nicht wenige chronikalische Nachrichten, zumal der Typ der »Weltchronik« damals wieder aufkommt. Ab 1080 setzt zudem eine Flut von Streitschriften ein, die Briefliteratur erreicht einen Höhepunkt, so etwas wie Propagandaschrifttum entsteht, Rechtssammlungen werfen Licht auf die Vorstellungen der Zeit und anderes mehr. Die beste Quelle aber sind Gregors Briefe, hauptsächlich aufbewahrt im originalen Kanzleiregister: das älteste in Urschrift erhaltene Briefregister eines Papstes. Es umfaßt 360 Stücke; von keinem Papst vorher – von Gregor I. abgesehen – sind so viele Schreiben auf uns gekommen. Die im Briefregister aufgenommenen Stücke stellen sicherlich nur einen kleinen Teil aller abgesandten Schreiben dar, die auf 1500 geschätzt werden (H. Hoffmann). Die Briefe des Registers sind auf die Jahre ungleichmäßig verteilt: bis 1080 recht dicht, dann spärlicher, Ende 1083 hören sie auf, gewiß ein Zeichen der isolierten, chaotischen Lage Gregors VII. am Ende seines Pontifikats.

Trotz seiner schon von Zeitgenossen erkannten Bedeutung und trotz der zahlreichen, auch in schwerer Not zu ihm haltenden Anhängerschaft fehlt eine angemessene mittelalterliche Biographie, wie sie fast jeder Stifter und Abt und viele Päpste erhalten haben. Rund zwei Generationen später (zirka 1128) hat der Regensburger Kanoniker Paul von Bernried († um 1150) eine Lebensbeschreibung Papst Gregors VII. verfaßt, die für Gregors Nachleben aufschlußreicher ist als für sein Leben selbst. Sie trägt stark hagiographische Züge und ist nur in einem österreichischen Legendar überliefert, fand also praktisch keine Verbreitung. Gregor VII. war und blieb offenbar ein ungeliebter Papst, und es machte auch später Schwierigkeiten, ihn in den Stand anerkannter Heiligkeit zu erheben, trotz mancher berichteter Wunder zu Lebzeiten und an seinem Grab.

Wer Gregors Bedeutung an seiner biographischen Behandlung oder an der kultischen Resonanz, das heißt an äußerlichen Merkmalen, messen will, nimmt – weil das Ergebnis schwach ist – nicht die Kraft der Veränderung wahr, die von diesem Papst ausging. Das eben ist das Geheimnis seiner Wirksamkeit: daß mancher Wandel mit Gregors Namen verbunden ist, ohne daß sein Anteil äußerlich deutlich wird.

Nehmen wir das Rechtsleben. Als Archidiakon schon hatte Gregor Petrus Damiani angewiesen, aus den »Beschlüssen und Taten« der römischen Bischöfe ein kleines Handbuch zusammenzustellen, aus dem man entnehmen könne, welche Vorrechte dem apostolischen Stuhl gebührten. In der Reformzeit entstanden in Rom und Umgebung – vorher lässig und wenig schöpferisch – kirchliche Rechtssammlungen in römischem Geiste; Gregor traf manche Entscheidung, die von der Zukunft bestätigt wurde, und nahm in einer bisher unüblichen Weise für sich das Gesetzgebungsrecht in Anspruch. Dennoch ist keine Rechtssammlung direkt mit seinem Namen verbunden. Seine Dekrete und Briefe sind so gut wie gar nicht in das katholische Kirchenrecht – in das Corpus Iuris Canonici – eingegangen, im Gegensatz etwa zu den reichlich vertretenen Beschlüssen Alexanders II., seines Vorgängers, und seines eigentlichen Nachfolgers, Urbans II. (1088–1099).

Zum Kreuzzug wurde zwar erst in den neunziger Jahren aufgebrochen, aber Gregor hatte ihn im Geiste vorbereitet. Gemessen an seiner Gesinnung und an seinen Äußerungen hat man Gregor VII. den »kriegerischsten Papst« genannt, der »je auf dem Stuhl Petri saß« (C. Erdmann). Bald nach Regierungsbeginn hatte er selbst an der Spitze eines Heeres nach dem Heiligen Lande ziehen wollen. War daraus auch nichts geworden, so erklärte er einen Maurenfeldzug französischer Ritter nach Spanien zum »Heiligen Krieg« – zum Nutzen des Apostels Petrus und seines Nachfolgers. [...]

Wie in Spanien, so trachtete er auch bei anderen Land- und Herrschaften danach, politische Oberhoheit zu begründen. Den englischen König Wilhelm den Eroberer stattete er mit einer Petersfahne aus, aber er hatte kein Glück; Wilhelm ignorierte den Versuch, mit der Fahne eine lehnsrechtliche Abhängigkeit auszudrücken. Fraglos wäre Deutschland vom Papsttum lehnsabhängig geworden, hätte das Gegenkönigtum Rudolfs von Rheinfelden und Hermanns von Salm über den legitimen Heinrich IV. gesiegt, denn beide hatten Eide geleistet, Vasallen des Papstes zu werden. Aus päpstlicher Sicht war der deutsche König ein König unter anderen, rex Teutonicorum, wie es einen rex Ungarorum und so weiter gab, kein rex Romanorum, herausgehoben über die anderen Könige. Insgesamt errangen die Anstrengungen Gregors VII., Oberlehnsherrschaften einzurichten, nur kleine Erfolge bei unbedeutenden Fürstentümern wie denen von Dalmatien und Kroatien. Erst seine Nachfolger hatten mehr Glück, größere Reiche unter ihre Oberlehnsgewalt zu bringen.

All dies zeigt ein Vorwegnehmen späterer Situationen; es offenbart zugleich die Isoliertheit und den Ausnahmecharakter von Gregors Erscheinung, die sich in den Kontext ihrer Zeit nicht fugenlos einordnen läßt und doch in ihrem Willen und in ihrer Dynamik die Entwicklung in Richtung auf eine mächtige Papstkirche mit einem kräftigen Stoß vorangetrieben hat. In vielen Belangen war Gregor seiner Zeit voraus.

Der sendungserfüllte Hierokrat

Wer das Dutzend der Pontifikatsjahre Gregors VII. überschaut (1073–1085), dem fällt die Ungleichmäßigkeit in der Aktivität und in der Wirkung dieses Papstes auf. Bis 1080 ballen sich die Ereignisse, während die letzten fünf Jahre einen in der Aktion gehemmten, allmählich fast alleingelassenen, am Ende aus der Stadt vertriebenen Papst sehen. Gregor hat je länger je mehr die Folgen seiner hierokratischen und unnachgiebigen, teilweise wirklichkeitsfremden Haltung zu spüren bekommen.

Wenn das Briefregister Gregors VII., wie allgemein angenommen, zumindest in seinen Anfangsteilen ziemlich gleichzeitig mit der Ausfertigung der Schreiben geführt wurde, so gehört in die ersten Jahre der Regierungszeit ein ebenso aufschlußreiches wie dramatisches Zeugnis: der »Dictatus Papae«, der im Register nach der Fastensynode des Jahres 1075 zwischen dem 3. und 4. März eingetragen ist. Schon in formaler Hinsicht ist diese Aufzeichnung einmalig, denn es gibt keine Thesenreihe, die in ähnlicher Form die besonderen Rechte des apostolischen Stuhls definiert. Der Herausgeber des Textes (E. Caspar) hat dem »Dictatus Papae« die Überschrift »27 päpstliche Leitsätze« gegeben. In der Tat dürften in diesen Sentenzen Gregors Weltsicht und Absicht wohl am deutlichsten zutage treten. Sie sind als Behauptungssätze formuliert, und manche zeichnen sich durch eine atemberaubende Kühnheit aus, die von der Rechtstradition durchaus nicht immer abgedeckt ist. Niemand zum Beispiel hatte vorher behauptet, daß der Papst bei gültiger Ordination »unzweifelhaft heilig sei« (eine »Heiligkeit im Fleische« wurde sonst als absurd angesehen); daß der Papst »Abwesende absetzen« darf (was dem geltenden Recht widersprach); »daß nur der römische Bischof zu Recht universal genannt werden soll« (Gregor I., von dem der siebente Gregor drei Fünftel seiner nichtbiblischen Zitate übernommen hat, war anderer Meinung gewesen und hatte diese Bezeichnung »töricht und anmaßend« genannt); »daß es dem Papst allein erlaubt ist, im Falle der Notwendigkeit neue Gesetze zu erlassen«: Bisher hatte man sich beeilt zu versichern, daß »nichts Neues« beschlossen sei. Geradezu anmaßend nehmen sich die Sätze über die höchsten weltlichen Herrschafts-

182

träger aus: »Daß allein der Papst kaiserliche Abzeichen tragen darf.« »Daß einzig des Papstes Füße alle Fürsten küssen sollen.« »Daß es ihm erlaubt sei, Kaiser [das Wort steht im Plural] abzusetzen.« Man kann verstehen, daß Maria Theresia gefordert hat, Gregors Namen aus dem römischen Brevier zu streichen. Mit solchen Gedanken, wie sie im »Dictatus Papae« stehen, trug sich Gregor VII. vor den Geschehnissen von Worms und Canossa, das heißt vor 1076/1077.

Repräsentant der Laienwelt war der Kaiser, und wenn ein solcher noch nicht gekrönt war: der deutsche König als »künftiger Kaiser«. Der deutsche König hatte nicht nur gewisse Verpflichtungen, die ihn mit Rom verbanden; als Herrscher über Reichsitalien war er Anrainer des Kirchenstaates, und noch übte er die Investitur bei der Einsetzung von Bischöfen in Deutschland, Burgund und Reichsitalien aus. Deutscher König war damals Heinrich IV. (1056–1106), bei Gregors Pontifikatsbeginn dreiundzwanzig Jahre alt, ein Mann nicht frei von Leichtsinn und Hinterhältigkeit, aber mit einem ausgeprägten Sinn für königliche Würde. Selbst einer seiner ärgsten literarischen Widersacher, Lampert von Hersfeld, gab zu: »Jener Mann, als Herrscher geboren und aufgezogen, zeigte ... bei allem Mißgeschick stets einen königlichen Sinn; er wollte lieber sterben als unterliegen.«

Der unvermeidbare Zusammenstoß: Canossa

In den ersten Jahren der Regierungszeit Gregors war das Verhältnis des Papstes zum deutschen König nicht schlecht. Gab es doch manche private Beziehung: der allseits und auch von Gregor VII. verehrte Abtprimas Hugo von Cluny (1049–1109) war Heinrichs Taufpate, und Heinrichs Mutter Agnes war 1062 nach Rom gekommen, hatte den Schleier genommen und sich Gregor VII. als Seelenführer anvertraut. Eine gewisse Spannung zu Heinrich IV. hatte Gregor freilich schon von Alexander II. übernommen. Gegen einige deutsche Bischöfe schwebte der unausgeräumte Vorwurf der Simonie, und manche Räte aus der königlichen Umgebung waren in den Bann getan. Zu dem Zeitpunkt, als Gregor den Papstthron bestieg, machte dem König ein sächsischer Aufstand schwer zu schaffen. Heinrich schickte eine Ergebenheitsadresse, über die Gregor staunte: so habe noch nie ein weltlicher Herrscher einem Papst geschrieben. Gregor lobte Heinrich, machte ihm zugleich jedoch Vorhaltungen. Der König versprach Besserung und konnte den Papst hinhalten, bis ihm 1075 ein entscheidender Sieg über die Sachsen gelang. Heinrich IV. fühlte sich jetzt frei für eine Kraftprobe mit dem Papst.

Zur konfliktauslösenden Zuspitzung kam es in Mailand. Hier hatte Heinrich IV. 1071 einen farblosen Mailänder Adligen namens Gottfried investiert, gegen den die Bürgerschaft, unterstützt von der revolutionären Reformergruppe der Pataria, den im Kirchenrecht bewanderten Atto zum Metropoliten erhob. Bei den in der Stadt ausbrechenden Straßenkämpfen fiel 1075 auf seiten der Pataria der Ritter Erlembald, der sogleich als Märtyrer verehrt wurde: »der erste ritterliche Heilige der Weltgeschichte« (C. Erdmann). Heinrich glaubte die Schwäche der königsfeindlichen Mailänder ausnützen zu sollen und setzte – ohne Rücksicht auf Gottfried – seinen Hofkaplan Tedald als Erzbischof ein. Jetzt ging Gregor VII. energisch, aber immer noch indirekt vor: er forderte Heinrich auf, sich endlich von den gebannten Räten zu trennen, und lud Reichsbischöfe nach Rom, denen Ungehorsam oder Simonie vorgeworfen wurde.

Im Gefühl der Stärke hielt Heinrich IV. in Worms am 24. Januar 1076 einen Reichstag ab, der im Stile damaliger Zeit zusammen mit einer Reichssynode stattfand. Die Stimmung auf dieser Versammlung wurde immer papstfeindlicher, zumal der zwischen den Parteien wechselnde Kardinal Hugo Candidus – einst Regisseur bei der spontanen Erhebung Gregors VII., dann aber in Ungnade gefallen – schwere sittliche Vorwürfe gegen den Papst vortrug. In dieser aufgeheizten Atmosphäre wurde ein Brief an den Papst aufgesetzt. Einige Wochen später verfaßte man ein längeres Schreiben mit deutlich propagandistischem Einschlag zur Verbreitung im Reich: der erste Versuch einer öffentlichen Stimmungsmache. Im längeren, manifestartigen Schreiben war ein ungewöhnlich aggressiver Ton angeschlagen, den schon die Adresse anzeigt: »An Hildebrand, nicht mehr Papst, sondern an den falschen Mönch«; fast noch schlimmer war der Schluß: »Wir, Heinrich, König von Gottes Gnaden, mit allen unseren Bischöfen sagen dir: steige herab, steige herab« (eine spätere Überlieferung erst hat die Verfluchungsformel angehängt: »in Ewigkeit Verdammungswürdiger«).

Vielleicht wären die Vorgänge anders verlaufen, wenn nicht der Wormser Brief den Papst im Februar 1076 auf einer Fastensynode erreicht hätte, wo er reformerische Grundsatzerklärungen abzugeben pflegte und wo ein solcher Brief eine nicht hinnehmbare Provokation darstellen mußte. Gregors Antwort war die Absetzung und Bannung Heinrichs IV., gekleidet in ein Gebet an den Apostel Petrus: »Heiliger Petrus, Erster unter den Aposteln, höre mich, deinen Knecht . . . Kraft deiner Vollmacht, zur Ehre und zum Schutze deiner Kirche, im Namen des allmächtigen Gottes untersage ich dem König Heinrich, . . . der sich gegen deine Kirche in unerhörter Anmaßung erhoben hat, die Regierung des deutschen Reiches und Italiens, entbinde alle Christen des Eides, den sie geleistet haben oder noch leisten werden, und verbiete hierdurch, daß irgend jemand ihm als König diene.«

Der Bannspruch Gregors VII. hatte eine ungeheure Wirkung. Heinrich sah sich schlagartig allein gelassen, denn vornehmlich die Fürsten, denen die erstarkende königliche Macht ein Dorn im Auge war, ergriffen die Gelegenheit, um sich vom abgesetzten und exkommunizierten König zu trennen. Im Oktober 1076 trafen sie sich in Tribur, wohin auch eine päpstliche Gesandtschaft gekommen war. Auf dem ge-

genüberliegenden Rheinufer, in Oppenheim, lagerte Heinrich IV. und wartete auf den Spruch der Fürsten. Er erklärte sich bereit, sich von den gebannten Räten zu trennen, und gab das schriftliche Versprechen ab, dem Papst Gehorsam und Buße zu leisten. Mit den Fürsten wurde vereinbart, daß Heinrich seines Königtums verlustig gehe, wenn er nicht binnen Jahresfrist vom Banne gelöst sei. Zugleich ersuchten die Fürsten Gregor VII., zum 2. Februar 1077 nach Augsburg zu kommen, um als Schiedsrichter zu walten – anscheinend rechneten sie kaum mit einer Lösung vom Bann.

In einem Jahrhundertwinter, der sämtliche Flüsse nördlich der Alpen zufrieren und die Grenze des Dauerfrostes bis nach Mittelitalien reichen ließ, in der Wende 1076/1077, reiste Heinrich mit seiner Gemahlin und seinem zweijährigen Söhnchen auf Umwegen – denn die nächstgelegenen Alpenpässe hatten die fürstlichen Gegner wohlweislich besetzt – und unter grausamen Strapazen nach Italien.

In der Lombardei verbreitete sich das Gerücht von der Ankunft des Königs. Man nahm an, daß er mit Waffengewalt gegen den Papst vorrücken werde. Auch Gregor hegte diese Vermutung und begab sich, schon auf dem Wege nach Augsburg, eilends in die nächstgelegene feste Burg: Canossa, ein Besitz seiner Beschützerin, der Markgräfin Mathilde, am Nordostabhang des Apennin etwa 30 Kilometer südwestlich von Reggio nell'Emilia gelegen, heute eine mächtige Ruine.

In einem weit verbreiteten Brief hat Gregor später beschrieben, wie Heinrich »ohne alles königliche Gepränge, vielmehr ganz erbarmungswürdig, nämlich barfuß und in härenem Gewande« vor dem Burgtor erschienen sei. Am 25. Januar 1077, dem Tag der Bekehrung des Apostels Paulus, wurde Heinrich in den inneren Mauerring zu einer dreitägigen Bußleistung eingelassen. Obwohl Gregor wegen dieser Bußleistung Heinrich kaum die Absolution verweigern konnte, hat es offenbar doch der vermittelnden Worte von Heinrichs Taufpaten Hugo von Cluny, der Markgräfin Mathilde und der Adelheid von Turin, Heinrichs Schwiegermutter, bedurft, um Gregor zum Nachgeben zu bewegen. Gregor ließ sich erst schriftlich und eidlich versichern, daß Heinrich den Urteilsspruch akzeptiere und des Papstes Reise »über das Gebirge oder in andere Teile der Welt« beschützen werde. Sodann lief das Zeremoniell der Rekommunikation ab: Gregor hob den vor ihm in Kreuzesform liegenden Heinrich auf und reichte ihm und seinen Begleitern das Abendmahl. Das geschah am 28. Januar 1077.

Die Ereignisse um Canossa – die Absetzung des Königs und sein Bußgang – haben bei den Zeitgenossen und der Nachwelt Bestürzung ausgelöst. Der römische Erdkreis sei erschüttert, schrieb der Gregor-Anhänger Bonizo von Sutri († circa 1095), und den großen Geschichtsschreiber Otto von Freising († 1158) befielen bei der Erinnerung an Canossa eschatologische Gedanken, denn die Kirche habe das Reich zerschmettert, »als sie beschloß, den römischen König nicht wie den Herrn der Welt zu achten, sondern wie ein aus Lehm geformtes Geschöpf mit dem Bannschwert zu schlagen«. Als nicht hinnehmbare Demütigung des Staates vor der Kirche empfand es noch Bismarck; am 14. Mai 1872 verkündete er vor dem Reichstag zu Beginn des Kulturkampfes: »Nach Canossa gehen wir nicht.«

War Canossa wirklich ein so tiefer Einbruch in den Beziehungen zwischen Papsttum und deutschem Königtum? Durch die Absolution war Heinrich IV. wieder rechtmäßiger König – gegen die Erwartung der Fürsten und wohl auch des Papstes: zweifellos ein Augenblickserfolg. Doch das Gottesgnadentum und die Unantastbarkeit des Amtes hatten nicht wiedergutzumachenden Schaden gelitten. Auch der König steht als sündiger Mensch unter der Kirchenhoheit des Papstes, und Gregor VII. hat dieses Richteramt hervorgehoben: bereits seine Vorgänger Zacharias und Stephan hätten einen König abgesetzt und einen neuen (Pippin) eingesetzt.

Obwohl Heinrich IV. termingerecht vom Bann gelöst war, ließen sich die Fürsten nicht um die Chance einer Wahl bringen und erhoben im März 1077 mit Billigung anwesender päpstlicher Gesandter den Schwabenherzog Rudolf von Rheinfelden zum König: der erste Gegenkönig der deutschen Geschichte. In den Augen seiner Gegner war Rudolf illegitim und zudem ein Pfaffenkönig, hatte er doch dem Papst freie Wahl der Bischöfe versprochen und Gehorsam in vasallitischer Form geschworen. Mit Recht konnte Heinrich IV. hoffen, mit dem Gegenkönigtum Rudolfs von Rheinfelden fertig zu werden, vorausgesetzt der Papst griff in die Auseinandersetzung nicht ein. Zwar erklärte sich Gregor VII. jetzt eindeutig gegen die königliche Investitur. Die Fastensynode des Jahres 1078 verbot jede Vergabe eines geistlichen Amtes »durch eine laienhafte und von Gott nicht geweihte Hand«, erstreckte sich also auch auf die königliche Investitur. Jetzt erst erhielt der Investiturstreit jene Dimensionen, die das Reichsgefüge veränderten. Im übrigen aber gab sich Gregor VII. drei Jahre hindurch neutral, von 1077 bis 1080. Vielleicht war es Gregors innerste Überzeugung, daß seine Sache, Gottes Sache, von sich aus zum Siege gelangen müsse, ähnlich wie es damals vorkam, daß die streitenden Parteien sich zusammensetzten und Worte der Heiligen Schrift und der geheiligten Tradition vortrugen in der Annahme, daß das wahre Wort »belebt« und siegt, wie auf der anderen Seite »der Buchstabe tötet«.

Nach dreijährigem Stillhalten, nachdem seine Parteigänger ohne Erfolg geblieben waren, setzte Gregor gegen Heinrich IV. erneut seine spirituellen Waffen ein. Auf der Fastensynode des Jahres 1080 bannte er den deutschen König abermals und erklärte ihn für abgesetzt, und wiederum benutzte er die Form eines Gebets an den Apostelfürsten. Gregor war der vernichtenden Wirkung seines Bannwortes so sicher, daß er wenig später in einer Osterpredigt Heinrichs baldigen Un-

tergang als eine von ihm ausgelöste Gottesstrafe prophezei-
te, wenn Heinrich nicht bis zu einem festen Termin – bezeichnenderweise Petri Kettenfeier am 1. August – zur Buße
umkehre; Rudolf von Rheinfelden sei für ihn der rechtmäßi-
ge König.

Aber so wirksam der erste Bannfluch gewesen war: dieser
zweite von 1080 blieb stumpf. Im Reichsepiskopat kamen
Stimmen auf, die von der zweiten Bannung als einem Miß-
brauch sprachen. Gregor beeilte sich, was er noch nie getan
hatte, den skeptischen Bischöfen eine ausführliche Begrün-
dung mitzuteilen, die die bekannten und daher abgenutzten
Argumente wiederholte. Aber Gottes Wille stand ihm nicht
bei. Nicht Heinrich ging unter, sondern Rudolf starb schon
im Oktober 1080, nachdem ihm in der Schlacht die »ver-
fluchte« rechte Hand abgehauen worden war, mit der er
Heinrich Gehorsam geschworen hatte. Der Tod Rudolfs
und die Umstände dieses Todes wirkten wie ein Gottesur-
teil.

Giuliano Procacci

Venedig und die Seestädte Italiens

Für Venedig gab es an den Küsten der Adria keinen Rivalen
mehr, nachdem Ravenna im 8. Jahrhundert seinen Rang als
Hauptstadt des byzantinischen Exarchats verloren hatte.
Weder die Städte der Pentapolis, noch Bari oder die anderen
kleineren Städte Apuliens konnten auch nur entfernt mit Venedig in Konkurrenz treten. Dabei waren die Anfänge der
Stadt bescheiden gewesen: die Bevölkerung bestand aus
Schiffern, Salinenarbeitern, Fischern und einer grundbesit-
zenden Aristokratie, die sich auf der Flucht vor den Barba-
reneinfällen in mehreren Wellen auf die Inseln der Lagune

geflüchtet hatte. Im Gegensatz zu den bescheidenen Anfängen war der Aufstieg Venedigs um so schwindelerregender, und sein Erfolg war überraschend.

Schon um die Mitte des 9. Jahrhunderts kontrollierte die Stadt die Flußmündungen des Po-Deltas und die Verkehrsverbindungen mit dem Hinterland. Am Ende des 10. Jahrhunderts hatte sie sich zur entscheidenden Macht in der Adria erhoben, und der Doge nahm den stolzen Titel eines *Dux Dalmaticorum* an. In diese Zeit fällt die Weihe der neuerbauten Markuskirche (1094) und die Einführung der Zeremonie der Vermählung mit dem Meer. Venedigs Zukunft als Seehandelsmetropole war deutlich vorgezeichnet. In immer größerer Zahl verließen venezianische Schiffe den Hafen in Richtung Orient, beladen mit Holz, Metallen und Sklaven, die an den dalmatinischen Küsten gefangen worden waren. Auf der Rückfahrt brachten sie Seide, Öl, Gewürze, Duftstoffe, Färbemittel und alles, was zur Befriedigung der Bedürfnisse des luxuriösen Lebensstils der Feudalelite Europas diente. Bald nahm die Anzahl der Venezianer in den Ländern des oströmischen Reiches beträchtliche Ausmaße an; um die Mitte des 12. Jahrhunderts waren es mehrere tausend. Nach den Chroniken der Zeit wurden allein während des Aufstandes gegen die Fremden (1171) 10000 Venezianer festgenommen. Schon im Jahre 1082 hatte Venedig von Kaiser Alexios die Zusicherung voller Handelsfreiheit im ganzen Reichsgebiet, die Befreiung von allen Zollabgaben erhalten und das Recht erworben, auf oströmischem Territorium eigene Handelsniederlassungen zu unterhalten.

Zu Beginn des ersten Kreuzzuges [1096–99] waren die italienischen Seestädte auf dem Wege des Handels schon ziemlich weit in die arabische und byzantinische Welt eingedrungen, und damit wohl vorbereitet, die historische Chance der Kreuzzüge zu nutzen. Genua und Pisa konnten als erste davon profitieren. Die toskanische Stadt nahm unter dem Oberbefehl ihres Erzbischofs mit 120 Schiffen an der Belagerung Jerusalems teil, und Genua leistete dem Normannenfürsten Bohemund von Tarent vor Antiocheia wertvolle Hilfe. Nach dem Sieg forderten natürlich Pisaner wie Genuesen für die geleistete Hilfe Belohnung: die einen erhielten das Recht zur Errichtung einer Kolonie in Jaffa, die anderen setzten sich in Antiocheia fest. Zu diesen ersten Kolonien sollten später noch weitere hinzukommen, so daß es schon in der Mitte des 12. Jahrhunderts an den Küsten des Mittelmeeres von Algerien bis Syrien keinen Handelsplatz und keine Stadt gab, in der nicht eine pisanische oder genuesische *nazione* mit Kirche, Handelshöfen und Konsuln vorhanden war.

Venedig hatte am ersten Kreuzzug nicht teilgenommen, da es wegen seiner Beziehungen zum oströmischen Reich an einer Änderung des Status quo im Mittelmeer zunächst nicht interessiert war und dem Unternehmen seiner normannischen Rivalen mit Mißtrauen gegenüberstand. Nach dem erfolgreichen Ausgang des Kreuzzuges aber erkannte man in Venedig sofort, welche großartigen Perspektiven sich dem abendländischen Hegemoniestreben daraus eröffneten. Deshalb ging schon im Jahre 1100 eine venezianische Flotte von 200 Schiffen in Jaffa vor Anker, die von Gottfried von Bouillon beträchtliche Handelsprivilegien erhielt. Die fremdenfeindlichen und antivenezianischen Revolten in Konstantinopel in den Jahren 1171 und 1182 lieferten dann den Vorwand zur Korrektur, ja Umkehrung der bisher eingeschlagenen Politik des Stillhaltens. Der neue politische Kurs führte zum Erfolg, als es Venedig 1202 durch geschickte Diplomatie und großzügige Finanzhilfe gelang, die Teilnehmer des vierten Kreuzzuges nach Konstantinopel umzuleiten. Die Hauptstadt des oströmischen Reiches wurde am 1. April 1204 erobert, und der Doge von Venedig wurde zum Herrn über »drei Achtel« des neuen Lateinischen Kaiserreiches ausgerufen. Zwar erwies sich dieses politisch als wenig lebensfähig, aber die Handelsprivilegien und Häfen, die Venedig sich an der griechischen Küste, auf den Inseln und in Konstantinopel gesichert hatte, blieben erhalten und bildeten später die solide Grundlage für Venedigs weiteren Aufstieg.

Doch Bedeutung und historische Wirkung der italienischen Seestädte erschöpften sich nicht in ihren militärischen Unternehmungen und dem Beitrag, den sie zur Durchsetzung der abendländischen Hegemonie in Politik und Handel des Mittelmeerraumes leisteten. Amalfi, Pisa, Genua und Venedig haben auch und vor allem die Tore geöffnet (oder vielleicht besser: die Fühler ausgestreckt), durch die die bis dahin isolierte und ganz auf sich selbst bezogene abendländische Welt in dauerhaften Kontakt mit dem Osten treten und sich allmählich dessen kulturelle Leistungen zu eigen machen konnte. Die Seestädte wurden sozusagen zum Vermittler zwischen den Kulturen. Die arabischen Zahlen, die die kaufmännische Rechnungsführung revolutionieren sollten, wurden im Abendland von dem Pisaner Leonardo Fibonacci, dem Autor des »liber abbaci«, um die Wende vom 12. zum 13. Jahrhundert eingeführt. Die Bewohner von Amalfi machten sich den Kompaß, der bei den Arabern bereits bekannt war, zunutze, und das »lateinische« Segel der Kreuzfahrerschiffe kam in Wirklichkeit aus Byzanz oder Syrien.

In der Welt des Mittelalters mit ihrem niedrigen Niveau an technischen Kenntnissen und Fertigkeiten waren die italienischen Seestädte Inseln des technischen Fortschritts und des Experimentierens. Seeleute und Schiffsbauer gehörten ganz allgemein in der mittelalterlichen Gesellschaft zu dem engen Kreis qualifizierter Berufe, die ein erhebliches Maß an Fachwissen und -können voraussetzten. Einmal erlangt, ließen sich solcherlei Fähigkeiten wohl auch auf andere Bereiche übertragen. Wer einmal Holz zu bearbeiten gelernt hat, kann auch die Bearbeitung von Stein erlernen. Und in der Tat, welche Steinmetzen übten ihr Handwerk mit größerer Meisterschaft und mehr Sinn für Virtuosität aus als die Erbauer des Domes der Seestadt Pisa und die Mosaikkünstler von San Marco in der Lagunenstadt Venedig?

Intellektuell und technisch allen anderen weit überlegen,

waren die italienischen Seestädte auch die ersten, in denen sich Form und Ordnung der städtischen und bürgerlichen Selbstverwaltung sehr früh herausgebildet haben. Bereits im 8. Jahrhundert hatte sich in Venedig die Rolle des Dogen vom Würdenträger des oströmischen Reiches zum unabhängigen Stadtoberhaupt gewandelt. Im 12. Jahrhundert wurden das Wahlverfahren und die Machtbefugnisse seines Amtes genau festgelegt. Um diese Zeit bereits übte die kaufmännische Aristokratie, vertreten durch den *Maggior Consiglio* (Großen Rat) die Entscheidungsgewalt in der Stadt unangefochten aus. In Pisa datiert die erste Erwähnung der Konsuln aus dem Jahre 1080; ihr Auftauchen bezeichnet zugleich den Niedergang der bischöflichen und feudalen Macht. [. . .]

Im Europa des ausgehenden 11. Jahrhunderts stellten die italienischen Seestädte also in vieler Hinsicht eine Ausnahmeerscheinung dar. Man versteht deshalb das Staunen des Bischofs Donizone angesichts der exotischen Menge, die die Straßen von Pisa bevölkerte; die Verwunderung jenes Chronisten aus Pavia, der sich bei seinem Aufenthalt in Venedig nicht damit abfinden wollte, daß auf der Welt eine Stadt existieren könne, deren Einwohner weder säen, noch pflügen und nicht einmal Weinlese halten; oder die Ratlosigkeit der rauhen normannischen und burgundischen Kriegsleute vor dem Aufbruch zum vierten Kreuzzug in dem Gewirr der Kirchen und Kanäle Venedigs. Die Seestädte aber sollten nicht lange eine Ausnahme bleiben; auch im Landesinneren wurde der mächtige Wind des Jahres 1000 allmählich spürbar.

Werner Rösener

Eine agrarische Revolution?

Nur aufgrund der Fortschritte in der Agrarwirtschaft ist es im Hochmittelalter offenbar gelungen, die beträchtlich angestiegene Bevölkerungszahl des damaligen Europa und vor allem die Bewohner der zahlreichen neuen Städte mit genügend Nahrungsmitteln zu versorgen. Angesichts dieser erstaunlichen Leistungen der hochmittelalterlichen Landwirtschaft sprechen Historiker wie G. Duby und L. White von einer »agrartechnischen Revolution des Mittelalters«. In welcher Hinsicht ist dieses Urteil aber gerechtfertigt? Welche agrartechnischen Fortschritte sind im Mittelalter zu verzeichnen und inwieweit veränderten sich Arbeitsgeräte, Arbeitsverfahren und Wirtschaftsmethoden der Bauern während dieser Zeit? Ein besonderes Augenmerk ist auf die Fortschritte im Ackerbau und auf den bäuerlichen Bestand an Geräten zur Bestellung und Pflege der Felder zu richten, da die anwachsende Bevölkerung dauerhaft nur durch eine vermehrte Pflanzen- und Getreideproduktion ernährt werden konnte.

Bei den Ackerbaugeräten ist an erster Stelle auf den Pflug einzugehen, der im Rahmen der agrartechnischen Entwicklung des Mittelalters zweifellos eine vorrangige Stellung einnimmt. Obwohl es [. . .] schwerfällt, detaillierte Aussagen zur Entwicklung und Verbreitung bestimmter Pflugarten zu machen, hat die neuere Forschung aufzeigen können, daß sich der größere Beetpflug mit Rädern, Sech und schollenwendender Schar gerade im Zeitalter der hochmittelalterlichen Expansion der Agrarwirtschaft, als umfangreiche Anbauflächen neu erschlossen wurden und man auch die schweren Böden der Niederungszonen unter den Pflug nahm, stärker durchsetzte und wesentlich zur Verbesserung der Anbautechnik beitrug. Im Frühmittelalter waren die Felder noch ganz überwiegend mit hakenförmigen Pfluggeräten bearbeitet worden, die den Ackerboden nur aufrissen und zur Einsaat unzulänglich vorbereiteten. [...]

Ohne den neuen Pflug wäre es im Hochmittelalter zweifellos schwierig geworden, die Kultivierung der schweren Böden der nordalpinen Ebenen und der nassen, aber höchst fruchtbaren Marschflächen entlang der Flüsse und Seen voranzutreiben; sie konnten bei entsprechender Beackerung den Bauern weit höhere Erträge garantieren, als sie auf den höher gelegenen Sandböden zu erzielen waren. Arbeitsersparnis, bessere Entwässerung sowie die Erschließung der fruchtbarsten Böden waren wichtige Momente, die den Beetpflug für die mittel- und nordeuropäischen Ackerbauzonen besonders empfahlen und hier zur Steigerung der Erträge und zur besseren Versorgung der anwachsenden Bevölkerung wesentlich beitrugen. Für den Ackerbau in den südlichen Zonen Europas waren diese Vorteile des neuen Pfluges weniger gegeben, so daß hier die ältere Pflugtechnik weiterhin ihre Bedeutung behielt; der Hakenpflug paßte zweifellos besser zu den Mittelmeerländern mit ihren andersartigen Böden und Klimabedingungen. Da der Haken beim Arbeitsgang den Boden nicht wendet, sondern nur aufreißt, wird eine zu weitgehende Austrocknung des Bodens vermieden. In den südeuropäischen Gebieten mit ihrem trockenen Klima verhinderte daher die Verwendung von Hakenpflügen einerseits eine unerwünschte Verdunstung von Bodenfeuchtigkeit und begünstigte andererseits die Fruchtbarkeit durch kapillares Heraufholen von Mineralien aus tieferen Bodenschichten. [...]

Eine Grundvoraussetzung für die Ausbreitung des schweren Pfluges während des Hochmittelalters war eine verbesserte Zugkraft, da der Beetpflug eine weit höhere Zugleistung und Anspanntechnik erforderte, als dies beim leichteren Haken der Fall war. Eine verbesserte Anspannung wurde nun zum einen durch den Einsatz einer größeren Zahl von Pflugochsen und zum anderen durch die Ausnutzung der stärkeren Pferdekraft erreicht. Pferde, die insgesamt über eine größere Energie als Rinder verfügen, taugen aber wenig zum Pflügen oder Ziehen, wenn sie nicht über eine für sie günstige Anspannung verfügen. Obwohl Rinder auch im Hoch- und Spätmittelalter in vielen Gegenden weiterhin den größten Teil des Spannviehs für die Pflüge stellten, breitete sich seit dem 12. und 13. Jahrhundert vor allem im nordeuropäischen Raum die Verwendung von Pferden vor schweren Pflügen aus. Ein effektiveres Zuggeschirr für Pferde in Form von Sielen und Kummeten, das die unzulänglichen Anspannvorrichtungen der älteren Zeit ablöste, tauchte bereits seit der karolingischen Zeit auf und gewann besonders im Hochmittelalter wachsende Bedeutung. Beim älteren Zuggeschirr für Pferde wurde bei größerer Beanspruchung der Hals der Tiere in der Regel zu sehr eingeengt, so daß die Pferde in antiker Zeit nur als leichte Wagenpferde, fast nie aber als Zugtiere vor Pflügen oder schweren Lastkarren verwendet wurden.

Die modernen Zuggeschirre, die seit dem frühen Mittelalter in Mitteleuropa immer häufiger auftauchen, sind offenbar Errungenschaften der eurasischen Hirten- und Reitervölker und gelangten unter Vermittlung durch die Slawen zu den germanischen und romanischen Völkern. [. . .]

Die Behandlung der übrigen Arbeitsgeräte soll sich auf einige Hauptpunkte konzentrieren. [. . .] Anders als bei der Getreideernte spielte die Sense bei der Entwicklung der hochmittelalterlichen Wiesenwirtschaft und bei der Heugewinnung bereits eine entscheidende Rolle. Lange Zeit verwandten die Bauern vor allem gesammeltes Laubheu als Winterfutter; eine eigentliche Wiesenkultur und die Gewinnung von besserem Heu entwickelte sich aber erst unter der Einwirkung regelmäßigen Mähens mit der Grassense. Die schon im frühen Mittelalter mancherorts aufkommende Wiesenbewirtschaftung verlangte ein Gerät, mit dem man so tief mähen konnte, daß die Regenerationsfähigkeit bestimmter Giftpflanzen verkümmerte und das Wachstum der besse-

196

ren Wiesenpflanzen gefördert wurde. Für die Heugewinnung bildeten sich dann in den einzelnen Landschaften unterschiedliche Arbeitsverfahren heraus, auf die hier nicht näher eingegangen werden kann. Für Betriebe mit großer Viehhaltung wie bei den alpinen Schwaighöfen, aber auch für die kleinen Bauernwirtschaften stellte die verbesserte Heubeschaffung einen wichtigen Fortschritt dar. Mit Hilfe größerer Heuvorräte konnte die Überwinterung des Viehs erleichtert und die Tierernährung bedeutend verbessert werden.

Das Dreschen des Getreides erfolgte in Scheunen, auf Dielen oder in anderen überdachten Gebäuden und erstreckte sich oft vom Herbst bis weit in den Winter hinein. Schneller als die teuere Sense hat sich in der Getreidewirtschaft der Dreschflegel durchgesetzt, der im 13. Jahrhundert offensichtlich weit verbreitet war. Der zweiteilige Dreschflegel, der beim Dreschvorgang mit großer Wucht auf die korngefüllten Ähren geschlagen wurde, erwies sich als äußerst vorteilhaft und erforderte überdies kein Metall, sondern nur Leder, war also auch für kleine Bauernbetriebe erschwinglich. Der Dreschflegel, der sich wahrscheinlich schon zur fränkischen Zeit in Gallien entwickelt hat, breitete sich über ganz Mittel- und Nordeuropa bis weit in den Osten hinein aus, konnte sich aber in Italien nur im Norden gegen die im Mittelmeerraum üblichen Dreschverfahren stärker durchsetzen. In Süditalien und in den meisten anderen Mittelmeerländern entkörnte man das Getreide weiterhin auf frei liegenden Tennen, indem man über das ausgebreitete Getreide Vieh trieb oder mit Dreschschlitten darüber hinwegzog.

Beurteilt man die Entwicklung der bäuerlichen Arbeitsgeräte als Ganzes, so läßt sich zusammenfassend konstatieren, daß das zu Beginn des 14. Jahrhunderts erreichte agrartechnische Niveau sich deutlich von den Verhältnissen des frühen Mittelalters abhob und einen Standard erreichte, der »in vieler Hinsicht als historischer Typ normensetzend über seine Zeit hinauswirkte«. Das 12. und 13. Jahrhundert bilden offenbar die entscheidende Epoche, in der parallel zur beträchtlichen Ausdehnung des kultivierten Landes im Zuge des Landesausbaus und in Wechselwirkung zur Entfaltung der Stadtkultur wichtige Neuerungen im landwirtschaftlichen Gerätewesen erfolgten und eine höhere Stufe des agrartechnischen Fortschritts erreicht wurde. Zu den Verbesserungen, die sich in dieser hochmittelalterlichen Zeitspanne durchsetzten und während der nachfolgenden Jahrhunderte erhalten blieben, gehörten vor allem der Beetpflug, das Arbeitspferd mit Hufeisen und modernem Zuggeschirr, die Grasmähsense, der Ackerwagen, der Dreschflegel, die Wasser- und Windmühle und nicht zuletzt die Dreifelderwirtschaft. [...]

Die Vorteile der Dreifelderwirtschaft lassen sich am besten aufzeigen, wenn man sie primitiveren Bodennutzungsformen gegenüberstellt. Im Frühmittelalter wurden die Bauernäcker noch ganz überwiegend in der extensiven Form der Feldgraswirtschaft mit längeren Ruhezeiten zwischen den Getreidebaujahren bestellt. Die Feldgraswirtschaft stellt aber bereits einen Fortschritt gegenüber der Urwechselwirtschaft dar, bei der das Land nur einige Jahre als Ackerland genutzt und dann der Verwilderung überlassen wurde. War der Boden so nach einigen Jahren oder Jahrzehnten regeneriert, konnte er erneut gerodet und beackert werden. Bei der ungeregelten oder wilden Feldgraswirtschaft wurde Weideland für begrenzte Zeit umgebrochen und ackerbaulich genutzt. Meistens baute man nach Umbruch der Grasnarbe ohne Einbringen von Dünger über zwei bis drei Jahre Roggen, Dinkel oder Hafer an und überließ dann die Flächen wiederum der Grasbildung und dem Strauchwuchs, um dann in der Nachbarschaft neues Land zu kurzfristiger Ackernutzung zu verwenden. Dieses System wurde vor allem in weiter nach außen gelegenen Feldern der Ortsfluren praktiziert, während die Innenfelder in der Nähe der Siedlungen besser gedüngt und intensiver bewirtschaftet wurden. [...]

Die neue Form des Fruchtwechsels vermehrte bei sorgfältiger Anwendung erstens die Getreideerträge beträchtlich, wobei eine geschätzte Steigerung von bis zu 50 v. H. nicht zu hoch zu sein scheint. Sie verteilte zweitens die Arbeiten des Pflügens, Säens und Erntens gleichmäßiger über das ganze Jahr und verbesserte dadurch entscheidend die bäuerliche Arbeitseffektivität. Die Erntearbeiten bei der Winter- und Sommerfrucht folgten in den Monaten Juli und August jetzt nacheinander; im Frühjahr galt es, das Sommerfeld zu bestellen, und im Herbst mußte vor allem das Winterfeld für die Einsaat vorbereitet werden. Die Brache aber konnte im Juli zu einer Zeit gepflügt werden, in der auf den beiden anderen Feldern keine Arbeiten drängten. Das Feld, das die Wintereinsaat aufnehmen sollte, wurde drittens intensiver bewirtschaftet und gedüngt. Dies wirkte sich günstig auf den Nährstoffhaushalt der Ackerkrume aus und beugte einer zu schnellen Erschöpfung des Bodens vor. Das Pflügen der Brache verhinderte zudem eine allzu starke Unkrautbildung, die bei länger dauerndem Getreidebau den Ertrag schmälerte.

Durch die Verteilung der Einsaat- und Wachstumsphasen auf verschiedene Zeitperioden im Jahresablauf verringerte sich beim Dreifeldersystem die Gefahr von Hungersnöten; eine Mißernte beim Wintergetreide konnte unter Umständen durch eine gute Ernte bei der Sommerfrucht ausgeglichen werden. Der vermehrte Anbau von Hafer begünstigte überdies die Ausbreitung der Pferdeanspannung im bäuerlichen Arbeitsbereich, da Hafer nach Güte und Qualität ein wertvolles Pferdefutter darstellte; der zunehmende Gebrauch von Pferden steigerte wiederum beträchtlich die Produktivität bäuerlicher Arbeit. Das flurzwanggebundene Dreizelgensystem verbürgte insgesamt »eine sehr geregelte und damit ertragsichere Folge der wichtigsten Sommer- und Wintergetreidearten, ein für den Anbau günstiges regelmäßiges Einschalten einer einjährigen Brache und infolge der ausgedehnten Stoppel- und Brachweide eine zusätzliche Futterbasis für das Vieh«.

Die Dreifelderwirtschaft, die in einigen Landschaften fast tausend Jahre lang Bestand hatte, brachte also viele Vorteile mit sich, wenngleich der einzelne Bauer durch den im Rahmen der Gewannverfassung wirksam werdenden Flurzwang in seiner wirtschaftlichen Entscheidungsfreiheit nicht unbeträchtlich eingeengt war und in späterer Zeit die Fortentwicklung der Dreifelderwirtschaft auf dem Weg der Bebauung der Brache oft behindert wurde. Im späten Hochmittelalter besäte man in einigen hochentwickelten Agrarlandschaften wie am Niederrhein oder in Flandern das Brachfeld bereits mit Futterkräutern, Gemüse und Hülsenfrüchten, so daß sich eine verbesserte Dreifelderwirtschaft ankündigte, die sich dann in der frühen Neuzeit weiter ausbreitete. Im Umkreis der großen Städte entfalteten sich reiche Gemüse- und Obstkulturen, und der Anbau von Wein schritt an dafür günstigen Standorten unaufhaltsam voran. In den Gärten, die dem Flurzwang nicht unterworfen waren, wurden im Hoch- und Spätmittelalter schon reichlich Küchengemüse, Hopfen, Erbsen, Gespinst- und Farbpflanzen angebaut.

Betrachtet man die Genese der Anbausysteme im Gesamtrahmen der agrarwirtschaftlichen Entwicklung des Hochmittelalters, so stellt die Ausbreitung der Dreifelderwirtschaft zweifellos einen wichtigen Faktor für den landwirtschaftlichen Fortschritt dar. Zusammen mit der enormen Ausdehnung der Kulturflächen, der Ausweitung der Getreidewirtschaft, der Verbesserung der Arbeitsgeräte und der Intensivierung des Ackerbaus schuf die Dreifelderwirtschaft die Voraussetzung für den erstaunlichen Aufschwung der Landwirtschaft während des 12. und 13. Jahrhunderts. Die agrarwirtschaftliche Ertragssteigerung bildete die Voraussetzung für den außergewöhnlichen Anstieg der Bevölkerung, das Wachstum der Gesamtwirtschaft und das Aufblühen von Handel und Gewerbe; erst auf dieser Grundlage konnten sich Stadtwirtschaft und städtische Kultur, Feudalherrschaft und ritterlich-höfische Welt des Hochmittelalters voll

entfalten. Mag auch das Wort von der »agrartechnischen Revolution« des Hochmittelalters, von der einige Historiker
gesprochen haben, ein wenig übertrieben sein, so muß man
insgesamt doch beachtliche Fortschritte in der hochmittelalterlichen Agrarwirtschaft konstatieren.

Karl Bertau

Heloysa und Abaelard – die Aporie des reinen Gefühls

Alles, was die Hohen Schulen Frankreichs an Wissen und
Weisheit zu bieten hatten, wurde nach der Ansicht *Bern-
hards* von Clairvaux übertroffen von der Praxis der »scola
caritatis« des Zisterzienserklosters. Diese »scola«, welche
wohl 1119 als Verfassung die »carta caritatis« erhalten hatte,
lehrte den wahren Weg zur Liebe.

»Diese Liebe genügt sich selbst. Sie gefällt sich an sich und für
sich selbst. Sie ist sich selbst Verdienst und Lohn. Über sich hinaus
fordert die Liebe keinen Grund und keine Frucht: ihre Frucht ist sie
selbst, indem sie sich genießt.«

So beschreibt *Bernhard* die Liebe der Braut des Hohenliedes, und ihre Liebe ist die Liebe der Seele zu Gott. Diese
Seele liebt in allem in sich selbst wie im Andern, auf ihrer
höchsten Stufe nichts als Gott. Sie erhebt sich aus dem
»amor vitiosus«, der Liebe, die dem Fleisch verhaftet ist. Sie
wendet sich dabei zunächst dem Geringsten zu, von dort aus
aber dann dem Höchsten. Als tätige Caritas findet sie im
Nächsten schließlich Gottes Bild – oder sie findet es nicht.

»Du, der du dich selbst nur liebst, weil du Gott in dir liebst, wirst
konsequenterweise wie dich selbst all jene lieben, die Gott lieben,
wie du dich selbst liebst. ... Aber derjenige, von dem festgestellt
ist, daß er zur Liebe Gottes sich nicht mehr zurückwenden wird,

den mußt du ansehen nicht etwa wie ein Fast-Nichts, sondern wie das blanke Nichts selbst, denn er ist ein Nichts für die Ewigkeit. Ausgenommen (vom Gebot der Nächstenliebe) ist also ein solcher, der nicht nur nicht zu lieben, sondern vielmehr zu hassen ist.«

So interpretiert *Bernhard* das Gebot der Nächstenliebe, indem er selbst entscheidet, wer für die Ewigkeit ein Nichts ist und wer Gott in Wahrheit liebt. Derselbe Eifer, der den Abt für seine zisterziensische »scola« beseelt, beseelt ihn auch im Kampf gegen die Scola der Welt, vor allem gegen die Pest der Dialektik, die sich ihm verkörpert in der Person des *Petrus Abaelardus*. Dessen Trinitätstraktat hatte 1121 das Konzil von Soissons als häretisch verdammt, und *Abaelard* war als Abt nach St. Gildas in der Bretagne gegangen. Von dort aus hatte er seine »Historia Calamitatum« als Brief in die Welt hinausgehen lassen. Er sollte seine Fortsetzung finden in einem Briefwechsel zwischen *Heloysa* und *Abaelard*, einem überaus merkwürdigen Dokument. [. . .]

Gilson hat in seinem schönen Buch »Héloise et Abélard« in diesen Briefen die schmerzliche Praxis des Begriffs der »reinen Liebe« gesehen. In gewissem Sinne wären sie ein Gegenstück zum Liebesbegriff bei *Bernhard* von Clairvaux. Auch um die Brautschaft des Hohenliedes geht es in diesen Briefen, freilich in einer unheimlichen Weise. Eine klare Darstellung fordert klare Begriffe. Man hat den Eindruck, daß diese klaren Begriffe hier die Sache verfehlen. Die Autoren der Briefe nehmen ihrerseits eine ausgebildete Begrifflichkeit zu Hilfe. Aber auch diese Begriffe scheinen die Sache nicht zu fassen. Sie täuschen sich über sich selbst, aber sie sind sich zum Teil darüber sehr wohl im klaren.

Es ist *Heloysa*, die sich an den Abt von St. Gildas wendet mit den Worten:

»An ihren Herrn (Dominus), oder vielmehr ihren Vater, ihren Gatten (conjux), oder vielmehr ihren Bruder, seine Magd (ancilla), oder vielmehr seine Tochter, sein Weib (uxor), oder vielmehr seine Schwester, an *Abaelard Heloysa*.«

Heloysa errichtet ein krampfhaft antithetisches Kategoriensystem von einst und jetzt. Danach ist *Abaelard* jetzt ihr Vater, ihr Bruder und sie selbst seine Tochter, seine Schwester, einst war er ihr Herr und sie seine Magd, er ihr Gatte und sie sein Weib – angeblich. In Wahrheit ist sie aber auch jetzt noch seine Magd (ancillula), ist er auch jetzt noch ihr Geliebter, *karissimus, dilectus,* ihr Einziger, und was sie von ihm fordert, sind Briefe, welche ihr leibliche Gegenwart und leibliches Gespräch ersetzen könnten:

»Sage mir, wenn Du das vermagst, warum nach unser beider Eintritt ins Klosterleben, welchen allein Du bestimmt hast, ich mich dergestalt vernachlässigt finde, dergestalt vergessen, daß ich weder die Tröstung des Gesprächs Deiner Gegenwart, noch in Deiner Abwesenheit die Tröstung eines Briefes von Dir besitze. Sage mir das, wenn Du noch die Fähigkeit dazu hast, oder sonst will ich es Dir sagen, was ich davon denke und was übrigens alle Welt vermutet.«

Gilson hatte gemeint, *Heloysa* fordere von dem entmannten Magister ein Gegenstück zu dem berühmten geistlichen Epistolarwerk des *Hieronymus,* der für *Abaelard* immer bewundertes Vorbild war; denn sie meine ein Recht zu haben auf Schriften von ihm. Aber dieses ihr Recht ist ein sinnliches Recht; ihr vermischen sich Geistlich und Weltlich in hellsichtiger und doch illusionärer Weise. Ihre Vorwürfe gegen den Geliebten versuchen erinnernd Sinnlichkeit zu wekken, indem sie deren Hinfälligkeit beschwören.

»Es ist die Lüsternheit (concupiscentia) mehr als die Neigung (amicitia), die Dich mir einst verbunden hat, ist Geilheit der Sinne (libidinis ardor) eher als Liebe (amor) gewesen. Nachdem Dein Begehren nun erstorben ist, sind alle Anzeichen Deiner Leidenschaft verschwunden. Diese Annahme, Geliebter (dilectissime), ist nicht so sehr meine eigene als die aller. . . . Daß doch nur ich dieser Ansicht wäre, und daß Deine Liebe (amor) Verteidiger finden möge, deren Argumente meinen Schmerz besänftigen!«

Wieder errichtet *Heloysa* ein antithetisches Begriffssystem. Auf der einen, scheinbar negativen Seite stehen »concupiscentia« und »libidinis ardor«, auf der andern, scheinbar positiven, stehen »amicitia« und »amor«, reine, vom Trieb gewaltsam gereinigte Freundschaft und reine Liebe. Aber der, der sie jetzt beweisen soll, ist und bleibt der »dilectissimus«, der einzig Geliebte, der Philosoph mit seinen Argumenten, in dem sich seit je himmlischer und irdischer Bräutigam vermischen. Sie verlangt von ihm, daß seine Liebe sie anstachelt, wie einst zur Wollust, so jetzt zum Gottesdienst.

»Im Namen dessen, dem Du Dich geweiht hast, im Namen Gottes bitte ich Dich, mir Deine Gegenwart, so Du es vermagst, wiederzugeben, indem Du mir einige Tröstungsbriefe schreibst. Von ihnen wiederbelebt, werde ich mit etwas größerem Eifer wenigstens dem Dienste Gottes nachgehen. Früher, als Du mich in weltliche Lust hineinziehen wolltest, bist Du unaufhörlich durch Deine Briefe bei mir eingekehrt, brachten unablässig (Deine) Lieder den Namen Deiner *Heloysa* in aller Leute Mund; von mir erschallten alle Plätze, alle Häuser. Wäre es jetzt nicht besser, zur Liebe Gottes anzutreiben, mich, die Du einst zur Wollust anreiztest? . . . Ich beende diesen langen Brief mit dem Wort: Vale, unice! – Leb wohl, Einziger.«

Heloysa verlangt von *Abaelard* die Rechtfertigung ihres Lebens, das nur in ihm seinen Sinn hat. Es ist, als ob sie ahnte, daß die Kastration des geschlechtlich Reifen nur seine Zeugungsfähigkeit, nicht seine Potenz beseitigt haben könnte. Raffiniert oder verzweifelt reizt sie seine Eitelkeit zur epistolaren Tat an, wenn sie ihn an seine Chansons und Liebesbriefe erinnert, reizt sie die Erinnerung seiner Männlichkeit, wenn sie schreibt:

»Gab es denn wirklich einen König oder einen Philosophen, der sich Dir an Ruhm hätte vergleichen können? Welches Königreich, welche Stadt, welches Dorf, das nicht in Unruhe gekommen wäre, nur um Dich zu sehen? Wenn Du in der Öffentlichkeit erschienst, ich bitte Dich, wer hätte sich nicht herzugedrängt mit gerecktem Hals, um Dich zu sehen . . . ? Welche Frau (conjux), welche Jungfrau (virgo) brannte nicht in Deiner Abwesenheit und entflammte sich nicht in Deiner Gegenwart? Welche Königin (regina), welche

Fürstin (prepotens femina) hat nicht meine Freuden und mein Lager beneidet?«

Hier werden wieder Gleichungen aufgestellt: König, Philosoph, das gilt für *Abaelard*; Ehefrau, Jungfrau, Königin, Fürstin, sie bilden den Vergleichspunkt für *Heloysa* und ihren Liebesstolz, von dem sie nicht lassen will. Sie, die sich so charakterisiert, behauptet nun andererseits, ihm eine reine, uneigennützige Liebe gegeben zu haben, jene reine, uneigennützige Liebe, deren geistliche Form *Bernhard* von Clairvaux beschrieb mit: »Ihre Frucht ist sie selbst, indem sie sich genießt.«

»Nach nichts als nach Dir selbst hat mich, Gott weiß es, in Dir verlangt: das reine Du (te pure), nicht ... das, was Dir gehörte, habe ich begehrt, nicht ... meine Lüste oder Launen, sondern die Deinen zu erfüllen, war mein Eifer.«

Sie behauptet, keine »voluptas« für sich empfunden zu haben, und beschreibt doch die ihr durch den Andern bereitete Lust. Um seinet-, nicht um Gottes willen hat sie auch den Schleier genommen, hat sie in die Ehe eingewilligt, welche – wie sie meint – die Ursache allen Unglücks ist. Aber ihr Wille war rein. Sich selbst nur um des Andern willen lieben, das ist sozusagen die säkularisierte Formel der zisterziensischen Gottesliebe: Sich selbst nur um Gottes willen lieben. *Heloysa* behauptet die Reinheit ihres Wollens, frei von aller »voluptas«, und fordert angeblich von *Abaelard* »amor« ohne »concupiscentia«:

»Ich bin (durch die Einwilligung in die Ehe an dem Unglück) sehr wohl schuldig; aber, Du weißt es, ich bin gleichzeitig auch durchaus unschuldig. Nicht in der Wirkung (effectus rei) ruht das Verbrechen, sondern in der Absicht (affectus efficientis). Die Gerechtigkeit wägt nicht das Handeln, sondern den Willen, der das Handeln beseelte.«

Heloysa tritt *Abaelard* mit seinen eigenen Waffen entgegen. In »Scito te ipsum« hatte der Philosoph seine Ethik der Intention entwickelt: Gott sieht das Herz an, nicht die Tat. Und er hatte unter anderm folgendes Beispiel gebracht:

>Da sei zum Beispiel ein gefesselter Mönch und man zwänge ihn, zwischen Frauen zu liegen; und die Weichheit des Lagers wie die weibliche Berührung würden in ihm ein Vergnügen hervorrufen, aber nicht eine Billigung dieses Vergnügens. Wer wollte es wagen, dieses Vergnügen, welches die Natur notwendig herbeizwingt, Schuld zu nennen?<

Naturnotwendigkeit und moralischer Wille sind hier scharf unterschieden. So ist denn das Gute oder Böse einer Tat, nach *Abaelard*, allein in der Absicht, aber nicht im Tun oder Erfolg des Handelns begründet. [. . .]

Heloysa nun fordert von *Abaelard* eine analoge Willensbekundung. Sie verbindet, nach *Gilson,* den ciceronianischen Begriff der >reinen Liebe< aus >De amicitia< mit *Abaelards* Moral der Intention.

>Wenn ihre Liebe<, schreibt *Gilson*, >von allem Interesse frei ist, insofern sie nur in sich selbst ihren Lohn findet, ist sie per definitionem gerechtfertigt; und weil es die Intention allein ist, die den moralischen Wert eines Handelns bestimmt, ist jede Handlung, selbst wenn sie an sich schuldig ist, sofern sie von einem Gefühl reiner, uneigennütziger Liebe diktiert wird, eben dadurch unschuldig.< Insofern könne sich *Heloysa* zugleich >nocens et innocens< nennen.

Aber in Wahrheit ist ihr Gefühl von Interesse eben niemals frei, insofern die Lust des andern zugleich der Inhalt und das Interesse ihrer eigenen Lust ist. Das >reine Du< ist eben kein >reines< und abstraktes, sondern ein konkretes Du. *Heloysa* spricht ihrem Geliebten eine Hypothese seiner jetzigen Rolle vor, indem sie so tut, als sei damals sie der fleischlichen Lust beraubt gewesen wie *Abaelard* es jetzt ist. Sie will aber, daß diese Hypothese von ihm falsifiziert werde. Doch im selben Brief schon straft *Heloysa* die Behauptung von der einstigen Reinheit ihres Gefühls Lügen, wenn sie jetzt und einst vergleicht mit den Worten:

»Ich bin jetzt dahin gekommen, auf alle Lüste (voluptates) zu verzichten, um mich ganz Deinem Willen zu ergeben.«

Daß sie die in der Adresse des Briefes behauptete Rolle einer Tochter und Schwester nicht übernommen hat, sondern auch als Nonne weiterhin seine Dienerin und Geliebte bleibt und somit von *Abaelard* auch weiterhin die Rolle des Herrn und Gatten will, spricht sie in aller Klarheit aus:

»Nicht eine religiöse Berufung, sondern allein Dein Befehl hat meine Jugend in die Strenge eines monastischen Lebens geführt. Wenn ich dadurch in Deinem Augen kein Verdienst erworben habe, sag selbst, wie sehr mein Opfer dann vergeblich gewesen ist. Von Gott habe ich keinen Lohn zu erwarten; es ist ganz sicher, daß ich aus Liebe zu ihm bisher noch nichts getan habe.«

Heloysa bekennt ohne Reue, daß sie ohne geistliche Verdienste ist, weil ihr Geliebter immer noch gänzlich die Stelle Gottes einnimmt, eine Stelle, die *Abaelard* allem Anschein nach immer prätendiert hat.

In seinem ersten Antwortbrief jedoch will *Abaelard* von solcher geistlichen Verdienstlosigkeit angeblich nichts hören. Im Gegenteil. Sich selbst stellt er als den Miserablen dar, der eine gerechte Strafe abbüßt, als einen, der auf die Fürbitte und die geistliche Kraft der frommen Frauen von Paraclet angewiesen sei. Er spricht von seinem Leiden, seinem Tod, davon, daß er nun auf ihre Verdienste hoffe und daß er in Paraclet bei den Frauen der *Heloysa* begraben sein wolle.

»Dort werden dann unsere Töchter, oder vielmehr: unsere Schwestern in Christo, mein Grab ständig vor Augen haben und dies wird sie dazu vermögen, ihre Gebete für mich um so häufiger vor den Herrn zu tragen . . . Wie denn geschrieben steht: Und die Weiber saßen über seinem Grab und beklagten den Herrn (vgl. Matth. 27, 61 vermischt mit Joh. 11, 31ff.!).«

In ziemlich geschmackloser Weise vermischt *Abaelard* geistliche und weltliche Liebe, den leidenden Jesus und sich selbst; und er willfährt nur den geheimen Wünschen der *Heloysa*, wenn er sie in diesem Brief anspricht:

»Höre, ich bitte Dich, mit dem Ohr Deines Herzens, wie Du so oft gehört hast mit dem Ohre Deines Körpers. Es steht geschrieben im Buche der Sprüche: Ein tugendsam Weib ist die Krone ihres Mannes.« (Prov. 12, 4)

Aber es geht hier gar nicht um literarischen oder religiösen Geschmack, sondern um raffinierten und komplizierten Ausdruck von Leiden, der sich selbst immer wieder unmöglich macht und dem keine schlichte Ehrlichkeit abhelfen kann, weil auch sie ein effektvoller Topos bleiben muß.

Heloysa antwortet. Sie empört sich gegen die ihr von *Abaelard* zugewiesene, ja gegen die von ihr selbst prätendierte Rolle, gegen die Rolle, die *Abaelard* annimmt und die er annehmen sollte und auch wieder nicht sollte. Sie empört sich gegen seine Todeswünsche und Grabesgedanken, gegen die ihm zuteil gewordene Strafe und dagegen, daß sie verdienstvolle Fürbitterin sein solle. Sie spricht nunmehr *Abaelard* die vom Trieb gereinigte Liebe zu und versucht, ihre Qual zu bekennen. Die unverdiente Strafe habe sie beide nicht etwa getroffen, als sie sich der ‹fornicatio›, der Hurerei, ergeben hätten, sondern nachdem sie verheiratet waren,

»als wir in Keuschheit lebten, Du in Paris an der Spitze der Hohen Schulen, und ich, auf Deinen Befehl, in Argenteuil unter den Nonnen. So hatten wir uns getrennt, um uns desto eifriger zu widmen: Du Dich Deinen Hohen Schulen, ich mich dem Gebet und der Meditation heiliger Schriften; und während dieses so heiligen und keuschen Lebens hast Du allein die Züchtigung erfahren, die wir beide verdient hatten. Du warst allein in der Strafe, wir waren zwei für die Sünde. Du warst der weniger Schuldige, Du hast die ganze Strafe getragen.«

Aber *Heloysa* lügt nur von Keuschheit und heiligem Wandel, wie ihr *Abaelard* zeigen wird; sie will ihn als Lamm Gottes, das die unverdiente Strafe getragen hat, damit ihre ungeistlich-kontemplative ‹Compassio› möglich sei:

»Was Du erlitten hast einen Augenblick in Deinem Fleisch, könnte ich es erleiden, wie es gerecht wäre, mein ganzes Leben lang in der Zerknirschung meiner Seele, und es wenigstens Dir weihen, wenn schon nicht Gott, als Sühne.«

Und dann widerspricht *Heloysa* ihrer früheren Behauptung von der reinen und uneigennützigen Liebe, widerruft auch den Unterschied von einst und jetzt:

»Es ist leichter – sagt der Heilige *Ambrosius* – ein Herz zu finden, das seine Unschuld bewahrt, als eines, das Buße getan hat. Was mich betrifft, so waren mir die Entzückungen der Liebe, denen wir uns gemeinsam hingaben, so süß, daß ich sie nicht verabscheuen oder aus meinen Gedanken entfernen könnte. Wohin ich mich auch wende, sie stehen mir vor Augen und erwecken meine Begehrlichkeit; ihre Gaukelbilder verschonen nicht einmal meinen Schlaf. Mitten in den Feierlichkeiten der Messe, wenn das Gebet am reinsten sein sollte, bemächtigen sich meines elenden Herzens die obszönen Trugbilder jener Wollust, und ich bin mehr mit ihrer Schimpflichkeit als mit dem Gebet beschäftigt. Wenn ich stöhnen sollte über die Sünden, die ich begangen habe, schluchze ich über jene, die ich nicht mehr begehen kann.

Nicht allein, was wir taten, sondern auch Stunden und Orte, welche Zeugen unseres Vergnügens waren, haben sich mit aller Erinnerung so tief in mein Herz gegraben, daß ich mich mit Dir zur gleichen Stunde am selben Ort sehe, und selbst im Schlaf finde ich keine Ruhe. Manchmal verraten Bewegungen meines Körpers und Worte, die mir entfahren, die Gedanken meiner Seele. Genau für mich gesprochen ist jene Klage einer stöhnenden Seele: Ich elender Mensch, wer wird mich erlösen von dem Leibe dieses Todes? (Röm. 7, 24). Wenn ich doch nur hinzufügen könnte wahrheitsgemäß auch den folgenden Satz: Ich danke Gott durch Jesum Christum, unsern Herrn! (Röm. 7, 25).

Diese Gnade, Geliebter, ist zu Dir gekommen, ohne daß Du sie erflehtest. Eine einzige Verwundung Deines Körpers hat, indem sie Dich besänftigte, alle Wunden deiner Seele geheilt. Gott schien Dich mit Härte zu behandeln, während er sich in Wahrheit gütig erwies, wie ein guter Arzt, der nicht zögert, seinen Kranken leiden zu lassen, um ihn zu retten. Bei mir aber sind die Stacheln des Fleisches entflammt von den Feuern einer glühenden Jugend und den Erfahrungen höchster Freuden ... Man sagt, ich sei keusch, eben weil man nicht begreift, daß ich heuchle. Man verwechselt die Reinheit des Fleisches mit der Tugend; aber Tugend ist Sache der Seele, nicht des Körpers.«

Damit wendet *Heloysa* jetzt *Abaelards* Ethik der Intention ebenso gegen den Anschein ihrer Tugend, wie sie sie im ersten Brief für die Reinheit ihres Gefühls aufgeboten hatte. In allem Hin und Her will sie seine Geliebte und seine Schülerin bleiben.

In einem erneuten Brief antwortet *Abaelard* scheinbar als Lehrer:

»Ich habe beschlossen, Dir auf alle einzelnen Punkte zu antworten, weniger, um mich zu entschuldigen, als vielmehr, um Dich zu belehren und zu bitten. Du wirst meinen Bitten um so lieber entsprechen, je mehr Du deren Begründungen eingesehen haben wirst.«

Abaelard antwortet, nachdem er *Heloysas* Argumente in erstens, zweitens, drittens, viertens eingeteilt hat zunächst mit einer allegorischen Hoheliedexegese. Aber es ist nicht unbedingt peinliche Verlegenheit des Entmannten, die ihn ins exegetische Genus ausweichen läßt. Man vermeint geradezu, *Abaelard* wolle sich auf das Spiel einer geistigen Erotik einlassen, spreche als Verführer, als Wolf im Schafspelz, wenn er seiner Freundin die Rolle der Braut jenes biblischen Gedichts aufdrängt und damit sich selbst diejenige des himmlischen Bräutigams anprobiert. »Ich bin schwarz, aber gar lieblich, ihr Töchter Jerusalems«, spricht die Braut Hohelied 1, 4. *Abaelard*, der ihre Gestalt litteraliter auf die Äthiopierin deutet, die Moses zur Konkubine hatte, deutet sie moraliter um auf die schwarzgekleideten Nonnen von Paraclet:

»Im allgemeinen freilich werden diese Worte als Beschreibung der kontemplativen Seele genommen, welche dann besonders die Braut Christi ist. Indes ganz ausdrücklich sind sie auf Euch anwendbar, weil sie nämlich von Eurer äußeren Kleidung gesagt werden.«

Ja, die schwarze Braut sei ganz besonders geschaffen für die heimlichen Bettfreuden ihres Bräutigams, wie Negerinnen überhaupt.

»Oftmals nämlich geschieht es, daß die Haut schwarzer Frauen, so unangenehm ihr Anblick ist, der Berührung so süße Annehmlichkeit bereitet; auch ist ihre Wollust willfähriger und angenehmer zu geheimen Freuden als zu öffentlichen Festen, und ihre Männer, um sich ihrer Reize zu freuen, führen sie lieber ins Bettgemach als in die große Welt.«

Im Bettgemach des ‹cubiculum› aber erfährt die Seele von ihrem Bräutigam, wie bei *Bernhard,* die Wonnen göttlicher Geheimnisse. Wenn *Abaelard* die gequälte Seele der *Heloysa* mit solchen Argumenten zur Gottesliebe anzufeuern scheint, mißbraucht er sie geradezu, selbst wenn seine theologische Methode ihn hier die Situation vergessen ließe. – *Heloysa* beschwerte sich über seine schlimmen Nachrichten und Todesgedanken. Sie wolle so etwas nicht mehr hören. Andrerseits bitte sie ihn um Nachrichten von seinem Leben unter den Mordmönchen von St. Gildas. Ob sie denn nur gute Nachrichten wolle? Und dann kommt ein Beispiel, das sehr theoretisch klingt:

»Eine Mutter, die ihren Sohn leiden sieht, wird wünschen, daß der Tod seinem Leiden, das zu ertragen ihr nicht möglich ist, ein Ende machte; lieber will sie ihr Kind verlieren als es behalten, um es leiden zu sehen.« *Heloysa* aber wünsche, daß *Abaelard* lebe. »Wenn es für Dich ist, daß Du die Verlängerung meines Elends wünschst, dann bist Du meine Feindin, nicht meine Freundin. Sofern Du als solche nicht erscheinen willst, bitte ich Dich, hör auf mit Deinem Klagen!«

Dann greift er *Heloysas* Enthüllungen über ihre geistliche Heuchelei an, indem er auf die eventuell dahinterstehende Eitelkeit hinweist:

»Aber denke daran, ich bitte Dich, suche nicht den Ruhm, indem Du so tust, als ob Du ihn fliehst, und verschwöre nicht mit dem

Munde, was Du im Grunde Deines Herzens begehrst. Diesbezüglich schrieb der Heilige *Hieronymus* an die Jungfrau *Eustochium*:

‹Wir haben einen natürlichen Hang zum Bösen. Denen, die uns schmeicheln, leihen wir gerne das Ohr, und während wir protestieren, wir wären solchen Lobes nicht würdig, und während unser Gesicht in gelungener Weise rot wird, hüpfte doch unsre Seele vor Freude, als das Lob erklang.›

Dies ist die geschickte Koketterie der liebenswürdigen Galathea, wie *Vergil* sie beschreibt: indem sie flieht, sagt sie, was sie wünscht. Durch eine gespielte Abweisung schürt sie die Glut ihres Liebhabers:

‹Sie flieht hinter die Weiden› – sagt er – , ‹und brennt vor Verlangen, vorher entdeckt worden zu sein.›«

Beschreibt *Abaelard* nicht in der Tat das Verfahren, das *Heloysa* ihm gegenüber, bewußt oder unbewußt, angewendet hat? Vielleicht beteuert der Magister gerade deshalb das Gegenteil und wendet das Beispiel ins Geistliche:

»Wir zitieren das bloß so. Wir zweifeln gar nicht an Deiner Demut. Wir wünschen nur, daß Du Worte für Dich behältst, von welchen die, die Dich weniger gut kennen, glauben könnten, Du suchtest – wie *Hieronymus* sagt – den Ruhm, indem Du ihn fliehst.«

Glaubt er wirklich, *Heloysa* hätte durch ihren zweiten Brief den Ruhm besonderer Frömmigkeit bei den Leuten gesucht und nicht allein ihn selbst gemeint?

Hartmut Boockmann (Hg.)

Gelöstes Haar und seidene Schleier: Zwei Äbtissinnen im Dialog

Brief Tenxwinds: Tenxwind, genannt Lehrerin der Schwestern von Andernach, wünscht Hildegard, Lehrerin der Bräute Christi, daß sie einst mit den höchsten himmlischen Geistern verbunden sei.

Die weit fliegende Fama hat unseren Ohren bewundernswürdiges und staunenswertes von der Hochschätzung Eurer berühmten Heiligkeit getönt und unserer Geringfügigkeit die Vollkommenheit höchster Frommheit und Eurer Einzigartigkeit sehr empfohlen.

Denn wir haben aus dem Zeugnis vieler gelernt, daß uns vieles von den himmlischen Geheimnissen, die für die Menschen schwierig zu verstehen sind, durch den Engel von Gott her zur Niederschrift enthüllt wird, und daß das, was Ihr tun müßt, nicht durch menschliche Überlegung, sondern durch seine (Gottes) Lehre unmittelbar bestimmt wird.

Auch ist zu uns etwas anderes Ungewöhnliches von Eurer Lebensweise gedrungen: nämlich daß Eure Jungfrauen an den Festtagen, wenn sie Psalmen singen, mit gelösten Haaren in der Kirche stehen und daß sie als Schmuck weiße und seidene Schleier benutzen, die so lang sind, daß sie die Erde berühren, daß sie auch goldgewirkte Kronen auf ihre Häupter gesetzt haben und daß diesen auf beiden Seiten und hinten Kreuze eingefügt sind, daß auf der Stirnseite aber lieblich das Bild des Lamms eingedrückt ist und daß darüber hinaus ihre Finger mit goldenen Ringen geschmückt sind – obwohl doch der erste Hirte der Kirche in seinem Brief derartiges verbietet, wobei er in der folgenden Weise mahnend spricht: »Die Frauen sollen sich mit Schamhaftigkeit schmücken und nicht durch gelockte Haare noch durch Gold noch durch Perlen noch durch kostbare Kleidung« (1. Timotheus 2,9).

Außerdem erscheint uns auch das nicht weniger verwunderlich als alles dies, daß Ihr in Eure Gemeinschaft nur von Geburt aus Ansehnliche und Freie aufnehmt, anderen, die nicht adlig und weniger reich sind, jedoch die Gemeinschaft mit Euch gänzlich verweigert.

So stocken wir, ziemlich erstaunt, in der Unsicherheit eines recht großen Zweifels, da wir in unserem Sinn bedenken, daß der Herr selbst in der Urkirche Fischer, kleine und arme Leute ausgewählt hat und der heilige Petrus, nachdem später die Völker zum Glauben bekehrt waren, gesagt hat: »Ich habe in Wahrheit erfahren, daß Gott nicht die Person ansieht« (Apostelgeschichte 10,34).

Überdies vergessen wir nicht die Worte des Apostels, der zu den Korinthern sagt: »Nicht viele Mächtige, nicht viele Edle, sondern was niedrig und verächtlich vor der Welt ist, hat Gott ausgewählt« (1. Korinther 1,26 f.).

Wenn wir alle Vorschriften früherer Väter, aus denen sich alle Geistlichen gründlich unterrichten müssen, nach unseren Kräften sorgfältig durchforschen, haben wir nichts dergleichen in ihnen gefunden. Denn die so große Neuheit Eurer Gewohnheit, verehrungswürdige Braut Christi, übersteigt das Maß unserer Kleinheit weit und unvergleichlich und hat uns in eine nicht geringe Verwunderung versetzt. So haben wir Kleinen, die wir Euren Fortschritten mit gebotener Liebe im Inneren freudig zustimmen und den Wunsch haben, über diese Sache dennoch etwas von Euch sicherer zu erfahren, unseren kleinen Brief an Eure Heiligkeit gerichtet, die wir demütig und ergebenst bitten, daß Eure Würde es nicht verschmähen möge, uns nächstens zurückzuschreiben, wie eine solche Gewohnheit mit dessen (Christi) Autorität verteidigt werden kann. Lebt wohl und gedenkt unser in Euren Gebeten.

Antwort Hildegards: Die Frau bleibe innerhalb des Wohngemachs verborgen, so daß sie große Schamhaftigkeit haben kann, weil die Schlange in sie große Gefahren der furchtbaren Zügellosigkeit blies. Auf welche Weise? Die Gestalt der Frau blitzte und strahlte im ersten Ursprung, in dem geformt wurde, worin jede Kreatur verborgen ist. Auf welche Weise? Natürlich auf zweierlei Art: In der einen der erfahrenen Bauart des Fingers Gottes und in der anderen der himmlischen Schönheit. Oh, was für eine wunderbare Sache bist Du, der Du das Fundament in die Sonne gebaut und von da die Erde überwunden hast!

Deshalb (sagt) der Apostel Paulus, der in der Höhe fliegt und auf Erden schweigt, so daß er nicht enthüllt hat, was verborgen war: Die Frau, die der männlichen Gewalt ihres Ehegatten unterliegt, muß, diesem in der ersten Rippe verbunden, große Schamhaftigkeit haben, so daß sie nicht geben oder enthüllen kann das Lob des eigenen Gefäßes des Mannes an einem fremden Ort, der nicht zu ihr gehört. Und das soll in jenem Wort gelten, das der Beherrscher der

214

Erde sagte: »Was Gott verbunden hat, soll der Mensch nicht trennen« (Matthäus 19,6), zur Verwirrung des Teufels. Höre: Die Erde bringt das Grün des Grases hervor, bis der Winter sie endlich überwindet. Und der Winter nimmt die Schönheit jener Jugendfülle hinweg. Und jene kann das Grün ihrer Jugend künftig nicht enthüllen, als sei sie gleichsam niemals eingetrocknet, weil der Winter sie davonnahm.

Deshalb darf eine Frau sich nicht mit ihrem Haar erhöhen und schmücken und aufrichten durch die Kostbarkeit einer Krone oder eines goldenen Gegenstandes – außer mit dem Willen ihres Mannes gemäß dem, was diesem in rechtem Maß richtig erscheint.

Das betrifft nicht die Jungfrau. Diese steht vielmehr in der Ursprünglichkeit und Unversehrtheit des schönen Paradieses, das niemals trocken war, sondern stets im Grün der Jugendblüte bleibt. Der Jungfrau ist nicht die Bedeckung ihres jugendlichen Haares vorgeschrieben, sondern sie bedeckt es aus eigenem Willen in tiefer Demut, da ja der Mensch die Schönheit seiner Seele versteckt, damit sie nicht wegen des Hochmuts der Habicht raube.

Die Jungfrauen sind im Heiligen Geist und in der Morgenröte der Jungfräulichkeit der Unschuld vermählt. So schickt es sich, daß jene vor dem höchsten Priester wie ein Gott geweihtes Brandopfer erscheinen. Deshalb gebührt es sich dank der Erlaubnis und dank der Enthüllung im mystischen Atem des Fingers Gottes, daß die Jungfrau ein weißes Kleid anlegt, worin sie ein deutliches Zeichen der Verlobung mit Christus sieht, damit ihr Sinn in Unversehrtheit gefestigt werde und sie auch betrachte, wer jener sei, dem sie verbunden ist, wie es geschrieben steht: »Sie haben seinen Namen und den Namen seines Vaters an der Stirn geschrieben« (Apokalypse 14,1).

Und wiederum: »Sie folgen dem Lamm, wohin immer es geht« (Apokalypse 14,4). Gott unternimmt auch bei jeder Person eine genaue Unterscheidung, so daß der geringere Stand nicht über den oberen steigt. So haben es Satan und der erste Mensch getan, die höher fliegen wollten, als sie gestellt waren. Und welcher Mensch sperrt seine ganze Herde in einen Stall, also Rinder, Esel, Schafe, Böcke, so daß sie sich nicht unterscheiden? Deshalb herrsche Unterscheidung auch darin, daß nicht unterschiedliche Leute in eine Herde zusammengeführt sich in Überheblichkeit und in der Schande der Unterschiedlichkeit zerstreuen, und zumal, damit nicht die Ehrbarkeit der Sitten dort zerstört werde, wenn sie sich wechselseitig im Haß zerfleischen, weil der höhere Stand über den unteren fällt und der untere über den höheren steigt, weil Gott das Volk auf Erden wie im Himmel unterschieden hat, indem er nämlich Engel, Erzengel, Thronende, Herrschende, Cherubim und Seraphim trennt. Und diese alle werden von Gott geliebt, haben jedoch nicht die gleichen Namen. Der Hochmut liebt die Fürsten und Edlen wegen ihrer Überheblichkeit und haßt sie wiederum, wenn sie diese unterdrücken. Und es ist geschrieben: »Gott verachtet die Mächtigen nicht, da er auch selbst mächtig ist« (Iob 36,5). Er selbst aber liebt nicht Personen, sondern die Werke, die Geschmack von ihm haben, wie der Sohn Gottes sagt: »Meine Speise ist, daß ich den Willen meines Vaters erfülle« (Johannes 4,34). Wo Demut ist, wird Christus immer bewirtet. Und deshalb ist es nötig, daß jene Menschen unterschieden werden, die mehr Ehre als Demut anstreben, da sie das erkennen, was höher als sie ist. Auch wird ein krankes Schaf entfernt, damit nicht die ganze Herde angesteckt werde. Gott hat den Menschen guten Verstand eingegossen, und ihr Name möge nicht zerstört werden. Gut ist es, daß der Mensch nicht auf einen Berg zielt, den er nicht bewegen kann, sondern im Tal verharrt, langsam lernend, was er fassen kann.

Dies ist vom lebenden Licht und nicht vom einem Menschen gesagt. Wer es hört, sehe und glaube, woher es kommt.

[Briefwechsel zwischen Tenxwind von Andernach, der Vorsteherin eines reformierten Nonnenklosters, und der Äbtissin Hildegard von Bingen; Mitte 12. Jh.]

Alfred Haverkamp

Gesellschaft im Wandel

Soziale Beweglichkeit und Differenzierung

Die weit ausgreifende räumliche Beweglichkeit, die die Menschen des westlichen Europas im Zeitraum vom 11. bis 13. Jahrhundert auszeichnet, stand in einer engen Wechselbeziehung zu der Auflösung oder doch Lockerung der älteren Formen persönlicher und herrschaftlicher Bindungen. Zusammen mit der Eröffnung neuer herrschaftlich-politischer und wirtschaftlicher Chancen entstand eine hohe soziale Mobilität: also eine starke Veränderlichkeit des sozialen Status für Einzelpersonen, Familien, institutionalisierte Personenverbände und andere Gruppen. Zugleich kam es zu neuen Formen des Zusammenlebens und der sozialen Zuordnung. Dabei entfaltete das genossenschaftliche Einungswesen, aus dem zahlreiche Bruderschaften, Gemeinschaften, Gemeinden und andere Korporationen hervorgingen, eine so starke Wirksamkeit, wie sie nie zuvor in der europäischen Geschichte anzutreffen ist; sie besaß auch in den anderen Kulturen keine Parallele. Das Einungswesen wurde von dem im Christentum – vornehmlich im Neuen Testament – verankerten Gedanken der Brüderlichkeit mitgetragen. Es war auf diese Weise auch mit der Vertiefung der Religiosität verbunden, die ebenfalls seit dem 11. Jahrhundert im westlichen Europa stattfand und sich auch in religiösen Laienbewegungen äußerte. Diese komplexen Vorgänge sind freilich nicht allein auf die Verchristlichung zurückzuführen. Sie standen vielmehr – wie die religiöse Vertiefung selbst – im unablösbaren Verbund mit den herrschaftlichen, wirtschaftlichen und kulturellen Veränderungen innerhalb desselben Zeitraums. So bot die Umgestaltung der Herrschaftsverhältnisse dem genossenschaftlichen Einungswesen neue Wirkungsmöglichkeiten, die auch von den traditionellen Herrschaftsträgern in ihrem eigenen Interesse direkt unterstützt werden konnten.

Unter dem Einfluß der fortschreitenden Arbeitsteilung wie auch neuer Aufgabenbereiche wurde die soziale Gliederung in bisher unbekanntem Ausmaße differenziert. Dafür sei an die Neubildung von Berufen und Berufsständen unter den laikalen »Intellektuellen« (Magister an den Schulen und Universitäten, Juristen, Notare, Ärzte usw.) im vornehmlich städtischen Umfeld erinnert; dazu können seit der Mitte des 12. Jahrhunderts ebenfalls berufsmäßige Dichter und Troubadours, die zumeist dem höfischen Leben zugewandt waren, gezählt werden. Unter Auswirkung auf breitere Bevölkerungsschichten war die berufliche Spezialisierung sehr eng mit der Verstädterung verknüpft; sie gedieh in den größeren Städten, vor allem in den nun entstehenden Gewerbeexportzentren, am weitesten. Der jeweilige Beruf wurde zu einem wichtigen sozialen Geltungskriterium und drängte so die bisher sehr stark vorherrschende Fixierung nach der Abstammung zurück. Die geburtsständische Ordnung wurde dadurch freilich keineswegs aufgehoben; vielmehr wurde sie von den Anhängern und Sinndeutern der traditionalen Ordnung verteidigt und hervorgekehrt.

Mit dem Wachstum der Städte und ihrer rechtlichen und herrschaftlichen Verselbständigung sonderten sich die Stadtbewohner zunehmend von der übrigen Bevölkerung ab. Sie unterschieden sich damit von den Adligen und von den Bauern. Freilich bleibt festzuhalten, daß diese Absonderungen nicht zu scharfen Trennungslinien führten, daß vielmehr weiterhin viele Verquickungen zwischen Adel, Bauern und Stadtbewohnern bestanden.

Die Geistlichen

Selbst die Abgrenzung zwischen diesen laikalen Großgruppen und den Geistlichen ließ noch Übergänge offen. So besaßen viele Geistliche – auch wenn sie bereits kirchliche Pfründen innehatten – nur die niederen Weihen, die eine Rückkehr in den Laienstand zuließen. Zahlreiche Scholaren begnügten sich mit der Tonsur – sie verzichteten also auf die Weihe, die noch bis zum 11. Jahrhundert für den Status der Geistlichen erforderlich war – und erwarben so die vielfach privilegierte Rechtsstellung des Klerikers. Der Begriff »clericus« gewann auf diese Weise den Bedeutungsgehalt von »Gebildeter«, was auch noch im englischen »clerk« (= Schreiber, Sekretär) nachwirkt. Eine schwer definierbare Zwischenstellung besaßen ferner die „Semireligiosen" wie die Beghinen und Begharden. Hinsichtlich ihrer religiösen Lebensformen unterschieden sich die Geistlichen untereinander in einem Maße wie nie zuvor.

[...] Die Stellung der Geistlichen in der kirchlichen Amtshierarchie stellte ein getreues Spiegelbild des jeweiligen Sozialgefüges dar und reagierte dementsprechend auch auf die darin stattfindenden Veränderungen. Demgemäß stiegen in den alten Städtelandschaften auch Geistliche stadtbürgerlicher Herkunft zum Bischofsamt auf. Hier wie auch in anderen Ländern eröffnete das Studium für die Geistlichen niederer Herkunft neue Chancen. Für die mittellosen geistlichen Scholaren sollte nach einer kirchenrechtlich verbindlichen Vorschrift Papst Alexanders III. von 1179 an jedem Bischofssitz eine Magisterstelle für gebührenfreien Unterricht geschaffen werden. Im Vergleich zu den älteren geistlichen Gemeinschaften und zur kirchlichen Amtshierarchie, auf die auch die weltlichen Herrschaftsträger selbst nach dem Investiturstreit zumeist noch einen starken Einfluß ausübten, besaß die soziale Herkunft bei den Bettelorden eine weitaus geringere Bedeutung. Allerdings leitete der Minoritenbruder Salimbene de Adam aus Parma seine im Jahr 1261 begonnene Chronik mit einer ausführlichen Beschreibung seiner stadtbürgerlichen Familie ein, deren Ansehen und Einfluß ihn mit sichtlichem Stolz erfüllte.

Obwohl die »oratores«, wie die Geistlichen schon in den älteren Ständelehren charakterisiert wurden, einen Berufsstand bildeten, ist die Annahme einer einheitlichen Mentalität (im Sinne von Geistesverfassung) der Geistlichen für die Zeit nach der Mitte des 11. Jahrhunderts noch weniger zu begründen als für die vorhergehenden Jahrhunderte. Sie ist angesichts der Vielfalt der sozialen Herkunft, der Bildung und der religiösen Lebensformen, der Ämter und der anderen Tätigkeitsbereiche, aber auch der zum Teil harten Kontroversen, die unter den Geistlichen ausgetragen wurden, eher noch bei Adligen, bei den Bürgern und bei den Bauern zu erwarten als bei den Geistlichen.

Freilich war auch der Adel in den Ländern des lateinischen Westens – und er war eigentlich nur in diesem Kulturkreis beheimatet – keineswegs eine uniforme, klar abgrenzbare soziale Schicht. Vielmehr vollzog sich die Absonderung der Adligen von den Freien und von den Hörigen, von den Bauern und von den Bürgern erst im Laufe unseres Zeitraumes, ohne gegen Ende des 13. Jahrhunderts bereits überall abgeschlossen zu sein. So war der Abstand zwischen den nichtadligen Stadtbürgern und den Adligen in den alten Städtelandschaften Italiens und Südfrankreichs, wo zahlreiche Adlige – selbst Grafen – in den Städten lebten und das Bürgerrecht besaßen, weitaus geringer als in jenen Landschaften West- und Mitteleuropas, in denen sich die Städte erst seit dem 11./12. Jahrhundert entwickelten. In den Städten Reichsitaliens fiel es bereits den Zeitgenossen im 13. Jahrhundert oft schwer, diejenigen Stadtbewohner, die sich selbst als adlig bezeichneten oder Adlige genannt wurden, von den übrigen Großen in der Stadt zu unterscheiden, so daß sie diese Gruppen als Magnaten zusammenfaßten.

Derartige Unklarheiten über die Adelsqualität waren nicht zuletzt eine Folgeerscheinung der großen Ausweitung des Adelsprädikats seit dem 11. Jahrhundert auf die überaus zahlreichen Gruppen von bis dahin nichtadligen Kriegern freier, ja sogar unfreier Herkunft. Der Adelstitel wurde gleichsam inflationär – ein Vorgang, der durch gleichzeitige Bemühungen um feste Abgrenzungen nach unten nur teilweise beschränkt werden konnte. Denn diese Ausweitung war so stark mit den vorherrschenden Kräften und Tendenzen unseres Zeitraums verknüpft, daß sie von entgegenstehenden, auf die Wahrung der althergebrachten Ordnung bedachten Vorschriften nicht oder nur teilweise gehemmt wurde. [. . .] Unter den Bedingungsfaktoren für die Einbeziehung neuer Gruppen in die adlige Elite seien hervorgehoben: im Zusammenhang mit der Bevölkerungsvermehrung die Ausdehnung und Erschließung neuer Siedlungsräume, die Eroberung neuer wie auch die Erweiterung und die Verfestigung der bestehenden Herrschaftsgebiete und nicht zuletzt die Kreuzzugsbewegung. Daraus ergaben sich zahlreiche neue Möglichkeiten zum Aufstieg in selbständigere Herrschaftspositionen oder auch Dienststellungen, die mit wichtigen Kompetenzen in Heer und Verwaltung versehen waren. Die stark ansteigende Zahl von Burgen und burgartigen Befestigungen, die seit der Mitte des 11. Jahrhunderts in vielen Ländern des lateinischen Westens begann und sich dann in unterschiedlicher Intensität fortsetzte, ist dafür ein Indiz. Die Auswirkungen des herrschaftlichen Wandels auf die Zusammensetzung der adligen Führungsschichten auch im städtischen Umfeld umschrieb kurz nach der Mitte des 12. Jahrhunderts der hochadlige deutsche Reichsbischof Otto von Freising im Hinblick auf die Städte der Lombardei. Um über genügend Machtmittel zur Unterdrückung ihrer Nachbarstädte verfügen zu können, hätten diese Städte sogar junge Leute geringer Herkunft oder irgendwelche Handwerker zum Rittergürtel und zu höheren Würden zugelassen und damit eben jene, die die übrigen Völker wie die Pest von den ehrenhafteren und freieren Stellungen ausschlössen. In Polen wurden – um nur ein weiteres Beispiel zu nennen – im 13. Jahrhundert selbst landesherrliche Bauern zu Rittern erhoben, wobei diese zumeist weiterhin ein bäuerliches Leben führten.

Verschiedene Herrschaftsträger unternahmen seit der Mitte des 12. Jahrhunderts wenigstens vereinzelt den Versuch, ihren erhöhten Bedarf an militärischem Potential durch Anwerbung von Söldnerverbänden zu decken. [...] Insgesamt aber bildeten weiterhin die Reiterheere den Kern der Heeresaufgebote. Diese Reiter stellten – wie dies schon lange Tradition war – ihre Ausrüstung selbst. Dabei stützten sie sich in höchst unterschiedlichen Formen auf ihre Eigengüter und – jedenfalls in den Gebieten des ehemaligen Karolingerreichs und Englands – auf ihre Lehen oder auch Dienstlehen.

Diese Selbstausrüstung und die damit verknüpfte Einbindung in das Dienstrecht und in das Lehnswesen, in dem neben den Lehnspflichten auch die eigenständigen Rechte des Lehnsinhabers zum Ausdruck kamen, waren schon seit der Karolingerzeit wesentliche Voraussetzungen für die Adelsqualität. Unter diesen Bedingungen begünstigte die Tätigkeit als kämpfender Reiter eine adelsgleiche Stellung, wenn nicht eine Einordnung in den weiteren Kreis des Adels.

Diese Vorgänge überkreuzten sich mit der neuen, religiöspolitisch motivierten Bewertung des Krieges und des Kriegshandwerks im Vorfeld und im Zusammenhang mit der Kreuzzugsbewegung. Nach früheren Ansätzen im 10. Jahrhundert, die bereits den Beruf des Kriegers bei Unterordnung unter die kirchliche Wertordnung religiös überhöhten, verfestigte sich seit der Mitte des 11. Jahrhunderts die Höherschätzung des Kriegers im Dienste der Kirche. So erhob Papst Leo IX. alle, die im Zusammenhang mit dem von ihm selbst angeführten Kriegszug gegen die Normannen (1053) gefallen waren, zu Märtyrern. Derselbe Papst wurde kurze Zeit später als Heiliger angesehen. Neben seinem Kampf gegen die Simonie wurden dafür auch seine »frommen« Kriegstaten als Hauptgrund genannt, auch wenn ihm vereinzelt noch der Vorwurf gemacht wurde, daß er selbst in den Kampf gezogen sei. Das Verhalten des Papstes und dessen Beurteilung durch die Mit- und Nachwelt müssen vor dem Hintergrund der Gottesfriedensbewegung gesehen werden, die seit der Wende vom 10. zum 11. Jahrhundert zunächst im südlichen Frankreich einsetzte und sich bald auch im weiteren französischen Raum bis nach Oberitalien ausdehnte. Wie hier nicht auszuführen ist, hatte sie bereits eine Aufwertung des von von kirchlichen Zielsetzungen bestimmten Krieges und eine religiöse Rechtfertigung des Kriegers eingeleitet, sofern er für die Wahrung des Gottesfriedens (»pax Dei«) kämpfte. Dies wurde in der Folgezeit vertieft und kirchenrechtlich verfestigt. [. . .]

Die Gottesfriedens- und die davon stark beeinflußten

Kreuzzugsbewegungen vermittelten dem Krieger ein neues religiös überhöhtes Ethos. Dieses griff über geburtsständisch gebundene Qualitäten hinaus. Es bezog sich nämlich in erster Linie auf die Einstellung und das Verhalten des Kriegers in seinem Beruf und damit auch auf individuelle Fähigkeiten und Verhaltensweisen. Dieses zunächst offene »Ritterideal« sprach aber auch den alten Adel an. Dieser stützte – im Zusammenwirken mit der territorialen Verfestigung seiner Herrschaft um Burgen und auch um geistliche Mittelpunkte – sein Ansehen jetzt stärker auf sein Stammhaus, auf seine Abstammung im Mannesstamm, auf sein Geschlecht. Trotz der gegenläufigen Tendenzen von seiten des herkömmlichen Adels bildete das religiös gefestigte Ritterideal eine Klammer zwischen den herrschaftlich-sozial überaus unterschiedlichen Rittern, die sich dieser übergreifenden Ethik verpflichtet fühlten oder sich ihr nicht entziehen konnten. Auch auf diese Weise wurde der Aufstieg der bis dahin nichtadligen Reiter in den Adel erleichtert. Begriffsgeschichtlich läßt sich der wichtige Vorgang, der die Neuordnung dieser Elite begünstigte, am Bedeutungswandel von »miles« und »militia« am frühesten in Frankreich seit der Mitte des 11. Jahrhunderts fassen. Dort wurden seit dieser Zeit auch Adlige als »milites« bezeichnet. Zugleich wird mit Ausdrücken wie »ordo equester« ein Einheitsbewußtsein im Sinne eines Ritterstandes faßbar. Das Rittertum wurde somit in Frankreich während der ersten Hälfte des 12. Jahrhunderts zum gemeinsamen Kennzeichen der Aristokratie, so daß auch die einfachen Ritter den »nobiles« und die hohen Adligen der »militia« zugerechnet wurden. Die Ritterturniere, die seit dem Ende des 11. Jahrhunderts häufiger veranstaltet wurden, waren gleichsam der Schauplatz dieser Gemeinsamkeit. Sie hob die tatsächlichen Unterschiede im Rang nicht auf, sondern überwölbte sie. [. . .]

Im Laufe des 13. Jahrhunderts verstärkten sich in den Königreichen Aragon und Sizilien und dann auch in Frankreich die Bemühungen, die Aufnahme in den Ritterstand von der geburtsständischen Zugehörigkeit abhängig zu machen, also auf die Söhne von Rittern zu beschränken. So bestimmte Kaiser Friedrich II. 1231 in den Konstitutionen von Melfi, daß niemand zu ritterlichen Ehren kommen dürfe, der nicht aus einem Rittergeschlecht stamme. Der Kaiser behielt sich freilich vor, Ausnahmen zu erlauben, womit er seine eigenen Interessen verfolgte. Fast gleichzeitig gewannen die Abschichtungen innerhalb des Adels auch als Folge der Verfestigungen im Herrschaftsgefüge klarere Konturen, so daß die Ritter auf den niederen Adel begrenzt wurden.

Die Höfe der Könige, des hohen Adels und der Geistlichkeit bildeten die wichtigsten Bezugspunkte ritterlichen Lebens. Für die Mehrzahl der Ritter, die auf Dienste und Lehen angewiesen waren, gehörte das Leben an den zumeist noch wandernden Höfen zu ihrer Existenzsicherung und bot ihnen die besten Aufstiegsmöglichkeiten. In diesem Milieu wurde ein Erzählgut der Heldensagen tradiert, das bis auf die Kriegszüge Karls des Großen zurückreichte. Diese Traditionsstränge wurden seit dem endenden 11. Jahrhundert schriftlich fixiert und dichterisch in den Chansons de geste gestaltet. [. . .] Seit dem Anfang desselben Jahrhunderts setzte mit der Troubadourlyrik, die sich zuerst im südlichen Frankreich unter der Initiative Wilhelms IX., Grafen von Poitiers und Herzogs von Aquitanien († 1127), entfaltete, eine neue Literaturgattung ein. In dieser höfischen Dichtung gewann der Tugendadel einen größeren Stellenwert, der Dienst und die Aventure wurden als Existenzform des höfischen Ritters moralisch überhöht, die höfische Liebe – die Minne, die in den Chansons de geste noch fehlt – wurde zum »gesellschaftlichen Ordnungsprinzip« stilisiert.

Diese Ideenwelt, in der die sozialen Unterschiede unter den Rittern harmonisiert wurden, nahm auch der höfische Roman auf. Seit der Mitte des 12. Jahrhunderts wurde in ihm zuerst in Frankreich (Chrétien de Troyes, † vor 1190) die Sagenwelt von König Artus, seinem Hof und seinen Rittern übernommen und ausgeformt. Die Heldenepen und die ganz anders geartete höfische Dichtung verbreiteten sich schnell in den Ländern West- und Mitteleuropas. In den unterschiedlichen volkssprachigen Fassungen wurden sie jedoch zumeist auch in ihrem geistigen Gehalt umgestaltet. Unter dem Deckmantel der ritterlichen Leitbilder in der Ritterdichtung verbarg sich also eine Vielfalt von manchmal auch gegensätzlichen Wertvorstellungen und Lebensformen.

Bauern, Hörige und Sklaven

Die Gegensätzlichkeit von Rittertum und Bäuerlichkeit gehörte zu den Wesensmerkmalen der höfischen Dichtung. Dem widersprach aber keineswegs die Gleichartigkeit des Lebenswandels vieler Ritter und zahlreicher Bauern. Tatsächlich blieb eine breite Berührungszone mit vielen Übergängen zwischen Bauern und Rittern bestehen. Bauern wurden auch noch weiterhin zu Kriegsdiensten herangezogen oder griffen bei Fehden selbst zu den Waffen, so daß sie dem Kriegshandwerk nicht gänzlich entfremdet wurden. Andererseits »verbauerten« viele Ritter auch aus wirtschaftlichen Gründen. Insgesamt aber begünstigten die Veränderungen sowohl in der Landwirtschaft, in der die verfeinerten Anbaumethoden mit der Zunahme des Getreideanbaus einen größeren persönlichen Einsatz des Bauern forderten, als auch in der Kriegsführung die »Spezialisierung« in Bauer und Ritter.

Anders als jene Ritter, die aus Hörigkeitsverhältnissen stammten und diese über ihren qualifizierten Dienst mit dem Übergang in das Lehnsrecht abgeschüttelt hatten, blieben die Bauern und die übrige ländliche Bevölkerung den verschiedenartigen persönlichen Abhängigkeitsformen verhaftet. Diese verloren jedoch seit dem 11. Jahrhundert in den meisten westlichen Ländern erheblich an Bedeutung, so daß der Rechtsstatus von frei oder unfrei in seinen ohnehin verschiedenartigen Ausprägungen im allgemeinen für die soziale Stellung der ländlichen Bevölkerung ein geringes Gewicht erhielt. Stattdessen wurden nunmehr die wirtschaftlichen und ebenfalls die herrschaftlichen Rahmenbedingungen für die soziale Gliederung vorangig. Da diese Faktoren eine noch weit größere Variationsbreite aufwiesen als die früher vorherrschenden leibrechtlichen Abstufungen, verstärkte sich in unserem Zeitraum die soziale Differenzierung innerhalb der ländlich-bäuerlichen Bevölkerung.

Trotz großer regionaler Unterschiede in der Ausgangslage und in den Auswirkungen kann doch allgemein festgehalten werden, daß in den ehemals karolingischen Gebieten die Grundherrschaften älteren Typs, die den Lebensraum des jeweiligen Hörigenverbands (»familia«) bildeten, zwischen dem 11. und dem späteren 13. Jahrhundert von neuen, territorial ausgerichteten Herrschaftsformen zurückgedrängt oder überlagert wurden. Sofern es den Grundherren nicht gelang, diese Rechte selbst in die Hand zu bekommen, mußten sie es zulassen, daß nun ebenfalls die Gerichts- oder auch Vogteiherren, die Burg-, Orts- oder größeren Territorialherren über die Angehörigen der »familia« eigene Zwing- und Bannrechte bis hin zur Steuererhebung mit zum Teil drükkenden wirtschaftlichen Lasten geltend machten. Die Bauern empfanden dabei besonders die Belastung, die dem Herkommen und ihren Gewohnheitsrechten widersprachen, als bedrückend.

Auf diese Weise wurden auch die herkömmlichen Organisationsformen (Villikationsverfassung) der größeren Grundherrschaften unterhöhlt, soweit sie noch aus ausgedehnteren Eigenwirtschaften mit den jeweils zugeordneten Bauernhufen bestanden. In Reichsitalien und in Südfrankreich scheint die Eigenwirtschaft, die mit einer großen Zahl von arbeitspflichtigen Hörigen betrieben wurde und viele Frondienste der ansonsten selbständig wirtschaftenden Bauern erforderte, schon vor der Mitte des 11. Jahrhunderts eine geringere Bedeutung gehabt zu haben als in vielen Landschaften des kontinentalen Mittel- und Westeuropa. Diese Unterschiede dürften auch von dem höheren Entwicklungsstand des

Marktes und damit des Warenaustausches beeinflußt sein, der die alten Städtelandschaften des Südens von den übrigen Regionen Europas abhob. Jedenfalls haben das Vordringen der ländlichen und städtischen Märkte und die Weiterentwicklung der Geldwirtschaft auf den Rückgang der auf Selbstversorgung abzielenden grundherrschaftlichen Eigenwirtschaft eingewirkt.

Bei der Reduzierung oder Auflösung ihrer Eigenwirtschaft waren die Grundherren selbst an der Ablösung von Frondiensten gegen einmalige oder dauernde Zahlungen interessiert. Die Hörigen konnten damit ein wesentliches Merkmal ihrer Unfreiheit abschütteln und mit der dadurch gewonnenen Freizügigkeit anderweitigen Erwerbschancen nachgehen. Aber auch andere Folgen der Hörigkeit – wie die Einschränkung der Heiratsfähigkeit auf die Angehörigen der jeweiligen »familia« – verloren für die Grund- und Leibherren an Attraktivität, wenn sie dafür Entschädigungen erhielten oder statt dessen andere, ertragreichere Rechte durchsetzen konnten. Höhere und vielfach auch leichter erreichbare Gewinne versprachen jetzt vor allem Marktabgaben, die vielfältigen Bannrechte (Mühlen, Backöfen, Weinkauf usw.) und die unterschiedlichen Steuern von den Bewohnern größerer Orte und der Städte. Darüber hinaus waren jene Herrschaftsinhaber, die über dörfliche oder auch städtische Siedlungen ein möglichst konkurrenzloses Regiment durchsetzen wollten, bestrebt, die Bewohner von grundherrschaftlichen Bindungen und Verpflichtungen gegenüber anderen Herren zu lösen. Sie waren daher bereit, den Interessen der Hörigen in dieser Hinsicht entgegenzukommen. [. . .]

In vielen französischen Landschaften äußerten sich diese Vorgänge in den seit etwa 1100 häufiger erteilten »chartes de franchises« für »villeneuves«, »bourgs« und »sauvetés« (von lateinisch »salvitas« = Sicherheit). In Reichsitalien bildeten dafür die Privilegien für Burg-, Dorf- und Landgemeinden gewisse Parallelen. Etwa gleichzeitig setzten in Frankreich die beurkundeten Befreiungen von einzelnen Hörigenlasten ein und auch die Freilassungen von Hörigen einer ganzen Region, mehrerer Dörfer oder einer Stadt. So schaffte König Ludwig VII. im Jahre 1147 für die Bewohner der Stadt und des Bistums Orléans die Sterbefallabgabe ab. Sein Nachfolger Philipp II. bestätigte dann im Jahre 1180 die Freilassung aller königlichen Hörigen in derselben zur Krondomäne gehörigen Stadt und in einem Umkreis von fünf Meilen. Ähnliche Kollektivfreilassungen sind in Reichsitalien, wo die Unterschiede zwischen hörigen Bauern und »freien« Pächtern vielfach schon seit dem 10./11. Jahrhundert nivelliert waren, um die Mitte des 13. Jahrhunderts öfter bezeugt. Das bekannteste Beispiel ist die Kollektivbefreiung, die die Stadtkommune Bologna in den Jahren 1256/57 für 6000 Unfreie in ihrem Herrschaftsgebiet gegen eine insgesamt hohe Entschädigung zugunsten der fast 400 Leibherren vornahm. Die Freigelassenen verloren damit ihren Anspruch auf ihre Besitzrechte, die Stadtkommune dehnte ihrerseits ihr Besteuerungsrecht über die ehemaligen Hörigen aus.

Die Reduzierung oder völlige Aufhebung der Hörigkeit konnte also auch für die Leib- und Grundherren mit Vorteilen verbunden sein. Die Hörigen mußten bei solchen Rechtsakten nicht selten auch erhebliche Gegenleistungen und Nachteile in Kauf nehmen. Durch zahlreiche Zugeständnisse oder durchgesetzte Freiheiten wurde die Grenze zwischen Freiheit und Unfreiheit weiter verwischt. Auf diesem Hintergrund sind vielleicht auch einige Anzeichen für eine neue Bewertung der Unfreiheit zu sehen. In Anknüpfung an die Tradition, die dem Mittelalter von Augustinus und Gregor dem Großen vornehmlich über Isidor von Sevilla († 636) überliefert worden war, hatten noch der einflußreiche Kenner des Kirchenrechts, Bischof Burchard von Worms († 1025), und der ähnlich bedeutsame Bischof Ivo von Chartres († 1116) die Knechtschaft (»servitus«) als eine Folge der Erbsünde gedeutet. Gott habe die einen als Knechte, die anderen als Herren eingesetzt, damit die Möglichkeit des Frevels von seiten der Knechte durch die Macht der Herren eingeschränkt werde. Die Unfreiheit wurde also heilsgeschichtlich legitimiert. Freilich hatte der Zeitgenosse Buchards von Worms, Bischof Adalbero von Laon, die Unterschiede zwischen Adligen (»nobiles«) und Kriegern (»bellatores«) einerseits und Knechten (»servi«) andererseits nicht auf das göttliche Recht (»lex divina«) zurückgeführt, sondern auf das von Menschen gesetzte Recht (»lex humana«). Demgegenüber verdient es Beachtung, daß die Reformorden der Zisterzienser und Prämonstratenser in ihren frühesten Statuten aus der ersten Hälfte des 12. Jahrhunderts ausdrücklich auf unfreie Leute verzichtet haben, was sie freilich bald wieder zurücknahmen oder doch nicht mehr einhielten.

Diese Reformzentren setzten sich mit ihren ursprünglichen Zielen deutlich von dem älteren cluniazensischen Mönchtum ab. Auf solche kritische Stimmen reagierte um die Mitte des 12. Jahrhunderts Petrus Venerabilis († 1156), der Abt des Klosters Cluny und selbst einer der größten Grundherren seiner Zeit, mit einem aufschlußreichen Traktat. Darin begründete er die Berechtigung der Klöster zur Ausübung von Herrschaft auch über die hörigen Bauern zunächst mit einer Anklage gegen die weltlichen Herren: »Es ist ja allen bekannt, wie die weltlichen Herren über ‹rustici, servi et ancillae› herrschen. Sie sind nämlich nicht zufrieden mit deren üblicher und schuldiger Knechtschaft (‹servitus›). Vielmehr eignen sie sich erbarmungslos stets die Sachen mit den Personen und die Personen mit den Sachen an. Dementsprechend fordern sie nicht nur die üblichen Zinsen, sondern plündern deren Güter drei- oder viermal im Jahr oder sooft sie wollen. Sie peinigen sie mit unzählbaren Dienstleistungen und bürden ihnen schwere und unerträgliche Lasten auf. Dadurch zwingen sie diese zumeist, ihren eigenen Boden zu verlassen und in die Fremde zu flüchten. Und – was noch schlimmer ist – sie schrecken nicht davor zurück, jene Menschen für das wertlose Geld zu verkaufen: eben jene Menschen, die Christus mit einem so kostbaren Preis, nämlich mit seinem eigenen Blut, erlöst hat. Mönche hingegen, wenn sie über jene verfügen, besitzen sie nicht in derselben, sondern auf eine völlig verschiedene Weise. Sie verwenden die rechtmäßigen und schuldigen Dienste der Bauern nämlich nur für ihren Lebensunterhalt, sie quälen sie nicht mit Abgaben, sie fordern von ihnen nichts Unerträgliches. Wenn diese bedürftig sind, unterstützen sie sie aus eigenen Mitteln. Sie behandeln die Hörigen nicht wie ‹servi› und ‹ancillae›, sondern wie Brüder und Schwestern; und sie nehmen von ihnen nur angemessene, ihrem Leistungsvermögen entsprechende Dienste entgegen.«

In seiner Verteidigung der Herrschaftsausübung von Klöstern über Bauern und Hörige argumentierte der Abt von Cluny also mit einer verchristlichten Auffassung von Herrschaft und Knechtschaft. Er entfernte sich damit weit von einer heilsgeschichtlichen Interpretation der Hörigkeit, die angesichts der gegnerischen Stellungnahmen offenbar unhaltbar geworden war. Das verstärkte Bewußtsein von der Erlösertat Christi, das von den religiösen Erneuerungsbewegungen seit dem Ende des 11. Jahrhunderts entfacht und gestützt wurde, überlagerte und verdrängte die älteren Argumentationsstränge, die sich auf die Erbsünde und insgesamt auf einzelne Vorgänge aus dem Alten Testament beriefen. In diesem Licht konnte auch die Schöpfungsgeschichte als Argumentationsbasis für die Gleichheit und Freiheit der Menschen herangezogen werden. So begründeten die geistlichen Fälscher eines angeblichen Diploms König Heinrichs I. von Frankreich um die Mitte des 12. Jahrhunderts die von ihnen gewünschte Gleichstellung der klösterlichen Hörigen mit Freien vor dem Gericht damit, daß die Schöpfung und das Bekenntnis zur einen Religion die Menschen gleichgemacht hätten und daß bei der Schöpfung keiner einem anderen vorgesetzt worden sei. Der Mensch dürfe nicht gegenüber seinem Mitmenschen, sondern nur gegenüber den anderen Lebewesen und den wilden Tieren einen Vorrang haben. Etwa 100 Jahre später berief sich auch die Stadtkommune Bologna bei der erwähnten Kollektivbefreiung auf die von Gott gegebene Freiheit aller Menschen.

Von der religiös-christlichen Argumentation war die Existenz heidnischer Sklaven nur mittelbar betroffen. In den west- und mitteleuropäischen Ländern – eben mit Ausnahme der Mittelmeerlandschaften – hatte die Sklaverei schon vor der Mitte des 11. Jahrhunderts nur noch in den Kampfgebieten gegen die heidnischen Slawen überlebt, wo auch noch später, etwa bis zur Mitte des 12. Jahrhunderts, Sklaven für den Fernhandel in den Mittelmeerraum rekrutiert wurden. In den christlichen Städten am Mittelmeer erlebte die Sklaverei seit den Kreuzzügen gleichsam eine »Renaissance«. Der Sklavenhandel nahm dort an Umfang zu. [. . .]

Stadtbewohner und Stadtbürger

Gerade in dieser Phase, in der das Städtewesen erstmals seit der Spätantike in vielerlei Hinsicht Neuland erreichte, ist es äußerst schwierig, die Vielfalt der urbanen Erscheinungen in einem allgemein gültigen Stadtbegriff zu fassen. Die Übergänge zwischen ländlichen und städtischen Siedlungen blieben in vielen Fällen fließend. Nur die Begrenzung auf die städtischen Bischofssitze scheint einen Ausweg anzubieten. Doch weisen selbst diese Siedlungstypen in ihrer wirtschaftlichen, sozialen und herrschaftlichen Ausstattung im west- und mitteleuropäischen Vergleich eine überaus große Variationsbreite auf. Dies ließe sich durch die enormen Unterschiede etwa zwischen dem holsteinischen Ratzeburg, das im Jahre 1154 erneut zum Bischofssitz erhoben wurde, und der lombardischen Metropole Mailand leicht erhärten.

Entsprechend fragwürdig sind Versuche, die Stadtbewohner einer Schablone vom Stadtbürger oder gar vom Bürgertum einzuordnen. Dagegen spricht schon die Tatsache, daß sich das Bürgerrecht in zahlreichen urbanen Siedlungen –

insbesondere in den Neusiedelgebieten – während des 12. und 13. Jahrhunderts erst auszubilden begann. Davon abgesehen, besaßen selbst in den voll ausgebildeten Städten keineswegs alle Bewohner das Bürgerrecht. Außerhalb des Bürgerrechts standen in der Regel die geistlichen Stadtbewohner, die vornehmlich in den Bischofsstädten einen größeren Anteil unter den Einwohnern stellten. Ähnliches galt für die Juden, die schon aufgrund ihrer religiösen Sonderstellung aus der christlichen Bürgergemeinde ausgeschlossen waren; in vielen größeren Städten bildeten die Juden eine eigene Gemeinde. Den weitaus größten Anteil an der städtischen Bevölkerung ohne Bürgerrecht stellten jene Bewohner, die vor allem aufgrund ihrer mangelnden wirtschaftlichen Leistungsfähigkeit das Bürgerrecht nicht erwarben oder nicht erwerben konnten. Des öfteren wurde die Verleihung des Bürgerrechts ausdrücklich vom Besitz an Grund und Boden oder eines Hauses in der Stadt abhängig gemacht. Das Bürgerrecht, das somit keineswegs selten nur die Minderzahl der städtischen Bewohner innehatte, war seinerseits die Voraussetzung für die politische Mitwirkung in der Bürgergemeinde. Darin spielte ohnehin nur ein mehr oder weniger enger Kreis von Personen und Familien die ausschlaggebende Rolle.

Zu dieser engeren städtischen Führungsschicht gehörten in vielen mediterranen Städtelandschaften – wie Altkatalonien, Südfrankreich, Italien und Dalmatien – vor allem die Stadtadligen, die zumeist über umfangreiche Besitzungen und Herrschaftsrechte in der jeweiligen Stadt und in deren Umland verfügten. Hingegen haben in vielen deutschen, aber auch in französischen Städten Ministeriale eine ganz ähnliche Bedeutung – und dies, obwohl sie noch weit bis in das 12. Jahrhundert hinein und vielfach auch noch im folgenden Jahrhundert leibrechtlich gebunden waren und dementsprechend rechtlich als Hörige galten. Neben den Ministerialen sind in diesen Gebieten auch breitere städtische Bevölkerungskreise in unterschiedlichen Formen – etwa auch als Zensuale – hörig gewesen, ohne daß dadurch ihr Status als Bürger in Frage gestellt war. Insgesamt bestand freilich bei den Stadtherren die Tendenz, Hörigkeitsverhältnisse der Stadtbewohner zu anderen Herren zurückzudrängen oder sogar auszuschalten, was auch im Interesse der jeweiligen Stadtgemeinde liegen konnte. Umgekehrt versuchten die Stadtbürger selbst zumeist mit Erfolg, die Wirksamkeit solcher Abhängigkeiten zu reduzieren oder ganz zu beseitigen. Keinesfalls immer wollten sie damit aber zugleich auch den Rechtsstatus aufheben, denn er konnte durchaus erhebliche politische und wirtschaftliche Vorteile für den Hörigen bieten. Festzuhalten ist unter europäischer Perspektive auch, daß weder der Adels- noch der Hörigenstatus in einem grundsätzlichen Gegensatz zur städtischen Lebensform standen. Hierin äußerten sich vielmehr die unterschiedlichen Rahmenbedingungen bei der Ausformung und Entstehung des Städtewesens.

Noch vielfältiger als die sozialrechtliche Stellung der Stadtbewohner waren ihre wirtschaftlichen Tätigkeitsfelder. Diese reichten von bäuerlicher Arbeit über gewerblich-handwerkliche Produktion und Handel bis hin zu ritterlichen und adligen oder adelsgleichen Lebensformen. Sie waren vielfach nur schwer voneinander abzugrenzen, wodurch die soziale Mobilität innerhalb der städtischen Bevölkerung gefördert wurde. Dem widerspricht auch nicht die in den Städten am höchsten entwickelte Arbeitsteilung, denn auch diese bot Aufstiegschancen.

Auf diesem Hintergrund erledigt sich die Frage nach einem einheitlichen Selbstbewußtsein der Stadtbürger oder gar des »Bürgertums« von selbst. Davon kann keine Rede sein. Hingegen kann wohl ein Gemeinschaftsgefühl der Bewohner einzelner Städte festgehalten werden, auch wenn dieses nicht überschätzt werden darf und wahrscheinlich nur von Teilen der städtischen Einwohner getragen wurde. Dieses gewann im Zusammenhang mit der Gemeindebildung hohe politische Bedeutung. Es äußert sich am deutlichsten in der städtischen Geschichtsschreibung. Diese entwickelt sich am frühesten in den Städten Reichsitaliens: also in jener traditionsreichen Städtelandschaft, in der die »civitates« im Vergleich zu allen anderen Städten während des hohen Mittelalters die größte politische Bedeutung besaßen und in der zugleich die laikale Schriftkultur ihren insgesamt höchsten Stand im westlichen Europa erreicht hat.

Holger Preißler (Hg.)

Allāh mache sie häßlich!
Die seltsamen Sitten der Franken

Preis dem Schöpfer aller Dinge! Wenn jemand von den Franken berichtet, kann er nur Allāh den Erhabenen preisen und segnen, denn er sieht in ihnen Tiere, die nur die Tugend der Tapferkeit und des Kampfes kennen, wie auch Tiere, die die Tugend der Kraft und des Duldens haben. Ich werde einiges von ihrem Tun und ihrem seltsamen Verstand erzählen.

Im Heer des Königs Fulk ibn Fulk (Fulko V.) war ein angesehener fränkischer Ritter, der gerade erst aus seinem Land gekommen war, um die Pilgerfahrt durchzuführen und dann zurückzukehren. Er war mir vertraut und wurde mein Gefährte, so daß er mich ‹Bruder› nannte. Zwischen uns bestanden Liebe und Freundschaft. Als er sich über das Meer in sein Land begeben wollte, sagte er zu mir: »Mein Bruder! Ich ziehe in mein Land zurück. Ich möchte, daß du deinen Sohn (mein Sohn, der damals vierzehn Jahre alt war, war nämlich bei mir) mit mir in mein Land schickst, damit er die Ritter sieht und Verstand und Ritterlichkeit erlernt. Wenn er dann zurückkehrt, wird er das Muster eines verständigen Mannes sein.«

Mein Ohr erreichten da Worte, wie sie aus dem Kopf eines Verständigen nicht kommen können. Wenn nämlich mein Sohn gefangengenommen würde, könnte ihm die Gefangenschaft nichts Schlimmeres bringen, als in das Land der Franken gebracht zu werden. Ich antwortete also: »Bei deinem Leben! Genau das habe ich im Sinn gehabt. Doch ein Hindernis sehe ich darin, daß seine Groß-mutter ihn so liebt und ihn selbst mit mir nicht ziehen läßt, ohne mir den Eid abverlangt zu haben, daß ich ihn zurückbringe.«

»Und deine Mutter lebt noch?«

»Ja!«

»Dann darfst du ihr nicht zuwiderhandeln!«

Ihre Heilkunst ist gar seltsam. Das zeigt die folgende Geschichte:

Der Herr von al-Munaiṭira (im nördlichen Libanon) schrieb an meinen Onkel und bat ihn, einen Arzt zu schicken, der einige kran-ke Gefährten von ihm heilen sollte. Mein Onkel schickte ihm einen christlichen Arzt namens Ṯābit. Zehn Tage war dieser Ṯābit fort. Dann kehrte er zurück. Wir fragten ihn: »Wie hast du die Kranken nur so schnell heilen können?« Da erzählte Ṯābit:

Man brachte mir einen Ritter, an dessen Fuß ein Geschwür aufge-gangen war, und eine Frau, die an Austrocknung litt. Ich machte dem Ritter einen Breiumschlag, so daß sich das Geschwür öffnete und er geheilt wurde. Der Frau verordnete ich eine Diät und machte ihr Temperament feucht.

Da kam ein fränkischer Arzt und sprach zu ihnen: »Der da kann sie nicht heilen!« Den Ritter fragte er: »Was ist dir lieber: mit einem Bein zu leben oder mit zwei Beinen zu sterben?«

»Ich möchte lieber mit einem Bein leben«, antwortete jener.

»Dann bringt mir einen starken Ritter und ein scharfes Beil!« be-fahl der Frankenarzt. Ritter und Beil wurden geholt. Ich war anwe-send. Der Arzt legte das Bein des Ritters auf einen Hackklotz und gebot dem Ritter, es mit einem Schlag abzuhauen. Ich sah, wie er zuschlug. Doch wurde der Fuß nicht mit einem einzigen Schlag ab-getrennt. Der Ritter schlug also noch einmal zu. Da floß das Kno-chenmark heraus, und der kranke Ritter starb auf der Stelle.

Danach schaute sich jener Arzt die Frau an. »Diese Frau hat ei-nen Teufel im Kopf, der sie liebt. Schneidet ihr Haar ab!« Sie taten es. Die Frau aber aß wieder ihre üblichen Speisen mit viel Knob-lauch und Senf. So nahm ihre Austrocknung zu. Der Arzt meinte nun: »Der Teufel steckt in ihrem Kopf!« Er nahm ein Rasiermesser, schnitt in ihren Kopf ein Kreuz ein und zog dort die Haut ab, so daß der Schädelknochen zutage trat. Dann rieb er ihn mit Salz ein. Die Frau starb sofort.

Da fragte ich diese Franken, ob sie mich noch brauchten. Sie verneinten. Nachdem ich von ihrer Heilkunst etwas gesehen hatte, was mir vorher unbekannt gewesen war, kehrte ich zurück.

Ich sah von ihrer Heilkunst aber auch das Gegenteil.

Der König von Jerusalem hatte unter seinen Rittern einen Schatzmeister namens Barnād (Bernhard) – Allāh verfluche ihn. Einmal trat ihn ein Pferd ans Bein. Sein Bein begann daraufhin zu eitern und war an vierzehn verschiedenen Stellen offen. Jedesmal wenn sich eine Stelle geschlossen hatte, öffnete sich eine andere. Ich aber wünschte sein Verderben. Da kam ein fränkischer Arzt zu ihm. Er beseitigte die bisher gebrauchten Salben und begann, alles mit saurem Essig zu waschen. Da schloß sich die Wunde, der Ritter gesundete und war wieder wie ein Teufel.

Zu den Seltsamkeiten ihrer Heilkunst gehört auch folgendes:

Bei uns in Šaizar war ein Handwerker namens Abū 'l-Fatḥ, der einen Jungen hatte, dessen Hals von Skrofulose befallen war. Jedesmal wenn sich eine Stelle schloß, öffnete sich eine andere wieder. Abū 'l-Fatḥ kam wegen einer Arbeit mit seinem Sohn nach Anṭākiya. Da sah ihn ein Franke und fragte nach dem Jungen. »Es ist mein Sohn«, antwortete der Handwerker. Darauf meinte der Franke: »Schwör mir bei deinem Glauben, daß du von keinem, den du danach behandelst, ein Honorar nimmst, wenn ich dir eine Arznei verschreibe, die ihn heilt. Nur in diesem Falle verschreibe ich dir eine Arznei, die deinen Sohn heilt!«

Abū 'l-Fatḥ leistete den Schwur, und der Franke sprach zu ihm: »Nimm ungestoßene Pottasche, brenne sie und weiche sie in Öl und sauren Essig ein! Gib ihm diese Mischung, damit sie alles wegnimmt! Dann nimm geschmolzenes Blei und mische es mit Butter! Dann gib es ihm, und er wird geheilt werden!«

Abū 'l-Fatḥ gab alles seinem Sohn, und der wurde gesund. Die Wunde schloß sich. Er war wieder so munter wie vordem.

Jeder, der in den fränkischen Gebieten noch neu ist, hat rohere Sitten als jene, die sich schon an das Land gewöhnt haben und die mit den Muslims zusammenleben. Von der Sittenroheit der Franken – Allāh mache sie häßlich – zeugt folgende Geschichte:

Als ich Jerusalem besuchte, war ich oft in der al-Aqṣā-Moschee, neben der eine kleine Moschee liegt, die die Franken in eine Kirche umgewandelt hatten. Wenn ich die al-Aqṣā-Moschee betrat, in der sich meine Freunde, die Tempelritter, befanden, ließen sie mich in jener kleinen Moschee allein, damit ich dort beten konnte. Eines

Tages ging ich wieder dorthin, sprach ‹Allāh ist groß› und stellte mich zum Gebet auf. Da fiel einer der Franken über mich her, packte mich und drehte mein Gesicht nach Osten. »So mußt du beten!« sprach er. Gleich eilte eine Gruppe Tempelritter zu ihm, nahm ihn und führte ihn von mir weg. Ich widmete mich wieder dem Gebet. Doch der Franke überrumpelte die Tempelritter, fiel noch einmal über mich her und drehte mein Gesicht wieder nach Osten. »So mußt du beten!« rief er. Die Templer kamen zurück und holten ihn hinaus. Dann entschuldigten sie sich bei mir: »Er ist noch fremd. Erst dieser Tage ist er aus dem Frankenland angekommen. Er hat noch nie jemand gesehen, der nicht nach Osten gewendet betet!«

»Ich habe genug gebetet!« meinte ich und ging hinaus. Ich war von jenem Teufelskerl überrascht! Seine Gesichtsfarbe hatte sich verändert, und er erschrak, als er sah, wie das Gebet, nach Mekka gerichtet, vollzog.

Einmal sah ich, wie ein Franke zum seligen Emir Muʿīn ad-Dīn kam, als er gerade im Felsendom (in Jerusalem) weilte. Er fragte den Emir: »Willst du Gott als Knaben sehen?« Der Emir bejahte. Der Franke ging vor mir her, bis er uns das Bild von Maria und dem Messias – Heil ihm – als Knaben in ihrem Schoß zeigte. »Das ist Gott als Kind!« meinte der Franke.

Hocherhaben ist Allāh über das, was die Ungläubigen da sagen!

Die Franken kennen weder Ehrgefühl noch Eifersucht. Ein Mann kann bei ihnen mit seiner Frau auf der Straße gehen. Ein anderer kann kommen, die Frau beiseite nehmen und sich mit ihr allein unterhalten, während der Ehemann dabeisteht und darauf wartet, daß sie ihr Gespräch beendet. Wenn es ihm aber zu lange dauert, läßt er sie mit dem anderen allein und geht seiner Wege.

Ich habe auch folgendes erlebt:

Als ich einmal nach Nābulus (in Palästina) kam, stieg ich im Haus eines Mannes namens Muʿizz ab. Sein Anwesen war die Herberge der Muslims, und sie hatte Fenster, die sich auf die Straße öffneten. Auf der anderen Straßenseite stand das Haus eines Franken, der für die Händler Wein verkaufte. So nahm er eine Flasche Wein in die Hand und rief laut: »Der Händler Soundso hat ein ganzes Faß von diesem Wein geöffnet. Wer etwas davon will, gehe dorthin!« Als Lohn für das Ausrufen erhielt der Franke dann den Wein, der in der Flasche war.

Eines Tages kam er nach Hause und fand einen Mann bei seiner Frau im Bett.

»Was hat dich denn zu meiner Frau geführt?« fragte er den Fremden.

»Ich war so müde. Deshalb bin ich eingetreten, um mich etwas auszuruhen!«

»Und wie bist du in mein Bett gekommen?«

»Ich fand das Bett gemacht vor und legte mich schlafen.«

»Und meine Frau hat mit dir geschlafen?«

»Das Bett gehört ihr doch. Wie konnte ich sie daran hindern, sich in ihr Bett zu legen?«

»Bei meinem Glauben! Wenn du das noch einmal tust, gibt es Streit zwischen uns!«

So sehen Mißbilligung und höchste Eifersucht bei den Franken aus.

[Aus den 1180 als »Buch der Belehrung durch Beispiele« niederge-schriebenen Berichten und Erlebnissen des syrischen Ritters Usāma ibn Munqid.]

Helmut De Boor (Hg.)

Mittelalterliches Welttheater: Das Spiel vom Antichrist

Zuerst werden der Tempel des Herrn und sieben Königsthrone in folgender Weise aufgestellt: Gegen Osten der Tempel des Herrn; hier werden der Thron des Königs von Jerusalem und der Thron der Synagoge aufgestellt. Gegen Westen der Thron des römischen Kaisers; hier werden der Thron des deutschen und des französischen Königs aufgestellt. Gegen Südosten (austrum?) der Thron des griechischen Königs. Gegen Süden (meridiem) der Thron des Königs von Babylon und der Gentilitas (Verkörperung des Heidentums). Wenn dies so angeordnet ist, soll zuerst die Gentilitas mit dem König von Babylon auftreten und singen:

Die Unsterblichkeit der Götter

soll von allen verehrt werden,
auch ihre Vielheit
überall gefürchtet werden.

Töricht sind und wahrhaftig einfältig,
die einen einzigen Gott behaupten
und dem Glauben des Altertums
vermessen widersprechen.

Wenn wir nämlich an einen glauben,
der alles insgesamt beherrschen sollte,
so geben wir zu, daß er
gegensätzlich Verschiedenem unterworfen sei:

Während er hier das Gut des Friedens hegte
in gnädiger Milde,
würde er dort die Wirren des Krieges aufrühren
in wilder Grausamkeit.

So gibt es viele Aufgaben
und verschiedene der Götter,
die uns Hinweise sind
auf ihren Unterschied.

Wer also behauptet, daß so vielfältigen Dingen
einer vorstehe,
muß notwendig annehmen,
daß Gott von den Gegensätzlichkeiten jener beeinflußt werde.

Damit wir also nicht behaupten,
daß der Eine den Gegensätzlichkeiten unterworfen sei,
und zugeben müssen,
daß durch sie die göttliche Natur beeinflußt werde,
entscheiden wir aus diesem Grunde,
die Götter zu unterscheiden,
deren Aufgaben wir
untereinander abweichen sehen.

Dies soll sie (die Gentilitas) das ganze Spiel hindurch zu geeigneter
Zeit singen, und dann steigen sie und der König von Babylon zu ihrem Thron empor. Dann folgt die Synagoge mit den Juden und singt:

Unser Heil steht bei dir, Herr!
Keine Hoffnung auf Leben bei einem Menschen:
Ein Irrtum ist's, zu glauben,
die Hoffnung des Heils sei in dem Namen Christi.

Seltsam, wenn der dem Tode erlegen ist,
der anderen das Leben gebracht hat.
Der sich selbst nicht erlösen konnte,
wer kann von dem erlöst werden?

Nicht ihn, sondern der da ist Emmanuel,
sollst du, Israel, als Gott anbeten!
Jesum so wie die Götter von Ismael
gebiete ich dir zu verabscheuen.

Dies singt sie zu den entsprechenden Zeiten, und dann besteigt sie
ihren Thron. Dann tritt Ecclesia in weiblichem Gewande auf, mit
einem Brustpanzer angetan und gekrönt, neben ihr die Barmherzigkeit mit dem Öl zur Rechten und die Gerechtigkeit mit Waage und
Schwert zur Linken, beide in Frauengewändern. Ihr sollen der
Apostolicus (der Papst) zur Rechten mit der Geistlichkeit und der
römische Kaiser zur Linken mit der Ritterschaft folgen. Es singt
aber die Kirche den Prozessionshymnus: *Alto consilio,* und die, die
ihr nachfolgen, antworten auf jede Strophe:

Dies ist der Glaube, aus dem das Leben entspringt,
in dem das Gesetz des Todes ohnmächtig ist.
Jeder, der anders glaubt,
ihn verdammen wir in Ewigkeit.

Und sie besteigt selbst mit dem Papst und dem Klerus, dem Kaiser
und der Ritterschaft denselben Thron.

Danach treten auch die anderen Könige mit ihrer Ritterschaft auf,
und jeder singt, was passend erscheint. Und so besteigt jeder mit
seiner Ritterschaft seinen Thron, während der Tempel und ein
Thron noch leer bleiben.

Dann sendet der Kaiser seine Boten zu den einzelnen Königen
und zuerst zu dem König von Fankreich. Er spricht:

Wie die Schriften der Geschichtsschreiber überliefern,
war einst die ganze Welt den Römern tributpflichtig.
Dies hat die Tüchtigkeit der Vorfahren erwirkt,

aber die Nachlässigkeit der Nachfahren verschleudert.
Unter ihnen ist die Macht des Reiches zergangen,
die die Kraft unserer Majestät zurückfordert.
Die Sonderkönige sollen daher die früher bestimmten Tribute
jetzt dem Römischen Reich wieder entrichten.
Aber da das Volk der Franzosen im Rittertum stark ist,
möge ihr König dem Reich mit den Waffen dienen.
Befehlt ihm, daß er uns den Lehnsdienst
mit dem Treueid in nächster Zeit erweise.

Dann sollen die Gesandten zum König von Frankreich kommen
und vor ihm singen:

Seinen Gruß entbietet der römische Kaiser
seinem hochgeschätzten ruhmreichen König der Franzosen.
Wir wissen, deiner Einsicht wird es bekannt sein,
daß du der römischen Jurisdiction unterworfen sein solltest.
Daher fordert dich zurück des höchsten Herrschers Spruch,
den man einhalten und immer fürchten muß.
Zu seinem Dienst fordern wir dich auf
und heißen dich nach unserm Auftrag, rasch zu kommen.

Ihnen (antwortet) jener:

Wenn den Geschichtsschreibern irgendwelcher Glaube zu schenken ist,
gebühren nicht wir dem Reich, sondern das Reich uns.
Denn die alten Gallier haben es besessen
und ihren Nachfahren, nämlich uns, hinterlassen.
Aber jetzt werden wir dessen durch die Gewalt eines Eindring-
lings beraubt.
Fern sei es, daß wir den Eindringlingen gehorchen.

Dann kehren die Gesandten zum Kaiser zurück und singen vor
ihm:

Sieh! Die Franzosen, gegen dich allzu überheblich,
widersetzen sich dreist deiner Majestät.
Ja sogar das Recht deiner Herrschaft kränken sie,
wenn sie dies als Einbruch bezeichnen.
Von verdienter Strafe betroffen, sollen sie wieder zur Vernunft
damit durch sie andere zu gehorchen lernen.   kommen,

Dann singt der Kaiser:

> Die Herzen pflegen sich vor dem Sturz zu überheben:
> Wundert euch nicht, wenn Toren übermütig reden.
> Wir werden ihre Hoffart wahrlich niederdrücken
> Und sie unter unseren Füßen zermalmen.
> und die jetzt als Ritter nicht gehorchen wollen,
> werden hernach gezwungen sein, wie Knechte zu dienen.

Und sogleich zieht er mit seinen Scharen aus, um den König von Frankreich zu unterwerfen. Dieser tritt ihm entgegen, kämpft mit ihm und wird überwunden als Gefangener zum Thron des Kaisers geführt. Und während der Kaiser sitzt, steht er vor ihm und singt:

> Der Ruhm des Sieges ist, die Besiegten zu schonen.
> Besiegt gehorche ich jetzt deinen Befehlen.
> Mein Leben zugleich mit der Würde meiner Herrschaft
> ist, ich gestehe es, in deine Gewalt gegeben.
> Aber wenn du mich in meine frühere Ehre wieder einsetzt,
> wird die Ehre des Besiegten dem Sieger der höchste Ruhm sein.

Dann nimmt der Kaiser ihn als Lehnsmann an und überläßt ihm seine Herrschaft. Er singt:

> Lebe durch Gnade und empfange die Ehre,
> Solange du mich als alleinigen Kaiser anerkennst.

Und jener, ehrenvoll entlassen, kehrt in sein Reich zurück. Er singt:

> Des römischen Namens Hoheit verehren wir
> und sehen unsern Ruhm darin, dem Augustus Caesar zu dienen,
> dessen Reiches Machtfülle zu fürchten ist,
> dessen Ehre und Ruhm verehrenswert bleiben sollen.
> Als Herrscher über alle bekennen wir dich allein;
> dir wollen wir von ganzem Herzen immer gehorsam sein.

[. . . Dann sendet der Kaiser seine Boten zum »griechischen König«. Der unterwirft sich ohne Widerstand und leistet Tribut. Dasselbe bei dem »König von Jerusalem«.

Da nun »die ganze Christenheit dem römischen Reich unterworfen« ist, erhebt sich der »König von Babylon«, den »christlichen Namen von der Erde zu tilgen«. Er zieht aus, Jerusalem zu belagern. Der König von Jerusalem sendet seine Boten an den Kaiser um Hilfe. Der Kaiser läßt wissen, daß er kommen wird. Ein Engel des Herren singt: »Juda und Jerusalem, fürchtet euch nicht.« Der Kaiser schlägt den König von Babylon in die Flucht. Er zieht mit den Seinen in den Tempel von Jerusalem ein, nimmt die Krone vom Haupt und hält sie mit Zepter und kaiserlichen Insignien vor den Altar. Sie singen:]

> Nimm an, was ich darbringe, denn mit demütigem Herzen
> verzichte ich, König der Könige, für dich auf die Herrschaft,
> durch den die Könige herrschen, der du allein Kaiser
> genannt werden kannst und Lenker des Alls bist.

[... Er kehrt auf seinen Königsthron zurück, während Ecclesia im Tempel zurückbleibt.
  Doch nun tritt der *Antichrist* auf, begleitet von der Heuchelei zur Rechten und der Ketzerei zur Linken. Zu ihnen singt er:]

> Meiner Herrschaft Stunde kommt.
> Durch euch denn soll es unverzüglich
> geschehen, daß ich den Thronsitz der Herrschaft besteige;
> mich soll die Welt anbeten und keinen anderen.
> Euch habe ich dazu als geeignet erkannt,
> euch habe ich dazu bis jetzt gehegt.
> Seht, eure Arbeit und euer Eifer
> sind mir jetzt dazu nötig.
> Christus ehren die Völker,
> verehren ihn und beten ihn an.
> Zerstört also sein Gedächtnis,
> indem ihr seinen Ruhm auf mich übertragt.

[... Die Heuchelei soll ihm die »Gunst der Laien« verschaffen, die Ketzerei die »Lehre der Geistlichen niederreißen«. Sie ziehen vor dem Thron des Königs von Jerusalem. Die Heuchelei verkündet den Heuchlern die Ankunft des Antichrist, und jene ziehen sogleich dem Antichrist entgegen:]

> Die heilige Religion hat schon lange gewankt,
> die Mutter Kirche hat Eitelkeit ergriffen.
> Welche Verschwendung durch aufgeputzte Männer!
> Gott liebt nicht verweltlichte Prälaten.
> Ersteige die Gipfel königlicher Macht;
> durch dich mögen die Reste der alten Sitte verändert werden.

[... Mit gezogenen Schwertern stürzen die Heuchler den König von Jerusalem und krönen den Antichrist. Jener tritt – »getäuscht bin ich worden« – vor den König der Deutschen und singt:]

Solange du der Vogt des römischen Weltreichs warst,
blühte in Ehren der Zustand der Christenheit.
Jetzt ist offenbar die schlimme Folge deines Verzichtes:
Es herrscht das Gesetz des tödlichen Irrglaubens.

[... Unter Schmähungen und Schlägen kehrt Ecclesia inzwischen zum Sitz des Papstes zurück. Der Antichrist schickt seine Boten zu dem König der Griechen, der sich unterwirft, und dem französischen König:]

Diese Geschenke bringt dem König der Franzosen dar,
den ihr mit den Seinen dadurch zu uns bekehren werdet.
Sie haben die Form für unseren Kult erfunden
und unserer Ankunft den Weg bereitet.
Ihre Spitzfindigkeit hat uns vorgearbeitet,
den Thron zu besteigen, den unsere Kraft errungen hat.

[... Nachdem auch der König der Franzosen dem Antichrist huldigt, sendet dieser die Heuchler zum König der Deutschen und singt:]

Hervorragend ist die Kraft der Deutschen in den Waffen,
wie diejenigen bezeugen, die ihre Kraft erfahren haben.
Man muß den König mit Geschenken besänftigen;
es ist unvorsichtig, mit den Deutschen zu streiten.
Sie sind die schlimmste Pest für die, die mit ihnen kämpfen;
unterwerft sie uns durch Geschenke, wenn ihr könnt!

[... Der König der Deutschen spürt die »Schliche des Betrugs« und kündigt an, den »Bösewicht« durch das »Schwert des Rächers zu stürzen«. Bestürzt berichten die Heuchler dem Antichrist:]

O Ruhm des Reiches, Haupt der ganzen Welt,
sieh an die Beleidigung des rasenden Volkes.
Gewiß ist's vorausgesagt durch den Glauben der Alten,
daß du die Nacken der Stolzen unterwerfen wirst.
Wenn durch deine Macht der ganze Erdkreis besteht,
durch welche Kraft widersteht dir die Wut der Deutschen?
Deine Herrschaft lästert Germanien,

es erhebt die Hörner gegen die Religion!
Sieh denn unsere Bestürzung an;
ermiß daran deine Beleidigung.
Dieses Unrecht bezeugt deine Macht,
dessen Herrschaft sie mit Untergang bedroht.

Dann (singt) der Antichrist:

Wegraffen werde ich fürwahr das Volk des Verderbens
[...]

Dann sendet er einzelne Boten an die Könige und spricht zu ihnen:

Geht und sammelt die Streitmächte der Reiche,
sie sollen mit ihrem Ansturm die Wut der Übermütigen zer-
stampfen.
[...]

Sie stellen ihre Heere zum Angriff gegen die Deutschen auf, kämpfen mit ihnen, und das Heer des Antichrist wird besiegt: Dann
kehrt der König der Deutschen zurück und singt, auf seinem Thron
sitzend:

Mit Blut muß man die Ehre des Vaterlandes bewahren,
mit Tapferkeit der Feind des Vaterlandes vertrieben werden.
Das Recht, das durch List verlorenging, ist durch Blut (wieder)
erkaufbar.
So werden wir die kaiserliche Würde wiedererlangen.

[... Durch Heilungen und vorgetäuschte Wunder gelingt es dem
Antichrist, den König der Deutschen im Glauben zu verwirren und
abtrünnig werden zu lassen. Die Heiden unter dem König von Babylon werden besiegt, die Synagoge folgt dem Antichrist. Doch die
Propheten Elias und Enoch treten wider den Antichrist auf. Die
Synagoge bekehrt sich – »fürwahr, wir sind vom Antichrist verführt
worden«. Der Antichrist läßt die Synagoge töten. Er versammelt
alle Könige, die ihm ihren Huldigungsgesang entgegenbringen.]

Ihnen (erwidert) der Antichrist:

Dies haben meine Prediger vorausgesagt,
die Männer meines Namens und Hüter des Rechtes.
Das ist mein Ruhm, den sie lange vorausgesagt haben,
den mit mir genießen werden, die es verdient haben.

Nach dem Fall jener, die die Eitelkeit betrogen hat,
umschließt Friede und Sicherheit das gesamte All.

Sogleich erhebt sich ein Getöse über dem Haupt des Antichrist; er
stürzt zusammen, und alle die Seinen fliehen. Die Ecclesia singt:

Siehe, das ist der Mann, der nicht Gott zu seiner Zuflucht
machte.
Ich aber bin wie ein grünender Ölbaum im Hause Gottes
(Psalm 52, 9–10).

Dann kehren alle zum Glauben zurück; die Kirche nimmt sie auf
(und singt):

Lob saget unserem Gott (Offenb. 19,5).

*[Tegernseer Antichristspiel. Aus der Zeit Friedrich Barbarossas,
genauere Datierung umstritten.]*

Pierre Vilar

Die Rückwendung zum Gold

Stimmt es überhaupt, daß das mittelalterliche Europa bis
zum Jahr 1250 ohne Gold ausgekommen ist? Die Hinweise
auf byzantinische Besanten und *manci* besagen nicht zwin-
gend, daß man über sie verfügte, sondern beweisen nur, daß
man sich auf diese internationale Währung beziehen mußte.
So wie heute oder in der jüngsten Vergangenheit in den Ländern mit hoher Geldentwertung ernsthafte Versprechungen
in Dollar gegeben werden, so versicherte man im 9. oder 10.
Jahrhundert, den Gegenwert von soundsovielen manci
schuldig zu sein. Man fügte noch hinzu: *in rem valentem*
oder eine ähnliche Wendung, die besagte, daß der Wert in
Naturalien zahlbar war. Manchmal präzisierte man auch: in
Getreide, in Trockenfisch, in Pferden. Jedenfalls wurde der
Wert in Gold ausgedrückt; also hatte man dieses Wertmaß

noch nicht vergessen. Woher nahm man diesen Bezug auf Goldmünzen? Normalerweise aus den Ländern, die wie Spanien und Süditalien mit dem Islam in Verbindung standen.

Den spanischen Mediävisten Sánchez Albornoz und Valdeavellano fiel die rege Geschäftigkeit der Märkte um das Jahr 1000 auf, beispielsweise in der Stadt León, die auf die Nähe des moslemischen Wohlstands zurückzuführen war. Wertvolle Tuche wurden dort gekauft und mit Gold bezahlt.

Die Frage ist, wann tatsächliche Goldzahlungen den rein theoretischen Bezug auf den *mancus* ablösten? Bei der chronologischen Anordnung der Einträge in den katalanischen Kopialbüchern des 10. und 11. Jahrhunderts, die sich auf Gold beziehen, habe ich den Zeitpunkt bestimmen können, da der Ausdruck *in rem valentem* durch Wendungen ersetzt wird, die keinen Zweifel an der tatäschlichen Bezahlung in Gold als Münzgeld lassen *(mancusos de oro cocto auri puri et legitimi, pensatos ad pensum legitimum* usw.). Sie tauchen am Ende des 10. Jahrhunderts auf und werden zwischen 1033 und 1048 immer genauer. Aber woher kommt dieses Gold? Es stammt aus christlichen Raubzügen, die gegenüber den moslemischen die Oberhand gewinnen, von Tributen *(parias),* die von den Moslems erhoben wurden, und von Sklavenverkäufen an die Moslems, die äußerst einträglich waren.

Damit treten wir in einen neuen Zeitabschnitt ein. Die kleinen moslemischen Königreiche sind noch reich: Sie stimmen Tributzahlungen zu, und sie kaufen Sklaven; militärisch und politisch sind sie nicht mehr stark. Der Sieg der Christen, der zwar von kurzzeitigen moslemischen Erfolgen bei den Einfällen der Almoraviden und der Almohaden unterbrochen wird, beginnt wie vorher der moslemische Sieg, mit außerökonomischen Goldverschiebungen. Hören wir uns das Epos vom Cid an, worin die Einnahme von Valencia (1094) besungen wird:

»Als der Cid Valencia eroberte und in die Stadt eindrang,
wer hätte das Gold, wer das Silber zählen können?
Der Cid Don Rodriges sagt: ‹Man nehme den fünften Teil.›
Die Beute an gemünztem Geld betrug 30 000 Mark;
Gar nicht zu zählen das ungeprägte Beutegold!«

Dichterische Übertreibung, gewiß. Aber das Gold der
Moslems wird jetzt für die Christen eine greifbare Realität.
Vom 11. Jahrhundert an werden von den spanischen König-
reichen nacheinander:

1. das gemünzte moslemische Gold in Umlauf gesetzt,

2. aus ungemünztem Gold Münzen geprägt, wobei aber
heimlich die überall akzeptierten islamischen Münzen ko-
piert werden,

3. diese Münzen offen nachgeprägt, der sog. *mancus* von
Barcelona, wobei die Form beibehalten wird, einschließlich
der Koranzitate;

4. später wird es für besser gehalten, die Koraninhalte
durch christliche Sentenzen in arabischen Schriftzeichen zu
ersetzen, was beweist, wie wichtig die äußere Form ist, damit eine Münze akzeptiert wird,

5. 1175 schließlich, nachdem die Schließung der moslemischen Münzstätte von Murcia bekannt wurde, läßt Alfons VI.
von Kastilien Münzen schlagen, die seinen eigenen Namen
tragen.

Damit ist das Ende des 12. Jahrhunderts erreicht.

Es heißt jedoch immer, daß die Goldprägungen in Europa
erst wieder um 1250 einsetzten. Das stimmt insofern, als die
Prägungen der Spanier, wie die sizilianischen Prägungen
Friedrichs II., Randerscheinungen sind, die eher das moslemische Zwischenspiel verlängern, als daß sie den ökonomischen Sieg der Christen einleiteten. Wenn ein Goldzufluß einen tieferen wirtschaftlichen Sinn haben soll, so muß es auch
einen tieferen wirtschaftlichen Grund dafür geben: er muß
etwa mit einem Handels- und Produktionsaufschwung zusammenhängen und nicht allein auf kriegerischen Einfällen
beruhen. Anders ausgedrückt, die Rückwendung Europas

zum Gold ist die Krönung einer langen inneren Entwicklung. Schauen wir einmal, wo man um 1250 längere Zeit und erfolgreich Gold prägt. Marseille hat im Jahr 1227 um das Münzrecht nachgesucht, aber vergeblich. Florenz und Genua haben diesen entscheidenden Schritt gemeinsam getan. Perugia prägte 1259 Gold, Lucca 1273, Mailand noch vor dem Ende des Jahrhunderts, Venedig 1284. Man beachte, daß die großen Königreiche Frankreich und England, die 1257 versucht haben, Florenz darin zu folgen, tatsächlich erst im 14. Jahrhundert zu prägen beginnen. Folglich hat der eigentliche Wirtschaftsaufschwung des Goldes nach Spanien und Sizilien, den Sonderfällen, in diesen Mittelmeerstädten mit lebhafter Handelstätigkeit stattgefunden. Damit beginnt eine neue Epoche.

Die Blütezeit des christlichen Mittelalters: das 13. Jahrhundert und die erste Hälfte des 14. Jahrhunderts

Die Goldprägungen in Florenz und Genua sind eigentlich schon ein erster Höhepunkt, keineswegs ein Neubeginn, die Krönung des seit dem 11. Jahrhundert einsetzenden europäischen Wiederaufschwungs, und das Jahr 1000 bezeichnet keinen Aufbruch, sondern ein leicht zu merkendes Datum, zu dem auch die Zeitgenossen den Neubeginn erstaunt bemerkten. Man bedenke, daß sich die Bevölkerung des christlichen Europas vom 6. bis zum 14. Jahrhundert um das 2,7fache, vielleicht sogar um das 3,7fache (je nach Autor), sagen wir um etwa das Dreifache vermehrt hat, daß dies mit Rodungen und landwirtschaftlichen Verbesserungen einherging, daß das Lehnswesen immer vollkommener wurde und jetzt bereits seinen Höhepunkt erreicht hat, daß sich Märkte bilden, Städte entwickeln und daß das Christentum in Spanien und durch die Tätigkeit des Deutschen Ordens in Nordosteuropa sowie durch die Kreuzzüge in der Expansion begriffen ist und nicht mehr im Rückzug.

Diese Gesamtlage läßt sich nicht mit dem Zustrom an

Gold erklären, denn die Randzonen, wo das Gold herein-strömt, die russische Steppe und das Spanien der Reconquista, sind keineswegs die Ausgangspunkte dieser Entwicklung. Das Gold kommt nach Europa zurück, als es durch eine aktive Handelsbilanz angezogen wird, d. h. grob gesagt, als man mehr verkauft als einkauft.

Aber die Früchte dieses europäischen Handels ernten die Städte, die Import und Export betreiben, die europäische Waren gegen orientalische Waren handeln, Städte wie Venedig und Genua, und die bisweilen selbst die Massenherstellung dieser Qualitätserzeugnisse betreiben, z. B. die Tuchproduktion in Florenz. Man benötigte Münzen von hohem Wert für einen derart ausgedehnten Handel, dem sich freilich einzelne größere isolierte Regionen noch immer entzogen. Zuerst schlug man dicke Silbermünzen, eine Grundlage, auf der einige Städte, z. B. Barcelona, eine kraftvolle Produktions- und Handelstätigkeit aufbauen konnten.

Richtig erfolgreich werden diese Handelsstädte erst, besonders die am Mittelmeer gelegenen, als sie die international anerkannten Goldmünzen einführen. Der Florin aus Florenz, mit der Lilie darauf, und der venezianische Dukaten mit dem Dogen und San Marco werden zwischen 1250 und 1300 die »Dollars des Mittelalters«. [...]

Das Goldprägen ist also eine Folgeerscheinung der wirtschaftlichen Entwicklung des Abendlandes und nicht eine Ursache, wobei wohlgemerkt eine Wechselwirkung zwischen den beiden Fakten besteht.

Karl Bosl

Weltflucht, Frömmigkeit, »Emanzipation« der Frauen

»Emanzipation« und emanzipierter Mensch waren ein Ergebnis höchster Mobilität in der hochfeudalen Gesellschaft.
Das zeigt sich am klarsten bei Frauen und Rittern (besonders dem Anteil der Ministerialen an der höfischen Gesellschaft) und bei den Vaganten/Goliarden. Walther von der
Vogelweide machte den Unterschied zwischen vrouwe =
adeliger Dame und wîp = Frau als Geschlechtswesen zu einem Gegenstand seiner Lyrik. In seiner Gesellschaft des
Aufbruchs standen sich ein theoretisch-literarisches und ein
reales Bild der Frau gegenüber; das erstere entwarfen Klerus
und Adel, das letztere prägten Leben und Alltag. Das mittelalterliche Frauenbild war ambivalent und hatte ein Doppel-
gesicht. Beim Volk und in der Kirche war die Frau als Ge-
schlechtsgenossin Evas unterbewertet, als die Mariens
hymnisch gepriesen und spiritualisiert. Das archaische Denken von der weiblichen Inferiorität, das einer ausgesprochen
männlichen Herrenwelt entsprach, wurde im Marienkult
und Minnedienst des 12. Jahrhunderts kompensiert und sub-
limiert. Seit dem endenden 11. Jahrhundert gab es eine sehr
lebendige Frauenbewegung, die im Beginentum des 13. Jahrhunderts ihren Höhepunkt erreichte. Die Beginen und die
Nonnen der Clara Sciffi, die man im 20. Jahrhundert »sepol-
te vive« nannte, entfalteten eine blühende Frauenkultur.
Schon in der Wanderpredigerbewegung des 11. und 12. Jahrhunderts hatten die Frauen eine führende Rolle gespielt
(Herluca von Epfach im süddeutschen Bereich). Weltflucht
und Frömmigkeit ergriffen die Frauen Frankreichs, Italiens,
Deutschlands. Starke ländliche Frauengruppen drängten zu
gemeinsamem Leben und gemeinsamer Arbeit in den Klöstern. Doppelklöster unter weiblicher Leitung wurden
Mode. Die römische Kirche kritisierte die engen Beziehun-

gen zwischen Wanderpredigern = leitenden Mönchen und Frauen, die aus allen Schichten, Ständen, Berufen in Stadt und Land kamen, die Haus und Hof, Gatten und Kinder verließen, auf die Straßen und in die Wälder zogen und sich mit Witwen, Unverheirateten, selbständigen Mönchen, Prostituierten, Bettlerinnen, Aussätzigen mischten. Den realen Hintergrund dieser Frauenemanzipation bildeten Frauenüberschuß, ständige Kriege, das religiöse Postulat des Zölibats, die Krisenanfälligkeit weiblicher Sensitivität, das Verlangen nach gesellschaftlicher Freiheit, Freizügigkeit, Unabhängigkeit vom besonderen Dienstverhältnis zum Mann. Der Zusammenschluß mit Gleichgesinnten auf religiöser Basis ebnete Wege zum Ziel, der Durchsetzung eines neuen Lebensideals in Armut, Buße, Askese und Gebet, das die Frauen packte. Die Klöster waren bislang und noch weiterhin die einzige Chance weiblicher Unabhängigkeit, der Wirksamkeit und des gesellschaftlichen Aufstiegs der Frau. Die Wanderprediger bemühten sich auch um eine wirkliche Besserung der sozialen und wirtschaftlichen Lage der Frau.

Norbert von X(anten) nahm sich als Wanderprediger besonders der adeligen Damen an, bevor er den Orden der prämonstratensischen Regularkanoniker stiftete. Die Zisterzienser, die Regularkanoniker, vor allem die Bettelorden, fingen im 12. Jahrhundert den Strom der wandernden religiösen Frauen auf. Aber die Frauen schlossen sich auch den häretischen Bewegungen in Köln, Flandern, Südwestfrankreich an. Diese Bewegungen prägten im 12. Jahrhundert weitgehend den individuellen und kollektiven Typ der Frau. Der große Pariser Magister Abaelard hat zwar keine neue Idee der Frau entworfen, aber die Frau doch stark herausgehoben. Natürlich überwogen in dieser Bewegung zuerst religiöse und kirchliche Motive, es kamen aber gesellschaftliche hinzu. In den Klöstern setzten sich bürgerliche Frauen neben den adeligen durch, und auch Frauen aus den Unterschichten erhielten Anteil an diesem Lebensstil. Es stärkte sich die autonome und öffentliche Stellung der Frau in der

Gesellschaft, in den religiösen Bewegungen nahm die Frau aktiv teil am geistig-kulturellen Leben, wie Hildegard von Bingen und Heloise, die Geliebte Abaelards, beweisen. Davon ist auch ihr starker Anteil an der Mystik und ihr Bild in der Literatur bestimmt. Hinter der »Braut Christi«, der Nonne, tritt die Laienfrau in der Gesellschaft keineswegs zurück. Zwar hat es noch lange gedauert, bis die Frau im Recht eine »Person« und damit frei wurde. Trotzdem nahm sie wirksam und erfolgreich am öffentlichen und kulturellen Leben teil, war an Pflichten und Rechten beteiligt, spielte eine wichtige Rolle in der Leitung der Grundherrschaft, in Handwerk und Großgewerbe. Daß im Marienkult und Minnedienst die Frau auch Leitbild und Idealfigur für die Männer wurde, ist ein kulturanthropologisches Zeugnis dafür, daß in Gesellschaft und Kultur der Aufbruchzeit auch matriarchale Elemente und daneben Fragen der Sexualität auftraten. Es mag sehr wohl sein, daß die matriarchalen Elemente der höfischen Gesellschaft eine Folge der Überbetonung des starren Patriarchalismus in der feudalen Gesellschaft waren.

IV. Zeit der Krise

Egon Friedell

Inkubationszeit

Wenn wir den Entwicklungsabschnitt, in dem sich der Mensch der Neuzeit vorbereitet, die »Inkubationszeit« nennen, so kann dadurch leicht der Eindruck erweckt werden, daß das Neue, das hier in die Welt trat, ein Giftstoff gewesen sei. Es war auch einer; wie wir später sehen werden. Jedoch dies nur zum Teil, denn auf unserem Erdball pflegt sich Heilsames und Verderbliches zumeist in gemischtem Zustand auszuwirken; und außerdem ist ja Vergiftung sehr oft die Form, hinter der sich eine Erneuerung, Bereicherung und Vervollkommnung des organischen Daseins zu verbergen liebt: Wenn die Einführung scheinbar feindlicher, schädlicher und wesensfremder Stoffe an Pflanzen gefüllte Blüten, an Tieren neue Köpfe zu erzeugen vermag, warum sollte sie nicht an ganzen Zeitaltern ähnliche Wirkungen hervorbringen können: neue Köpfe wachsen machen, strotzendere, gefülltere, blütenreichere Lebensformen heraufführen? Doch wie dem auch sei: Wir wollen mit dem Namen Inkubationszeit zunächst kein positives oder negatives Werturteil aussprechen, sondern einfach jene anderthalb Jahrhunderte bezeichnen, in denen das Neue im Schoße der Menschheit wächst, reift, ausgetragen wird, bis es schließlich stark und groß genug geworden ist, um ans Licht treten zu können.

Die Geburtsstunde der Neuzeit wird durch eine schwere Erkrankung der europäischen Menschheit bezeichnet: die schwarze Pest. Damit soll aber nicht ausgedrückt sein, daß die Pest die Ursache der Neuzeit war. Sondern es verhielt sich gerade umgekehrt: Erst war die »Neuzeit« da, und durch sie entstand die Pest. In seinem ungemein gedankenreichen Werk »Gesundheit und Krankheit in der Anschauung alter Zeiten« sagt Troels-Lund: »Es ist nicht unwahrscheinlich, daß die Krankheiten ihre Geschichte haben, so daß jedes Zeitalter seine bestimmten Krankheiten hat, die so nicht früher aufgetreten sind und ganz so auch nicht wiederkehren werden.« Dies läßt sich offenbar nur so erklären, daß jedes Zeitalter sich seine Krankheiten macht, die ebenso zu seiner Physiognomie gehören wie alles andere, was es hervorbringt. [...]

Es ist völlig unenträtselt, unter welchen näheren Umständen die Pest, gemeinhin der schwarze Tod oder das große Sterben genannt, von Europa plötzlich Besitz ergriff. Einige behaupten, sie sei durch die Kreuzzüge eingeschleppt worden, aber es ist merkwürdig, daß sie unter den Arabern niemals auch nur annähernd jene Furchtbarkeit erreicht hat wie bei uns; andere verlegen ihren Ursprungsort bis nach China. Die Zeitgenossen machten die Konstellation der Gestirne, die allgemeine Sündhaftigkeit, die Unkeuschheit der Priester und die Juden für sie verantwortlich. Genug, sie war auf einmal da, zuerst in Italien; und nun schlich sie über den ganzen Erdteil. Denn sie verbreitete sich, was ihre Unheimlichkeit erhöhte, nicht reißend wie die meisten anderen Epidemien, sondern zog langsam, aber unaufhaltsam von Haus zu Haus, von Land zu Land. Sie ergriff Deutschland, Frankreich, England, Spanien, zuletzt die nördlichsten Länder bis nach Island hin. Was sie noch grausiger machte, war ihre Unberechenbarkeit: Sie verschonte bisweilen ganze Landstriche, zum Beispiel Ostfranken, und übersprang einzelne Häuser, sie verschwand oft ganz plötzlich und tauchte nach Jahren wieder auf. Bis tief in die zweite Hälfte des fünfzehnten Jahrhunderts hinein wird ihr Erscheinen in den Chroniken immer wieder verzeichnet: »Pest in Böhmen«; »großes Sterben am Rhein«; »Pest in Preußen«; »Sterben auf dem Lande«; »allgemeines Sterbejahr«, »zehntausend sterben in Nürnberg«; »Pest in ganz Deutschland, starke Männer sterben, wenig Frauen, seltener Kinder«; »große Pestilenz in den Seestädten«. Es war allem Anschein nach eine Form der Bubonenpest: sie äußerte sich in Anschwellung

257

der Lymphdrüsen, den sogenannten Pestbeulen, heftigem Kopfschmerz, großer Schwäche und Apathie, bisweilen aber auch in Delirien und führte nach den zeitgenössischen Berichten am ersten, zweiten, spätestens am siebenten Tage zum Tode. Die Sterblichkeit war überall entsetzlich. Während ihrer Höhezeit starben zum Beispiel in Bern täglich sechzig Menschen, in Köln und in Mainz täglich hundert, in Elbing im ganzen dreizehntausend; von der Oxforder Studentenschaft zwei Drittel, von der Yorkshirer Priesterschaft drei Fünftel; als die Minoriten nach dem Aufhören der zweijährigen Seuche ihre Toten zählten, waren es über hundertzwanzigtausend; der Gesamtverlust Europas hat nach neueren Berechnungen fünfundzwanzig Millionen betragen: die damalige Menschheit aber meinte, es sei leichter, die Übriggebliebenen zu zählen als die Umgekommenen.

Eine Begleiterscheinung der Pest waren die Geißlerfahrten. Die Flagellanten, exaltierte Religiöse, zogen in großen Scharen von Ort zu Ort, fahnenschwingend, düstere Lieder singend, mit schwarzen Mänteln und absonderlichen Mützen bekleidet, von denen ein rotes Kreuz leuchtete. Bei ihrem Erscheinen läuteten alle Glocken, und alles strömte zur Kirche: Dort warfen sie sich nieder und geißelten sich unter stundenlangen Liedern und Gebeten, verlasen vom Himmel gefallene Briefe, die das sündhafte Treiben der Laien und Pfaffen verdammten, und mahnten zur Buße. Ihre Doktrin, wenn man von einer solchen sprechen kann, war zweifellos häretisch: Sie lehrten, daß die Geißelung das wahre Abendmahl sei, da sich dabei ihr Blut mit dem des Heilands vermische, erklärten die Priester für unwürdig und überflüssig und duldeten bei ihren Andachtsübungen keinen Geistlichen. Ihre Wirkung auf die verängstigte, an der Kirche und am Weltlauf verzweifelnde Menschheit war ungeheuer. Allmählich erhielten sie Verstärkung durch allerlei unreine Elemente: Abenteurer, Deklassierte, Bettelvolk, Maniker, Pervertierte; und es muß ein beispiellos aufwühlender Eindruck für die Zeitgenossen gewesen sein, aus Furcht und Hoffnung, Ekel und Gottesschauer seltsam gemischt, wenn diese grauenhafte Lawine von Fanatikern, Irrsinnigen und Verbrechern sich heranwälzte, schon von fernher durch ihren gruselig monotonen Gesang angekündigt: »Nun hebet auf eure Hände, daß Gott dies große Sterben wende! Nun hebet auf eure Arme, daß Gott sich über uns erbarme! Jesus, durch deine Namen drei, mach, Herre, uns von Sünden frei! Jesus, durch deine Wunden rot, behüt uns vor dem jähen Tod!«

Diese Geißlerfahrten waren jedoch keine einfache Folgeerscheinung der Pest, etwa der bloße Versuch einer Art religiöser Therapie, sondern höchstwahrscheinlich eine Parallelepidemie, ein weiteres Symptom der allgemeinen Psychose: die Pest war nur ein äußerlicher Anknüpfungspunkt. [. . .]

Einen pathologischen und epidemischen Charakter trugen auch die damaligen Judenverfolgungen, aber man kann nicht sagen, daß wir es hier mit einer Erscheinung zu tun haben, die nicht zu allen Zeiten möglich wäre. Plötzlich sprang in Südfrankreich das Gerücht auf, die Juden hätten die Brunnen vergiftet, und drang, schneller als die Pest, in die benachbarten Länder. Es kam zu scheußlichen Judenschlächtereien, bei denen die Geißler die Stoßtruppe bildeten und die Juden jenen blinden Heroismus bekundeten, der in ihrer ganzen Geschichte von Nebukadnezar und Titus bis zu den russischen Pogromen zutage tritt. Mütter, die ihre Gatten auf dem Scheiterhaufen verbrennen sahen, stürzten sich mit ihren Kindern zu ihnen in die Flammen; in Eßlingen versammelte sich die gesamte Judenschaft in der Synagoge und zündete sie freiwillig an; in Konstanz hatte ein Jude sich aus Angst vor dem Feuertode taufen lassen, wurde aber später von Reue ergriffen und verbrannte sich und seine ganze Familie in seinem Hause. Die Judenverfolgungen hatten in erster Linie religiöse, daneben aber sicher auch soziale Gründe. Die Stellung der damaligen Welt zur Judenfrage war eine zwiespältige. Die geistlichen und weltlichen Machthaber tolerierten die Juden, ja ließen ihnen sogar eine gewisse Protektion angedeihen; sie konnten sie nicht gut entbehren, nicht nur wegen ihrer größeren wirtschaftlichen Begabung, die damals noch viel mehr ins Gewicht fiel als heutzutage, sondern auch wegen ihrer höheren Bildung: sie waren an den Höfen als Vermittler der arabischen Kultur und besonders auch als Ärzte geschätzt; vor allem aber waren sie ein ebenso ergiebiges wie handliches Besteuerungsobjekt; unter den Einnahmequellen, die den einzelnen Herrschaften als Privilegien verliehen werden, figurieren neben dem Münzrecht, dem Zoll, den Salinen und dergleichen auch immer die Juden. Das Volk aber hatte niemals vergessen, daß es die Juden gewesen waren, die den Heiland getötet hatten, und wenn einzelne milddenkende Prediger einzuschärfen versuchten, daß man für diese Schuld nicht alle Nachkommen verantwortlich machen dürfe, so lag der Einwand nahe, daß ja die Judenschaft bis zum heutigen Tage das Evangelium verleugne und sogar insgeheim befehde; und mit diesem in der Tat ungeheuerlichen Faktum, daß unter allen Kulturvölkern des Abendlandes das kleinste, schwächste und verstreuteste sich als einziges dem Licht des Christentums hartnäckig entzogen hat, vermochte man sich in der damaligen Zeit noch nicht psychoanalytisch abzufinden. Dazu kam nun noch die wirklich harte Bedrückung durch den jüdischen Wucher. Die Juden waren die einzigen, denen ihre Religion das Zinsnehmen nicht verbot, ja es mochte in ihren Augen sogar verdienstlich erscheinen, den irrgläubigen »Goj« möglichst zu schädigen, und zudem waren ihnen alle anderen Berufe verschlossen, da selbstverständlich nur ein Christ in eine Zunft aufgenommen werden konnte. Und so gab es nicht wenige, die es bei diesen Verfolgungen weniger auf die Verbrennung der Juden abgesehen hatten als auf die Verbrennung der Schuldbriefe. »Ihr Gut«, sagte ein zeitgenössischer Chronist, »war das Gift, das sie getötet hat«.

Aber nicht bloß die Menschen, auch Himmel und Erde waren in Aufruhr. Unheildrohende Kometen erschienen, in England wüteten furchtbare Stürme, wie sie nie vorher und nie nachher erlebt worden sind, riesige Heuschreckenschwärme suchten die Felder heim, Erdbeben verheerten das Land: Villach wurde mit dreißig umliegenden Ortschaften verschüttet. Der Boden verweigerte seine Gaben: Mißwuchs und Dürre verdarben allenthalben die Ernte. Es handelte sich bei diesen Erscheinungen weder um »zufällige Naturspiele« noch um »abergläubische Auslegungen« der Zeitgenossen. Wenn es wahr ist, daß damals ein großer Ruck, eine geheimnisvolle Erschütterung, ein tiefer Konzeptionsschauer durch die Menschheit ging, so muß auch die Erde irgend etwas Ähnliches durchgemacht haben, und nicht bloß die Erde, sondern auch die Nachbarplaneten, ja das ganze Sonnensystem. Die Zeichen und Wunder, die die »beschränkte Leichtgläubigkeit« jener Zeit erblickte, waren wirkliche Zeichen, deutliche Äußerungen eines wunderbaren Zusammenhanges des gesamten kosmischen Geschehens.

Der Mensch aber, durch so viel Schlimmes und Widerspruchsvolles an Gegenwart und Zukunft irre geworden, taumelte erschreckt umher und spähte nach etwas Festem. Die Ernsten zogen sich gänzlich auf ihren Gott oder ihre Kirche zurück, fasteten, beteten und taten Buße. Die Leichtfertigen stürzten sich in ein zügelloses Welttreiben, öffneten der Gier und dem Laster alle Ventile und machten sich aus dem Leben eine möglichst fette Henkersmahlzeit. Viele erwarteten das Jüngste Gericht. In alledem: in den pessimistischen und asketischen Strömungen ebensogut wie in der ungesund aufgedunsenen »Lebensfreude«, die bloß eine Art Tuberkulosensinnlichkeit und Déluge-Genußsucht war, zittert eine allgemeine Weltuntergangsstimmung, die, ausgesprochen oder unausgesprochen, bewußt oder unbewußt, das ganze Zeitalter durchdringt und beherrscht.

Und der Instinkt der Menschen hatte vollkommen recht: die Welt ging auch wirklich unter. Die bisherige Welt, jene seltsam enge und lichte, reine und verworrene, beschwingte und gebundene Welt des Mittelalters versank unter Jammer und Donner in die finsteren Tiefen der Zeit und der Ewigkeit, von denen sie nie wieder zurückkehren wird.

Das Fundament, auf dem die Weltanschauung des Mittelalters ruhte, war der Grundsatz: das Reale sind die Universalien. Wirklich ist nicht das Individuum, sondern der Stand, dem es angehört. Wirklich ist nicht der einzelne Priester, sondern die katholische Kirche, deren Gnadengaben er spendet: Wer er ist, bleibt ganz gleichgültig, er kann ein Prasser, ein Lügner, ein Wüstling sein, das beeinträchtigt nicht die Heiligkeit seines Amtes, denn er ist ja nicht wirklich. Wirklich ist nicht der Reiter, der im Turnier sticht, um Minne wirbt, im Gelobten Lande streitet, sondern das große Ideal der ritterlichen Gesellschaft, das ihn umfängt und emporträgt. Wirklich ist nicht der Künstler, der in Stein und Glas dichtet, sondern der hochragende Dom, den er in Gemeinschaft mit vielen geschaffen hat: Er selbst bleibt anonym. Wirklich sind auch nicht die Gedanken, die der menschliche Geist in einsamem Ringen ersinnt, sondern die ewigen Wahrheiten des Glaubens, die er nur zu ordnen, zu begründen und zu erläutern hat.

Alle diese Vorstellungen beginnen sich aber am Ende des Mittelalters zu lockern und zu verflüssigen, um sich schließlich in ihr völliges Gegenteil umzukehren. [. . .] Die fünfhundertjährige Arbeit der Scholastik mündet (mit Wilhelm von Occam, † 1347/1350) in einen Satz, der die ganze Scholastik aufhebt: Die Universalien sind nicht wirklich, sie sind weder *ante rem* noch *in re*, sondern *post rem*, ja noch mehr, sie sind *pro re*: bloße stellvertretende Zeichen und vage Symbole der Dinge, *vocalia, termini, flatus vocis,* nichts als künstliche Hilfsmittel zur bequemeren Zusammenfassung, im Grunde ein leerer Wortschwall: *universalia sunt nomina.*

Der Sieg des Nominalismus ist die wichtigste Tatsache der neueren Geschichte, viel bedeutsamer als die Reformation, das Schießpulver und der Buchdruck. Er kehrt das Weltbild des Mittelalters vollständig um und stellt die bisherige Weltordnung auf den Kopf: Alles übrige war nur die Wirkung und Folge dieses neuen Aspekts.

Der Nominalismus hat ein Doppelantlitz, je nachdem

man das Schwergewicht in sein negatives oder sein positives Ergebnis verlegt. Die negative Seite leugnet die Realität der Universalien, der Kollektivvorstellungen, der übergeordneten Ideen: aller jener großen Lebensmächte, die das bisherige Dasein erfüllt und getragen hatten, und ist daher identisch mit Skepsis und Nihilismus. Die positive Seite bejaht die Realität der Singularien, der Einzelvorstellungen, der körperlichen Augenblicksempfindungen: aller jener Orientierungskräfte, die das Sinnendasein und die Praxis der Tageswirklichkeit beherrschen, und ist daher identisch mit Sensualismus und Materialismus.

Es war, als ob die Menschheit plötzlich ihr statisches Organ verloren hätte. Es ist dies im Grunde der Charakter aller Werde- und Übergangszeiten. Das Alte gilt nicht mehr, das Neue noch nicht, es ist eine Stimmung wie während einer Nordnacht: das gestrige Licht schwimmt noch trübe am fernen Horizont, das morgige Licht tagt eben erst schwach herauf. Es ist ein vollkommener Dämmerzustand der Seele: Alles liegt in einem Zwielicht, alles hat einen doppelten Sinn. Man vermag die Züge der Welt nicht mehr zu entziffern. Wir könnten auch sagen, es sei wie bei Abendeinbruch: zum Lesen bei der Sonne schon zu dunkel, zum Lesen bei der Lampe noch zu hell; und wir werden später sehen, daß dieses Bild, auf den Beginn der Neuzeit angewendet, sogar einen ganz besonderen Nebensinn hat: Bei dem *natürlichen Licht Gottes* im Buche der Welt zu lesen, hatten die Menschen schon verlernt; und bei dem *künstlichen Licht der Vernunft*, das sie sich bald selbst anzünden sollten, vermochten sie es noch nicht. [. . .]

Alles wankte. Die beiden Koordinatenachsen, nach denen das ganze mittelalterliche Leben orientiert war, Kaisertum und Papsttum, beginnen sich zu verwischen, werden bisweilen fast unsichtbar. In der ersten Hälfte des vierzehnten Jahrhunderts sah das Reich die seltsame Farce einer gemeinsamen Doppelregierung Ludwigs von Bayern und Friedrichs von Österreich, und von da an kam es nicht mehr zur Ruhe, bis das Jahr 1410 drei deutsche Könige brachte: Sigismund, Wenzel und Jost von Mähren. Und fast genau um dieselbe Zeit, im Jahr 1409, erlebte die Welt das Unerhörte, daß drei Päpste aufstanden: ein römischer, ein französischer und ein vom Konzil gewählter. Dies hieß für die damaligen Menschen ungefähr so viel, wie wenn man ihnen plötzlich eröffnet hätte, es habe drei Erlöser gegeben oder jeder Mensch besitze drei Väter. Und da sowohl Kaiser wie Päpste sich gegenseitig für Usurpatoren, Gottlose und Betrüger erklärten, so lag es nahe, sie auch wirklich dafür zu halten, alle drei, ja noch mehr: in ihrem ganzen Amt keine gottgewollte, sondern eine erschlichene Würde, nicht mehr den Gipfel geistlicher und weltlicher Hoheit, sonderen einen erlogenen Scheinwert zu erblicken und den Schluß des Nathan zu machen: »Eure Ringe sind alle drei nicht echt. Der echte Ring vermutlich ging verloren.« Schon die bloße Möglichkeit der Tatsache eines Schismas mußte die Idee des Papsttums entwurzeln und aushöhlen.

Wir haben also hier den Fall, daß die Auflösung zuerst das Haupt ergriff, daß die Anarchie bei der obersten Spitze der Gesellschaft ihren Anfang machte. Aber alsbald begann sie alle Schichten zu ergreifen. Eine allgemeine Deroute ist die soziale Signatur des Zeitalters.

Christopher Hibbert

Cola di Rienzo

Unter denen, die an jenem Tag (am 8. April 1341) auf dem Kapitol Zeugen der Dichterkrönung Petrarcas wurden und ihm zujubelten, war ein gutaussehender junger Notar namens Cola (Niccolò) di Rienzo. Er war ein ebenso schwärmerischer Anbeter des antiken Roms wie Petrarca selbst, ein begeisterungsfähiger Träumer, der später behauptete, ein leiblicher Sohn Kaiser Heinrichs VII. zu sein – in Wirklichkeit war er das Kind eines Schankwirts und einer Wäscherin. Redegewandt, gefühlsbetont und temperamentvoll, war Cola in Rom als Experte für antike Baudenkmäler und Inschriften bekannt, über die er mit großer Leidenschaft und beträchtlicher Gelehrsamkeit Vortrag zu halten pflegte. Er profilierte sich darüber hinaus auch als politischer Demagoge, indem er vehement für die Rechte des Volkes eintrat und scharfe Kritik an den Patrizierfamilien übte, die sich nach wie vor auf das heftigste befehdeten (bei einer dieser Fehden war Colas Bruder getötet worden). Als daher im Jahr 1343 eine Abordnung römischer Bürger nach Avignon reiste, um den kürzlich gewählten Papst Clemens VI. zu bitten, nach Rom zurückzukehren und die ungebärdige Stadt kraft seiner Autorität zu befrieden, war es nur logisch, daß Cola, obwohl noch keine dreißig Jahre alt, der Delegation angehörte. In der Tat erwies er sich in Avignon als Wortführer der Abordnung: seine lebhafte und bewegende Darstellung der traurigen Lage Roms und seiner Bewohner, denen die Aristokraten das Leben so schwer machten, beeindruckte den Papst. Clemens VI. versprach, Rom bei nächster Gelegenheit zumindest einmal zu besuchen; ferner proklamierte er das Jahr 1350 zum Heiligen Jahr und legte in einer Bulle fest, künftig solle alle fünfzig Jahre ein solches Heiliges Jahr begangen werden. Cola hatte nichts Eiligeres zu tun, als seinen römischen Mitbürgern in einem Brief zu verkünden, daß die Gesandtschaft einen durchschlagenden Erfolg errungen habe und daß dies sein Verdienst gewesen sei. Der Größenwahn, der später zu einem beherrschenden Zug seines unberechenbaren Charakters werden sollte, kündigte sich in diesem Brief bereits an.

Nach seiner Heimkehr schlug Cola die Errichtung eines prächtigen Denkmals für Papst Clemens VI. im Kolosseum oder auf dem Kapitol vor. In der Folge gefiel er, der immer mehr in die Rolle des Volkstribunen hineinwuchs, sich zunehmend in der Vorstellung, er sei zum Befreier des römischen Volkes vom Joch der Aristokraten auserkoren und müsse eine Revolution inszenieren, durch die Ruhm und Größe des antiken Roms wiederhergestellt würde. Die Patrizier sahen in ihm eher eine Witzfigur als eine Bedrohung; sie luden ihn gern zu ihren Banketten ein, um sich über seine weltbewegenden Reden und seine Untergangsprophezeiungen zu amüsieren. Wenn er freilich öffentliche Ansprachen hielt, wie er es einmal in der Lateran-Basilika tat – mit einer Art Toga bekleidet und einem weißen, mit seltsamen Insignien wie goldenen Kronen und Schwertern geschmückten Hut auf dem Kopf –, hörte das Volk aufmerksam und nachdenklich zu.

Um diese Zeit tauchten auf den Mauern der Stadt Wandmalereien auf, die allegorische Darstellungen von Schiffsuntergängen, Bränden und ähnlichen Katastrophen zeigten. Die Kirchentüren wurden mit Parolen wie der folgenden bemalt, die das Portal von S. Giorgio in Velabro zierte: »Bald werden die Römer zu ihrer guten alten Regierungsform zurückkehren.« Der Rückhalt, den Cola bei der Bevölkerungsmasse und bei den Zünften fand, wuchs Tag für Tag; es zeichnete sich ab, daß es ihm mit Hilfe seines Verbündeten, des Papstes, womöglich gelingen würde, die Macht der selbstherrlichen Aristokraten zu brechen, die den Senat wie eh und je nach Belieben beherrschten. Im Mai 1347 war es dann soweit.

Am Morgen des Pfingstsonntags schritt Cola im Anschluß an einen Gottesdienst in der Kirche S. Angelo in Pescheria inmitten seiner Anhänger und in Begleitung eines offenbar nervösen päpstlichen Stellvertreters zum Kapitol, um dort ein Parlament einzuberufen. Er war barhäuptig, sonst aber in voller Rüstung. In Abständen waren entlang der Strecke bewaffnete Trupps postiert. Das Läuten der Kirchenglocken und die über den Köpfen der Teilnehmer flatternden Banner verliehen dem Zug einen eher feierlichen als verschwörerischen Charakter. Auf dem Kapitol angekommen, hielt Cola eine zündende Rede; er versicherte den Tausenden, die sich zusammengeschart hatten, er sei bereit, aus Liebe zum Papst und für die Erlösung des Volkes zu sterben. Einer seiner Adjutanten verlas dann ein revolutionäres, gegen die Aristokratie gerichtetes Reformprogramm. Alle vorgeschlagenen Erlasse wurden per Akklamation gutgeheißen, und zu guter Letzt wurden Cola Machtbefugnisse eines Diktators übertragen. Er erklärte, er werde diese Machtbefugnisse in enger Abstimmung mit dem päpstlichen Gesandten anwenden. Später wählte Cola für sich den Titel: »Nicolò, im Auftrag unseres allergnädigsten Herrn Jesus Christus, der Strenge und Milde, der Tribun von Freiheit, Frieden und Gerechtigkeit und der Erlauchte Erlöser der Heiligen Römischen Republik.«

Der plötzliche und unerwartete Aufstieg des Tribunen von eigenen Gnaden stürzte die Aristokratie in Verwirrung. Zunächst verurteilten sie Colas ungesetzliche Amtsanmaßung. Stefano Colonna, Befehlshaber der Miliz, ging so weit, zu erklären, er werde »den junge Narren aus den Fenstern des Kapitols werfen«. Aber diese Töne vergingen ihm und seinesgleichen sehr bald: Vor dem Palast der Colonna erschien eine Schar Bewaffneter, woraufhin der Hausherr nach Palestrina floh. Alle anderen Adligen wurden in ihren Villen oder Burgen unter Hausarrest gestellt und dann zur Huldigung auf das Kapitol zitiert. Ihre Angst war so groß, daß sie gehorchten. Die Colonna und Orsini, die Savelli, Annibaldi und Conti legten, Seite an Seite mit dem Kollegium der Richter und der Notare sowie mit den anderen Zünften Roms, den Treueeid auf die neue Republik und den »Erlauchten Erlöser« ab.

Cola und seine Mit-Putschisten, die sich eine starke militärische Schutztruppe, bestehend sowohl aus Kavallerie als auch aus Infanterie, zugelegt hatten, erließen eine Reihe von Verordnungen, die alle möglichen politischen, rechtlichen und finanziellen Fragen betrafen: Verbannte wurden nach Rom zurückgerufen, die Armen erhielten großzügige Unter-

stützung, die Adelsfamilien wurden angewiesen, die Befestigungsanlagen ihrer Paläste abzutragen und ihre Wappen von
deren Außenmauern zu entfernen. Gegner des neuen Regi-
mes wurden ebenso schwer bestraft wie Ehebrecher,
Glücksspieler und Übeltäter aller Art. Bestechliche Richter
wurden an den Pranger gestellt, ihre Vergehen per Inschrift
auf einer Mütze, die man ihnen aufsetzte, bekanntgemacht.
Ein Mönch, der sich als Verbrecher entpuppte, wurde enthauptet; ebenso erging es einem widerspenstigen Adligen
aus der Dynastie der Annibaldi. Ein Ex-Senator namens Ja-
copo Stefaneschi wurde der Ausbeutung für schuldig befun-
den und auf dem Kapitol gehenkt.

Mit der Wiedererrichtung einer strengen, aber gerechten
Republik in Rom ließ es Cola indes nicht bewenden. Ihm
schwebte als Vision ein italienischer Bundesstaat mit Rom als
Hauptstadt vor, ein das ganze ‹Heilige Italien› umfassender
Bund, der in der Lage wäre, der Welt Frieden und Ordnung
aufzuzwingen. Er schickte Sendboten zu allen wichtigen
Städten und Herrschern der italienischen Halbinsel und ließ
sie auffordern, ihre Vertreter in ein nationales Parlament in
Rom zu entsenden. Und in der Tat war die Hoffnung auf eine
Besserung der beklagenswerten politischen und geistlichen
Verfassung Italiens so groß und flößte der bloße Name Roms
noch so viel Ehrfurcht ein, daß Colas Plan ernstgenommen
und von vielen der Angesprochenen sogar mit Begeisterung
gutgeheißen wurde. Respektvolle Antworten gingen aus Mai-
land und Venedig, aus Florenz und Siena, aus Genua, Lucca,
Spoleto und Assisi ein. Fünfundzwanzig Städte erklärten sich
bereit, Abordnungen in das römische Parlament zu entsenden. Der Papst schickte ein silbernes Kästchen, das mit drei
Wappen geschmückt war: dem des Papstes, dem der Stadt
Rom und dem des neuen Tribunen. Aus Avignon sandte auch
Petrarca eine ermunternde Grußbotschaft: »Klugheit und
Mut seien mit dir ... Jedermann muß Rom ein gutes Geschick wünschen. Eine so gerechte Sache kann sich der Zu-
stimmung Gottes und der Welt sicher sein.«

Cola war überzeugt davon, unter dem persönlichen Schutz des Heiligen Geistes zu stehen. Er gebärdete sich immer exzentrischer. Beispielsweise gewöhnte er sich an, in einem golddurchwirkten Seidengewand auf einem Schimmel durch die Stadt zu reiten, wobei über seinem Haupt ein Wimpel mit dem Wappen, das er sich zugelegt hatte, flatterte. Am Peter- und Paulstag kleidete er sich in grünen und gelben Samt und ritt, ein stählernes Zepter in der Hand, zur Peterskirche. Fünfzig mit Lanzen bewaffnete Männer eskortierten ihn. Ein Herold trug ihm das Schwert der Justitia voran. Fanfarenstöße und Beckenschläge kündigten seine Ankunft an, und einer seiner Vertrauten warf Goldstücke und Münzen unter die Menge, die florentinische Meister für den Tribun graviert hatten. Auf den Stufen der Peterskirche wurde er vom römischen Klerus mit dem Choral ‹Veni Creator Spiritus› begrüßt.

Am 1. August, dem für die Eröffnung des nationalen Parlaments und für die feierliche Proklamierung der Einheit Italiens gewählten Tag, wurden außergewöhnliche Festlichkeiten veranstaltet. Seit jeher war es Tradition gewesen, daß an diesem Tag den Gläubigen die Ketten des Heiligen Petrus gezeigt wurden. Vor der feierlichen Enthüllung dieser Reliquien ließ Cola di Rienzo sich im Lateran zum Ritter schlagen; nachdem er zunächst in das uralte grüne Basaltbecken der Lateran-Taufkapelle gestiegen war, in dem sich der Sage nach Kaiser Konstantin sein Heidentum heruntergewaschen hatte, erschien er, solchermaßen gereinigt, vor seinen versammelten Anhängern. Am Tag darauf präsentierte er sich, diesmal scharlachrot gekleidet, dem Volks als »Kandidat des Heiligen Geistes, Ritter Nikolaus, der Strenge und Milde, Zelot für Italien, Freund der Welt, der Tribun Augustus«. Per Dekret verkündete er, das römische Volk übe nunmehr die Gerichtshoheit über alle anderen Völker aus, wie es das in der antiken Vergangenheit getan hatte; Rom, die Grundfeste des Christentums, sei, so redete er weiter, wieder die Hauptstadt der Welt. [...]

Die Begeisterung, die die Politik des Tribunen Cola zunächst entfacht hatte, schwand bald dahin. Der Papst brachte, irritiert über die Allmachtsphantasien seines Schützlings, sein Bedauern über die Unterstützung, die er ihm bislang gewährt hatte, zum Ausdruck. Die italienischen Städte, die um ihre Unabhängigkeit fürchteten, begannen sich zu überlegen, ob es wirklich in ihrem Interesse lag, unter einem so extravaganten und vielleicht geistig gestörten Führer in einen nationalen Bund einzutreten. [. . .] Dem römischen Volk wurde der Mann, den es als seinen Helden verehrt hatte, zunehmend unheimlicher, nachdem er sich auch noch mit Kränzen aus Pflanzen, die auf dem Konstantinsbogen wuchsen, hatte krönen lassen und sich an Mariä Himmelfahrt mit dem Sohn der Gottesmutter verglichen hatte. Ein Mönch, der bis dahin zu Colas leidenschaftlichsten Anhängern gehört hatte, erlitt aus diesem Anlaß einen Zusammenbruch; sein Schluchzen war ein symbolisches Beispiel für die allgemeine Enttäuschung und Ernüchterung.

Der römische Adel bereitete sich nun, ermuntert vom Papst, der einen Legaten nach Rom entsandte, mit dem Auftrag, etwas gegen Cola zu unternehmen, auf einen Gegenschlag vor. Cola war jedoch auf der Hut. Er lud mehrere Mitglieder der Familien Colonna und Orsini zu einem großen Bankett auf dem Kapitol ein und ließ sie verhaften, nachdem einer von ihnen, Stefano Colonna, eine ironische Bemerkung über die prachtvolle Garderobe des Gastgebers gemacht hatte. Vor einer weiteren Bestrafung der Festgenommenen schreckte Cola jedoch zurück. Während draußen die Volksmenge auf die Nachricht von ihrer Hinrichtung wartete und die Glocken der *campanili* in Erwartung ihres Todes ihr Trauergeläut anstimmten, begnadigte Cola die Verhafteten unter der Bedingung, daß sie den Treueeid auf die Gesetze der Republik ablegten.

Auf freien Fuß gesetzt, brachen die Aristokraten ihren Eid unverzüglich; mit Söldnertruppen, die sie ausgehoben hatten, machten sie jenseits der Stadtmauern das Land unsi-

cher. In Rom war unterdessen der päpstliche Legat eingetroffen; er zitierte Cola zu sich in den Vatikanischen Palast.
Der wichtigtuerische Tribun hatte sich den neuerlichen Zorn
des Papstes dadurch zugezogen, daß er jüngst verkündet
hatte, das gesamte »Heilige Italien« müsse sich zu einem
neuen Römischen Kaiserreich zusammenschließen – den
Kaiserthron beanspruchte Cola dabei offensichtlich für sich
selbst. Weder der (französische) Papst noch die (in ihrer
Mehrheit ebenfalls französischen) Kardinäle wünschten sich
eine Wiederkehr des Römischen Reiches, hätte dies doch
nur die Unabhängigkeit des Papsttums gefährden und womöglich eine Rückkehr der Kurie aus Avignon nach Rom
nach sich ziehen können. Der päpstliche Gesandte hatte daher den Auftrag, Cola nachdrücklich in die Schranken zu
weisen.

Der aber ließ sich nicht so leicht einschüchtern. Er erschien im Vatikan mit Panzerhemd und silberner Krone mit
einem Zepter in der Hand. Zum Erstaunen des Legaten hatte
er über sein Panzerzeug eine Dalmatica gestreift, wie die
Kaiser sie bei der Krönungszeremonie zu tragen pflegten.

»Ihr habt nach mir geschickt«, herrschte er, so die Überlieferung, den Legaten in brüskem Ton an. »Was wollt Ihr?«

»Ich habe eine Botschaft von unserem Herrn, dem Papst.«

»Was für eine Botschaft?«

Die arrogante Kurzangebundenheit Colas konsternierte
den päpstlichen Abgesandten so sehr, daß es ihm buchstäblich die Sprache verschlug und er seinen Besucher nur
stumm anstarrte. Dieser kehrte ihm daraufhin »verächtlich
den Rücken und verließ den Palast mit einem eigentümli-
chen Lächeln«. Am Fuß der Treppen bestieg er sein Pferd
und galoppierte davon, um gegen die Aristokraten zu kämpfen.

In der Morgenkälte des 20. November 1347 trafen die
Truppen der verfeindeten Parteien in strömendem Regen
jenseits der Porta S. Lorenzo aufeinander. Colas Streitmacht, die überwiegend aus Fußsoldaten bestand, die seiner

Republik eisern die Treue hielten, wurden von jungen Adeligen befehligt, die sich mit ihren Familien entzweit hatten. An der Spitze des aus rund 4000 Infanteristen und 600 Berittenen bestehenden Adelsheers standen der betagte Stefano Colonna, seine Söhne und Enkelsöhne sowie verschiedene Mitglieder der Familien Orsini, Caetani und Frangipani, die in dieser Situation zu ungewohnter Eintracht gefunden hatten. Der Waffengang war kurz und heftig. Zuerst sah es nach einem Triumph der Aristokraten aus, die aufgeputscht durch den Tod des zwanzigjährigen Giovanni Colonna, dessen Pferd in eine Grube stürzte, und seines Vaters, der aus dem Sattel geschleudert wurde, wütend auf Colas Männer einstürmten. Cola geriet, als er sein Banner in den Schlamm sinken sah, vor Angst ins Schlottern und rief verzweifelt: »O Gott! Hast du mich verlassen?« Aber seine Männer fingen und sammelten sich wieder und schlugen die Adelsstreitmacht wenig später in die Flucht. Auf dem Schlachtfeld zurück blieben nicht weniger als achtzig einst gefürchtete und geachtete Aristokraten. Man ließ ihre nackten Leichen bis zum Nachmittag liegen, damit der römische Pöbel sein Mütchen an ihnen kühlen konnte.

Mit wiedergekehrtem Selbstbewußtsein führte Cola seine Truppen im Triumphzug zum Kapitol. Dort hielt er, einen Kranz aus Olivenzweigen auf dem Kopf, eine Rede an seine siegreichen Soldaten. Am Tag darauf suchte er in Begleitung seines kleinen Sohns, die Stadt durch die Porta S. Lorenzo verlassend, die Stelle auf, an der Giovanni Colonna zu Tode gestürzt war; mit dem blutgeröteten Wasser, das in der Grube stand, taufte er den Knaben zum »Ritter des Sieges« und wies die Kommandeure seiner Kavallerie an, ihm mit ihren Schwertern den Ritterschlag zu geben.

Dieses lächerliche Ritual und die Feigheit, die er auf dem Schlachtfeld an den Tag gelegt hatte, kosteten Cola einen großen Teil des ihm noch verbliebenen Rückhalts. Die Leute erzählten sich, sein Charakter habe sich vollständig gewandelt, er gebe sich in seinem Palast den luxuriösesten Genüssen hin, werfe mit Geld um sich, als sei es Wasser, und umgebe sich mit Taugenichtsen, die ihm nach dem Mund redeten und seiner wahnhaften Eitelkeit schmeichelten. Sicher ist, daß er, um seine Truppen bezahlen zu können, die Steuern auf eine zuvor selten erreichte Höhe trieb. Doch dies alles wäre ihm vielleicht mit Rücksicht auf seine früheren Verdienste verziehen worden, wenn nicht der Papst eine Bulle gegen das römische Volk erlassen und darin Cola zahlreicher verbrecherischer und gottloser Handlungen bezichtigt hätte; die Bulle gipfelte in der Aufforderung an die Römer, Cola abzusetzen. Angesichts der Tatsache, daß das nächste Heilige Jahr kurz bevorstand, wollten sie nicht das Risiko eingehen, den Papst zu verstimmen und sich die Gewinne, die die Pilger ihnen bringen würden, zu verscherzen. Cola, seines Rückhalts bei der Bevölkerung beraubt und von Alpträumen, Ohnmachtsanfällen und Gleichgewichtsstörungen gequält, entschloß sich zum Rücktritt. Am 15. Dezember 1347 verließ er, in Tränen aufgelöst, das Kapitol. Einige von denen, die seinen Abgang beobachteten, weinten ebenfalls, doch niemand trat auf ihn zu, um ihn am Weggang zu hindern oder ihm auch nur gute Wünsche mitzugeben. Bald darauf hielt der päpstliche Legat seinen förmlichen Einzug in der Stadt, nahm sie im Namen der Kirche in Besitz und gab bekannt, daß das Heilige Jahr 1350 wie geplant stattfände.

In den Wochen vor Beginn des Heiligen Jahrs drängten sich auf den nach Rom führenden Straßen die Pilger. Mit ihnen kamen jene zahllosen Händler und Gauner, Bettler und Fremdenführer, Taschendiebe, Musiker und Gaukler, die sich in Rom immer einstellten, wenn Besucher mit Geld in der Tasche angesagt waren. Wie der Biograph von Papst Clemens VI. berichtete, strömten Tag für Tag bis zu fünftausend Menschen in die Stadt und fanden Unterkunft und Verpflegung. Die Klage über die Habgier ihrer römischen Gastgeber war allgegenwärtig, aber bemerkenswerterweise gab es für alle genug zu essen, vorausgesetzt, die Kasse stimmte. Der Papst selbst blieb in Avignon; im Gegensatz zu den Pilgern des Jahres 1300 – unter ihnen waren der florentinische Chronist Giovanni Villani und vielleicht der Dichter Dante gewesen –, denen Papst Bonifaz VIII. von der Loggia des Lateran-Palasts aus den päpstlichen Segen erteilt hatte, kamen die Rom-Pilger von 1350 also nicht in den Genuß dieser Gunst. Nicht einmal den Lateran selbst konnten sie bewundern, denn er war zu dieser Zeit wieder einmal eine Ruine. In der Tat präsentierten sich neben den antiken Monumenten Roms auch die meisten seiner bedeutenden christlichen Baudenkmäler in einem beklagenswerten Zustand, sei es infolge von Vernachlässigung, Kriegseinwirkung oder Erdbebenschäden. [...]

Die Erdstöße vom 9. und 10. September 1348 hatten die Stadt schwer in Mitleidenschaft gezogen. Die Kirche S. Paolo fuori le mura war ebenso in sich zusammengefallen wie die Basilika SS. Apostoli. Mehrere Türme waren eingestürzt, desgleichen der Giebel des Lateran; im Kolosseum waren ganze Mauerblöcke aus den oberen Stockwerken herausgebrochen und in die Arena gestürzt. Alle diese Schäden waren nur zum geringsten Teil beseitigt und repariert worden. »Die Häuser sind zerstört«, schrieb ein über den Anblick, den die Stadt bot, bestürzter Petrarca. »Die Mauern wälzen sich am Boden, die Tempel fallen zusammen, die Heiligtümer gehen zugrunde ... Der Lateran liegt am Boden, und die Mutter aller Kirchen steht ohne Dach da und ist dem Wind und dem Regen preisgegeben. Die heiligen Stätten von St. Peter und St. Paul wanken, und was bis vor kurzem der Tempel der Apostel war, ist jetzt nur noch ein unförmiger Trümmerhaufen, geeignet, sogar ein Herz aus Stein zu erweichen.«

Recht und Gesetz würden in Rom, so fügte Petrarca hinzu, »mit Füßen getreten«; die Pilger bewegten sich wohlweislich in größeren Gruppen, da Einzelgänger beständig in der Gefahr schwebten, beraubt oder sogar ermordet zu werden. [...]

Nach Ende der Feierlichkeiten zum Heiligen Jahr nahm die Gesetzlosigkeit ein unerhörtes Ausmaß an. Die Adelsfamilien hielten sich aus angeheuerten Straßenräubern bestehende Söldnertruppen, mit deren Hilfe sie sich die Herrschaft über ihre *rioni* zurückeroberten und dort wie kleine Despoten regierten. Der Stellvertreter des Papstes wurde aus der Stadt vertrieben, womit auch der letzte Anschein einer zentralen Regierungsgewalt beseitigt war. Auf Anraten des Papstes versammelte sich einen Tag nach dem Weihnachtsfest 1351 eine Gruppe römischer Bürger in der Kirche S. Maria Maggiore und beschloß, die Ernennung eines angesehenen Mannes aus ihrer Mitte zum *rector* der Stadt zu fordern. Nachdem der Papst diese Forderung gutgeheißen hatte, wurde Giovanni Gerroni zum *rector* bestimmt. Doch schon kurze Zeit, nachdem er sein mit weitreichenden Befugnissen ausgestattetes Amt angetreten hatte, sah er sich von Verschwörern umzingelt, die seinen Sturz betrieben; angesichts dessen erklärte er, er sei der Aufgabe nicht gewachsen, und machte sich davon, nicht ohne das in der Staatskasse verbliebene Geld mitzunehmen. Zum erneuten Mal übernahmen die großen Familien, allen voran die Orsini und die Colonna, die Herrschaft in Rom, und zum erneuten Mal probte das Volk den Aufstand: ein Senator, Stefanello Colonna, wurde aus der Stadt vertrieben, ein anderer, Berthold Orsini, unter einem Haufen von Steinen begraben, die auf ihn hinabhagelten, als er die Treppen des Kapitolhügels herabkam. Und wieder einmal erwählte sich das Volk einen Führer, der die Republik retten sollte. Doch dieser neue Diktator, Francesco Baroncello, machte seine Sache nicht besser als vor ihm Giovanni Gerroni. Die Römer begannen den Sturz ihres Tribunen Cola di Rienzo zu bedauern, der bei allen seinen Fehlern doch für geordnete Zustände gesorgt und eine wenn auch nur kurzlebige Hoffnung auf neue Größe entzündet hatte.

Cola hatte sich nach seiner Flucht aus Rom zwei Jahre lang in den unzugänglichen Höhenzügen der Abruzzen östlich von Rom aufgehalten; in der Gesellschaft von Angehörigen einer asketischen und konservativen Sekte von Franziskanermönchen, die sich Fraticelli nannten, hatte er dort das Leben eines bußfertigen Einsiedlers geführt. Danach war er nordwärts gezogen, hatte die Alpen überquert und sich zum Hof des böhmischen Königs Karl IV. durchgeschlagen; ihm versuchte er einzureden, er müsse nach Italien fahren und als Retter Roms in die Heilige Stadt einziehen; er selbst, Cola, wollte als kaiserlicher Sendbote vorauseilen und den Boden bereiten, ähnlich wie Johannes der Täufer den Boden für Christus bereitet hatte. Mit bewährter Überredungsgabe machte Cola dem König die Vorstellung schmackhaft, wie letzterer in Rom vom Papst zum Kaiser des Heiligen Römischen Reichs gekrönt und anschließend Cola zum Herzog von Rom erhoben würde; diese drei – Kaiser, Papst und Herzog – könnten sich dann als die irdischen Vertreter der Heiligen Dreifaltigkeit betrachten. König Karl, dem sein seltsamer Besucher und dessen »phantastische Träumereien« unheimlich wurden, ließ den Papst über die Anwesenheit Colas in Prag informieren; Clemens wies den Erzbischof von Prag an, Cola unter Bewachung zu stellen. Im Juli 1352 erklärte der Erzbischof Cola zum Ketzer und sorgte dafür, daß er dem päpstlichen Generalbevollmächtigten überstellt wurde. Einen Monat später traf Cola in Avignon ein; kurze Zeit später starb Papst Clemens.

Clemens' Nachfolger Innozenz VI., der zuvor an der Universität von Toulouse Zivilrecht gelehrt hatte, hielt von Cola mehr als sein Vorgänger. Er war der Ansicht, die Kirche könne von einer Rückkehr Colas nach Rom, wie Petrarca und mittlerweile auch die Römer selbst forderten, profitieren. Dank seinen Erfahrungen mit der römischen Politik mochte Cola vielleicht ein nützlicher Ratgeber für Kardinal Gil Alvarez Carillo de Albornoz sein, einen kastilischen Granden, der unlängst zum Generalvikar für Italien ernannt worden war. Papst Innozenz ordnete daher die Freilassung Colas aus dem Gefängnis an, in dem er, exkommuniziert und zum Tode verurteilt, gesessen hatte. So kam es, daß sich am 1. August 1354 zahllose Menschen in den Straßen Roms drängten, um ihrem Ex-Tribun bei seiner Rückkehr einen jubelnden Empfang zu bereiten. Die Anwohner der Straßen, durch die ihn sein Triumphzug zum Kapitol führte, hatten ihre Fenster und Dächer mit Fahnen und Blumengirlanden geschmückt.

Allein, Cola di Rienzo war nicht mehr der gutaussehende Mann, als der er sieben Jahre zuvor aus Rom fortgezogen war. Abgesehen davon, daß er blaß und fett geworden war, hatte er auch seine begeisternde Rednergabe eingebüßt: an die Stelle eines feurigen Enthusiasmus war eine kontemplative Verträumtheit getreten, wobei sich allerdings unter seine melancholischen Betrachtungen gelegentlich hysterische Ausbrüche mischten, bei denen er abwechselnd von Lach- und Weinkrämpfen geschüttelt wurde. Einmal an der Macht, legte er wieder jenes exzessiv tyrannische Gebaren an den Tag, mit dem er sich in seinen letzten Monaten als Tribun im Jahr 1347 bei den Römern verhaßt gemacht hatte: er erhob willkürlich Steuern und nutzte alle anderen sich bietenden Möglichkeiten, um Geld aufzutreiben; er schreckte nicht einmal davor zurück, Angehörige wohlhabender Familien verhaften zu lassen und für ihre Freigabe Lösegeld zu verlangen. Bald war nicht nur der Adel, sondern auch das Volk entschlossen, diesen Herrscher loszuwerden.

An einem Oktobermorgen drangen durch die der Piazza Mercato zugewandten Fenster seines Schlafzimmers laute Rufe an Colas Ohr: »*Popolo! Popolo!* Tod dem Verräter, der uns die Steuern auferlegt hat!« Als er feststellen mußte, daß seine Leibwächter und seine Diener allesamt geflohen waren, warf er sich rasch in seine Rüstung und die prächtigen Überkleider, die er als Tribun getragen hatte, ergriff das Banner Roms und trat auf den Balkon hinaus. Er versuchte, der wütenden Menge etwas zu sagen, aber seine Worte gingen in ihrem Geschrei unter. Er entrollte das Banner und wies auf die in goldenen Buchstaben eingestickten Worte

»Senatus Populusque Romanus«. Allein, die Rufe wurden lauter und eindringlicher: »Tod dem Verräter!« Es flogen Steine, und ein Pfeil durchbohrte Colas Hand. Dann steckte der Mob die hölzernen Palisaden, die den Palast schützten, in Brand. Während die Flammen sich vorwärts fraßen, rasierte Cola sich in aller Eile den Bart ab. Dann streifte er einen alten Umhang über, schwärzte sein Gesicht und rannte durch den dichten Rauch die Treppe hinab und auf den Innenhof des Palastes hinaus. In den Ruf »Tod dem Verräter!« einstimmend, versuchte er unerkannt in der Menge unterzutauchen. Er hatte jedoch vergessen, seine Ringe und Armbänder abzustreifen; jemand erblickte diese funkelnden Schmuckstücke und ergriff den Fliehenden mit dem Ruf »Das ist der Tribun!« am Arm. Die Menge schleppte Cola zu der Stelle, wo Berthold Orsini gesteinigt worden war; dort stellte er sich, die Arme über der Brust gekreuzt, auf, während sich unter den Umstehenden Stillschweigen ausbreitete. Mit seinem geschwärzten Gesicht, dem abgerissenen Mantel, unter dem deutlich sichtbar Ränder und Zipfel seines grauseidenen, goldbedruckten Prachtgewandes hervorlugten, und seinen pupurnen Strümpfen gab er eine mitleiderweckende Figur ab. Während einer lähmenden Zeitspanne, die sich schier unendlich dehnte, so daß sein mittelalterlicher Biograph behauptete, es sei eine volle Stunde gewesen, rührte niemand eine Hand gegen ihn. Dann trat einer seiner einstigen Staatsdiener mit einem Schwert vor und stieß es ihm durch den Leib. Daraufhin stürzte sich die Menge auf den Sterbenden, hieb mit Stichwaffen auf seinen Körper ein und schlug ihm den Kopf ab. Sein Leichnam wurde schließlich durch die Straßen geschleift und vor einem Haus nahe der Kirche S. Marcello im *rione* der Familie Colonna aufgehängt. Zwei Tage baumelte er dort, steinewerfenden Straßenjungen als Zielscheibe dienend.

Iris Origo

Familienleben in Prato

Francesco und Margherita Datini waren kinderlos und hatten auch keine nahen Verwandten. Trotzdem war das schöne neue Haus in Prato immer voller Leben. Es stand sowohl Margheritas großer Familie offen – ihren Brüdern, ihrer Schwester und deren Mann, ihren Neffen und Nichten – als auch Francescos Firmenpartnern und Faktoren, und außerdem beherbergte es eine große Schar von Dienern und Dienerinnen, freien und unfreien, und zuweilen auch noch deren Kinder. Sie alle bildeten »*la famiglia*«.

Will man eine Vorstellung vom Leben in der Toskana heute oder in früheren Jahrhunderten vermitteln, so muß man vor allem den starken und engen Zusammenhalt der Familie hervorheben. Die *famiglia* war immer dann am stärksten, wenn der Staat am schwächsten war, ja sie war oft das einzige beständige Element in einer unbeständigen Gesellschaft und umfaßte einen sehr großen Personenkreis. *Fuoco, famiglia, parentela* – das waren die Begriffe, mit denen nicht nur die unmittelbaren Nachkommen bezeichnet wurden, sondern ebenso alle Verwandten, die unter einem Dach wohnten und dasselbe Brot aßen – Tanten, Onkel, Vettern, Kusinen, Neffen, Nichten bis hin zu den entferntesten Familienangehörigen.

Sie alle gehörten zum *casato,* so wie einst zur römischen *gens,* und oft wurde der Begriff sogar noch auf Personen ausgedehnt, die der Familie durch gemeinsame wirtschaftliche Interessen verbunden waren oder sonstwie von ihr abhingen, also z. B. Gesellschafter, Angestellte und Gesinde. Bonaccorso Pitti zählte nicht weniger als »40 Esser«, als er zur Pestzeit über seine Familie schrieb, und im Jahr 1465 berichtete Alessandra Strozzi über einen Verwandten: »Giovan Francesco führt ein feines Leben. In seinem Haus lebt er zu-

279

sammen mit mehr als 50 Essern inmitten seiner *Faktoren,* Sklaven und Sklavinnen.«

Darüber hinaus war die Familie nicht nur eine gesellschaftliche, sondern auch eine wirtschaftliche Größe. Ihre Bedeutung, die sich einst im wesentlichen nach der Zahl ihrer waffenfähigen Männer gerichtet hatte, wurde nun hauptsächlich davon bestimmt, wie stark und vielfältig ihre politischen und wirtschaftlichen Verbindungen im eigenen Land und in der Fremde waren. Wenn ein Mann Vermögen und Ruhm erwarb, dann war es zum Nutzen der Familie, und hatte er seine weltlichen Güter vermehrt, so war es seine erste Pflicht, sein Testament aufzusetzen und sie seinen Erben zu vermachen – nicht etwa aus väterlicher Sorge, sondern um der Familie das »zurückzuerstatten«, was ihr von Rechts wegen gehörte.

Da die Familie als Ganzes wichtiger war als das Glück der einzelnen Familienmitglieder, waren ihre Regeln kaum weniger streng als die eines religiösen Ordens. Söhne und Töchter gehorchten, auch wenn sie bereits erwachsen waren, ohne zu fragen den Anordnungen des Familienoberhauptes, des *capo del parentado;* verwitwete Töchter kehrten mitsamt ihrer Mitgift ins Haus des Vaters zurück. Für Zärtlichkeit und Liebe blieb dabei wenig Platz; dazu war die elterliche Autorität zu absolut, zu streng. Söhne und Töchter redeten die Eltern mit *Messer padre* und *Madonna madre* an. Sie durften in ihrer Gegenwart nicht ohne ausdrückliche Erlaubnis sitzen, und wenn sie sie sahen und ihnen etwas aufgetragen wurde, mußten sie den Kopf in Demut neigen und ihre Kopfbedeckung abnehmen. »Laßt sie mindestens zweimal täglich ehrfürchtig vor Vater und Mutter niederknien und um ihren Segen bitten . . . und wenn sie sich wieder erheben, das Haupt neigen und die Hand des Vaters oder der Mutter küssen.« Der Vater bestimmte den Beruf der Söhne und den Ehemann der Töchter, und nur sehr wenige waren so kühn, sich dagegen aufzulehnen. Selbst ein erwachsener Sohn besaß kein eigenes Geld, so lange er noch im Haus des

Vaters lebte. Ein Prediger ging sogar so weit, zu fordern, daß ein kleines Kind nicht einmal Nüsse oder Süßigkeiten, die es geschenkt bekam, behalten, ein größerer Junge seinen Lohn nicht für sich zurücklegen dürfe: »Laß' nicht zu, daß sie eine Sparbüchse besitzen oder behaupten: ‹Das gehört mir›, solange du (der Vater) lebst.«

Andererseits gingen auch die Pflichten des Familienoberhaupts den Mitgliedern seiner verzweigten Sippschaft gegenüber sehr weit: Schon der öffentlichen Meinung wegen kam er nicht darum herum, für arme, gebrechliche und kranke Angehörige und von ihm abhängige Partner oder Untergebene zu sorgen; er mußte ihre Schulden bezahlen, ihren Söhnen Arbeit verschaffen, ihren Töchtern eine Mitgift geben, die Alten und Schwachen in sein Haus aufnehmen.

Bei Leuten, die wie Francesco von niederer, kleinbürgerlicher Herkunft waren, war die Familienstruktur weit weniger starr als in einem großen aristokratischen Haus. Außerdem hatte er ja keine ehelichen Kinder, denen er Namen und Vermögen hätte hinterlassen können. Aber dennoch stand er so sehr unter dem Zwang der Verpflichtungen gegenüber der Familie, daß er wie selbstverständlich die Aufgaben eines *capo del parentado* nicht nur für Margheritas Verwandtschaft in vollem Maße übernahm, sondern auch für die Familien seiner Gesellschafter, Filialleiter, Faktoren und Dienstboten. Als Bonaccorso di Vanni, einer seiner Geschäftspartner in Avignon, starb und vier kleine Töchter hinterließ, die ihm eine seiner Sklavinnen geboren hatte, nahm Francesco alle vier in sein eigenes Haus auf und stellte eigens für sie eine Frau ein, die sie versorgte. Wenn seine Dienerinnen oder Töchter seiner Gesellschafter heirateten, übernahm er einen Teil der Kosten für deren Aussteuer. Und in seinem Testament bedachte er nicht nur seine Firmenpartner und Untergebenen, sondern er vermachte auch den vier Töchtern eines entfernten Verwandten, Chiarito di Matteo (»ein armer und törichter Mann«) eine Mitgift von je 100 Gulden.

Blutsverwandten gegenüber war man noch weit mehr verpflichtet als der Familie im weiteren Sinn: ihre Ansprüche nahmen kein Ende. Margheritas große Verwandtschaft scheint dabei besonders habgierig und aufdringlich gewesen zu sein. Und überdies ließen sie samt und sonders keinen Zweifel daran, daß ihrer Meinung nach alles, was er ihnen gab, ganz gleich wieviel, bei weitem weniger war, als ihnen eigentlich zustand. Einmütig befanden sie, daß Francesco so reich sei, daß er es sich schon werde leisten können.

Wenn er einen von ihnen einmal um einen Gefallen bat, was selten genug vorkam, versuchten sie sogleich aus seiner Bitte Kapital zu schlagen. Am unangenehmsten von allen war Monna Dianora Bandini, Margheritas Mutter. Sie war in Avignon geblieben, als ihre Tochter nach Italien zurückkehrte, besaß aber auch noch ein Haus in Florenz. Als Francesco im Jahr 1387 beschloß, seine Familie von Prato zu sich nach Florenz zu holen, fragte er sie, ob sie ihm ihr Haus überlassen könne. Sie antwortete, sie würde nur zustimmen, wenn er ihr die (ungeheure) Summe von 400 Gulden zahle und gleichzeitig verspreche, daß sie oder ihr Sohn ein Rückkaufrecht hätten, wann immer sie eine solche Summe aufbringen könnten. „Andernfalls wünsche ich nicht, daß irgend jemand, Du oder ein anderer, das Haus betritt, denn ich beabsichtige es zu verkaufen und will selbst über das Geld verfügen. Denn ich bin hier alt und gebrechlich, und nicht eine Seele wird bereit sein, mir auch nur mit einem Silbergroschen auszuhelfen.«

Mit gleicher Post beeilte sie sich, an Margheritas töchterliche Gefühle zu appellieren, sie solle Druck auf ihren Mann ausüben. »Ich flehe Dich an, meine liebste Tochter, um unser aller Freude und Ehre willen, bitte Du Francesco eindringlich und inständig, er möge die fragliche Summe an mich zahlen. Er verliert dabei nichts, und er könnte auch noch mehr tun – was mich ja nur freuen soll.« Aber Monna Dianoras Hoffnungen zerschlugen sich. Francesco fand ein anderes Haus.

Unannehmlichkeiten hatte Francesco auch mit seinem

jüngsten Schwager, Bartolomeo Bandini, der offenbar das schwarze Schaf der Familie war. So erscheint er im Briefwechsel immer nur dann, wenn er Hilfe oder Geld brauchte. Das geschah zum erstenmal am 27. Januar 1399, als er in einem Brief mitteilte, daß die kleine Stadt Fondi, wo seine Frau mit den Kindern lebte, von einem Haufen marodierender Söldner geplündert worden war. Sie standen unter dem Befehl von Giovanni da Barbiano und verwüsteten damals das Königreich Neapel. »Sie sagt mir, Weizen und Rebstöcke haben sie abgehauen und verbrannt. Meine Familie muß daher bittere Not leiden ... Deshalb flehe ich Dich an, Margherita, stehe mir aus Barmherzigkeit auf irgendeine Art bei, damit ich zu meiner Familie gelangen kann.«

Die Antwort auf diesen Brief ist nicht erhalten. Aber ein paar Monate später, im Mai, tauchte Bartolomeo wieder in der Toskana auf – und wieder steckte er in Schwierigkeiten.

Als ich hörte, daß er da war (schrieb Margherita ihrem Mann), freute ich mich mitnichten darüber, sondern war trauriger, als wenn ich ihn tot vor mir gesehen hätte ... Trotzdem, er ist eben doch mein Bruder, und ich kann nicht anders als ihn zu lieben ... Und ich sehe, wie er alt, arm und schwach ist und noch dazu Kinder am Hals hat.

Die Familienbande hielten trotzdem: Margherita setzte sich bei Francesco für ihn ein: »Inständig bitte ich Dich, ... erfülle meinen Wunsch und hilf ihm aus der Not.«

Ihrem Bruder gegenüber nahm sie allerdings kein Blatt vor den Mund. »Ihr beide, Mutter und Du, Ihr habt Euch so aufgeführt, daß meine Lippen vor Francesco versiegelt bleiben werden. Ich wage weder von Deinen finanziellen Bedürfnissen zu sprechen noch von denen meiner übrigen Verwandtschaft.« Doch Bartolomeo ließ sich nicht so leicht entmutigen, er antwortete:

Du sagst, daß Du eine große Last mit Dir herumträgst und nicht wagst, bei Francesco zugunsten Deiner Familie den Mund aufzumachen. Ich wünschte, ich und Deine anderen Verwandten wären nicht in so schlimmer Bedrängnis. Aber da das Schicksal es nun einmal so gewollt hat, muß man sich eben darein ergeben ... Du heißt mich, Dir meine Lage zu beschreiben. Meine Lage ist folgende: Ich habe alles verloren, was ich zum Leben besaß, nämlich mein Vieh ... Alles, wofür ich mich in den vergangenen zehn Jahren abgemüht habe, wurde mir auf einen Schlag entrissen. Doch Gott sei Lob und Dank, daß er mir ein Weib geschenkt hat, das stark ist im Ertragen des Unglücks. Und es bleiben mir noch Weinberge und Land ... und damit Brot und Wein für meine Familie. Und ich habe drei Kinder, zwei Mädchen und einen Jungen.

Dann fuhr er fort, seinen neuesten Plan darzulegen, den er natürlich nur mit Francescos Hilfe verwirklichen konnte. »Dieses kommende Jahr ist nämlich ein Heiliges Jahr, und der Hof zu Rom wird der ideale Ort sein, um auf jedem nur erdenklichen Gebiet so gute Geschäfte zu machen wie nur je einer sie gemacht hat.« Bartolomeo schlug also vor, daß Francesco ihm Kapital vorschießen solle, damit er dort eine Handelsfirma gründen könne. »Und ich würde mich persönlich nach Kräften abmühen, um für meine Kinder zu sorgen.«

Ob Francesco nun auf diesen naiven Vorschlag einging oder nicht, ist den Briefen nicht zu entnehmen. Im Jahr 1408 lebte Bartolomeo noch immer in Avignon. »Ich arbeite für sechs Gulden im Monat beim Zoll. Das reicht gerade für Essen, Kleidung und Schuhe.« Aber er klagt, daß es nicht reiche, um für die Kosten aufzukommen, die die Krankheit seiner Frau verursache, »die schon seit vier Jahren nur noch von Hühnerfrikassee lebt«. Damit versiegen die Nachrichten über Bartolomeo bis zum Tag seines Todes, als Francesco sich – ohne Zweifel höchst unwillig – verpflichtet fühlte, die Arztrechnungen zu begleichen und für die ganze Familie Trauerkleider zu kaufen.

Eine erfreulichere Persönlichkeit, die Francesco im Endeffekt allerdings auch nicht weniger teuer zu stehen kam, war Niccolò dell'Ammannato Tecchini, der Ehemann von Margheritas Schwester Francesca. Er verkörpert den Florentiner Kleinbürger, wie er im Buche steht: gottesfürchtig, übervorsichtig, bieder, immer mit einer Lebensweisheit zur Hand, hingebungsvoll als Ehemann und Vater, um seine Gesundheit besorgt, redselig und ein wenig besserwisserisch – kurzum ein guter, aber herzlich langweiliger Mensch. Seine Beziehung zu Datini könnte man mit einer ständig abfallenden Kurve beschreiben: Sie wurde in dem Maße schlechter, wie Francescos Vermögen zunahm und Niccolòs Vermögen schwand. Zu Anfang, als Francesco noch in Avignon lebte, waren Niccolòs Briefe voller gütiger, aber auch ein wenig gönnerhafter Ratschläge. Denn er war ja schon als wohlhabender Haushaltsvorstand etabliert, stolz auf seine Frau, sein Haus, seine vier Söhne, während Francesco ungeachtet seines Reichtums noch immer in der Fremde lebte, ohne Kinder, Haus und Hof. Niccolò nahm sich heraus, ihm Ratschläge zu erteilen, wie er seine Güter und Waren in Avignon verwalten solle, und aus der inneren Sicherheit heraus, die ihm seine glückliche und mit Kindern gesegnete Ehe gab, riet er ihm auch noch, wie er seine Frau behandeln müsse.

Man sagt (schrieb er am 28. Februar 1381), es zieme sich nicht für einen Mann, seine eigene Frau zu preisen. Das stimmt schon, falls der Mann sich mit seiner Frau brüstet. Aber bei passender Gelegenheit finde ich es nur gut und aufrichtig, von ihren Tugenden zu sprechen – natürlich nicht in ihrer Gegenwart. Du rühmst Margherita, daß sie Dir gegenüber ehrerbietig und gehorsam ist und ohne *Gheradiname*. Meiner Treu, dasselbe kann ich von Francesca sagen. Sie ist eine wirkliche Ehefrau, und da ich von Anfang an die Zügel immer fest in der Hand hatte, mußte ich nie mit der Trense nachhelfen. Sie ist mein Weib, ich liebe sie als mein Weib, und das ist ihr und mir genug.

Zu dieser Zeit war es auch, daß Niccolò großmütig anbot, Margherita eines seiner Kinder als Leihgabe zu überlassen. »Wenn Margherita einen unserer Söhne zu sich nehmen wollte, so wäre Francesca damit einverstanden, aber nur, wenn sie ihn wieder zurückgibt, sobald sie selbst einem Kind das Leben schenkt. Francesca hat ja drei und ist mit einem vierten schwanger.«

Aber schon bald nach Francescos Rückkehr nach Italien begann der Ton der Briefe sich zu ändern. Francesco beschäftigte Niccolò in seiner Filiale in Florenz, gab ihm aber offenbar gleichzeitig zu verstehen, daß es seinem Schwager nun nicht länger gezieme, ihn mit dem vertrauten *tu* anzureden. Noccolò schrieb demütig: »Ich wurde mir meines Fehlers bewußt, daß ich Euch bis jetzt nicht mit *voi* angeredet habe; aber ich werde mich bessern, wie Ihr in diesem Brief sehen könnt.«

Bald begannen sich auch die familiären Beziehungen abzukühlen, weil die Datinis die Zeit des Karnevals nicht bei Niccolò und Francesca verbrachten.

Heute früh habe ich Deinen Brief bekommen, in dem Du sagst, daß Ihr hier schon anderswo zum Karneval unterkommt und daß Margherita auf eine Hochzeit und zu einem Bankett gehen werde. Andererseits sagt Ihr, daß Ihr uns mit ihr besucht hättet, wenn nur Eure Kleider noch rechtzeitig angekommen wären. Meiner Treu, ... wenn Margherita doch auf eine Hochzeit geht, hätte sie wirklich in den Kleidern herkommen können, die sie auf dieser Hochzeit tragen wird.

Dieser Brief wirft zudem ein Licht auf die großzügige Dauer solcher Familienbesuche in der Toskana damals wie heute. »Ihr könnt nun 8 oder 14 Tage bei uns bleiben ... Und Francesca sagt, daß sie dann, wenn es Euch beliebt, doppelt so lange bei Euch drüben bleibt!«

Einige Jahre später ereilte Niccolò das Unglück: 1398 machte er Bankrott und wandte sich um Beistand an Francesco. Die reichen Verwandten indes taten nur eben was nötig war, aber ohne rechtes Mitgefühl. Francesco gab 300 Gulden, andere Verwandte noch einmal 300. Aber Margherita schrieb mitleidlos:

Die Francesca muß nun mit ihren eigenen Händen ihren Lebensunterhalt verdienen; Niccolò ist alt und krank; er ist Makler geworden und schlägt sich durch so gut er kann. Ich habe ihre Tochter bei mir aufgenommen und muß für ihren Unterhalt zahlen; und Francesco hat den Jungen nach Mallorca geschickt. Sieh nur, was Francesco sich alles aufbürdet um meinetwillen!

Allem Anschein nach muß Niccolòs Tochter Tina noch dazu ein schwieriges Kind gewesen sein. Einmal, als sie zu einer Tauffeier in Prato geschickt wurde, weigerte sie sich, zu Fuß zu gehen, und »sagte dazu, wenn Du nur hier wärest, würde sie nicht laufen müssen . . .«. Dann traf sie einen Mann, den sie so lange beschwatzte, bis er sie auf sein Maultier hob. »Ein anderer Mann, der ihr herunterhalf, fragte sie, wessen Kind sie sei. Da antwortete sie ganz frech, sie sei die Tochter von Francesco di Marco; ihr Stolz ist noch größer als Deiner. Das alles ist nur deshalb so, weil Du es so wünschst . . . Es wäre besser für sie, wenn sie bei ihrer Mutter wohnen würde. Ihr Dünkel würde dann nicht so groß werden.«

Aber es war unmöglich, das Kind jetzt zurückzuschicken, denn Niccolò war nun ein gebrochener, alter Mann, der kaum einen Pfennig mehr besaß – »für die Welt so gut wie gestorben vor Armut und Altersbeschwerden«. Dazu wurde seine Frau von einer »grausamen und bösen Krankheit befallen«. »Ich komme täglich vier- bis sechsmal nach Hause«, schrieb Niccolò, »um alles Nötige anzuordnen, und klage nicht über die Mühe. Aber wenn ich mir vorstelle, daß ihre Krankheit unheilbar sein könnte, so kann ich mich nicht darein ergeben. Ich nehme meine Zuflucht zu Gott und bete ohne Unterlaß zu ihm, er möge uns gnädig sein und uns beiden in seiner Barmherzigkeit beistehen und mich erleuchten.«

Zwei Monate später schrieb er, daß seine Frau tot und bereits begraben sei.

Darum ich mich so sehr gräme, daß ich weder essen noch schlafen kann. Der Tod dünkt mich süßer als das Leben, wenn ich an meine Lebensgefährtin denke, die ich verloren habe – da stehe ich nun ganz allein, arm und alt und mit einer großen Tochter im Haus. Nie kannte ich solch tiefen Schmerz... In der Kirche ist nun alles, was sich ziemt, getan für das Heil ihrer Seele, zu ihrem ehrenvollen Angedenken und zu meiner Ehre. Ich flüchte mich in Gebete zu Gott, daß er sie gnädig in seine Arme aufnehmen möge.

Es war nun aber nicht etwa so, daß Francesco und Margherita nur mit ihren Verwandten Umgang gehabt hätten. Obwohl Francesco nicht viele Freunde in Prato hatte, zeigt ein Bündel von Briefen, daß Margherita während der meist langen Abwesenheit ihres Manns nicht allein zu Hause blieb, sondern sich mit einer Schar von Freundinnen umgab. Da war Monna Gaia di Giunta, die Frau von Francescos altem Vormund Piero (über die Francesco, als er noch in Avignon war, schrieb: »Sie ist nach Monna Piera der einzige Mensch auf der Welt, dem ich zu höchstem Dank verpflichtet und in größter Liebe zugetan bin.«); da waren Monna Gaias Tochter Monna Lapa und ihre Schwiegertochter Simona, Margheritas Nichte Tina und Simonas Tochter Caterina. Und häufig kam auch Besuch: Guido del Palagios Frau, Monna Niccolosa, und Ser Lapo Mazzeis Frau und Tochter. »*Tutta la brigata*« (die ganze Kompanie) unterschrieben sie alle einmal einen Brief an Margherita, die viele von ihnen liebevoll mit »*sorocchia*« (Schwester) anredeten, auch wenn sie nicht mit ihr verwandt waren. Aus diesen Briefen ersteht ein Bild von ihnen, wie wir es aus manchen Fresken jener Zeit kennen: lebenslustige, emsige junge Frauen, die der Braut im Hochzeitszug in der ganzen Pracht ihrer Sonntagsgewänder folgen, oder die wir in häuslichen Szenen sehen, wie sie einem Neugeborenen Wasser und feines Linnen, seiner Mutter Geschenke bringen, wie sie backen, weben, spinnen und mit den Mägden schwatzen. Viel wurde schon darüber geschrieben, wie sehr im 14. Jahrhundert das Leben einer ehrbaren jungen Frau durch strenge gesellschaftliche Regeln eingeengt war, aber die Datini-Briefe führen uns das Bild eines fröhlichen, geselligen und relativ freien Lebens vor Augen. Das ist zweifelsohne zum Teil darauf zurückzuführen, daß es sich bei dieser Familie nicht um eine aristokratische

Familie handelte und daß Prato nur ein kleines Landstädtchen war. Wenn eine Frau auch ihre Zeit zum größten Teil im Hause zubrachte, so hatte sie doch immer fröhliche Gesellschaft um sich, und obwohl es viele Hinweise auf Hausfrauenpflichten gibt, so wird doch immer wieder auch von vergnüglichen und harmlosen kleinen Ausflügen berichtet. Einmal ging es zu einer Taufe, bei der das Kind Margheritas Namen erhielt. »Sie wird einmal schön sein: Möge Gott sie auch gut machen.« Ein andermal gab es eine Namenstagsfeier für Simonas Tochter Caterina. Simona bat Margherita, ihr dazu »ein Becken und einen Krug« zu bringen, »wie man sie jungen Mädchen schenkt«, und fügte hinzu: »Laßt mir von Eurem Apotheker drei Pfund guten Zuckerwerks machen.«

Im Jahr darauf plante Simona – »um meine Schmerzen zu lindern« – eine Kur in den Bädern von Petriolo, einem Kurort bei Siena mit einer heißen Schwefelquelle. Er hatte den Ruf, ein so lockeres Pflaster zu sein, daß die heilige Katharina von Siena in ihrer Jugend von ihren Eltern dorthin geschickt wurde, weil sie hofften, daß sie sich dort den Gedanken an ihre göttliche Berufung aus dem Kopf schlagen würde. Aber man mußte sich nicht einmal so weit von zu Hause entfernen: Es gab ja immer noch den regelmäßigen Kirchgang. Aus einem Brief Niccolò di Giuntas an Francesco erfahren wir, daß Margherita und seine Schwester Lapa 1385 während der Fastenzeit jeden Abend zusammen in die Franziskanerkirche gingen und die Fastenpredigten anhörten. »Sie fasten zusammen, denn sie wollen Heilige werden«, vermerkte er wohlwollend. Und um Francesco zu beruhigen, fügte er noch hinzu: »Simona bleibt dann immer zurück, um das Haus zu bewachen, bis sie von der Predigt zurückkommen.« Daß solch ein Kirchgang für die jungen Frauen selbst nicht nur der Weg zur »Heiligkeit«, sondern auch ein geselliges Ereignis war, wissen wir von einem so aufmerksam beobachtenden Zeitgenossen wie dem heiligen Bernardino selbst: »Da ruft die eine: ‹Giovanna!›, eine andere: ‹Caterina!› und wieder eine andere: ‹Francesca!› – Sieh einer an, mit welcher Andacht ihr der Messe lauscht!... Hier kommt Madonna Pigra (Frau Faul, d. Ü.) und will sich noch vor Madonna Sollecita (Frau Hurtig, d. Ü.) hinsetzen. Macht diesem Betragen ein Ende! Wer zuerst kommt, mahlt zuerst. So, wie Ihr kommt, so nehmt Euren Platz ein, und laßt keine andere Frau sich mehr vordrängen.«

Niccolò hatte ganz offenkundig den Auftrag, während Francescos Abwesenheit von zu Hause ein Auge auf die junge, unerfahrene Frau zu haben, und seine Berichte waren sehr beruhigend. »Allen geht es gut. Monna Margherita sorgt für Haus und Gesinde mit großer Umsicht. Sie ist eine vernünftige Frau, und ihr gelingt alles, was sie in die Hand nimmt.«

Zu Simonas Tochter Caterina scheint Margherita eine besondere Zuneigung gefaßt zu haben, denn als sie 1390 nach Pistoia ging, um der Pest zu entfliehen, die in Prato ausgebrochen war, nahm sie das junge Mädchen mit. »Ich bin sicher«, schrieb ihr Simona, »daß, wäre sie in Prato und ich würde sie selbst entscheiden lassen, sie viel lieber bei Dir bliebe als bei mir. Und dazu hat sie ja allen Grund. Alle jungen Mädchen werden nun einmal gern verwöhnt und schenken ihre Liebe den Menschen, die sie selbst gern um sich haben. Da ist keine, die nicht gern bei Dir sein würde.«

Es gab allerdings noch ein Kind im Haus, das Margheritas Aufmerksamkeit in Anspruch nahm, nämlich Francescos kleine Tochter Ginevra [ein außereheliches Kind Francescos]. Wie wir sahen, hatte Margherita eingewilligt, sie als eigenes Kind großzuziehen. Als sie mit drei Jahren heim ins väterliche Haus geschickt wurde, schrieb ihr Pflegevater Piero di Stenni aus Montelupo in einem rührenden Brief an Francesco, wie sehr er und seine Frau sie liebgewonnen hätten, und daß er inständig bitte, sie liebevoll zu behandeln. »Denn sie ist ein gutes Kind und auch sehr scheu, und deshalb flehe ich Euch an, seid sanft zu ihr.«

Die Pflegeeltern brauchten sich keine Sorgen zu machen: Aus jeder Bemerkung über Ginevra in den Briefen der Datinis sieht man, daß dieses Kind einer Sklavin von Margherita umsorgt und verwöhnt wurde, als wäre es ihr eigenes. Schon bald nachdem Ginevra eingetroffen war, erzählte Margherita voller Stolz, daß das Kind nun niemanden außer ihr mehr brauche.

»In meiner Gegenwart ist sie das beste Kind, das es je gab, aber wenn ich nicht da bin, tut sie einfach nicht, was man ihr sagt.« »Mache Dir keine Sorgen um Ginevra«, schrieb sie an ihren Mann, als das Mädchen einmal Halsweh hatte, »ich brauche Dir nicht zu sagen, daß ich mich mehr um sie kümmere, als wäre sie mein eigenes Kind. Ich betrachte sie ja auch als mein eigenes... Die Platzwunde am Kopf ist eine Bagatelle, aber was mich beunruhigte, war die Halsentzündung.«

Michel Mollat

Zwischen Fürsorge und Gewalt – die Behandlung der Armen

Die Vorstellung, daß Wohltätigkeit verdient sein müsse, prägte von der Mitte des 14. Jahrhunderts an die meisten sozialen Verhaltensweisen gegenüber den Armen. Unterstützung durfte nur beanspruchen, wer ohne eigenes Verschulden nicht in der Lage war, von seiner Hände Arbeit zu leben. Alle anderen verdienten kein Mitleid. Die seit der Mitte des 14. Jahrhunderts anwachsende Zahl der »starken Armen« löste primitive, instinktive Abwehrreaktionen aus und bewirkte, daß Bettler mit Vagabunden gleichgesetzt wurden. Noch war die Große Pest nicht überwunden, als innerhalb von vier Jahren (1347–1351) alle europäischen Länder von Polen bis Portugal erstaunlicherweise fast gleichzeitig nicht nur Löhne und Preise festsetzten, sondern auch eine Reihe repressiver Maßnahmen gegen Bettler und Vagabunden ergriffen. Da diese offensichtlich wenig Wirkung zeitigten, nicht angewandt wurden oder die anstehenden Probleme nur verschärften, sahen sich städtische Magistrate und Landesherren gezwungen, die Erlasse mehrfach zu wiederholen. Die Gesamtproblematik war sehr komplex und betraf die öffentliche, gesellschaftliche und moralische Ordnung. Es genügte eben nicht, sich auf die Unterscheidung zwischen solchen Armen, die Hilfe verdienten, und jenen, die ihrer nicht würdig waren, zu beschränken. Schließlich konnte man nicht zahllose Menschen ins soziale Randgruppendasein abgleiten lassen und sie dann strafrechtlich verfolgen. Deshalb ergriff man gegen Bettler und Vagabunden auch Zwangsmaßnahmen, von denen man sich Besserung erhoffte, zwang die »Müßiggänger« zur Arbeit und sperrte die Obdachlosen in Asyle. Damit zeichneten sich am Ende des Mittelalters bereits die Grundzüge der späteren Armenpolizei ab.

In der Vorstellung der Zeitgenossen nutzten solche Ordnungsmaßnahmen allen Armen gleichermaßen. Durch die Unterscheidung verschiedener Kategorien verteidigten sie das Ansehen der wahren Armen und wahrten deren Rechte. Den anderen boten sie Gelegenheit zur moralischen Besserung und zur Wiedereingliederung in die Gesellschaft. Manche Bürger mögen damit lediglich ihr Gewissen besänftigt haben; aber warum sollte man eigentlich die Aufrichtigkeit der anderen bezweifeln?

In fast allen Ländern und Städten waren diese Maßnahmen nahezu gleich; in erster Linie wollte die Obrigkeit damit Faulenzer und Taugenichtse vertreiben. Da man die Bettelei nicht verhindern konnte, wurde die Erlaubnis dazu an bestimmte Bedingungen geknüpft. In England durften nur Arbeitsunfähige und Menschen über 60 Jahren betteln; in vielen Städten mußten Bettler ein Abzeichen tragen, welches man wohl zu Unrecht und viel zu negativ als Schandmal interpretiert hat; denn die Gesellschaft Or San Michele in Florenz und die Armentafeln Nordeuropas gaben solche Zeichen als Berechtigungsausweise aus, und im 15. Jahrhundert erhielten die Berechtigten am Comtesse-Hospital in Lille mit diesem Abzeichen das Recht, auf den Straßen der Stadt zu betteln. Aber die Erlaubnis galt nicht unbeschränkt; in Paris wie in Malines und Mons wies man den Bettlern bestimmte Bezirke zu. Auch war es verboten, innerhalb der Kirchen zu betteln. In England schließlich wurden 1388, 1405 und 1509 besonders strenge Vorschriften erlassen; dort durften die Armen ihren Geburts- bzw. Wohnort nicht ohne einen vom Friedensrichter der Grafschaft ausgestellten Wegebrief verlassen (seit 1388).

Rigoroser noch als nicht autorisierte Bettler wurden Vagabunden bestraft. Schon 1350 verfolgte man in England Flüchtige systematisch, gegen Ende des 15. Jahrhunderts wurde die Aufsicht der französischen Wegepolizei verschärft. 1473 verfügte das Parlament von Paris einen Katalog von Repressionsmaßnahmen; dies war der krönende Abschluß einer seit 1351 ständig verschärften Strafenskala, die Gefängnisstrafen, Brandmarkung und Verbannung umfaßte. Wer in England keinen Wegebrief besaß, riskierte die Brandmarkung. Nicht minder streng fielen die städtischen Vorschriften aus: In manchen Städten durften Vagabunden bei Strafe des Erhängens nur einmal übernachten; überall wurden die Gasthäuser scharf kontrolliert, in Deutschland wie in England, in Spanien wie in Frankreich, etwa in Tours und Poitiers. In Venedig mußten sich die Bettler im 14. Jahrhundert in einem Hospital zu den Gabenverteilungen melden oder die Stadt verlassen. Ein Jahrhundert später gab Genua ihnen noch nicht einmal diese Chance und vertrieb sie aus der Stadt, wie es 1359 bereits in London üblich war. Bestraft wurden übrigens nicht nur illegale Bettler und Vagabunden, sondern auch alle, die ihnen ein Almosen gaben; in England konnte man dafür sogar in den Kerker wandern. 1403 wurde der Armentafel in Mons, wie später der Armentafel in Löwen, wo man sich auf einen Erlaß Philipps des

Guten von 1458 stützte, untersagt, nicht zugelassene Arme zu betreuen.

Überall zwang man um die Mitte des 14. Jahrhunderts gesunde Arme und Vagabunden zur Arbeit. Die Obrigkeit bemühte sich aber auch, Arbeitsmöglichkeiten zu beschaffen. 1367 forderte Hugues Aubriot, der Propst von Paris, die »Müßiggänger« auf, gegen Entlohnung die Stadtgräben zu säubern und die Befestigungsanlagen instandzusetzen. Das gleiche versuchte 28 Jahre später der Seneschall von Toulouse. Solche Bemühungen waren noch weit entfernt von den späteren Arbeitshäusern *(ateliers de charité)*. Allerdings fügte Aubriot in seinem Erlaß hinzu, Vagabunden könnten auch überall dorthin zur Arbeit geschickt werden, »wo man bereit ist, sie zu beschäftigen«. In Kastilien erhielten die Grundherren damals die Erlaubnis, Vagabunden festzunehmen und sie ohne Lohn einen Monat lang zur Arbeit zu zwingen. Bevor der Begriff der Zwangsarbeit existierte, wurde sie also bereits praktiziert. 1486 ging man noch nicht so weit, Zwangsarbeiter außer Landes einzusetzen; sie mußten die Flüsse der Pariser Region instandsetzen, z. B. den Morin, der schiffbar gemacht werden sollte, oder die Straßen der Hauptstadt reinigen. Aber inzwischen hatte man auch schon eine bessere – grausamere – Verwendung für sie gefunden. Jacques Coeur soll als erster Vagabunden auf die Galeeren geschickt und so ihre Arbeitskraft vermarktet haben. Bezeugt ist diese Praxis schon in einem Erlaß aus dem Jahre 1400, worin die Verschiffung »minderwertigen Gesindels« erwähnt wird. Nach Jacques Coeur beabsichtigten 1456 die Stände des Languedoc, das Land von Vagabunden zu säubern und sie auf die Galeeren zu schicken. Der Herzog von Savoyen schließlich bemannte 1462 Galeeren für eine Expedition nach Cypern recht billig mit Vagabunden, die er in Genf aufgreifen ließ.

Zwangsarbeit und Verschickung auf die Galeeren erinnern uns an eine letzte Gruppe von Armen, die es in Europa immer schon gegeben hatte und welche das Zeitalter der Entdeckungen vom ausgehenden Mittelalter als Erbe übernehmen sollte, die Sklaven. Besonders viele lebten unter sehr unterschiedlichen Bedingungen in den Städten des Mittelmeerraumes. Juristisch waren sie alle Eigentum ihres Herrn; aber während die einen als Hausbedienstete oder als sonstige Arbeitskräfte relativ gut behandelt wurden, bildeten andere, etwa in Genua am Ende des 14. Jahrhunderts, ein dahinvegetierendes Proletariat von Hilfsarbeitern und Galeerensklaven. Bis zur Mitte des 15. Jahrhunderts stammten die meisten Sklaven aus den Anrainerstaaten des Schwarzen Meeres, danach importierten die iberischen Länder vorwiegend Sklaven aus Afrika unter entsetzlichen Umständen. Der Chronist Zurara hinterließ uns eine Beschreibung des Sklavenmarktes von Lagos, deren ganz offensichtlich aufrichtiges Mitleid für das Los dieser armen Menschen der weit verbreiteten Ansicht, daß alle Nichtchristen zu Recht versklavt werden dürften, wenigstens einen Teil ihrer Härte nimmt. So blieben ganze Denkbereiche jahrhundertelang vom Humanismus weitgehend unberührt. Die Zielsetzung der moralischen und gesellschaftlichen Integration kommt wie in der Verpflichtung der gesunden Bettler und Vagabunden zur Zwangsarbeit auch in der Behandlung solcher Sklaven zum Ausdruck, denen man den Übertritt zum Christentum nahelegte.

Vom Ende des 14. Jahrhunderts an ging man immer häufiger dazu über, gesunde Bettler und Vagabunden in Asyle einzuweisen. Wenn Gerson »eingeschlossene« und »nicht eingeschlossene« Arme erwähnt, so unterscheidet er damit zwischen solchen, die in Hospitälern untergebracht sind, und jenen, die vom Bettel leben; auf Werturteile aber verzichtet er. Zur gleichen Zeit aber sahen andere in durchaus wohlmeinender Sorge keine andere Möglichkeit, den Armen Lebensunterhalt, Kleidung und Arbeitsstelle zu sichern, als sie in großen Hospizen zusammenzufassen. In Siena und Modena, um nur zwei Beispiele anzuführen, wurden die Armen damals schon gezwungen, in Asylen zu leben. Giangaleazzo Visconti erklärte 1396, die Armen gehörten in die Hospitäler, und er beauftragte eine Kommission, sie festzunehmen und zu internieren. Hätte sich diese Idee durchgesetzt, wären Hospize und Hospitäler binnen kurzer Zeit völlig überfüllt gewesen; in vielen Städten aber setzte sich die Tendenz durch, Bettlern und Vagabunden den Zugang zu den Hospizen zu verwehren und sie nur zu den Gabenverteilungen zuzulassen. Andererseits leistete die Absicht, möglichst alle Armen zu internieren, einen erheblichen Beitrag zur Schaffung großer Hospize. Alle diese Versuche belegen das weite Ausmaß dieser Problematik ebenso wie die tiefe Ratlosigkeit einer Gesellschaft, die den Pauperismus nicht überwinden konnte und sich deshalb damit begnügen mußte, die Not zu lindern und deren schlimmste Auswüchse zu verbergen.

Ursula Liebertz-Grün

Christine de Pizan und die »Stadt der Frauen«

Christine de Pizan, geboren um 1364 in Venedig, gestorben um 1430 in der Nähe von Paris, hat in vielen ihrer Schriften über sich selbst, ihre Lebensumstände, ihren Erkenntnishunger, ihre wissenschaftlichen Studien und ihren Werdegang als Schriftstellerin Auskunft gegeben. Sie wuchs in Paris im Umkreis des französischen Königs Karl V. auf, der ihren Vater als Hofastrologen und Arzt in seine Dienste genommen hatte. Der Vater unterstützte ihre Neigung, zu lesen und zu studieren, soweit er sich gegen die Mutter durchsetzen konnte, die ihre Tochter lieber mit Handarbeiten beschäftigen wollte. Im Alter von fünfzehn Jahren wurde Christine mit einem französischen Hofbeamten verheiratet. Zehn Jahre später war sie Witwe. Da mittlerweile auch ihr

Vater gestorben war, mußte sie von nun an den Lebensunterhalt für sich, ihre drei Kinder, ihre Mutter und eine mittellose Nichte selbst verdienen. Vermutlich kopierte sie zunächst Handschriften, während sie sich in die Literatur und die Wissenschaften ihrer Zeit einarbeitete; dann begann sie zu schreiben: weltliche und religiöse Lyrik, Lehrgedichte, Traktate, Streitschriften, tagespolitische Stellungnahmen, Aufrufe zum Frieden in dem von Bürgerkriegen zerrütteten Frankreich, historiographische Werke.

Sie hatte sich als Autorin von Liebesgedichten bereits einen Namen gemacht, als sie 1399 durch ihre »Epistre au Dieu d'Amours« (Sendbrief an den Gott der Liebe) Aufsehen erregte und die erste öffentlich geführte Literaturdebatte in der französischen Geschichte auslöste, den Streit um den »Rosenroman«, der die französischen Intellektuellen einige Jahre lang beschäftigte. Pizan hat den »Rosenroman« als Spitze eines Eisbergs einer jahrtausendealten Tradition frauenfeindlicher Argumente attackiert und die Lehre von der geistigen und moralischen Minderwertigkeit der Frau ideologiekritisch zerpflückt. Die Männer, so führte sie aus, hätten die Frauen nur deshalb unwidersprochen diffamieren können, weil sie die Stärkeren gewesen seien und die Frauen zum Schweigen gezwungen hätten.

Der Gedanke, daß die von Männern verfaßte Literatur nur ein Zerrbild der realen Frau vermittle und daß es die Aufgabe der Frauen selbst sei, diese Verfälschung zu korrigieren, hat Pizan nicht wieder losgelassen. In ihrem »Livre de la Cité des Dames« (Buch von der Stadt der Frauen) hat sie einen allegorischen Zufluchtsort für alle diejenigen Frauen errichtet, die sich durch frauenfeindliche Äußerungen sonst vielleicht deprimieren oder entmutigen ließen. Die personifizierten Tugenden *Raison* (Vernunft), *Droiture* (Rechtschaffenheit), *Justice* (Gerechtigkeit) helfen Christine, die Stadt zu erbauen; Baumaterial sind die im Buch geschilderten rühmenswerten Taten und Werke kluger und gelehrter Frauen früherer Zeiten. Pizans allegorische Frauenstadt enthält ein Arsenal theologisch, rechtlich, ethisch und historisch fundierter Argumente für die Menschenrechte der Frau. Gott habe die Frau mit einer unsterblichen Seele begabt, nach seinem Bild wie den Mann als vollkommenes Wesen geschaffen, sie aus der Seite des Mannes als seine Gefährtin, nicht aus seinen Füßen als seine Sklavin gebildet. Was die angebliche ethische Minderwertigkeit der Frau angehe, so sei es unzulässig, daß die Männer

den Frauen etwas als großes Verbrechen ankreiden, was sie bei sich selbst als geringfügiges Vergehen betrachten! Denn nirgends steht geschrieben, daß es allein ihnen, nicht jedoch den Frauen gestattet wäre, sich zu versündigen und daß die männliche Schwäche verzeihlicher wäre.

Zahlreiche historische Frauengestalten, die Pizan namentlich nennt und kurz porträtiert, seien der Beweis dafür, daß die Frauen nicht, wie die misogynen Schriftsteller immer wieder behauptet hätten, von Natur aus schlecht seien, weder die Eltern noch den Ehemann noch auch einen Geliebten aufrichtig lieben könnten, nur schädliche Ratschläge gäben, kein Geheimnis bewahrten, geizig, haltlos, schwach, unkeusch und über Vergewaltigungen nur erfreut seien. Die Frauen seien zwar körperlich schwächer als die Männer, aber sie verfügten über dieselben intellektuellen und kreativen Fähigkeiten, wie zahlreiche Herrscherinnen, Philosophinnen, Dichterinnen, Malerinnen, Wissenschaftlerinnen, Erfinderinnen und Prophetinnen erkennen ließen. Wenn die Frauen erst einmal dieselbe Ausbildung erhielten wie die Männer, dann würden sie wie die Männer in allen Bereichen der Kunst, Wissenschaft, Philosophie und Politik herausragende Taten vollbringen:

Wenn es üblich wäre, die kleinen Mädchen eine Schule besuchen und sie im Anschluß daran, genau wie die Söhne, die Wissenschaften erlernen zu lassen, dann würden sie genauso gut lernen und die letzten Feinheiten aller Künste und Wissenschaften ebenso mühelos begreifen wie jene (...) Weißt du denn, weshalb Frauen weniger wissen? (...) Ganz offensichtlich ist dies darauf zurückzuführen, daß Frauen sich nicht mit so vielen verschiedenen Dingen beschäftigen können, sondern sich in ihren Häusern aufhalten und sich damit begnügen, ihren Haushalt zu versehen (...) Als wären sie (...) ohne Sinn für das Gute und die Ehre, verlieren sie den Mut und behaupten, sie taugten zu nichts anderem als dazu, Männer zu umarmen und Kinder auszutragen und zu erziehen. Und dabei hat sie Gott mit einem scharfen Urteilsvermögen versehen, um sie, wenn sie es nur wollen, in allen Bereichen einzusetzen, in denen die ruhmreichen und hervorragenden Männer wirken. Vorausgesetzt sie sind willens, sich ernsthaft mit diesen Dingen zu beschäftigen, werden diese ihnen ebenso geläufig wie den Männern, und wenn sie sich ernsthaft ins Zeug legen, dann können sie ewigen Ruhm erlangen.

Pizan hat ihre Kenntnis historischer Frauen der Bibel, Heiligenlegenden, Geschichtsdichtungen und Boccaccios »De claris mulieribus« (Darstellung berühmter Frauen) entnommen. Wenn man berücksichtigt, daß sich die mittelalterlichen Historiographen auf dergleichen Quellen zu stützen pflegten und daß sie ebensowenig wie Pizan über das methodische Rüstzeug verfügten, meist auch gar nicht den Willen hatten, Fiktionen und Fakten säuberlich zu trennen, dann kann man Pizans allegorisch-historische Darstellung mit Fug und Recht als historisches Nachschlagewerk bezeichnen. In ihrem Frauenhandbuch hat Pizan die ihrer Ansicht nach frauenfeindlichen Geschichtsverfälschungen ihrer Gewährsmänner auch im Detail zurechtgerückt: Xanthippe etwa, die seit langem als Ehedrachen des Sokrates durch die Geschichtsbücher geisterte, wird bei ihr zur vorbildlichen Ehefrau; und die als blutschänderisches Monster, als Gattin des eigenen Sohnes verschriene Semiramis wird von Pizan – einige Jahrhunderte vor der Entstehung des Historismus – mit dem Hinweis auf die Zeitgebundenheit sittlicher Wertvorstellungen rehabilitiert.

Kurz vor ihrem Tod, im Jahre 1429, hat Pizan noch einmal zur Feder gegriffen, um eine zeitgenössische Heroine emphatisch zu feiern, Jeanne d'Arc, deren Hinrichtung sie wohl nicht mehr miterlebte:

He! Welche Ehre für das weibliche Geschlecht! Daß Gott es liebt, ist offenbar, da doch dieses ganze große, hündische Volk, durch welches das ganze Königreich verwüstet ist, durch eine Frau aufgescheucht und überwältigt wird, was hunderttausend Männer nicht getan hätten.

Pizan hat sich öffentlich als Vorkämpferin für die Menschenrechte der Frau zu Wort gemeldet, und sie hat ihre wagemutigen Publikationen nicht nur überlebt, sondern sie hat als bewunderte und gefeierte Autorin vom Erlös ihrer Schriften sogar leben können. Der erstaunliche Erfolg Pizans hängt wohl auch damit zusammen, daß ihre unzeitgemäßen theoretischen Einsichten ihren realistischen Sinn für das praktisch Mögliche nicht getrübt haben. In ihrem Haus- und Erziehungsbuch für Frauen »Le Trésor de la Cité des Dames« (Schatz der Damenstadt, auch unter dem Titel »Le Livre des Trois Vertus«) gibt sie Fürstinnen und adeligen Frauen am Hof, aber auch den Frauen von Kaufleuten, Handwerkern, Landarbeitern, Dienstmädchen und Prostituierten praktische Verhaltensregeln an die Hand. So ermutigt sie die Hofherrin, ihre Machtchancen in den erlaubten Grenzen so weit wie möglich zu nutzen, sich z. B. mit den Ratgebern des Fürsten, mit der hohen Geistlichkeit, reichen Kaufleuten und Vertretern des Volkes zu verbünden. Sie ermahnt die Hofherrin aber andererseits, die Herrschaftsgewalt des Ehemanns bedingungslos zu akzeptieren, auch einem despotischen Ehegatten die Loyalität nicht zu versagen und seine Eskapaden keineswegs mit gleicher Münze heimzuzahlen.

Christine de Pizan hat Abschrift und Illustration ihrer Texte sorgfältig überwacht. Einige ihrer Werke wurden von den berühmtesten und bestbezahlten Künstlern und Künstlerinnen ihrer Zeit illustriert; in der »Stadt der Damen« rühmt sie eine gewisse

Anastasia, die so geübt ist im Malen (. . .) zur Verzierung von Büchern (. . .), daß sie alle Künstler der Stadt Paris (die die besten der Welt beherbergt) übertrifft. Niemand zeichnet (. . .) so zarte Miniaturen wie sie, und keiner verkauft seine Arbeit so teuer (. . .). Das weiß ich aus eigener Erfahrung, denn sie hat für mich selbst einige Arbeiten hergestellt.

Pizan hat sich von ihren Illustratoren oft als Schriftstellerin darstellen lassen, wie sie an ihrem Schreibpult arbeitet oder wie sie einem Gönner ihr neues Buch überreicht. Immer wieder hat sie sich in ihren Texten mit Worten selbst porträtiert. In ihrem »Livre de la Mutacion de Fortune« (Buch von den Wechselfällen des Schicksals), einer allegorisch-philosophischen Darstellung der Universalgeschichte, erläutert sie in einem ersten Teil den Einfluß Fortunas auf ihr eigenes Leben. In ihrem wichtigsten autobiographischen Text »L'Avision Christine« (Christines Vision) behandelt sie Politik und Wissenschaft im zeitgenössischen Frankreich, die Geschichte der griechischen Philosophie in Auseinandersetzung mit Aristoteles' »Metaphysik« und das Leben der Christine de Pizan und ihren Werdegang als Schriftstellerin und Wissenschaftlerin. Hier berichtet sie über ihre Schwierigkeiten, nicht nur den Beifall, sondern auch die materielle Unterstützung fürstlicher Mäzene zu gewinnen:

Ich sage Euch, trotz all der Hilfsgesuche und Bittschriften, die ich immer wieder an französische Fürsten gerichtet habe (. . .), wurde mir Hilfe nur zögerlich und nicht sehr großzügig gewährt.

Hartnäckiger als ihre Schriftstellerkollegen hat Pizan sich in ihrem Werk als individuelle Persönlichkeit mit dargestellt, weil sie in der Auseinandersetzung mit der misogynen Literatur und im Streit um den »Rosenroman« die Einsicht gewonnen hatte, daß die Urteile relativ und standortgebunden seien. Außerdem wollte sie der Nachwelt ihr Selbstbildnis übermitteln; sie hat mit Gelassenheit und Selbstbewußtsein vorausgesehen, daß zukünftige Generationen ihre Person und ihr Werk bewundern würden.

Pizan war schon zu Lebzeiten eine Berühmtheit: Die einander bekämpfenden Herzöge von Orléans und Burgund waren ihre wichtigsten Mäzene; ein Graf von Salisbury machte ihren Namen in England bekannt; der Herzog von Mailand wollte sie als Hofautorin gewinnen; König Heinrich IV. lud sie nach England ein. Noch mehr als hundert Jahre nach ihrem Tod war sie eine bekannte und vielgelesene Autorin, wie zahlreiche Handschriften und Frühdrucke bezeugen. Ihr »Schatz der Damenstadt« wurde dreimal in französischer Sprache und einmal in portugiesischer Übersetzung gedruckt. Am beliebtesten war eines ihrer Erziehungsbüchlein für den jungen Ritter, »L'Epistre d'Othea« (Otheas Brief), eine Sammlung von hundert Sentenzen vor allem aus Ovid mit hundert Illustrationen und je einem antik-philosophischen und einem christlich-religiösen Kommentar. Im deutschen Sprachraum wurde ihr Werk nicht rezipiert, während in England viele ihrer Schriften in englischer Übersetzung gedruckt wurden, so z. B.: »Die Stadt der Frauen«, »Otheas Brief«, »Das Buch vom Staatskörper« (»Le Livre du Corps de Policie«) und – gemäß dem Befehl König Heinrichs VII. – ihr Handbuch über die Kriegskunst (»Le Livre des Fais d'Armes et de Chevalerie«).

Als die französischen Literaten sich um 1550 vom Mittelalter ab- und der Antike zuwandten, geriet auch Pizan in Vergessenheit. Eineinhalb Jahrhunderte war sie nur wenigen Historikern als Verfasserin der Biographie [König] Karls V. bekannt. Im Rahmen der seit etwa 1800 wissenschaftlich organisierten und institutionell etablierten Mittelalter-Forschung wurde – etwas zögernd – auch Pizans Werk gesichtet. Ihre Schriften sind noch längst nicht alle ediert, und Übersetzungen in moderne Sprachen, die auch den Nichtspezialisten den Zugang zu dieser wichtigen Autorin eröffnen könnten, sind noch immer eine Rarität.

Christine de Pizan war eine unzeitgemäße Zeitgenossin. Daß die Italienerin sich in Frankreich zu Wort melden konnte, während sich die Frauen an deutschen Höfen noch nicht äußerten, hing offensichtlich mit der andersartigen kulturellen Entwicklung und den unterschiedlichen Bildungschancen von Frauen in Deutschland einerseits, in Frankreich und Italien andererseits zusammen. Die beiden Romanautorinnen Elisabeth von Nassau-Saarbrücken und Eleonore von Österreich, die der Gattung des Prosaromans im 15. Jahrhundert in der deutschsprachigen Literatur zum Durchbruch verholfen haben, waren bezeichnenderweise Ausländerinnen. Ähnlich wie Hartmann von Aue, Wolfram von Eschenbach, Gottfried von Straßburg haben Elisabeth und Eleonore ihre Romane nach französischen Vorlagen gearbeitet.

Michael Howard

Kanoniere, Pikeniere –
die Zukunft den Landsknechten

Es war nicht die französische Ritterschaft, die die Engländer schließlich wieder auf ihre Insel zurückwarf, so eindrucksvoll es Jeanne d'Arc auch gelang, sie zu mobilisieren. Es war eine andere Berufsgruppe, eine, die überhaupt keinen achtbaren sozialen Status genoß und für deren Angehörige es beinahe schon unbescheiden war, sich Soldaten zu nennen: die Kanoniere.

Die Verwendung hoch brennbaren Materials – »griechischen Feuers«, wie es eher unbestimmt genannt wurde – für kriegerische Zwecke war sowohl von den byzantinischen als auch von islamischen Heeren schon seit längerem erprobt worden, gewöhnlich beim Belagerungs- und Seekrieg und in Form von Feuerbällen, die durch Katapultvorrichtungen abgeschossen wurden. Den Vorgang umzukehren und die Verbrennung oder Verpuffung selbst als Mittel zum Abschuß von Geschossen zu verwenden, war eine schwierigere und gefährlichere Angelegenheit, die neben anderen Dingen einen hohen Standard in der Kunst der Metallgießerei voraussetzte, einer Technik, die in den westlichen Ländern ironischerweise im Dienste der denkbar friedfertigsten Sache, der Glockengießerei, entwickelt wurde. Von der Kirchenglocke zur Kanone war nur ein kleiner Schritt, und er scheint zu Beginn des 14. Jahrhunderts getan worden zu sein. Darstellungen der ersten Experimente – mit großen Mörsern, die nur einmal pro Tag abgefeuert werden konnten, oder mit *ribauldequins* (Bündel von Rohren, primitive Vorläufer der *mitrailleuses),* infernalischen Apparaten, die von den Handwerkern des Mittelalters liebevoll in Gestalt von Drachen und Teufeln geschmiedet wurden – finden sich, zuweilen in phantastischer Ausmalung, in den frühesten gedruckten Büchern. Im 15. Jahrhundert waren die ausgefallensten Schöpfungen verschwunden, und die beiden Waffentypen, die in den folgenden 500 Jahren zusammen die Kriegführung beherrschen sollten, begannen sich in klar erkennbarer Gestalt herauszuschälen: die Kanone und die Handfeuerwaffe. Diese Waffen wurden ebenso erbittert angegriffen wie heute das Napalm, nicht nur, weil sie in ihren Wirkungen unmenschlich waren, sondern weil sie den Krieg entwürdigten, indem sie das Leben des edlen Ritters in die Hände des gemeinen und niedrigen Soldaten legten. Aber wie heute betrachteten auch damals diejenigen, die sich über den Gebrauch solcher Waffen im feindlichen Lager beklagten, eben diesen Gebrauch als zwingendes Argument dafür, auch die eigenen Heere damit auszurüsten.

Die neu aufgestellten französischen Armeen des 15. Jahrhunderts nahmen beide Waffentypen in Gebrauch und benutzten sie wirkungsvoll im Kampf gegen eine englische Streitmacht, in der die Einführung vergleichbarer Neuerungen an einer Mischung aus militärischer Nostalgie und politischer Zerstrittenheit scheiterte. Wenn es zur Schlacht kam, genügten einige Artilleriesalven zu Beginn, um die Reihen der Bogenschützen zu lichten und den Rittern den Vorstoß zur feindlichen Frontlinie zu ermöglichen, wo dann Mann gegen Mann kämpfen konnte. Von einem allgemeineren Gesichtspunkt aus gesehen, entwickelten die Könige von Frankreich für den Belagerungskrieg ein System der Artillerie, unter dem die die englischen Besitzungen in Frankreich schützenden Burgen in Schutt und Asche versanken. Die militärische Vorherrschaft der Engländer, die Europa noch zu Ende des 14. Jahrhunderts geprägt hatte, war fünfzig Jahre später vollständig dahingeschwunden; und auf die Bogenschützen von Crécy und Agincourt blickte man wie auf eine kuriose Fußnote der Geschichte zurück.

Die Zukunft sollte Fußtruppen einer anderen Art gehören. Die einfachste Waffe, mit der ein Fußsoldat für den Kampf gegen eine Kavallerie ausgerüstet werden kann, ist der Speer; und wenn die Speere lang genug, die Reihen dicht genug geschlossen sind und die Moral der Männer stark genug ist, dann kann eine solche Truppe fast unbezwingbar sein, es sei denn, es gelänge, sie durch irgendeine Art des Geschützfeuers aufzubrechen. Die mazedonische Phalanx ist die älteste Infanterieformation, die uns durch die Überlieferung verbürgt ist. Die Überlegenheit der Kavallerie im Mittelalter war ebenso eine moralische und gesellschaftliche wie eine technische gewesen. Entwickelt aufgrund ihrer Mobilität und ausgestattet mit einer totalen gesellschaftlichen und wirtschaftlichen Vormachtstellung, besaß sie jahrhundertelang praktisch ein Monopol auf militärische Aktionen. Fußtruppen waren lediglich ein Hilfsinstrument, auf das man verächtlich herabblickte. Aber die Grenzen der sinnvollen Einsatzfähigkeit der Kavallerie, die schon im 13. Jahrhundert sichtbar geworden waren, als die Dynastie der Plantagenets versucht hatte, ihre Herrschaft auch über das walisische Bergland auszudehnen, offenbarten sich hundert Jahre später noch deutlicher, als das Haus Habsburg die Hände nach der Schweiz ausstreckte.

Die ursprüngliche Kampfwaffe der Schweizer war nicht

die Pike, mit der sie berühmt wurden, sondern eine einfache Streitaxt, eine etwas über zwei Meter lange Hellebarde, mit der sie die österreichischen Ritter, ihre Rüstungen durchschlagend, niedermetzelten, nicht nur 1315, als sie sie bei Morgarten einschlossen, sondern auch 1339 bei Laupen und 1386 bei Sempach in offener Feldschlacht. Das bestätigt die Auffassung, daß das Wiederaufkommen der Infanterie weit eher moralischen und daher gesellschaftlichen Faktoren geschuldet war als irgendwelchen technischen Neuerungen. Die Pike kam ein wenig später auf, zur rechten Zeit, um die Siege der Schweizer über die Ritter von Burgund 1476 und 1477 zu ermöglichen. Um diese Zeit hatten die Schweizer Pikeniere gelernt, nicht nur wie ein riesiger unverwundbarer Igel in Abwehrstellung zu verharren, sondern sich auch zu bewegen: Die Phalanx ihrer oft mehrere tausend Mann starken »Schlachthorde« vorwärts zu schieben und alles niederzuwalzen, was so unklug war, sich ihnen in den Weg zu stellen. Nachdem sie die Unabhängigkeit ihrer eigenen Kantone sichergestellt hatten, gingen sie dazu über, ihre »Horden« an benachbarte Staaten zu vermieten – ein natürlicher Vorgang für ein Land, dessen spärliche Weidewirtschaft seine wachsende Bevölkerung nicht mehr ausreichend ernähren konnte.

Allein, an der Kampftaktik der Schweizer war nichts, das andere nicht hätten kopieren können. Ihre süddeutschen und österreichischen Nachbarn, die ähnlich arm und nicht weniger kriegerisch waren, begannen eigene sogenannte Landsknechtsheere aufzustellen. Von denen der Schweizer unterschieden sie sich lediglich dadurch, daß sie sich aus einem breiteren sozialen Spektrum rekrutierten: Der Adel trug keine Bedenken, sie nicht nur aufzustellen und zu befehligen, sondern auch selbst in ihren Reihen zu dienen. »Den Spieß zu tragen« wurde für den deutschen Edelmann, wie auch später für den englischen, zu einer vollkommen annehmbaren Form der militärischen Betätigung. Was Spanien betraf, so hatte dort die schwere Kavallerie schon wegen des Fehlens von Tierfutter niemals einen bedeutenden Bestandteil der christlichen Heere gebildet, die den schleppenden Prozeß der *reconquista* vorantrieben; und es bereitete den spanischen Königen kein Problem, die armen, aber stolzen kastilischen Adeligen als Infanteristen für ihre Truppen zu rekrutieren.

So waren gegen Ende des 15. Jahrhunderts »Schlachthorden« oder »Bataillone« von Pikenieren zu einem notwendigen Bestandteil jeder ernstzunehmenden Streitmacht geworden; und ihnen wurden zunehmend Truppenteile zur Seite gestellt, die aus mit Handfeuerwaffen, insbesondere mit »Hakenbüchsen« oder Arkebusen, ausgerüsteten Männern bestanden. Die Arkebuse war, zusammen mit ihrer Nachfolgerin, der Muskete, in den folgenden zwei Jahrhunderten *die* Feuerwaffe der Infanterie. Das Zeitalter der Infanterie war gekommen.

Steven Runciman

Der Untergang von Konstantinopel

Der Nachmittag des 28. Mai [1453], eines Montags, war hell und klar gewesen. Als die Sonne im Westen zum Horizont hinabzusinken begann, schien sie den Verteidigern auf den Mauern direkt ins Gesicht und blendete sie so stark, daß sie kaum etwas zu sehen vermochten. In diesem Augenblick geriet das türkische Lager in Bewegung. Tausende von Türken eilten heran, um den Graben vollends zuzuschütten, während andere die Geschütze und Kriegsmaschinen nach vorn brachten. Bald nach Sonnenuntergang bewölkte sich der Himmel, ein heftiger Regenschauer brasselte nieder; aber die Arbeit ging unaufhaltsam weiter, und die Christen konnten nichts unternehmen, um sie zu behindern. Gegen einhalbzwei Uhr morgens befand der Sultan, daß alles bereit sei, und erteilte Befehl zum Sturmangriff.

Der plötzliche Lärm war schreckenerregend. Die Türken stürmten entlang der gesamten Mauerlänge zum Angriff vor und stießen dabei ihre schrill kreischenden Schlachtrufe aus, indes Trommeln, Trompeten und Pfeifen sie ermutigend antrieben. Die christlichen Truppen hatten lautlos gewartet; doch als die Wachtposten auf den Türmen die Alarmzeichen gaben, begannen die Kirchen in der Nähe der Mauern ihre Glocken zu läuten, und überall in der ganzen Stadt nahm eine Kirche nach der anderen das Warngeläute auf und gab es weiter, bis von sämtlichen Kirchtürmen die Glocken erdröhnten. Nun wußten auch die Andächtigen in der drei Meilen weit entfernten Kirche zur Heiligen Weisheit, daß die Schlacht begonnen hatte. Jeglicher Mann in kampffähigem Alter eilte zurück auf seinen Posten, und die Frauen, auch Nonnen unter ihnen, liefen zu der Mauer, um beim Heranschaffen von Steinen und Balken zur Verstärkung der Verteidigungswerke zu helfen und Eimer voll Wasser herbeizubringen, um die Verteidiger zu erfrischen. Kinder und alte Leute kamen aus ihren Häusern und drängten sich in die Kirchen, im Vertrauen darauf, daß Heilige und Engel sie beschützen würden. Manche begaben sich in ihre Sprengelkirchen, andere eilten zur hochaufragenden Kirche der heiligen Theodosia am Goldenen Horn. Der Dienstag war der Festtag dieser Heiligen, und die Kirche war über und über mit Rosen aus den Gärten und Hecken geschmückt. Gewiß würde die Heilige doch jene, die zu ihr beten, nicht im Stich lassen. Wieder andere gingen zurück zur großen Kathedrale, da sie sich einer alten Prophezeiung erinnerten, welche besagte, wenn auch die Ungläubigen in die Stadt und bis in das heilige Haus eindringen sollten, werde dort der Engel des Herrn erscheinen und sie mit seinem gleißenden Schwert zurück ins Verderben treiben. Während der langen dunklen Nachtstunden bis zum Morgengrauen warteten überall die versammelten Gläubigen und beteten.

Auf den Mauern war keine Zeit für Gebete. Der Sultan hatte den Angriff mit Sorgfalt geplant. Ungeachtet seiner hochfahrenden Worte gegenüber seinem Heer, hatte die Erfahrung ihm doch Respekt vor dem Feind gelehrt. Diesmal gedachte er, den Feind vorerst zu zermürben, ehe er seine besten Truppen in den Kampf warf. Deshalb schickte er als erste seine irregulären Truppen, die Baschi-Bazuks, nach vorn. Sie zählten nach vielen Tausenden und waren Abenteurer aus sämlicher Herren Länder und Völker, viele von ihnen Türken, aber noch viel mehr aus christlichen Ländern, Slawen, Ungarn, Deutsche, Italiener und sogar Griechen; samt und sonders waren sie angesichts des Soldes, den der Sultan ihnen zahlte, und des Plünderguts, das er ihnen versprochen hatte, nur zu bereit, gegen ihre Christenbrüder zu kämpfen. Die meisten von ihnen hatten sich selbst mit Waffen versorgt und waren mit einem seltsamen Sammelsurium von Krummsäbeln, Schleudern, Bogen und einigen Arkebusen ausgerüstet; außerdem war eine große Anzahl Sturmleitern unter sie verteilt worden. Sie waren unzuverlässige Truppen, ausgezeichnet im ersten Ansturm, aber leicht entmutigt, wenn sie nicht sofort Erfolg hatten. Mehmed kannte diese Schwäche und stellte deshalb hinter ihnen eine Reihe Militärpolizisten auf, die mit Peitschenriemen und Streitkolben bewaffnet waren und Befehl hatten, sie anzutreiben und jeden, der auch nur zu schwanken schien, mit Schlägen zu züchtigen. Hinter der Militärpolizei standen des Sultans eigene Janitscharen. Falls es einem verängstigten Irregulären gelingen sollte, den Polizeikordon zu durchbrechen, so hatten sie ihn mit ihren Krummsäbeln niederzumachen.

Der Angriff der Baschi-Bazuks wurde entlang der ganzen Linie vorgetragen, aber nur im Lykos-Tal mit ganzer Gewalt angesetzt. Anderwärts waren die Mauern noch immer zu stark, und die Türken griffen sie hauptsächlich zu dem Zweck an, ihre Verteidiger an Ort und Stelle zu binden und sie zu hindern, ihre Kameraden auf dem entscheidenden Kampfabschnitt zu verstärken. Dort waren die Kämpfe erbittert. Die Baschi-Bazuks hatten es mit Soldaten zu tun, die wesentlich besser bewaffnet und ausgebildet waren als sie selbst, und sie waren außerdem durch ihre eigene Vielzahl behindert. Sie waren einander unablässig im Weg. Steine, die auf sie herabgeschleudert wurden, konnten auf einen Schlag gleich viele von ihnen töten oder kampfunfähig machen. Obwohl einige wenige versuchten, den Rückzug anzutreten, kämpften die meisten doch hartnäckig weiter, befestigten ihre Sturmleitern an den Mauern und an der Palisade und kletterten hinauf, nur um, sobald sie oben waren, niedergemacht zu werden. Giustiniani und seinen Griechen und Italienern standen sämtliche Musketen und Feldschlangen zur Verfügung, die in der Stadt nur aufzutreiben waren. Der Kaiser selbst kam herbei, um sie zu ermutigen. Nach nahezu zweistündigem Kampf befahl Mehmed den Baschi-Bazuks sich zurückzuziehen. Sie waren gehalten und zurückgeschlagen worden, aber sie hatten ihren Zweck erfüllt, den Feind zu ermüden.

Manche unter den Christen hofften, das Ganze sei vielleicht nur ein vereinzelter Nachtangriff, um ihre Stärke zu erproben, und alle hofften auf einen Augenblick der Ruhe. Aber er wurde ihnen nicht gewährt. Sie hatten noch kaum Zeit gehabt, ihre Kampflinien neu aufzustellen und die Palisade mit Balken und Fässern voll Erde neu zu verstärken, als bereits der zweite Angriff erfolgte. Regimenter anatolischer Türken aus Ishaks Heer, leicht an ihren besonderen Uniformen und Brustpanzern zu erkennen, kamen die Anhöhe gegenüber dem Bürgertor des St. Romanos herab ins Tal geschwärmt und schwenkten herum zur Palisade. Abermals wurden die Kirchenglocken in der Nähe der Mauern geläutet, um das Alarmzeichen zu geben. Aber ihr Geläute ging unter im Donnern von Urbans großer Kanone und dem ihrer Genossen, die jetzt von neuem gegen die Mauern hämmerten. Binnen weniger Minuten waren die Anatolier zum Sturmangriff übergegangen. Im Unterschied zu den Irregulären waren sie gut bewaffnet, hielten gute Disziplin und waren ausnahmslos gläubige Mohammedaner, die nach dem Ruhm dürsteten, als erste in die christliche Stadt eingedrungen zu sein. Begleitet von der wilden, anfeuernden Musik ihrer Trompeter und Pfeifer, warfen sie sich gegen die Palisade und kletterten einander auf die Schultern, um ihre Sturmleitern oben an der Sperre zu befestigen und sich einen Weg hinüber zu hacken. Die Leuchtfeuer gaben nur schwaches Licht, und der Mond war fortwährend von Wolken verschleiert, und folglich war schwer zu erkennen, was sich abspielte. Die Anatolier waren, ebenso wie die Irregulären zuvor, auf diesem engen Frontabschnitt infolge ihrer großen Anzahl im Nachteil. Ihre Kampfdisziplin und ihre Hartnäkkigkeit erhöhten nur noch ihre Verluste, da die Verteidiger Steine auf sie hinabwarfen und ihre Leitern zurückwarfen oder Mann gegen Mann im Handgemenge mit ihnen kämpften. Etwa eine Stunde vor Morgengrauen, als auch dieser zweite Angriff langsam ins Schwanken geriet, erzielte eine Kugel aus Urbans Kanone einen Volltreffer auf die Palisade und brachte sie auf einer Länge von mehreren Metern zum Einsturz. Eine riesige Wolke von Staub, Geröll und Erdreich wurde in die Luft geschleudert, und der schwarze Rauch des Schießpulvers trieb den Verteidigern in die Augen. Eine Schar von dreihundert Anatoliern stürmte durch die geschlagene Bresche nach vorn und verkündete mit lauten Rufen, die Stadt gehöre ihnen. Doch die Christen mit dem Kaiser an der Spitze umzingelten sie, schlossen sie ein, machten den größten Teil von ihnen nieder und trieben die anderen zurück zum Graben. Dieser Rückschlag brachte die Anatolier aus der Fassung. Der Angriff wurde abgeblasen, und sie zogen sich auf ihre Linien zurück. Die Verteidiger machten sich unter Triumphrufen daran, die Palisade wieder herzustellen. [. . .]

Der Sultan war angeblich über das Versagen seiner Anatolier höchst ungehalten. Aber wahrscheinlich hatte er beabsichtigt, daß sie, ebenso wie die Irregulären vor ihnen, lediglich den Feind zermürben und nicht selbst in die Stadt eindringen sollten. Er hatte dem ersten Soldaten, der erfolgreich die Palisade durchbrach, einen großen Preis versprochen, und er wünschte, daß dieses Vorrecht einem Mann seines eigenen Lieblingsregimentes, den Janitscharen, zufalle. Jetzt war der Augenblick gekommen, sie in den Kampf zu werfen. Er machte sich Sorgen; denn wenn sie versagten, würde es kaum möglich sein, die Belagerung fortzusetzen. Er erteilte rasch seine Befehle. Noch ehe die Christen Zeit hatten, sich etwas zu erfrischen und mehr als die notdürftigsten Ausbesserungen an der Palisade vorzunehmen, ging ein Hagelschauer von Geschossen, Pfeilen, Wurfspeeren, Steinen und Kanonenkugeln auf sie nieder, und hinter diesem Hagel drangen die Janitscharen im Laufschritt vor, nicht in wildem Ansturm wie die Baschi-Bazuks und die Anatolier, sondern festgeschlossen in Reih und Glied, ohne sich von den Geschossen des Feindes beirren zu lassen. Die kriegerische Musik, die sie antrieb, war so laut, daß man sie zwischen dem Donnern der Geschütze bis über den Bosporus hinweg vernehmen konnte. Mehmed selbst führte sie bis zum Umfassungsgraben an und blieb dort stehen und rief ihnen ermunternd zu, während sie an ihm vorbeikamen. Welle um Welle dieser frischen, prachtvollen und gut gepanzerten Truppen stürmte jetzt gegen die Palisade an, riß die Tonnen mit Erdreich, die auf ihr standen, herunter, zerhackte die Stützbalken und legte dort, wo sie nicht zum Einsturz gebracht werden konnte, die Sturmleitern gegen sie an, und eine jede Welle machte ohne Panik der nachfolgenden Platz. Die Christen waren erschöpft. Sie hatten vier Stunden lang mit nur einigen Minuten Atempause unablässig gekämpft, denn sie wußten, sobald sie wichen, war das Ende gekommen. Hinter ihnen in der Stadt erscholl wieder das Geläute der Kirchenglocken, und ein großes Gebetsmurmeln erhob sich gen Himmel.

Aus den Kämpfen entlang der Palisade war jetzt ein Handgemenge geworden. Während einer guten Stunde kamen die Janitscharen nicht vom Fleck. Die Christen meinten schon, der Ansturm lasse ein wenig nach. Aber das Geschick war gegen sie. In der Ecke der Blachernae-Mauer, kurz vor der Stelle, wo sie an die Doppelmauer des Theodosios anschloß, befand sich halb verdeckt von einem Turm eine kleine Ausfallpforte mit Namen Kerkoporta. Sie war schon vor vielen Jahren vermauert worden, aber die alten Leute in der Stadt erinnerten sich ihrer noch. Kurz vor Beginn der Belagerung war sie wieder aufgemacht worden, damit von ihr Ausfälle gegen die Flanke des Feindes unternommen werden konnten. Die Bocchiardi und ihre Leute hatten während der Kämpfe gegen Karadscha Paschas Truppen sehr wirkungsvoll von ihr Gebrauch gemacht. Jetzt jedoch vergaß irgend jemand, der von einem Ausfall zurückkam, das kleine Tor hinter sich zu verrammeln. Einige Türken bemerkten die Öffnung, stürmten hindurch in den dahinter gelegenen Hof und begannen eine Treppe hinaufzulaufen, die zur Höhe der Maurer führte. Die Christen, die sich knapp außerhalb der Pforte befanden, gewahrten, was sich zutrug, und drängten zurück, um sich der Pforte wieder zu bemächtigen und weitere Türken daran zu hindern, ihren eingedrungenen Kameraden zu folgen. In der allgemeinen Verwirrung verblieben einige fünfzig Türken innerhalb der Mauer, wo sie leicht hätten umringt und beseitigt werden können, hätte sich nicht in diesem Augenblick ein noch schlimmeres Unheil ereignet.

Kurz vor Sonnenaufgang wurde Giustiniani von einer aus dichter Nähe abgefeuerten Kugel einer Feldschlange getroffen, die seinen Brustpanzer durchschlug. Heftig blutend und offenkundig große Schmerzen leidend, bat er seine Leute, ihn vom Schlachtfeld hinwegzutragen. Einer von ihnen begab sich zum Kaiser, der in der Nähe kämpfte, und ersuchte um den Schlüssel zu der kleinen Pforte, die durch die Innenmauer führte. Konstantin eilte unverzüglich an Giustinianis Seite und flehte ihn an, seinen Posten nicht zu verlassen. Aber Giustinianis Spannkraft war gebrochen; er beharrte darauf, er müsse fliehen. Die Pforte wurde geöffnet, und seine Leibwache trug ihn in die Stadt, durch die Straßen hinab zum Hafen, wo sie ihn auf ein genuesisches Schiff brachte.

Seine Truppen bemerkten seinen Abgang. Einige mögen geglaubt haben, daß er zurückgegangen sei, um die Innenmauer zu verteidigen; die meisten jedoch schlossen, daß die Schlacht verloren sei. Irgend jemand rief schreckerfüllt, die Türken hätten über die Mauer gesetzt. Noch ehe die kleine Pforte wieder geschlossen werden konnte, strömten die Genuesen Hals über Kopf hindurch. Der Kaiser und seine Griechen blieben allein auf dem Kampfplatz zurück.

Der Sultan, jenseits des Grabens, bemerkte die Panik. Mit dem Ruf: »Die Stadt ist unser!« befahl er die Janitscharen nochmals zum Sturmangriff und winkte eine Kompanie unter Führung eines Riesen namens Hassan heran. Hassan hackte sich einen Weg über die niedergebrochene Palisade frei und galt somit als Gewinner des versprochenen Preises. Einige dreißig Janitscharen folgten ihm. Die Griechen stellten sie und leisteten verzweifelte Gegenwehr. Hassan selbst wurde durch einen Hieb mit einem Stein auf die Knie gezwungen und erschlagen; siebzehn seiner Kameraden fanden mit ihm den Tod. Aber die übrigen hielten ihre Stellungen auf der Palisade, und weitere Janitscharen stürmten zu ihrer Verstärkung heran. Die Griechen widerstanden hartnäckig. Doch das zahlenmäßige Übergewicht des Feindes drängte sie zurück auf die Innenmauer. Vor der Innenmauer verlief ein zweiter Graben, der an verschiedenen Stellen tiefer ausgeschachtet worden war, um Erdreich zur Verstärkung der Palisade zu liefern. Viele der Griechen wurden rückwärts in diese tiefen Löcher gedrängt und konnten, da sich die große Innenmauer unmittelbar hinter ihnen erhob, nicht rasch auf der anderen Seite wieder herausklettern. Die Türken, die sich jetzt oben auf der Palisade befanden, feuerten auf sie in den Graben hinab und machten sie nieder. Es währte nicht lange, und zahlreiche Janitscharen waren bis zur Innenmauer vorgedrungen und kletterten, ohne auf Widerstand zu stoßen, hinauf. Einer von ihnen blickte plötzlich auf und sah türkische Fahnen vom Turm über der Kerkoporta wehen. Der Ruf erscholl: »Die Stadt ist unser!«

Während der Kaiser auf Giustiniani einsprach, war ihm gemeldet worden, daß die Türken durch die Kerkoporta eingedrungen waren. Er ritt unverzüglich hin, kam jedoch zu spät. Die Panik hatte auf einige der dortigen Genuesen übergegriffen. In der Verwirrung gelang es nicht, die Pforte zu schließen. Die Türken ergossen sich hindurch, und die Bocchiardi hatten nur noch zu wenig Leute, um sie zurückzudrängen. Konstantin wandte sein Pferd und galoppierte zurück zum Lykos-Tal und zu den Breschen in der Palisade. In seiner Begleitung befanden sich der hochgemute Spanier Don Francisco von Toledo, der sein kaiserlicher Vetter zu sein behauptete, ferner ein anerkannter kaiserlicher Vetter, Theophilos Paläologos, und ein getreuer Waffenkamerad namens Johannes Dalmata. Gemeinsam versuchten sie, die Griechen zusammenzureißen, doch vergebens: das Gemetzel war zu groß gewesen. Sie stiegen von den Pferden und hielten zu viert einige Minuten lang den Zugang zu der Pforte, durch die Giustiniani davongetragen worden war. Aber die Verteidigung war inzwischen zusammengebrochen. Die Pforte war verstopft mit christlichen Soldaten, die versuchten davonzukommen, indes mehr und mehr Janitscharen über sie herfielen. Theophilos rief laut, er wolle lieber sterben denn leben, und verschwand in den herandrängenden Horden. Konstantin selbst wußte jetzt, daß das Kaiserreich verloren war, und hegte keinen Wunsch, es zu überleben. Er warf seine kaiserlichen Hoheitszeichen von sich und folgte, Don Francisco und Johannes Dalmata noch immer an seiner Seite, Theophilos nach. Er ward nie wieder gesehen.

Der Ruf, daß die Stadt verloren sei, ging wie ein Lauffeuer durch die Straßen. Vom Goldenen Horn und seinen Ufern konnten Christen und Türken gleicherweise die türkischen Flaggen sehen, die von den hohen Türmen von Blachernae flatterten, wo man noch wenige Minuten zuvor den kaiserlichen Adler und den Löwen von St. Markus erblickt hatte. Hier und dort dauerten die Kämpfe noch eine Weile fort. Auf den Mauern nahe der Kerkoporta kämpften die Brüder

Bocchiardi und ihre Leute weiter; aber sie erkannten bald, daß sich nichts mehr ausrichten ließ. Also schlugen sie sich quer durch den Feind hinab zum Goldenen Horn durch. Paolo wurde gefangengenommen und getötet; aber Antonio und Troilo erreichten ein genuesisches Schiff, das sie, von den türkischen Schiffen unbemerkt, in die Geborgenheit von Pera hinüberführte. Minotto und seine Venezianer, die sich auf ihrer Flanke, im Palast von Blachernae, befanden, waren umzingelt worden. Viele wurden erschlagen; Minotto selbst und seine führenden Notablen wurden gefangengenommen.

Signalzeichen gaben dem ganzen türkischen Heer den Durchbruch durch die Mauern bekannt. Die türkischen Schiffe im Goldenen Horn beeilten sich, ihre Mannschaften auf dem Uferstreifen an Land zu setzen und die Hafenmauern anzugreifen. Sie stießen nur auf geringen Widerstand, ausgenommen am Horaia-Tor, in der Nähe des heutigen Aivan Serai. Dort hatten sich die Mannschaften zweier kretischer Schiffe in drei Türmen verrammelt und weigerten sich, sich zu ergeben. Anderwärts waren die Griechen in ihre Häuser und Wohnungen geeilt, in der Hoffnung, ihre Familien schützen zu können, und die Venezianer stürzten auf ihre Schiffe. Es währte nicht lange, und eine Kompanie Türken hatte sich in der Talsohle, die noch heute vom großen Aquädukt des Kaisers Valens beherrscht wird, Eintritt durch das Plataea-Tor erzwungen. Eine andere Kompanie brach durch das Horaia-Tor ein. Wo immer die Türken eindrangen, sandten sie unverzüglich Abteilungen innerhalb der Mauer aus, die ihren draußen wartenden Kameraden die anderen Tore zu öffnen hatten. Einige einheimische Fischer in der Nähe, die erkannten, daß alles verloren war, öffneten selbst die Tore des Petrion-Viertels, nachdem man ihnen versprochen hatte, daß ihre Häuser verschont bleiben würden.

Entlang dem Landmauern-Abschnitt südlich des Lykos hatten die Christen bisher sämtliche türkischen Angriffe abgeschlagen. Doch jetzt drang Regiment um Regiment durch die Breschen in der Palisade ein und schwärmte nach beiden Seiten aus, um sämtliche Tore zu öffnen. Die Soldaten auf den Mauern sahen sich umzingelt. Viele von ihnen wurden getötet, als sie versuchten, aus der Falle zu entkommen; aber die meisten Befehlshaber, unter ihnen Filippo Contarini und Demetrios Kantakuzenos, wurden gefangengenommen.

Auch Hamza Beys Schiffe, die vor dem Ufer des Marmarameeres lagen, sahen die Signale und schickten Landetrupps zu den Mauern. In Studion und Psamathia scheint kein Widerstand geleistet worden zu sein. Die Verteidiger ergaben sich unverzüglich in der Hoffnung, daß ihre Häuser und Kirchen dadurch von der Plünderung verschont bleiben würden. Fürst Orhan und seine Türken auf ihrer Linken kämpften weiter, wohl wissend, welches Schicksal sie erwartete, wenn sie in des Sultans Hände fielen, und die Katalanen unterhalb des Alten Kaiserpalastes leisteten Widerstand, bis sie allesamt gefangengenommen oder erschlagen waren. Auf der Akropolis befand Kardinal Isidoros, daß die Klugheit ihm gebiete, seinen Posten zu verlassen. Er vermummte sich und versuchte zu entweichen.

Der Sultan behielt einige seiner Regimenter fest in der Hand, da er sie als seine Begleitmannschaft und als Militärpolizei brauchte. Doch die meisten seiner Truppen brannten bereits darauf, mit dem Plündern zu beginnen. Die Seeleute waren besonders ungeduldig, da sie fürchteten, daß die Soldaten ihnen zuvorkommen würden. Sie verließen sich darauf, daß die Hafensperre die christlichen Schiffe an der Flucht aus dem Hafen hindern werde und daß sie sie in aller Ruhe würden einfangen können, und verließen ihre Schiffe, um an Land zu stürzen. Ihre Habgier rettete vielen Christen das Leben. Eine Anzahl griechischer und italienischer Seeleute, unter ihnen auch Trevisano selbst, geriet zwar in Gefangenschaft, ehe sie von den Mauern entkommen konnte, aber anderen gelang es, zu den auf ihren Schiffen belassenen Stammbesatzungen zu stoßen und die Schiffe, falls nötig, kampfbereit zu machen. Wieder anderen gelang es, auf die

Schiffe hinaufzuklettern, ehe sie davonfuhren, oder aber, wie der Florentiner Tetaldi, zu ihnen hinauszuschwimmen. Als der Befehlshaber der Flotte Alviso Diedo erkannte, daß die Stadt gefallen war, segelte er in einer kleinen Schaluppe nach Pera hinüber, um die dortigen genuesischen Behörden zu fragen, ob sie ihren genuesischen Landsleuten raten würden, im Hafen zu bleiben und zu kämpfen oder aber sich nach dem offenen Meer davonzumachen. Seine eigenen venezianischen Schiffe würden mitwirken, so versprach er, was immer beschlossen werde. Der Podestà von Pera empfahl daraufhin, eine Abordnung zum Sultan zu schicken und sich zu erkundigen, ob er allen Schiffen freien Abzug gewähren oder aber sich auf einen Krieg mit Genua und Venedig einlassen wolle. Dieser Vorschlag war zu diesem Zeitpunkt schwerlich brauchbar; doch inzwischen hatte der Podestà die Stadttore von Pera veschließen lassen, und Diedo, in dessen Begleitung sich der Tagebuchschreiber Barbaro befand, konnte nicht zu seinen Schiffen zurückgelangen. Aber die genuesischen Seeleute auf den Schiffen, die unter den Mauern von Pera vor Anker lagen, ließen wissen, daß sie beabsichtigten davonzusegeln und hierbei die Unterstützung der Venezianer wünschten. Auf ihr Drängen hin wurde Diedo gestattet, in seiner Schaluppe wieder abzufahren. Er fuhr geradewegs zur Hafensperre, die noch geschlossen war. Zwei seiner Matrosen hackten mit Äxten die Lederriemen durch, mit denen sie an den Mauern von Pera befestigt war, und sie trieb auf ihren Schwimmern davon. Diedo signalisierte seinen Schiffen im Hafen, sie sollten ihm folgen, und segelte durch die Öffnung hindurch. Sieben genuesische Schiffe aus Pera fuhren dicht hinter ihm, und kurz darauf schlossen sich ihnen die meisten venezianischen Kriegsschiffe an, sowie vier oder fünf der Galeeren des Kaisers und ein oder zwei genuesische Kriegsschiffe. Sie hatten alle so lange wie nur irgend möglich gewartet, um noch Flüchtlinge an Bord zu nehmen, die zu ihnen hinausschwammen, und nachdem sie durch die Sperre gesegelt waren, verblieb die gesamte Flottille noch etwa eine

Stunde lang an der Einfahrt des Bosporus, um abzuwarten, ob noch weitere Schiffe entkommen würden. Dann nützten sie den starken Nordwind, um das Marmarameer hinab durch die Dardanellen in die Freiheit davonzusegeln.

So viele von Hamza Beys Matrosen hatten in ihrer Gier nach Plündergut ihre Schiffe verlassen, daß der Admiral außerstande war, die Flucht von Diedos Flotte zu verhindern. Er segelte mit den noch bemannten Schiffen um die durchbrochene Sperre herum ins Goldene Horn. Dort im Hafen fing er die noch übrig gebliebenen Schiffe ab, nämlich vier oder fünf kaiserliche Galeeren, zwei oder drei genuesische Galeeren und alle unbewaffneten venezianischen Handelsschiffe. Die meisten von ihnen waren so weit über ihr Fassungsvermögen hinaus mit Flüchtlingen überlastet, daß sie gar nicht imstand gewesen wären, in See zu gehen. Einigen kleinen Schiffen gelang es noch, nach Pera hinüber zu entschlüpfen. Aber jetzt im hellen Tageslicht war es nicht mehr so leicht, den Türken zu entwischen. Um die Mittagsstunde befand sich der ganze Hafen mit allem, was darin lag, in den Händen der Eroberer.

In der Stadt selbst war noch ein kleines Widerstandsnest verblieben. Die kretischen Seeleute auf den drei Türmen nahe der Einfahrt zum Goldenen Horn hielten noch immer stand, und es gelang nicht, sie auszuheben. Am frühen Nachmittag, als sie erkannten, daß sie völlig abgeschnitten waren, ergaben sie sich widerwillig den Offizieren des Sultans unter der Bedingung, daß ihr Leben und ihr Eigentum nicht angetastet würden. Zwei ihrer Schiffe waren unterhalb der Türme auf Strand gesetzt. Sie schoben sie unbelästigt von den Türken, die ihnen ihre Bewunderung nicht versagen konnten, zurück ins Wasser und segelten nach Kreta davon.

Sultan Mehmed wußte seit vielen Stunden, daß die große Stadt ihm gehörte. Seine Truppen waren bei Anbruch der Morgendämmerung durch die Palisade durchgebrochen, und schon bald darauf, als der abnehmende Mond noch hoch am Himmel stand, kam er selbst herzu, um sich die Bresche anzusehen, durch die sie in die Stadt eingedrungen waren. Aber er wartete bis zum Nachmittag, bis die ärgsten Ausschreitungen des Gemetzels und der Plünderung vorüber und eine Art Ordnung wiederhergestellt war, ehe er selbst im Triumph in die Stadt einzog. Für die Zwischenzeit hatte er sich in sein Zelt zurückgezogen, wo er Abordnungen der angstschlotternden Bürgerschaft sowie den Podestà von Pera persönlich empfing. Auch wünschte er in Erfahrung zu bringen, welches Schicksal den Kaiser ereilt hatte. Dies wurde nie völlig aufgeklärt. Späterhin lief in den italienischen Niederlassungen in der Levante eine Geschichte um, wonach zwei türkische Soldaten, die behaupteten, Konstantin getötet zu haben, dem Sultan ein abgeschlagenes Haupt brachten, welches die anwesenden gefangengenommenen Höflinge als das ihres Herrn erkannten. Mehmed stellte es eine Zeitlang auf einer Säule im Forum des Augustus öffentlich zur Schau und ließ es sodann ausstopfen und schickte es auf eine Ausstellungs-Rundreise an die führenden Höfe der islamischen Welt. Chronisten, die beim Fall der Stadt zugegen waren, erzählten anderes. Barbaro berichtete, einige Leute hätten behauptet, den Leichnam des Kaisers inmitten eines Haufens von Erschlagenen gesehen zu haben, andere hingegen hätten ausgesagt, daß man ihn nie gefunden habe. Der Florentiner Tetaldi berichtete in ähnlicher Weise, einige Leute hätten erklärt, man habe ihm den Kopf abgeschlagen, während andere versicherten, er sei am Tor zu Boden geschlagen worden und habe dort den Tod gefunden. Sowohl die eine als auch die andere Geschichte, so fügte er hinzu, könne wahr sein, denn er sei mit Gewißheit im Handgemenge ums Leben gekommen, und die Türken hätten die meisten Leichen enthauptet. Sein treuer Freund Phrantzes versuchte, genauere Einzelheiten zu erkunden, brachte aber lediglich in Erfahrung, man habe, als der Sultan nach dem Leichnam suchen ließ, eine Anzahl von Leichen und abgeschlagene Köpfe gewaschen, in der Hoffnung, ihn zu identifizieren. Schließlich fand man einen Leichnam, der auf den

Socken einen gestickten und auf der Beinschiene der Rüstung einen aufgeprägten Adler trug. Man nahm an, daß dies der Leichnam des Kaisers sei, und der Sultan übergab ihn den Griechen, damit sie ihn bestatteten. Phrantzes selbst sah ihn nicht mit eigenen Augen und war sich auch ein wenig im Zweifel, ob es wirklich der Leichnam seines Herrn war; auch konnte er nicht ausfindig machen, wo er begraben worden war. In späteren Jahrhunderten wurde den Gottesfürchtigen ein namenloses Grab im Vefa-Viertel als die Grabstätte des Kaisers gezeigt. Seine Echtheit wurde nie bewiesen, und es ist heute verkommen und vergessen.

Wie immer es sich im einzelnen verhalten haben mag, Sultan Mehmed war überzeugt, daß der Kaiser tot war. Er war jetzt nicht nur Sultan, sondern auch Erbe und Besitzer des alten Römischen Kaiserreichs.

Hedwig Heger (Hg.)

Buchsortiment eines Augsburger Verlegers

Wåre yemants hie der da gûte teütsche bûcher mit diser geschrift gedruckt kauffen wôlte der mag sich fûgen in die herberg als vnden an diser zetel verzaichnet ist.

Item der heiligen leben summerteÿl vnnd wintterteÿl mit allen seinen figuren das gancz jar.

Item die ewangeli vnnd epistel mitsampt den vier passion auch das gancz jar.

Item ein nüczlich rechtbuch darinn geistlich vnd weltlich ordnung begriffen ist. genannt summa johannis

Item keiserliche lantrecht mit jrem register

Item von des gerichts ordnung genannt der Belial

Item ein gûter formalari darinn begriffen sind aller hand brief. auch rethorick mit frag vnd antwurt zûgeben. tittel aller stånd. sandtbrief. sinonima vnd colores das alles zum brief machen dienent ist.

Item die xxiiij. alten von der liebhabenden sele

Item das leben der heyligen alltuåter wie sy jr leben in der wůste verzert haben mit jren figuren

Item ein bůch der gőtlichen weißheit. genannt der Seüse mit seinem register vnd figuren

Item ein schőne materi von den siben todsünden. vnd von den siben tugenden herwider mit figuren

Item ein außlegung des heiligen Pater noster vnd des glauben auch ein mitkosung der gewissend vnd der vernunfft von dem heiligen sacrament

Item von der kindtheÿt vnser(s herren i)hesu cristi vnd ... (gen)annt vita cristi.

... (men)schen.

... ein beichtbůchel genannt der spiegel (des) sunders

Item ein hübsch bůch von dem concilio daz zů costencz gewesen ist darinn man den hussen verbrennt hat was herrn geÿstlich und weltlich vnd mit wieuil personen jetweder do gewesen seind. Du vindest auch darinne ire wappen gemalt nach ordnung.

Item Esopum gar kürczweilig zelesen mit sein figuren.

Item Ouidium von der liebe zů erwerben. auch die liebe darwider zů verschmåhen

Item wie die statt Troÿa erstőrt ward ein schőn lesen

Item ein kurczweilige hÿstori zů lesen von herczogen Wilhalmen von ősterreich mit seinen figuren

Item ein warhaffte bewårte hÿstori wie herczog gottfrid das heilig grab wolt gewinnen durch ein concilium des heiligen vater babst Vrbanus des anderen mit namen

Item den grossen berůmpten landtfarer genannt johannes de monteuilla mit seinen figuren

Item das bůch der natur das da sagt von dem menschen. vőgeln. vischen. tieren. kreütern. edlengestein in der gemein

Item sant Brigida offenbarung von der gepurd der welt.

Item Melusina gar kürczweilig zůlesen mit figuren.

Item von dem großen Allexander wie der die ganczen welt in zwelf jaren vnder sich pracht.

Item die siben weisen meÿster genannt gesta romanorum

Item ein gůt erczneÿ bůchel darinn der mensch vil vnderweißt mag werden von der gesuntheÿt seines leibes.

Item von allen außgeprannten wassern

Item ein bůchlin genannt Lucidarius

Item von dem Mann Melibeo vnd seiner haußfrawen

Item kallender von den xij. zaichen. auch die vier complexion

Item ein schőner passio mit sein figuren der vier ewangelisten. vnd auch ander lerer die darüber schreibend

Item ein weinbůchlin wie man den machen sol so er geprochen oder zåch worden ist

Item ein schőn lesen von der Grisel mit jren figuren.

Item ein hübsch bůchlein von einer jungen edlen frauwen genannt Sigismunda

Item ein gůt betbůchlin von den siben tagzeiten vnsers lieben herren. auch die siben tagzeit von vnser frawen auch (von vil heiligen vnd) andere gůte ge(pete).

[Anzeige des Augsburger Druckers (Anton Sorg) über lieferbare Bücher seiner (und Johann Bämlers?) Offizin aus den Jahren 1480 bis 1483.]

Egon Friedell

»Zum Eigensinn gesteigerte Profile«

Wenn man sich während der »Inkubationszeit« nach Italien begibt, so ist es, als ob man aus grauer nebliger Dämmerung in die volle Sonne träte. Oben im Norden ist alles verhangen und düster, plump und ungeformt, wirr und schwerlebig: hier empfängt uns eine völlig andere Welt.

Was zunächst in die Augen fällt, ist das entschieden und viel früher Moderne der italienischen Gesellschaft und Politik. Rittertum und Feudalismus sind restlos beseitigt, die beiden »christlich-germanischen Dummheiten« Schopenhauers: der »point d'honeur« und die »Dame« sind gänzlich verschwunden. Die Liebe ist bloßer sinnlicher Genuß oder höhere geistige Gemeinschaft, aber niemals eine Sache der Sentimentalität. An die Stelle des Vasallen ist der Condottiere getreten, für den der Krieg nicht ein romantisches Ideal darstellt, sondern ein kühles Fach und Geschäft, das er gelernt hat und an den Meistbietenden verkauft: er liefert Schlachten wie der Schuster Stiefel oder der Maler Porträts; Person und Weltanschauung des Bestellers sind ihm gänzlich gleichgültig. [...]

Auch die Kriege sind eine reine Geldsache: wer sich genug Söldner mieten kann, ist jederzeit in der Lage, seine politischen oder kommerziellen Konkurrenten zu überfallen. Der Bürger aber denkt nicht daran, selber zur Waffe zu greifen, er hat Wichtigeres zu tun: Handel, innere Politik, Wissenschaft, Kunst, Lebensgenuß, Geselligkeit füllen ihn zu vollständig aus, als daß er daran denken könnte, sich zeitraubenden militärischen Übungen zu widmen. Und nicht nur der Berufssoldat, sondern auch die Feuerwaffe gelangt in Italien am frühesten zu einer dominierenden Stellung. Die Staatskunst ist bereits völlige Realpolitik, nüchterne und subtile Abwägung der bestimmenden Faktoren, unterstützt durch eine ebenso geistreiche wie perfide Diplomatie, die besonders in Venedig bereits zur perfekten Virtuosität ausgebildet ist. Auch alle Staatsformen, die für die Neuzeit charakteristisch sind, finden sich schon zur höchsten Vollendung entwickelt: von der extrem demokratischen Republik, in der das »souveräne Volk« seinen Unfug treibt, bis zur Plutokratie, der modernen Form der Tyrannis, die die äußeren Insignien der Macht verschmäht, um desto sicherer durch kluge Intrige, geschickte Parteileitung, blendendes Mäzenatentum und den unwiderstehlichen Absolutismus des Kapitals zu herrschen.

Wenn auch eine außerordentliche Steigerung des Wirtschaftslebens für die Entwicklung des ganzen Weltteils bezeichnend ist, so hat sie doch nirgends eine solche Intensität erlangt wie in den großen italienischen Handelszentren. Während der nordische Mensch den Übergang zur Geldwirtschaft nur unvollkommen und unter vielerlei moralischen und praktischen Hemmungen vollzog, erlebten Oberitalien und Toskana bereits eine Blüte des Frühkapitalismus. [. . .] Das große Florentiner Bankhaus der Peruzzi hatte bereits im vierzehnten Jahrhundert sechzehn europäische Filialen, die sich von London bis Zypern erstreckten; ihre Handelsbeziehungen gingen bis nach Innerasien. [. . .] Der fabelhafte Aufstieg der Medici beginnt erst im fünfzehnten Jahrhundert: sie wurden in Kürze die erste Finanzmacht Europas. Einigermaßen ebenbürtig waren ihnen nur die Pazzi, berühmt durch die große Verschwörung des Jahres 1478, der Giuliano Medici zum Opfer fiel. Der Überfall fand im Dom statt, während der Messe; der Papst war mit im Spiel. Einer der Pazzi stürzte sich auf Giuliano und stach so wütend mit dem Dolch auf ihn ein, daß er sich selbst erheblich verletzte. Der Aufstand wurde noch im Laufe des Tages niedergeschlagen und die Herrschaft der Medici nur noch sicherer begründet. Man sieht: die Plutokratie war damals doch eine wesentlich andere Sache als heutzutage, eine Angelegenheit der heroischsten Leidenschaft und fanatischsten Kühnheit: für die Hegemonie der Firma wurde das Leben eingesetzt. [. . .] Die ebenso erbitterte wie glänzende Handelsrivalität zwischen Venedig und Genua, die diese Zeit erfüllt, ist allgemein bekannt. Was aber die Finanzgebarung aller dieser Stadtrepubliken zu einem Unikum innerhalb ihres Zeitalters macht, ist die hellsichtige Energie und großartige Gewissenlosigkeit, von der sie getragen ist: im Mittelpunkt der Geschäftsmoral (wenn diese contradictio in adjecto gestattet ist) steht bereits der Gelderwerb als Selbstzweck, als lebengestaltendes Pathos, als stärkste Äußerungsform des Willens zur Macht. Im übrigen ist nichts für das Wirtschaftsleben Italiens charakteristischer als die Tatsache, daß die Juden darin nur eine sehr untergeordnete Rolle spielten: man brauchte sie nicht; man war geschäftlich noch viel talentierter als sie.

Dies alles hängt mit der Entwicklung des Städtewesens zusammen. Und die italienische Städte waren bereits wirkliche Städte, ganz anders als die nordischen, die sich neben ih-

nen noch immer wie ummauerte mittelalterliche Dörfer ausnehmen. [...] Baufleiß und Kunstsinn haben sich im
vierzehnten und fünfzehnten Jahrhundert noch wenig auf
die Ausstattung und Bequemlichkeit der Privathäuser er-
streckt, sondern fast ausschließlich auf die öffentlichen Gebäude; die Kirchen, Rathäuser, städtischen Kauflokale; es
äußert sich hierin offenbar noch ein Rest von mittelalter-
lichem Kollektivempfinden. Ganz anders ist die Indi-
vidualisierung in den italienischen Städten fortgeschritten:
hier erheben sich bereits allenthalben Paläste, Villen, Privat-
kapellen, in denen majestätischer Prunk mit erlesenstem Geschmack wetteifert. Die Säle der Reichen bedecken sich mit
den kostbarsten Malereien, ihre Gräber mit den prächtigsten
Denkmälern, denen sie schon bei Lebzeiten die größte Sorge
widmen: der Charakterbau ist in der nordischen Stadt nach
wie vor der Dom, in der italienischen Stadt der Palazzo.
Auch herrschten hier bedeutend geringere Standesvorurteile.
Hierfür ist allein schon die Tatsache bezeichnend, daß es einem Geschlecht von bürgerlichen Parvenüs wie den Medici,
die niemals auch nur die äußere Nobilität angestrebt haben,
durch Generationen möglich war, die mächtigste, blühend-
ste und kultivierteste Stadt der Halbinsel nur durch ihr
Geld, ihre Virtuosität der Menschenbehandlung, ihren Geist
und ihre Gabe glänzender Repräsentation souverän zu beherrschen. Aber auch in den übrigen Teilen Italiens hatte
überall bereits der moderne Adel des Talents über den mittelalterlichen Adel der Geburt gesiegt, [...] und selbst in
Venedig, dem relativ aristokratischsten Gemeinwesen, bestand das Patriziat doch schließlich auch nur aus reichge-
wordenen Krämern. Aber diese Machthaber besaßen freilich
alle eine außergewöhnliche innere Noblesse und angeborene
Fähigkeit zur Herrschaft, die über ihre Herkunft gar nicht
nachdenken ließ: vielleicht keine wirklich menschliche Größe, aber eine unvergleichliche seelische Grandezza.
   Diese zeigt sich schon in den bloßen Äußerlichkeiten des
Daseins: im Schmuck und Komfort, in jeglicher Art von De-

koration und Gerät. Der Rahmen, der das Leben umgibt, ist nicht nur reicher, sondern auch feiner als sonstwo: echt, gewachsen, selbstverständlich; unaufdringlich, maßvoll, harmonisch; und vor allem gewählt, das heißt: physiognomisch für den Besitzer; dagegen im Norden unpersönlich, konventionell, zufällig; parvenühaft, überladen, akzentlos; kindisch, klobig und bäurisch. Ein vornehmes italienisches Wohnhaus war nicht denkbar ohne weite helle Räume und hohe luftige Fenster, kostbare Teppiche und Arazzi, Tapeten aus Goldleder oder gemusterter Seide, Möbel aus edeln Hölzern, wertvolle Bilder in kunstvollen Rahmen, marmorne Kamine und ornamentierte Plafonds, Majoliken, Bronzen und Elfenbeinarbeiten, Kristallgeschirr, feines Weißzeug und prachtvolle orientalische Stickereien. [...]

Der Tafelluxus stand ebenfalls auf einem viel höheren Niveau als anderwärts: er ist nicht so sehr kulinarisch als künstlerisch, dekorativ, spielerisch, mehr auf den Genuß des Auges als des Gaumens berechnet. Von einem berühmten Gastmahl, das der Florentiner Benedetto Salutati im Jahr 1476 in Neapel gab, haben wir folgende Schilderung: Zuerst gab es als Vorspeise für jeden Gast eine kleine Schüssel mit vergoldeten Kuchen aus Pinienkernen und einen Majolikanapf mit einem Milchgericht; dann Gelatine von Kapaunenbrust, mit Wappen und Devisen verziert: die Schüssel des vornehmsten Gastes hatte in der Mitte eine Fontäne, die einen Regen von Orangenwasser sprühte. Dann kamen verschiedene Fleischgattungen: Wild, Kalb, Hühner, Schinken, Fasane, Rebhühner, dazu brachte man ein großes silbernes Becken, aus dem, als man den Deckel hob, zahlreiche kleine Vögel aufflogen, und täuschend gemachte künstliche Pfauen, die das Rad schlugen und brennendes wohlriechendes Räucherwerk im Schnabel trugen. [...]

Bei einem anderen Fest, das Lorenzo Strozzi in Rom gab, wurden die Gäste zuerst in einen verdunkelten, mit Trauerstoffen ausgeschlagenen Saal geleitet, an dessen Wänden Totenköpfe angebracht waren und in dessen vier Ecken ge-

spenstisch illuminierte Skelette standen. [. . .] Nachdem sich
die Gäste von ihrem Schrecken erholt hatten, öffneten sich
die Flügeltüren und ein strahlend geschmückter Saal, der einen
nen Sternenhimmel darstellte, wurde sichtbar. Als man Platz
genommen hatte, gab es eine neue Überraschung: Speisen
und Flaschen sprangen für jeden Gast einzeln unter dem
Tisch hervor, ohne daß man den Mechanismus enträtseln
konnte. Agostino Chigi gab in Rom ein Bankett, bei dem er
alle gebrauchten goldenen und silbernen Gefäße in den Ti-
ber werfen ließ. Dies würde einigermaßen russisch anmuten,
wenn es nicht ein bloßes Schaustück gewesen wäre, denn der
Bankier hatte heimlich Netze am Flußufer auslegen lassen,
um die kostbaren Geräte wieder auffischen zu können. Bei
einem anderen Festmahl, dem der Papst beiwohnte, ließ er
einen besonderen Fisch auftragen, den er lebend aus Byzanz
hatte kommen lassen. Beim Abschied sagte der Papst (und
ein Dialog von so geistreicher und erlesener Höflichkeit war
nur im Italien der Renaissance möglich): „Ich habe immer
gedacht, Agostino, daß wir intimer miteinander wären."
Agostino antwortete: „Und die Bescheidenheit meines Hauses hat die Ansicht Eurer Heiligkeit aufs neue bestätigt."
Aus allen diesen Berichten geht hervor, daß bei den Mahl-
zeiten das Essen durchaus nicht die Hauptsache war.

Wir haben im Norden auf unserer Suche nach Individualitäten fast gar keinen Erfolg gehabt. Von Italien kann man im
Gegenteil mit nur geringer Übertreibung sagen, daß es dort
fast nur Individualitäten gegeben habe. Eine Fülle von scharf
umrissenen Köpfen, einmaligen Physiognomien tritt uns auf
den Plaketten, Porträts, Grabstatuen und Denkmünzen, in
den Biographien, Briefen, Reden und Denkschriften, in Politik, Philosophie, Kunst und Geselligkeit entgegen: lauter
bewußte und gewollte Besonderheiten, zum Eigenwillen, ja
zum Eigensinn gesteigerte Profile. Man betrachte zum Beispiel die Medaillen der Medici: bis zur Häßlichkeit kompli-
zierte Gesichter voll Hintergründigkeit, ihr letztes Geheimnis nicht verratend; oder, um aufs Geratewohl etwas

herauszugreifen, die beiden Päpste, die Raffael gemalt hat: auf der einen Seite eine so gewaltige Persönlichkeit, an der alles Kraft atmet, wie Julius der Zweite, *il pontefice terribile:* Luetiker, Sodomit, General und Despot; von dem Hutten gesagt hat, er habe den Himmel mit Gewalt stürmen wollen, als man ihm droben den Eintritt verweigerte; der sich mit niemand vertrug, alle Nachbarn mit Krieg überzog, in den dichtesten Kugelregen ritt, Konstantinopel und Jerusalem wiedererobern wollte, die Petersbasilika niederreißen ließ, weil sie ihm künstlerisch nicht zusagte, gleichzeitig das Fest-programm für den römischen Karneval bestätigte und die Verfügungen zu seinem Begräbnis traf und sich noch auf dem Sterbebett acht verschiedene Weinsorten reichen ließ, und dabei der einzige Papst, der seine in der Engelsburg auf-gehäuften Schätze nicht den gierigen Nepoten, sondern sei-nem Nachfolger bestimmte, und der einzige Große seiner Zeit, der die Größe Michelangelos erkannte. Und daneben eine so genrehafte Figur wie Leo der Zehnte, *il papa Lione:* kurzsichtig, kurzhalsig, verfettet, fortwährend schwitzend und schnaufend, beim Gehen stets auf zwei Diener gestützt, um den schweren Körper fortschleppen zu können; lethar-gisch und schläfrig, besonders bei den kunstvoll gefeilten Vorträgen der Humanisten gern einnickend, dagegen ein be-geisterter Freund platter Späße und leerer Aufzüge und eine Art Eßvoyeur, dessen höchstes Gaudium es war, wenn sein Hofnarr vor ihm ungeheure Mengen von Eiern oder Fasa-nen verschlang; ein maßloser Verschwender, der, wie man sagte, bei einem längeren Leben Rom, Christus und sich selbst verkauft hätte und bei seinem Tode nicht einmal so viel hinterließ, daß davon die Kerzen zu seinem Begräbnis bezahlt werden konnten, und der seiner Regierung dennoch den Namen des „goldenen Zeitalters" verschafft hat, weil Rom damals das bewunderte Zentrum der europäischen Kultur war und bezahlte Humanisten ihn, obgleich diese Kunstblüte sich ohne und zum Teil sogar gegen seinen Wil-len entfaltet hatte, als den großen Mäzen priesen: eine Fälschung, die die Nachwelt, obgleich sie nicht mehr von Leo dem Zehnten bezahlt ist, kritiklos übernommen hat.

Die Feder beginnt überhaupt bereits eine dominierende Macht zu werden, und es entwickeln sich die ersten energischen Anfänge der Presse und ihrer vollendetsten und konsequentesten Existenzform: der Revolverpresse. Hierfür ist zunächst überhaupt die ganze soziale Erscheinung der Humanisten maßgebend, die, bei allen ihren Verdiensten um die Hebung der allgemeinen Bildung und des Spezialinteresses für die Offenbarungen der antiken Kultur, doch zweifellos eine moralische Pest waren, indem sie durch ihr Vorbild und ihre Maximen lehrten, daß uneinschüchterbare Frechheit, absolute Gesinnungslosigkeit, maßlose Selbstberäucherung, dialektische Gedankenjongliererei und hemmungslose Unbedenklichkeit in der Wahl der polemischen Mittel die Hauptvehikel zum Ruhm und Erfolg seien. [...]

Ihre Macht beruhte, ganz ähnlich wie bei der heutigen Journalistik, nicht bloß auf ihrem Witz, ihrer Schreibfertigkeit und ihrer Fähigkeit, schwer eingängige Themen in eine populäre und gefällige Form zu bringen, sondern auch auf ihrer Herrschaft über ein Material, das nur ihnen vollkommen zugänglich war: nur ist es heute das sogenannte Nachrichtenmaterial, dessen Verbreitung ein Privileg der Zeitungen bildet, während es sich damals um die Vermittlung des wiederentdeckten antiken Bildungsstoffes handelte. Insofern standen sie höher als die modernen Journalisten, denn sie waren nicht nur fast alle außerordentlich unterrichtet, sondern auch von einem begeisterten Eifer, ja Furor für das Altertum erfüllt, und so wird man ihrem geistigen Streben, bei aller ihrer sittlichen Verkommenheit, eine gewisse Idealität nicht absprechen können.

Natürlich waren viele von ihnen auch moralisch gänzlich einwandfreie Persönlichkeiten, und andere wiederum haben eine solche Energie und Ingeniosität entwickelt, daß auch die Nachwelt ihnen als wahren Giganten ihres Gewerbes die Bewunderung nicht zu versagen vermochte. Namentlich zwei von ihnen sind ebenso unsterblich geworden wie Raffael oder Machiavell: nämlich Vasari und Pietro Aretino. Vasari übte eine Geschmacksdiktatur von einer so unwidersprochenen Geltung, wie sie später nie wieder einem Rezensenten beschert worden ist. Er war selber ein ausübender Künstler, und zwar ein ziemlich mäßiger, und bietet damit das seither so oft wiederholte Schauspiel der Geburt der Kritik aus der schöpferischen Impotenz; außerdem verband er, worin er ebenfalls viele Nachfolger gefunden hat, mit seiner Tätigkeit das Geschäft des Kunstagenten. Selbst ein so intransigenter Charakter wie Michelangelo wußte, was er einem Vasari schuldig sei, und antwortete ihm auf die Übersendung seines Werks mit einem überaus schmeichelhaften Sonett, obgleich er von dem Inhalt und zumal von den Nachrichten und Urteilen, die sich mit ihm selbst beschäftigten, nichts weniger als erbaut war. Alle aber, die es wagten, gegen Vasaris kritische Offenbarungen zu opponieren oder ihn als Künstler nicht neben die Größten der Zeit zu stellen, wurden von ihm mit äußerster Rachsucht und Ungerechtigkeit verfolgt, wobei es ihm auf Fälschungen nicht ankam: zahlreiche Künstler hat er auf diese Weise buchstäblich unmöglich gemacht.

Noch gefürchteter aber war der „göttliche Aretino", der Vater der modernen Publizistik, von dem das Volk nicht mit Unrecht behauptete, er besitze den bösen Blick. Er bezog von den beiden großen Gegnern Karl dem Fünften und Franz dem Ersten gleichzeitig Pensionen, und erhielt auch von anderen Potentaten: den Königen von England, Ungarn, Portugal und von vielen kleineren Fürsten reiche Geschenke; selbst der Sultan schickte ihm eine schöne Sklavin. Er war aber auch ein vollendeter Techniker der geistreichen Erpressung. Wir wollen als Beispiel wiederum nur seinen Verkehr mit Michelangelo anführen. Er schrieb diesem zunächst einige Briefe, in denen er den Ausdruck seiner Verehrung für Michelangelos Kunst sehr geschickt mit dem Hinweis auf seine eigene Machtstellung zu verbinden wußte:

»Mir«, beginnt er, »der in Lob und Tadel so viel vermag, daß fast alle Anerkennung und Geringschätzung durch meine Hand verliehen wird, dessen Name jedem Fürsten Achtung einflößt, bleibt gleichwohl Dir gegenüber nichts als die Ehrfurcht. Denn Könige gibt es genug in der Welt, aber nur e i n e n Michelangelo!« Infolgedessen bittet er ihn um »irgendein Stück Handzeichnung«. Michelangelo erfüllte diese Bitte, die Gabe scheint aber nicht nach den Wünschen des Aretiners ausgefallen zu sein, denn nach einigen weiteren Mahnungen, die unbeantwortet blieben, schickte er Michelangelo ein vollendetes Muster und Prachtstück eines Erpresserbriefes, in dem es unter anderem heißt: »Mein Herr. Nachdem ich nun die ganze Komposition Eures jüngsten Gerichtes gelesen habe, erkenne ich darin, was die Schönheit der Komposition anlangt, die berühmte Grazie Raffaels wieder; als ein Christ aber, der die heilige Taufe empfangen hat, schäme ich mich der zügellosen Freiheit, mit der Euer Geist die Darstellung dessen gewagt hat, was den Inhalt unserer höchsten religiösen Gefühle bildet. Dieser Michelangelo also, so gewaltig durch seinen Ruhm, hat den Leuten zeigen wollen, daß ihm in ebenso hohem Grade Frömmigkeit und Glauben abgehen, als ihm in seiner Kunst Vollendung eigen ist. Ist es möglich, daß Ihr, der Ihr Euch im Gefühl Eurer Göttlichkeit zum Verkehr mit gewöhnlichen Menschen gar nicht herablaßt, dergleichen in den höchsten Tempel Gottes gebracht habt? ...«

Autoren- und Quellenverzeichnis

Alle genannten Werke sind im
Verlag C. H. Beck, erschienen

HANS-GEORG BECK, 1910–1999, studierte in Rom und München und lehrte von 1950–1975 als Professor für Byzantinistik an der Universität München. Er war langjähriger federführender Herausgeber der Byzantinischen Zeitschrift und zeitweise Vizepräsident der Deutschen Forschungsgemeinschaft, Mitglied des Wissenschaftsrates, Präsident des Deutschen Studienzentrums in Venedig.
Werke: Das byzantinische Jahrtausend. ²1994; Byzantinisches Lesebuch. 1982; Byzantinisches Erotikon. 1986.

KARL BERTAU, geb. 1927, war ordentlicher Professor der Deutschen Philologie an der Universität Erlangen.
Werke: Deutsche Literatur im europäischen Mittelalter, Band 1: 800–1197. 1972; Band 2: 1195–1220. 1973; Über Literaturgeschichte. Literarischer Kunstcharakter und Geschichte in der höfischen Epik um 1200. 1983; Wolfram von Eschenbach. Neun Versuche über Subjektivität und Ursprünglichkeit in der Geschichte. 1983.

HELMUT BEUMANN, 1912–1995, hatte zuletzt bis 1981 den Lehrstuhl für Mittelalterliche Geschichte an der Universität Marburg inne. Er war Vorsitzender der seit 1980 der Akademie der Wissenschaften und der Literatur zu Mainz angegliederten Kommission für die Bearbeitung der »Regesta Imperii«. Herausgeber des Werkes: Kaisergestalten des Mittelalters. ²1985.

HARTMUT BOOCKMANN, 1934–1998, studierte in Tübingen und Göttingen und lehrte als Ordinarius für Mittlere und Neuere Geschichte seit 1975 an der Universität Kiel, seit 1982 an der Universität Göttingen. 1986/87 Historisches Kolleg München.
Werke: Einführung in die Geschichte des Mittelalters. ⁶1992; Der Deutsche Orden. Zwölf Kapitel aus seiner Geschichte. ⁴1994; Die Stadt im späten Mittelalter. ²1987; Das Mittelalter. Ein Lesebuch. ³1997; Wege ins Mittelalter. 2000.

Aus: Das Mittelalter, S. 88–93; S. 81–84.

HELMUT DE BOOR, Dr. phil., 1891–1976.
Werke (zusammen mit Richard Newald): Geschichte der deutschen Literatur von den Anfängen bis zur Gegenwart. 8 Bde. Band 1: Die deutsche Literatur von Karl dem Großen bis zum Beginn der höfischen Dichtung (770–1170). Bearb. von Herbert Kolb. ⁹1979.

Aus: Die deutsche Literatur I/1, S. 294–297; S. 134–165.

KARL BOSL, 1908–1993, war Professor für Bayerische Landesgeschichte der Universität München; seine Hauptarbeitsgebiete waren die Gesellschafts-, Verfassungs- und Kulturgeschichte Bayerns, Deutschlands und Europas in vergleichender Strukturanalyse.
Werke: Europa im Aufbruch. Herrschaft, Gesellschaft, Kultur in Europa vom 10. bis zum 14. Jahrhundert. 1980; Franken um 800. Strukturanalyse einer fränkischen Königsprovinz. ²1969; Die mittelalterliche Stadt in Bayern. 1974.

Aus: Europa im Aufbruch, S. 300–302; S. 19–21.

GISELA BRINKER-GABLER, ist Professorin für vergleichende Literaturwissenschaft an der State University of New York.
Werke: Deutsche Literatur von Frauen. Band 1: Vom Mittelalter bis zum Ende des 18. Jahrhunderts. 1988; Band 2: 19. und 20. Jahrhundert. 1988.

EDITH ENNEN, 1907–1999, hatte vor ihrer Emeritierung den Lehrstuhl für Mittelalterliche und Neuere Geschichte, rheinische Landesgeschichte an der Universität Bonn inne. Ihr zentrales Forschungsgebiet war die europäische Stadt des Mittelalters und der frühen Neuzeit (Frühgeschichte der europäischen Stadt). Bonn 1953. Die europäische Stadt des Mittelalters. Göttingen ⁴1987. Ges. Abhandlungen. Bonn 1977 [Band 1], Bonn 1987 [Band 2].
Werke: Frauen im Mittelalter. ⁶1993.

Aus: Frauen im Mittelalter, S. 49–55.

JOSEF FLECKENSTEIN, geb. 1919, war Professor, ehem. Direktor am Max-Planck-Institut für Geschichte in Göttingen.

Aus: Kaisergestalten des Mittelalters (Nachweis: s. Helmut Beumann), S. 15–25.

EGON FRIEDELL, 1878–1938, Kabarettist, Schauspieler, Kritiker und Übersetzer, vor allem aber als Schriftsteller und Essayist berühmt.
Werke: Kulturgeschichte Ägyptens und des alten Orients. 1980; Kulturgeschichte der Neuzeit. Bd. 1 und 2. 1984; Kulturgeschichte Griechenlands. 1984.

Aus: Kulturgeschichte der Neuzeit, Bd. 1, S. 95–107; S. 182–192.

HORST FUHRMANN, geb. 1926, war Präsident der »Monumenta Germaniae Historica« und Professor für Geschichte an der Universität Regensburg. Er hat für seine Forschungen über die pseudo-isidorischen Fälschungen, zur Geschichte der Päpste und der ökumenischen Konzilien zahlreiche in- und ausländische Ehrungen erhalten und ist Ehrendoktor der Universitäten von Tübingen und Bologna.
Werke: Die Päpste. Von Petrus zu Johannes Paul II. 1998; Überall ist Mittelalter. ³1998; »Fern von gebildeten Menschen«. Eine oberschlesische Kleinstadt um 1870. 1989; »Sind eben alles Menschen gewesen«. Gelehrtenleben im 19. und 20. Jahrhundert. 1996; Menschen und Meriten. Eine persönliche Portraitgalerie. 2001; Einladung ins Mittelalter. ⁵1997.

Aus: Einladung ins Mittelalter, S. 78–97.

HANS-WERNER GOETZ, geb. 1947, lehrt an der Ruhr-Universität Bochum mittelalterliche Geschichte.
Werke: Leben im Mittelalter. Vom 7. bis zum 13. Jahrhundert. ⁶1996.

Aus: Leben im Mittelalter, S. 85 f.

FERDINAND GREGOROVIUS, 1821–1891, war lange Jahre als Journalist tätig, wurde aber für seine kulturhistorischen Studien berühmt.
Werke: Geschichte der Stadt Athen im Mittelalter. 1980; Lucrezia Borgia. 1982; Wanderjahre in Italien. ⁵1997. Geschichte der Stadt Rom im Mittelalter. Vom V. bis XVI. Jahrhundert, 4 Bände. 1988; Römische Tagebücher 1852–1889. 1991.

Aus: Geschichte der Stadt Rom im Mittelalter, Bd. I, S. 119–123.

AARON J. GURJEWITSCH, geb. 1924 in Moskau, war leitender wissenschaftlicher Mitarbeiter am Institut für allgemeine Geschichte der Akademie der Wissenschaften der UdSSR.
Werke: Das Weltbild des mittelalterlichen Menschen. ⁵1997; Mittelalterliche Volkskultur. 1987; Das Individuum im europäischen Mittelalter. 1994.

Aus: Mittelalterliche Volkskultur, S. 125–139.

ULRICH HAARMANN, 1942–1999, war Professor für Islamwissenschaft an der Universität Freiburg.
Werke (als Herausgeber): Geschichte der arabischen Welt. ⁴2001.

ARNOLD HAUSER, 1892–1978, war Professor für Literatur- und Kunstsoziologie in England.
Werke: Sozialgeschichte der Kunst und Literatur. 70. Tsd. 1990; Soziologie der Kunst. ³1988.
Spätromanischer Expressionismus 166
Aus: Sozialgeschichte der Kunst und Literatur, S. 195–198.

ALFRED HAVERKAMP, geb. 1937, ist ordentlicher Professor für Mittelalterliche Geschichte an der Universität Trier. Hauptarbeitsgebiete: Verfassungs- und Sozialgeschichte des hohen und späten Mittelalters mit Schwerpunkten auf Deutschland und Italien.
Werke: Neue Deutsche Geschichte, Band 1: Aufbruch und Gestaltung. Deutschland 1056–1273. ²1993.
Gesellschaft im Wandel 216
Aus: Neue Deutsche Geschichte, Bd. 1, S. 78–91.

HEDWIG HEGER, geb. 1933, ist ordentliche Professorin für Deutsche Literatur an der Universität Wien.
Werke: Die deutsche Literatur. Texte und Zeugnisse Bd. II/1. Spätmittelalter, Humanismus, Reformation. Herausgegeben von Hedwig Heger. 1979.
Buchsortiment eines Augsburger Verlegers 321
Aus: Die deutsche Literatur, II/1, S. 440–442.

CHRISTOPHER HIBBERT, geb. 1924, lebt als Historiker und Schriftsteller in England.
Werke: Rom: Biographie einer Stadt. 1987.
Cola di Rienzo 264
Aus: Rom, S. 121–132.

MICHAEL HOWARD ist Professor für Geschichte in Oxford. Er ist einer der bedeutendsten Fachgelehrten für Kriegsgeschichte.
Werke: Der Krieg in der europäischen Geschichte. Vom Ritterheer zur Atomstreitmacht. 1981.
Kanoniere, Pikeniere – die Zukunft den Landsknechten 303
Aus: Der Krieg in der europäischen Geschichte, S. 24–28.

FRIEDRICH-KARL KIENITZ, geb. 1925, studierte Ägyptologie, Orientalistik und Alte Geschichte. Er lebt als freier Schriftsteller in Appen/Holstein. Im Selbstverlag (2081 Appen, Hauptstraße 99 A) veröffentlichte er das Buch »Der Kapitän und Pascha. Ein Leben im Zeitalter Süleymans des Prächtigen.« Werke: Das Mittelmeer. Schauplatz der Weltgeschichte von den frühen Hochkulturen bis ins 20. Jahrhundert. 1976; Völker im Schatten. 1981.

Aus: Das Mittelmeer, S. 177–183.

GERHARD KÖBLER, geb. 1939, ist Professor für deutsche Rechtsgeschichte, Bürgerliches Recht und Handelsrecht in Innsbruck. Er hat eine große Zahl erfolgreicher Werke zu verschiedenen Gebieten des Rechts, insbesondere zur Rechtsgeschichte und zur Sprachgeschichte, veröffentlicht. Werke: Die Anfängerübung mit Leistungskontrolle im bürgerlichen Recht, Strafrecht und Öffentlichen Recht. (Vahlen) [7]1995; Juristisches Wörterbuch (Vahlen) [4]1986; Rechtsgeschichte. Ein systematischer Grundriß der geschichtlichen Grundlagen des deutschen Rechts von den Indogermanen bis zur Gegenwart (Vahlen) [4]1989; Schuldrecht. Allgemeiner und Besonderer Teil. (Vahlen) [2]1989; Wie werde ich Jurist? Eine Einführung in das Studium des Rechts. (Vahlen) [4]1988; Historisches Lexikon der deutschen Länder. Die deutschen Territorien vom Mittelalter bis zur Gegenwart. [6]1999; Bilder aus der deutschen Rechtsgeschichte. 1988; Gotisches Wörterbuch 1989; Lexikon der europäischen Rechtsgeschichte. 1997.

Aus: Bilder aus der deutschen Rechtsgeschichte, S. 83–85.

RICHARD KRAUTHEIMER, 1897–1994, war Professor des Institute of Fine Arts der New York University. Er hat fünfzig Jahre lang die Stadt Rom und ihre Geschichte studiert.
Werke: Rom – Schicksal einer Stadt 312–1308. [2]1996.

Aus: Rom – Schicksal einer Stadt, S. 94–101.

URSULA LIEBERTZ-GRÜN, Dr. phil., ist Professorin für Deutsche Philologie an der Universität Köln.
Werke: Seifried Helbling. Satiren kontra Habsburg. 1981.

Aus. Deutsche Literatur von Frauen, Band 1 (Nachweis: s. Gisela Brinker-Gabler); S. 49–54.

MICHEL MOLLAT, 1911–1996, war Professor für Geschichte des Mittelalters an der Sorbonne.
Werke: Die Armen im Mittelalter. 1984; Europa und das Meer. 1993.

Aus: Die Armen im Mittelalter, S. 35, S. 36; S. 265–268.

TILMAN NAGEL, geb. 1942, ist Professor für Arabistik an der Universität Göttingen.

Werke: Die Festung des Glaubens. Triumph und Scheitern des islamischen Rationalismus im 11. Jahrhundert. 1988; Der Koran. Einführung – Texte – Erläuterungen. ³1988; Timur der Eroberer und die islamische Welt des Mittelalters. ²1993; Geschichte der islamischen Theologie. Von Mohammed bis zur Gegenwart. 1994.

Aus: Geschichte der arabischen Welt (Nachweis: s. Ulrich Haarmann), S. 136–140.

ALBRECHT NOTH, geb. 1937, ist Professor für Islamwissenschaft und Arabistik am Seminar für Geschichte und Kultur des Vorderen Orients an der Universität Hamburg.
Aus: Geschichte der arabischen Welt (Nachweis: s. Ulrich Haarmann), S. 59–66.

IRIS ORIGO lebte in England und Italien und veröffentlichte zahlreiche Bücher über italienische Geschichte und Literatur. Sie war Mitglied der Royal Society of Literature und Ehrendoktorin zweier amerikanischer Universitäten. 1966 erhielt sie für ihre historischen Studien die Isabelle d'Este-Medaille. Sie starb 1988.
Werke: »Im Namen Gottes und des Geschäfts.« Lebensbild eines toskanischen Kaufmanns der Frührenaissance – Francesco di Marco Datini. ³1993. Der Heilige der Toscana. Leben und Zeit des Bernadino von Siena 1380–1444. 1989.
Aus: »Im Namen Gottes und des Geschäfts«, S. 161–169.

WALTER POHL, Dr. phil. geb. 1953, ist Mitglied des Instituts für österreichische Geschichtsforschung und lehrt an der Universität Wien. Hervorgetreten ist er bisher mit einem Werk über »Deutsche Könige, Römische Kaiser« (Wien 1987). Sein Hauptarbeitsgebiet sind die Völker und Kulturen des frühen Mittelalters.
Werke: Die Awaren. Ein Steppenvolk in Mitteleuropa. 1988.
Aus: Die Awaren, S. 45–55.

HOLGER PREISSLER, geb. 1943, ist o. Professor für Religionsgeschichte an der Universität Leipzig.
Werke (als Herausgeber): Die Erlebnisse des syrischen Ritters Usama ibn Munqid. Unterhaltsames und Belehrendes aus der Zeit der Kreuzzüge (Orientalische Bibliothek) 1985.
Aus: Die Erlebnisse des syrischen Ritters Usama ibn Munqid, S. 148–152.

FRIEDRICH PRINZ, 1928 in Böhmen geboren, ist Professor em. für Mittelalterliche Geschichte und vergleichende Landesgeschichte an der Universität München.
Werke: Szenenwechsel. Eine Jugend in Böhmen und Bayern. 1995; Neue Deutsche Geschichte, Band 1: Grundlagen und Anfänge. Deutschland bis 1056. 1985.

Aus: Neue deutsche Geschichte, Bd. 1, S. 19–30; S. 270–280.

GIULIANO PROCACCI, geb. 1926, war Professor für Neuere Geschichte an der Universität Florenz. Für die »Geschichte Italiens und der Italiener« erhielt er den Premio di Viareggio.
Werke: Geschichte Italiens und der Italiener. 1983.

Aus: Geschichte Italiens und der Italiener, S. 18–21.

Werner Rösener, geb. 1944, ist Professor für Mittelalterliche Geschichte an der Universität Giessen. Er ist mit Arbeiten zur Sozial- und Verfassungsgeschichte des Hoch- und Spätmittelalters hervorgetreten.
Werke: Bauern im Mittelalter. [4]1991; Die Bauern in der europäischen Geschichte. 1993.

Aus: Bauern im Mittelalter, S. 121–133.

SIR STEVEN RUNCIMAN, 1903–2000, war Fellow am Trinity College Cambridge von 1927 bis 1938. Er trat dann in den diplomatischen Dienst seines Landes ein. Später übernahm er zunächst in Kairo, anschließend wiederum in Cambridge eine Professur für byzantinische Kunst und Geschichte.
Werke: Die Eroberung von Konstantinopel 1453. [3]1977; Geschichte der Kreuzzüge. 32. Tsd. 1995.

Aus: Die Eroberung von Konstantinopel, S. 138–150.

PIERRE VILAR, geb. 1906, lehrte an der Sorbonne in Paris und war Direktor an der Ecole Pratique des Hautes Etudes. Seine Arbeitsschwerpunkte liegen in Wirtschafts- und Sozialgeschichte, der Geschichte Spaniens sowie der historischen Methodik.
Werke: Gold und Geld in der Geschichte. Vom Ausgang des Mittelalters bis zur Gegenwart. 1984.

Aus: Gold und Geld in der Geschichte, S. 34–37.

Abbildungsverzeichnis

Aus dem Verlagsprogramm

C.H.Beck Kulturwissenschaft

Marc Bloch
Die wundertätigen Könige
Aus dem Französischen von Claudia Märtl
Mit einem Vorwort von Jacques Le Goff
1998. 555 Seiten mit 5 Abbildungen. Broschiert
C.H.Beck Kulturwissenschaft

Arnold Esch
Zeitalter und Menschenalter
Der Historiker und die Erfahrung vergangener Gegenwart
1994. 245 Seiten. Leinen
C.H.Beck Kulturwissenschaft

Clifford Geertz
Spurenlesen
Der Ethnologe und das Entgleiten der Fakten
Aus dem Englischen von Martin Pfeiffer
1997. 220 Seiten. Leinen
C.H.Beck Kulturwissenschaft

Maurice Godelier
Das Rätsel der Gabe
Geld, Geschenke, heilige Objekte
Aus dem Französischen von Martin Pfeiffer
1999. 308 Seiten. Leinen
C.H.Beck Kulturwissenschaft

Jürgen Osterhammel
Kolonialismus
Geschichte – Formen – Folgen
3., durchgesehene Auflage. 2001. 143 Seiten. Paperback
Beck'sche Reihe Band 2002
C.H.Beck Wissen

Verlag C.H.Beck München

Sozial- und Kulturwissenschaft

Terry Eagleton
Die Wahrheit über die Iren
Aus dem Englischen von Silvia Morawetz
2000. 172 Seiten mit 12 Abbildungen. Klappenbroschur

Terry Eagleton
Was ist Kultur?
Eine Einführung
Aus dem Englischen von Holger Fliessbach
2. Auflage. 2001. 190 Seiten. Klappenbroschur

Hansjörg Küster
Die Ostsee
Eine Natur- und Kulturgeschichte
2002. 357 Seiten mit 100 Abbildungen in Farbe
und 7 Karten. Gebunden

Michael Mitterauer
Ahnen und Heilige
Namengebung in der europäischen Geschichte
1993. 516 Seiten mit 15 Abbildungen und 19 Tafeln. Leinen

Norbert Schindler
Wilderer im Zeitalter der Französischen Revolution
Ein Kapitel alpiner Sozialgeschichte
2001. 448 Seiten. Gebunden

Alexander Stille
Reisen an das Ende der Geschichte
Aus dem Amerikanischen von Karl Heinz Siber
2002. 440 Seiten mit 15 Abbildungen. Gebunden

Verlag C. H. Beck München